U0801620

医药与法律

中国医药健康产业
法律服务与实务指南

第2版

金杜律师事务所◎著

★★★★★

PHARMACEUTICALS
and
THE LAW

A GUIDE TO THE CHINESE PHARMACEUTICALS
AND HEALTHCARE MARKET

法律出版社 LAW PRESS·CHINA
北京

图书在版编目(CIP)数据

医药与法律：中国医药健康产业法律服务与实务指南／金杜律师事务所著. --2版. --北京：法律出版社，2023(2024.4重印)
ISBN 978-7-5197-8088-3

Ⅰ.①医… Ⅱ.①金… Ⅲ.①医药卫生管理－法规－中国－指南 Ⅳ.①D922.16-62

中国国家版本馆CIP数据核字(2023)第126838号

医药与法律:中国医药健康产业法律服务与实务指南(第2版)
YIYAO YU FALÜ:ZHONGGUO YIYAO JIANKANG CHANYE FALÜ FUWU YU SHIWU ZHINAN (DI-2 BAN)

金杜律师事务所 著

责任编辑 韩满春
装帧设计 臧晓飞

出版发行 法律出版社
编辑统筹 学术·对外出版分社
责任校对 王 丰
责任印制 陶 松
经　　销 新华书店

开本 710毫米×1000毫米 1/16
印张 29.25 **字数** 476千
版本 2023年9月第2版
印次 2024年4月第2次印刷
印刷 固安华明印业有限公司

地址:北京市丰台区莲花池西里7号(100073)
网址:www.lawpress.com.cn
投稿邮箱:info@lawpress.com.cn
举报盗版邮箱:jbwq@lawpress.com.cn
销售电话:010-83938349
客服电话:010-83938350
咨询电话:010-63939796
版权所有·侵权必究
书号:ISBN 978-7-5197-8088-3
定价:108.00元
凡购买本社图书,如有印装错误,我社负责退换。电话:010-83938349

序　一

医药健康事业离不开法律的保驾护航。多年来的实践经验,金杜在医药医疗大健康领域打造出国际国内一流的法律服务专家团队。2015年,该团队众多合伙人和资深律师总结多年在本领域辛勤耕耘的经验,亲笔撰写、率先出版了《医药与法律》一书,被誉为"中国医药健康产业法律服务的百科全书与实务指南",深受医药健康产业和法律服务行业的欢迎和好评,使社会各界人士都获益良多。为人民生命安全和身体健康奉献专业贡献,与有荣焉,亦深感欣慰与自豪。

人民健康是民族昌盛和国家强盛的重要标志。作为关系国计民生、经济发展和国家安全的战略性产业,医药健康行业面临更大的机遇与挑战。为保障广大人民群众的就医用药需求,守护人民生命健康,我国不断推进医药卫生体制改革,引领医保、医疗、医药事业协同发展。

经验一再告诉我们,改革必须以法治为基础,发展需以法治为保障,在全面依法治国不断深化的大背景下,医药与法律的关系越发密切和重要,须臾不能脱离法治轨道。

推动法治进步是金杜医药医疗大健康团队奋斗的方向。通过专业、高效的法律服务,陪伴和助力企业及时应对风险,妥善处理纠纷,充分利用国内国际两个市场,在医药医疗大健康产业中发挥作用。

金杜团队结合近年来医药医疗法律法规政策的最新变化和在该领域积累的大量第一手经验,对这部著作进行了全面更新,形成了《医药与法律》的第二版。全书共分四编,分别从监管制度、知识产权保护、融资上市、医药合规等方面对医药健康行业相关法律主体可能面临的各类法律问题进行了多角度、全方位的研究、探讨和分析。本书通篇采用"一问一答"与"以案说法"形式,具有很强的可读性和指导性。

恰逢金杜成立三十周年。从无到有,从小到大,秉承"致广大而尽精微"的专业理念,披荆斩棘,一路走来,金杜与中国法治同行,与经济社会同进,取得的每一个点滴进步,都是广大客户朋友们支持爱护的结果,感恩谦卑,更要归功于这个伟大的时代!

《医药与法律》第二版即将付梓。愿本书再版发行为"健康中国行动"贡献法律人绵薄之力。

向金杜三十周年致意并为一个全新的发展进步助力助兴。

特作此序。

王俊峰

2023年8月10日

序　二

《医药与法律》第一版2015年出版发行，广受读者欢迎。本书被称为我国医药与法律相结合的“小百科全书”，探讨了医药健康产业全链条、各方面众多热点法律问题，在全面与深入之中取得平衡。本书涵盖的内容包括：医药医疗基本监管制度、医药许可及资产交易、医药相关知识产权保护与争议解决、医药企业融资与境内外上市、医药合规体系建设、数据合规、反垄断合规、税务合规、环保与安全生产、互联网医院等。

八年来，随着健康中国战略的全面实施以及医药卫生体制改革不断深入推进，围绕我国医药健康产业的发展，相关法律法规政策也在发生日新月异的变化。在医药工业领域，作为基本大法的《药品管理法》和《医疗器械监督管理条例》先后修订，响应时代呼声的《疫苗管理法》和《生物安全法》重磅出台，生产许可与上市许可解绑的MAH制度正式确立，与国际接轨的药品专利链接制度落地实施，《人类遗传管理条例》及其实施细则全面更新……在医疗卫生领域，公立医院综合改革全面推开，药械集中带量采购形成常态化机制，首诊负责与联合会诊等制度进一步完善，“互联网+医疗服务”新兴业务迅猛发展，借助人工智能、大数据等技术变革的创新疗法和数字医疗不断涌现……种种新规、新举、新气象不一而足。

在这一大背景下，《医药与法律》的更新显得愈发重要。历时将近一年，凝聚了金杜医药医疗板块数十位合伙人巨大心血的《医药与法律》第二版即将与大家见面!

本书作者团队还是来自金杜医药医疗大健康板块,其中多名律师连续多年被国际权威机构评选为生命科学领域推荐律师。作为行业领先的律师事务所,金杜始终秉持匠人精神,致力于提供更专业、更全面的法律服务。在医药健康法律领域,金杜更是组建了一流专门的法律服务团队,密切关注医药健康领域法律政策变化与行业市场动向,团队律师在为多个具有国际影响力的重大交易提供法律服务的同时,亦为我国多部医药医疗法律法规的制订和修订建言献策。

律师是一门注重实践的职业,而深厚的理论基础与公平正义的法律信仰是良好实践的基石。本书注重理论与实务相结合,不仅对我国医药医疗法律法规政策进行了全方位、多角度的梳理研究,而且汇聚了金杜律师八年来的第一线法律服务经验。

法律的目标是正义,在不断变革与进化的社会中,法律人应当发现并反映这些变化的原则,以适应时代对公平与效率的理解。

最后,特别感谢本书每一位作者与工作人员在繁忙工作之余的辛勤付出与大力奉献,使得《医药与法律》第二版能够在金杜成立三十周年之际完成更新,顺利付梓。衷心希望各位读者、业界人士继续关心支持我国医药法律制度的发展完善,期待您的意见建议!

黄建雯

金杜医药医疗板块负责人

目　录

第三编 融资上市

第四编 医药合规

第一编

监管/基本制度

第一章　药　品

第一节　基本概念与制度

一、基本概念

1. 什么是药品？

在《药品管理法》(2019修订)出台前,原《药品管理法》对药品的定义为:“用于预防、治疗、诊断人的疾病,有目的地调节人的生理机能并规定有适应症或者功能主治、用法和用量的物质,包括中药材、中药饮片、中成药、化学原料药及其制剂、抗生素、生化药品、放射性药品、血清、疫苗、血液制品和诊断药品等。”这一定义在列举时存在概念上的交叉,如血清、疫苗可能属于生物制品,与“生化药品”存在交叉;此外,部分诊断产品在检验时需要用到的血清可能并没有治疗诊断的用途,但因为血清被列举在药品的定义中,使得实践中产生了血清是否需要按照药品监管的疑惑。

针对这些问题,《药品管理法》(2019修订)对药品的定义进行了修改:“用于预防、治疗、诊断人的疾病,有目的地调节人的生理机能并规定有适应症或者功能主治、用法和用量的物质,包括中药、化学药和生物制品等。”①修改后的“药品”定义在列举药品时简化为“包括中药、化学药和生物制品等”,这一表述与药品注册中的分类实践基本相符,减少了产生歧义的可能。

2. 药品有哪些类型？

根据《药品管理法》(2019修订)对药品的法律定义,药品

---

① 《药品管理法》(2019修订)第2条第2款。

可以分为中药、化学药和生物制品三大类。

药品作为特殊监管商品,在我国境内上市流通前需要取得监管部门核发的上市许可,而在申请药品上市许可时,根据《药品注册管理办法》《化学药品注册分类及申报资料要求》《生物制品注册分类及申报资料要求》《中药注册分类及申报资料要求》等规定,我国按照中药、化学药和生物制品等不同类型,对药品实施分类注册管理,具体如下所述。

(1)化学药品注册分类

根据《化学药品注册分类及申报资料要求》的规定,化学药品注册分类分为创新药、改良型新药、仿制药、境外已上市境内未上市化学药品,并可进一步细分为以下5个类别。1类:境内外均未上市的创新药;2类:境内外均未上市的改良型新药;3类:境内申请人仿制境外上市但境内未上市原研药品的药品;4类:境内申请人仿制已在境内上市原研药品的药品;5类:境外上市的药品申请在境内上市。

(2)生物制品注册分类

根据《生物制品注册分类及申报资料要求》的规定,生物制品分为预防用生物制品、治疗用生物制品和按生物制品管理的体外诊断试剂,并可进一步按照下表进行细分:

生物制品类型及注册细分一览

生物制品类型	生物制品注册细分类型		
预防用生物制品	1类:创新型疫苗	2类:改良型疫苗	3类:境内或境外已上市的疫苗
治疗用生物制品	1类:创新型生物制品	2类:改良型生物制品	3类:境内或境外已上市生物制品
按生物制品管理的体外诊断试剂	1类:创新型体外诊断试剂	2类:境内外已上市的体外诊断试剂	/

(3)中药注册分类

对于中药而言,根据《中药注册分类及申报资料要求》的规定,中药的注册分类可分为,1类:中药创新药;2类:中药改良型新药;3类:古代经典名方中药复方制剂;4类:同名同方药。

二、药品上市许可持有人制度

1.什么是药品上市许可持有人?

《药品管理法》(2019修订)增设第三章"药品上市许可持有人",标志着药品上市许可持有人制度在历经多年试点后正式成为一项全国通行的制度。根据《药品管理法》(2019 修订)第 30 条以及《药品注册管理办法》(2020)第 3 条和第 9 条的规定,药品注册申请人在取得药品注册证书后,为药品上市许可持有人,药品注册申请人/药品上市许可持有人应当为能够承担相应法律责任的企业或者药品研制机构等。

在药品上市许可持有人制度实施前,取得药品注册证书的条件之一是具备药品生产条件、成为药品生产企业,因此,申请人可能需要花费大量的时间和金钱成本投资生产线,使其满足《药品生产质量管理规范》的要求。上市许可持有人制度的重要优势在于:允许药品注册申请人在不具备生产条件(无须投资生产厂房等)的前提下,以"相对轻资产"的状态取得药品注册证书。

在国际上,药品上市许可持有人制度是众多国家及地区较为普遍采用的制度(如美国、欧盟、日本等),其基本特征是药品批准证明文件的持有者作为责任主体,承担药品全生命周期管理的法律责任(实行特殊管理的药品除外),而对药品上市许可持有人是否必须是药品生产企业则通常不做强制要求。

2. 药品上市许可持有人需要承担哪些义务?

我国在药品上市许可持有人制度正式实施前,对药品领域的监管采取分散的、多环节的风险防控和责任承担机制,即由多个主体对药品的研制、生产、销售等活动进行分段式管理,并各自承担对应环节的责任;而持有人制度实施后,我国药品上市许可持有人的管理责任覆盖药品非临床研究、临床试验、生产经营、上市后研究、不良反应监测及报告与处理等整个生命周期,药品监管围绕药品上市许可持有人展开。

药品上市许可持有人将对药品全生命周期的各个环节进行统一管理并承担责任,其他从事药品研制、生产、经营、储存、使用等活动的单位和个人依法承担相应责任。此外,《药品管理法》(2019 修订)还明确了药品上市许可持有人应当履行的药品管理义务,包括但不限于:

(1)建立质量保证体系

药品上市许可持有人应当建立药品质量保证体系,配备专门人员独立负责药品质量管理;药品上市许可持有人应当对受托药品生产企业、药品经营企业的质量管理体系进行定期审核,监督其持续具备质量保证和控制能力。

(2)建立上市放行规程

药品上市许可持有人应当建立药品上市放行规程,对药品生产企业出厂放行的药品进行审核,经质量受权人签字后方可放行;不符合国家药品标准的,不得放行。

(3)建立药品追溯制度

药品上市许可持有人应当建立并实施药品追溯制度,按照规定提供追溯信息,保障药品可追溯;药品上市许可持有人应当按照相关法规和技术标准的要求,通过信息化手段建立药品追溯系统,对药品生产、流通和使用等各个环节的信息进行追踪,同时按照质量管理规范的要求对相关活动进行记录,记录应当真实、准确、完整、防篡改和可追溯,并按照监管要求向监管部门提供相关数据;药品上市许可持有人对药品追溯数据的记录和凭证应保存不少于5年,且应当由专职部门及人员负责药品追溯数据的管理,确保数据安全,防止数据泄露;药品上市许可持有人应当履行药品信息化追溯管理责任,按照统一药品追溯编码要求,对产品各级销售包装单元赋以唯一追溯标识等。

(4)年度报告义务

药品上市许可持有人应当建立年度报告制度,每年将药品生产销售、上市后研究、风险管理等情况按照规定向省、自治区、直辖市人民政府药品监督管理部门报告;违反前述报告义务的,责令限期改正并给予警告,逾期不改正的,处以罚款。

(5)上市后风险管理

药品上市许可持有人应当制订药品上市后的风险管理计划,主动开展药品上市后的研究,对已上市药品进行主动监测,对已经上市药品的安全性、有效性和质量可控性展开上市后评价;未按照规定开展药品上市后评价的,责令限期改正,给予警告;逾期不改正的,处以罚款。

为落实药品上市许可持有人的质量主体责任,国家药监局2022年年底颁布并于2023年3月1日实施的《药品上市许可持有人落实药品质量安全主体责任监督管理规定》,对药品上市许可持有人关键岗位职责及要求、药品上市许可持有人质量管理要求、药品上市许可持有人质量管理机制等内容进行了更为详细的规定。

3. 什么是境外药品上市许可持有人的境内代理人?

根据《药品管理法》(2019修订)的规定,药品上市许可持有人为境外企业的,应当由其指定的在中国境内的企业法人履行药品上市许可持有人义务,与药品上市许可持有人承担连带责任①。此外,2020年发布的《境外药品上市许可持

① 《中华人民共和国药品管理法》(2019修订)第38条。

有人境内代理人管理暂行规定(试行)》(征求意见稿),进一步对代理人定义、代理人条件、代理人义务、代理人备案以及代理人责任认定等事宜进行了细化和明确,但截至目前该征求意见稿尚未正式颁布和施行。

第二节 药品研发与上市

一、药物非临床研究

1. 什么是药物非临床研究?

非临床研究在广义上通常是指不在人体上进行的生物医学研究。[①] 在中国法下,狭义的药物非临床研究特指药物非临床安全性评价研究,是指为评价药物安全性,在实验室条件下用实验系统进行的试验,包括安全药理学试验、单次给药毒性试验、重复给药毒性试验、生殖毒性试验、遗传毒性试验、致癌性试验、局部毒性试验、免疫原性试验、依赖性试验、毒代动力学试验以及与评价药物安全性有关的其他试验[②]。在中国,药物非临床研究应当在依据《药物非临床研究质量管理规范》(以下简称药物 GLP)认证的机构开展,并遵守药物 GLP 和其他相关法律法规的要求。

药物非临床研究是药物研发的基础性工作,为相关药物后续在人体上开展药物临床试验以及申请药物注册奠定坚实的基础。开展药物非临床研究,应当符合国家有关规定,有与研究项目相适应的人员、场地、设备、仪器和管理制度,保证有关数据、资料和样品的真实性。[③]

药物非临床研究由委托方委托经过规范认证的研究机构进行。药物非临床研究的委托方作为研究工作的发起者和研究结果的申报者,对用于申报注册的研究资料负责,并应当在委托药物非临床研究前,通过考察等方式对研究机构进行评估,以确认其能够遵守药物 GLP 的要求进行研究。药物非临床研究的委托方可以是单位或者个人,并不必然是拟作为 MAH 的主体。但是,无论药物非临床研究的委托方是否拟作为 MAH 的主体,MAH 应当最终对药物非临床研究承担相应责任。[④]

---

① 《药物临床试验质量管理规范》第 11 条第 3 项。

② 《药物非临床研究质量管理规范》第 4 条第 2 项。

③ 《药品管理法》第 18 条。

④ 《药品管理法》第 30 条。

2. 什么是药物GLP?

药物GLP是有关非临床安全性评价研究机构运行管理和非临床安全性评价研究项目试验方案设计、组织实施、执行、检查、记录、存档和报告等全过程的质量管理要求。[①] 药物GLP适用于为在中国申请药品注册而进行的药物非临床安全性评价研究。以在中国注册为目的的其他药物临床前相关研究活动参照药物GLP执行。

现行有效的药物GLP是原国家食品药品监督管理总局于2017年7月27日发布并于2017年9月1日实施的2017版药物GLP,其替代了2003年8月6日发布并于2003年9月1日实施的药物GLP(原国家食品药品监督管理局令第2号)。随着我国药物非临床安全性评价研究能力的不断提升和评价数量的快速增长,以及药物非临床研究领域新概念的产生和新技术的应用,需要对药物GLP内容调整和细化,以适应行业发展和监管工作的需要。在此背景下,2017年版药物GLP对2003年版药物GLP进行了进一步细化,从原来的45条增加到50条,增加了药物非临床研究应当确保行为规范,数据真实、准确、完整的要求,并对质量保证负责人、机构负责人、专题负责人等工作人员以及实验动物、资料档案、计算机化系统的使用等方面提出了更细致的要求和规定。

3. 药物GLP主要从哪些方面对研究机构提出了要求?

药物非临床研究机构是指具备开展非临床安全性评价研究的人员、设施设备及质量管理体系等条件,从事药物非临床安全性评价研究的单位。[②] 该研究机构应当根据《药物非临床研究质量管理规范认证管理办法》等有关规定向国家药监局申请并通过药物GLP认证。

2017年版药物GLP主要从以下几个方面对研究机构提出了要求。

(1)组织机构和人员:研究机构应当建立完善的组织管理体系,配备机构负责人、质量保证部门和包括专题负责人在内的相应的工作人员。药物非临床研究机构的机构负责人,是指按照药物GLP的要求全面负责某一研究机构的组织和运行管理的人员[③]。机构负责人应当确保研究机构的运行管理符合药物GLP的要求,包括但不限于确保研究机构具有足够数量、具备资质的人员,以及符合药物GLP要求的设施、仪器设备及材料,以保证研究项目及时、正常地运行。药物非临床研究机构的质量保证部门是指研究机构内履行有关非临床安全性评价

① 《药物非临床研究质量管理规范》第4条第1项。
② 《药物非临床研究质量管理规范》第4条第3项。
③ 《药物非临床研究质量管理规范》第4条第5项。

研究工作质量保证职能的部门,负责对每项研究及相关的设施、设备、人员、方法、操作和记录等进行检查,以保证研究工作符合药物 GLP 的要求。[①] 药物非临床研究机构的专题负责人是指全面负责组织实施非临床安全性评价研究中某项试验的人员。[②]

(2)设施:研究机构应当根据所从事的非临床安全性评价研究的需要建立相应的设施,并确保设施的环境条件满足工作的需要,包括但不限于动物设施、与受试物和对照品相关的设施、档案保管的设施以及收集和处置实验废弃物的设施。各种设施应当布局合理、运转正常,并具有必要的功能划分和区隔,有效地避免可能对研究造成的干扰。

(3)仪器设备和实验材料:研究机构应当根据研究工作的需要配备相应的仪器设备,其性能应当满足使用目的,放置地点合理,并定期进行清洁、保养、测试、校准、确认或者验证等,以确保其性能符合要求。此外,药物 GLP 还对受试物和对照品以及试剂和溶液的使用和管理进行了规范。

(4)实验系统:主要包括针对实验动物的管理以及实验动物以外的其他实验系统的管理。实验动物的使用应当关注动物福利,遵循"减少、替代和优化"的原则,试验方案实施前应当获得动物伦理委员会批准。实验动物以外的其他实验系统的来源、数量(体积)、质量属性、接收日期等应当予以详细记录,并在合适的环境条件下保存和操作使用。

(5)标准操作规程:研究机构应当制定与其业务相适应的标准操作规程,以确保数据的可靠性。公开出版的教科书、文献、生产商制定的用户手册等技术资料可以作为标准操作规程的补充说明加以使用。

(6)研究工作的实施:每项研究开始前,均应当起草一份试验方案,由质量保证部门对其符合药物 GLP 要求的情况进行审查并经专题负责人批准之后方可生效(接受委托的研究,试验方案应当经委托方认可)。需要修改试验方案时应当进行试验方案变更,并经质量保证部门审查,专题负责人批准。所有研究均应当有总结报告;总结报告应当经质量保证部门审查,最终由专题负责人签字批准,批准日期作为研究完成的日期。

(7)质量保证:研究机构应当确保质量保证工作的独立性。质量保证人员不能参与具体研究的实施,或者承担可能影响其质量保证工作独立性的其他工作。此外,质量保证部门应当制订书面的质量保证计划,对质量保证活动制定相

---

① 《药物非临床研究质量管理规范》第 4 条第 9 项。

② 《药物非临床研究质量管理规范》第 4 条第 6 项。

应的标准操作规程,并对所有遵照药物GLP实施的研究项目进行审核并出具质量保证声明。

(8)资料档案:专题负责人应当确保研究所有的资料,包括试验方案的原件、原始数据、标本、相关检测报告、留样受试物和对照品、总结报告的原件以及研究有关的各种文件,在研究实施过程中或者研究完成后及时归档,按标准操作规程的要求整理后,作为研究档案予以保存。用于注册申报材料的研究,其档案保存期应当在药物上市后至少5年;未用于注册申报材料的研究(如终止的研究),其档案保存期为总结报告批准日后至少5年;其他不属于研究档案范畴的资料应当在其生成后保存至少10年。

二、药物临床试验

1.什么是药物临床试验?

在中国法下,药物临床试验(Clinical Trial)是指以人体(患者或健康受试者)为对象的试验,意在发现或验证某种试验药物的临床医学、药理学以及其他药效学作用、不良反应,或者试验药物的吸收、分布、代谢和排泄,以确定药物的疗效与安全性的系统性试验①。药物临床试验的主要目的是在我国申请药品注册。

(1)药物临床试验的分类

药物临床试验分为Ⅰ期临床试验、Ⅱ期临床试验、Ⅲ期临床试验、Ⅳ期临床试验以及生物等效性(Bioequivalency,BE)试验②。药物临床试验应当经过批准,其中生物等效性试验应当备案。

(2)药物临床试验的研究内容

根据药物特点和研究目的,研究内容包括临床药理学研究、探索性临床试验、确证性临床试验和上市后研究。③

(3)药物临床试验的核心原则

在中国开展药物临床试验应当在具备相应条件并按照规定完成备案的药物临床试验机构中进行,并遵守《药物临床试验质量管理规范》(以下简称药物GCP)和其他相关法律法规的要求,其核心原则包括但不限于以下内容。

药物临床试验应当符合《世界医学大会赫尔辛基宣言》原则及相关伦理要

---

① 《药物临床试验质量管理规范》第11条第1项。

② 《药品注册管理办法》第21条。

③ 《药品注册管理办法》第21条。

求,受试者的权益和安全是考虑的首要因素,优先于对科学和社会的获益[①]。

伦理审查是保障受试者权益的重要措施。临床研究机构的伦理委员会应当对临床试验的科学性和伦理性进行审查,药物临床试验的试验方案只有在获得伦理委员会同意后方可执行。

药物临床试验应当充分尊重和保障受试者的知情同意权。药物临床试验的受试者应当被告知可影响其作出参加临床试验决定的各方面情况,由受试者(或者在一定情况下,其监护人)确认同意自愿参加临床试验。

药物临床试验应当有充分的科学依据。临床试验应当权衡受试者和社会的预期风险和获益,只有当预期的获益大于风险时,方可实施或者继续临床试验[②]。

临床试验的实施应当遵守利益冲突回避原则[③]。

(4)药物临床试验的默示许可制度

在我国开展的药物临床试验适用默示许可制度,即 MAH 在提交临床试验申请后 60 个工作日内,国家药监局药品审评中心(CDE)应当通过其官方网站告知申请人结果,逾期未通知视为同意[④]。申请人可以在药物临床试验申请前、药物临床试验过程中以及药品上市许可申请前等关键阶段,与 CDE 等专业技术机构进行沟通交流[⑤],确保药品申请流程顺利进行。

2. 药物临床试验涉及哪些主体?

药物临床试验是绝大部分药品在我国注册的必经程序,涉及诸多参与主体。在中国境内开展药物临床试验主要涉及以下参与主体。

(1)CDE(Center for Drug Evaluation):指国家药品监督管理局药品审评中心,负责药物临床试验申请的评审。CDE 受理临床试验申请后在法律规定的期限内决定是否同意并通知临床试验申办者,逾期未通知的,视为同意。只有获得 CDE 的同意(包括默示同意)后,相关主体才能合法开展药物临床试验。

(2)申办者:指负责临床试验的发起、管理和提供临床试验经费的个人、组织或者机构[⑥],一般是拟作为 MAH 的主体。

(3)在临床试验的过程中,申办者一般还会委派监查员监督临床试验的进

---

① 《药物临床试验质量管理规范》第 3 条。
② 《药物临床试验质量管理规范》第 4 条。
③ 《药物临床试验质量管理规范》第 10 条。
④ 《药品管理法》第 19 条第 1 款。
⑤ 《药品注册管理办法》第 16 条第 1 款。
⑥ 《药物临床试验质量管理规范》第 11 条第 7 项。

展以及委派稽查员对临床试验相关活动和文件进行系统的、独立的检查。此外，申办者还可以设立独立的数据监查委员会，负责定期对临床试验的进展、安全性数据和重要的有效性终点进行评估，并向申办者建议是否继续、调整或者停止试验。

(4)药物临床试验机构：指具备相应条件，按照药物GCP和药物临床试验相关技术指导原则等要求，开展药物临床试验的机构①。在中国境内开展经批准的药物临床试验(包括备案后开展的生物等效性试验)应当在按照规定完成备案的药物临床试验机构中进行。临床试验机构应当设立相应的内部管理部门，承担临床试验的管理工作。

(5)研究者：指实施临床试验并对临床试验质量及受试者权益和安全负责的试验现场的负责人②。研究者必须具有在临床试验机构的执业资格，具备临床试验所需的专业知识、培训经历和能力。

(6)伦理委员会：指由医学、药学及其他背景人员组成的委员会，其职责是通过独立地审查、同意、跟踪审查试验方案及相关文件、获得和记录受试者知情同意所用的方法和材料等，确保受试者的权益、安全受到保护③。符合条件完成备案的临床试验机构应当具有负责药物临床试验伦理审查的伦理委员会。伦理委员会的职责是保护受试者的权益和安全，应当特别关注弱势受试者。

(7)受试者：指参加一项临床试验，并作为试验用药品的接受者，包括患者、健康受试者。受试者(或者在一定情况下，其监护人)应当在参加临床试验前签署知情同意书，了解临床试验的概况、受试者的权利和义务以及试验可能致受试者的风险或不便等必要内容。

3. 什么是合同研究组织(CRO)？

合同研究组织(Contract Research Organization，CRO)，是指通过签订合同授权，执行申办者或者研究者在临床试验中的某些职责和任务的单位④。CRO应当按照签订的合同以及药物GCP中对申办者的相关要求承担相关临床试验工作，接受申办者的监督并应当实施质量保证和质量控制。CRO如存在任务转包，应当获得申办者的书面批准。

CRO并不是必须参与药物临床试验的主体。但是，随着药品研发专业化分

① 《药物临床试验机构管理规定》第2条。
② 《药物临床试验质量管理规范》第11条第6项。
③ 《药物临床试验质量管理规范》第11条第5项。
④ 《药物临床试验质量管理规范》第11条第8项。

工的发展,CRO 已经在药品研发以及药物临床试验过程中发挥越来越大的作用。在实践中,一些大型跨国药企在中国甚至已经不设立专门的研发和临床试验团队,而是委托专业的 CRO 承担相关的研发和临床试验工作。在此种模式下的临床试验中,由申办者与 CRO 签署委托协议,CRO 与临床试验机构签署临床试验协议,直接参与临床试验(在某些情况下,根据临床试验机构的要求,也可能由申办者、CRO 与临床试验机构签署三方的临床试验协议)。

4. 什么是研究者发起的临床研究(IIT)?

研究者发起的临床研究(Investigator-Initiated Trials,IIT),是指医疗卫生机构开展的,以人个体或群体(包括医疗健康信息)为研究对象,不以药品医疗器械(含体外诊断试剂)等产品注册为目的,研究疾病的诊断、治疗、康复、预后、病因、预防及健康维护等的活动①。

IIT 与医药企业作为申办者发起的药物临床试验(Industry-Sponsored Trials,“IST”)相比,通常有以下几点区别。

(1)发起人和研究目的不同:IIT 的发起人通常为医疗卫生机构及其研究者,其开展 IIT 的目的是探索医学科学规律和积累医学知识,不得以 IIT 为名开展超范围的临床诊疗或群体性疾病预防控制活动。药物 IST 的发起人通常为作为申办者的医药企业,其开展药物 IST 的目的是申请药品注册。

(2)研究内容不同:IIT 根据研究者基于研究目的是否主动施加某种研究性干预措施,可以分为观察性研究和干预性研究;研究内容可以是上市后的药品、器械等产品,也可以是手术和操作、物理治疗、心理治疗、行为干预、临床诊疗方案、群体性健康措施、生物医学技术等研究内容。药物 IST 根据研究阶段和主要任务的不同,可以分为Ⅰ期临床试验、Ⅱ期临床试验、Ⅲ期临床试验、Ⅳ期临床试验以及生物等效性试验,研究内容主要是确定试验药物的安全性与有效性。

(3)适用法律和要求不同:药物 IST 目前适用的主要法律规定为《药品管理法》及其实施条例、《药品注册管理办法》、《药物临床试验质量管理规范》(GCP)和其他相关法律法规、指导原则等。IIT 目前适用的有效法律规定主要为 2014 年发布实施的《医疗卫生机构开展临床研究项目管理办法》;此外,2021 年 7 月,国家卫生健康委员会专门针对 IIT 的相关要求发布了《医疗卫生机构开展研究者发起的临床研究管理办法(试行)》,并从 2021 年 10 月 1 日起

① 《医疗卫生机构开展研究者发起的临床研究管理办法(试行)》第 2 条。

在北京、上海、广东、海南等几个试点地区开展试点,未来可能进一步在全国范围内推广实施。

三、药品注册与上市

1. 什么是药品注册?

药品注册是指药品注册申请人依照法定程序和相关要求提出药物临床试验、药品上市许可、再注册等申请以及补充申请,药品监督管理部门基于法律法规和现有科学认知进行安全性、有效性和质量可控性等审查,决定是否同意其申请的活动①。所有药品(不包括未实施审批管理的中药材和中药饮片),无论是在国内生产还是在国外生产,如拟在中国市场销售,都必须首先向药品监督管理部门申请药品注册,取得相关的药品注册证书。

根据拟注册的药品类型的不同,我国的药品注册按照中药、化学药和生物制品等进行分类注册管理,具体而言可以进一步分为以下类别:

一级分类	二级分类[1]
中药	中药创新药、中药改良型新药、古代经典名方中药复方制剂、同名同方药等
化学药	化学药创新药、化学药改良型新药、仿制药等
生物制品	生物制品创新药、生物制品改良型新药、已上市生物制品(含生物类似药)等

[1]《药品注册管理办法》第4条。

根据药品注册申请内容和阶段的不同,我国的药品注册还可以分为药品上市许可的注册申请、药品上市后变更的注册申请、药品再注册等申请以及补充申请。

2. 什么是关联审评审批制度?

关联审评审批制度是指CDE在审评药品制剂注册申请时,对药品制剂选用的化学原料药、辅料及直接接触药品的包装材料和容器(以下简称原辅包)进行关联审评②。

路径一(见下图):(1)原辅包生产企业将其生产的原辅包产品在CDE登记平台上完成登记,登记平台公示其基本信息(品种名称、企业名称、地址、来源、规格),以供药品制剂的MAH选择;(2)MAH选择原辅包Ⅰ后,CDE对制剂与原

① 《药品注册管理办法》第3条第1款。

② 《药品注册管理办法》第41条第1款。

辅包Ⅰ进行关联审评审批;(3)通过后,CDE将在登记平台上公示原辅包Ⅰ与制剂共同审评审批的结果。

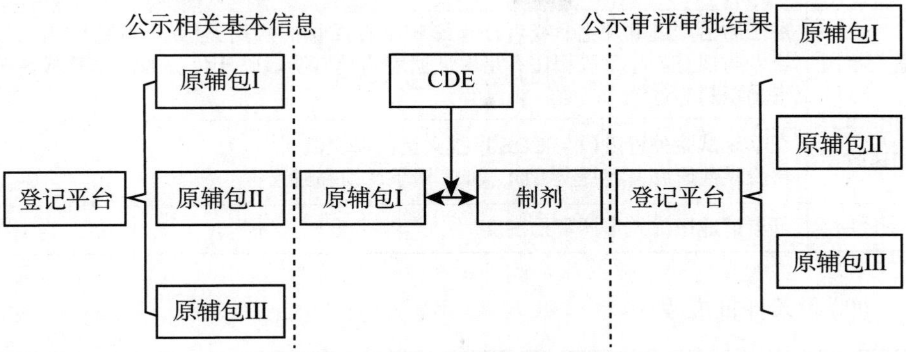

路径一

路径二(见下图):(1)MAH还可以选择未登记的原辅包(如图1-1-2所示的原辅包Ⅳ),但是需要在制剂注册申请时一并申报原辅包的相关研究资料;(2)通过后,CDE将在登记平台上公示原辅包与制剂共同审评审批的结果。

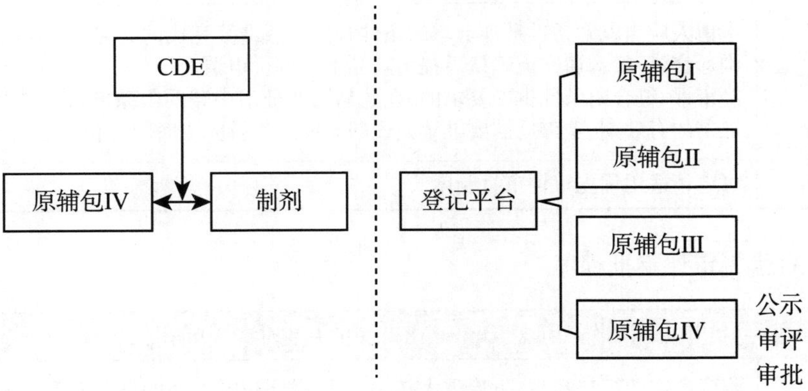

路径二

3. 我国有哪些药品加快上市注册的程序?

在我国,药品加快上市注册程序主要分为突破性治疗药物程序、附条件批准程序、优先审评审批程序和特别审批程序,具体申请阶段和适用范围如下所示。

(1)突破性治疗药物程序

申请阶段	临床试验期间
适用范围	用于防治严重危及生命或者严重影响生存质量的疾病,且尚无有效防治手段或者与现有治疗手段相比有足够证据表明具有明显临床优势的创新药或者改良型新药等
加速政策	在临床试验关键阶段与 CDE 审批人员沟通交流; 将阶段性研究资料提交 CDE,CDE 给予反馈和建议
备注	可申请适用优先审评审批制度

(2)附条件批准程序

申请阶段	临床试验期间
适用范围	治疗严重危及生命且尚无有效治疗手段的疾病的药品,药物临床试验已有数据证实疗效并能预测其临床价值的; 公共卫生方面急需的药品,药物临床试验已有数据显示疗效并能预测其临床价值的; 应对重大突发公共卫生事件急需的疫苗或者国家卫生健康委员会认定急需的其他疫苗,经评估获益大于风险的
加速政策	申请人应当就附条件批准上市的条件和上市后继续完成的研究工作等与 CDE 沟通交流,经沟通交流确认后提出药品上市许可申请。 经审评,符合附条件批准要求的,在药品注册证书中载明附条件批准药品注册证书的有效期、上市后需要继续完成的研究工作及完成时限等相关事项
备注	可申请适用优先审评审批制度

(3)优先审评审批程序

申请阶段	上市许可申请时
适用范围	临床急需的短缺药品、防治重大传染病和罕见病等疾病的创新药和改良型新药; 符合儿童生理特征的儿童用药品新品种、剂型和规格; 疾病预防、控制急需的疫苗和创新疫苗; 纳入突破性治疗药物程序的药品; 符合附条件批准的药品; 国家药监局规定其他优先审评审批的情形

续表

申请阶段	上市许可申请时
加速政策	药品上市许可申请的审评时限为 130 日； 临床急需的境外已上市境内未上市的罕见病药品，审评时限为 70 日； 需要核查、检验和核准药品通用名称的，予以优先安排； 经沟通交流确认后，可以补充提交技术资料

（4）特别审批程序

申请阶段	临床试验申请或上市许可申请时
适用范围	在发生突发公共卫生事件的威胁时以及突发公共卫生事件发生后，国家药监局可以依法决定对突发公共卫生事件应急所需防治药品实行特别审批
加速政策	特别审批的情形、程序、时限、要求等按照药品特别审批程序规定执行

4. 药品上市后的变更有哪些类型？

（1）药品上市后的变更，按照其对药品安全性、有效性和质量可控性的风险和产生影响的程度，实行分类管理，分为审批类变更、备案类变更和报告类变更。其中，属于审批类变更的事项应当经药品监督管理部门批准后实施，属于备案类变更的事项应当在变更实施前报药品监督管理部门备案，属于报告类变更的事项由 MAH 在年度报告中报告，具体适用范围如下：

管理类别	适用范围
审批类变更[1]	药品生产过程中的重大变更； 药品说明书中涉及有效性内容以及增加安全性风险的其他内容的变更； MAH 转让药品上市许可； 国家药监局规定需要审批的其他变更
备案类变更[2]	药品生产过程中的中等变更； 药品包装标签内容的变更； 药品分包装； 国家药监局规定需要备案的其他变更
报告类变更[3]	药品生产过程中的微小变更； 国家药监局规定需要报告的其他变更

[1]《药品注册管理办法》第 78 条。

[2]《药品注册管理办法》第 79 条。

[3]《药品注册管理办法》第 80 条。

(2)药品上市后变更还可以根据变更事项的不同,分为注册管理事项变更和生产监管事项变更①。其中,注册管理事项变更包括药品注册批准证明文件及其附件载明的技术内容和相应管理信息的变更,具体变更管理要求按照《药品注册管理办法》及相关技术指导原则的有关规定执行。生产监管事项变更包括药品生产许可证载明的许可事项变更和登记事项变更,具体变更管理要求按照《药品注册管理办法》和《药品生产监督管理办法》及药品 GMP 的有关规定执行。

第三节　药品生产

一、药品生产企业

1. 企业从事药品生产需要具备哪些条件?

在中国境内从事药品生产活动,企业应当取得相应类别的药品生产许可证并符合药品 GMP 的相关要求,建立健全药品生产质量管理体系,保证药品生产全过程持续符合法定要求。

根据不同的 MAH 和产品类型,药品生产许可证可以分为 A 证(由自行生产的 MAH 持有)、B 证(由委托生产的 MAH 持有)、C 证(由接受委托的药品生产企业持有)和 D 证(由原料药生产企业持有)四类。企业为了取得相应类别的药品生产许可证,需要具备的条件将有所区别。通常而言,从事一般的药品生产活动应当具备以下条件②:

(1)有依法经过资格认定的技术人员和相应管理人员,包括具备一定资质和条件的药学技术人员、工程技术人员及相应的技术工人,法定代表人、企业负责人、生产管理负责人、质量管理负责人、质量受权人及其他相关人员;

(2)有与药品生产相适应的厂房、设施、设备和卫生环境;

(3)有能对所生产药品进行质量管理和质量检验的机构、人员;

(4)有能对所生产药品进行质量管理和质量检验的必要的仪器设备;

(5)有保证药品质量的规章制度,并符合药品 GMP 要求。

如果企业从事疫苗生产活动,还应当具备适度规模和足够的产能储备,具有保证生物安全的制度和设施、设备以及符合疾病预防、控制需要③。此外,如果

---

① 《药品上市后变更管理办法(试行)》第2条。
② 《药品生产监督管理办法》第6条第1款。
③ 《药品生产监督管理办法》第6条第2款。

是委托他人生产的MAH,应当具备前述第(1)(3)(5)点规定的条件,具体可参见本节第二部分问题1中关于药品委托生产项下委托方资质的阐释。

2. 申请药品生产许可证的一般流程和要求是什么?

首次申请药品生产许可证的新设企业而言,申请药品生产许可证的主要流程为:

(1)申请企业设立登记。申请企业应首先在相应的市场监督管理部门完成企业设立登记手续。

(2)申请药品生产许可证。在完成企业设立登记后,申请企业应当向省、自治区、直辖市药品监督管理部门申请药品生产许可证①。需要注意的是,随着我国药品生产企业的持续增多,各地方对于新设药品生产企业的监管态度逐渐趋严,申请企业还需要注意拟从事的药品生产活动是否符合国家制定的药品行业发展规划和产业政策,如果属于限制或淘汰类的药品生产类别,主管药品监督管理部门很可能会不受理企业的药品生产许可证申请材料或者不予批准药品生产许可证的颁发。

主管药品监督管理部门在受理药品生产许可证申请后,将按照药品GMP有关规定组织开展申报资料技术审查和评定、现场检查。经审查符合规定的,予以批准,并颁发药品生产许可证②。

3. 发生哪些情形需要变更药品生产许可证?

药品生产许可证载明的事项分为许可事项和登记事项。药品生产企业变更药品生产许可证的许可事项或登记事项的,均需要向原发证机关提出申请并完成相应的变更手续,具体如下所述。

(1)当药品生产许可证载明的许可事项(指生产地址和生产范围等)发生变更时,药品生产企业应当在许可事项发生变更前,向原发证机关提出变更申请;未经批准,不得变更许可事项。其中:

a. 如果涉及变更生产地址或者生产范围,药品生产企业应按照对药品生产企业所需具备的条件的规定及相关变更技术要求,提交涉及变更内容的有关材料,并报经所在地省、自治区、直辖市药品监督管理部门审查决定;

b. 如果涉及原址或者异地新建、改建、扩建车间或者生产线,应当符合相关规定和技术要求,提交涉及变更内容的有关材料,并报经所在地省、自治区、直辖

① 《药品管理法》第41条第1款。

② 《药品生产监督管理办法》第9条第2、3款。

市药品监督管理部门进行药品GMP符合性检查①。

(2)当药品生产许可证载明的登记事项[指企业名称、住所(经营场所)、法定代表人、企业负责人、生产管理负责人、质量管理负责人、质量受权人等]发生变更时,药品生产企业应当在市场监督管理部门核准变更[涉及企业名称、住所(经营场所)、法定代表人变更]或者药品生产企业完成变更(涉及企业负责人、生产管理负责人、质量管理负责人、质量受权人变更)后30日内,向原发证机关申请药品生产许可证变更登记。原发证机关应当自收到企业变更申请之日起10日内办理变更手续。

二、药品委托生产

1. 什么是药品委托生产?

(1)药品委托生产的概念

根据《药品管理法》第32条第1、2款的规定,MAH可以自行生产药品,也可以委托药品生产企业生产。委托生产的,应当委托符合条件的药品生产企业。MAH和受托生产企业应当签订委托协议和质量协议,并严格履行协议约定的义务。

在中国开展药品委托生产应当遵守《药品管理法》及《药品生产监督管理办法》、药品GMP和其他相关法律法规的要求。关于委托方和受托方的具体职责详见本部分问题3中的阐释。

(2)委托方资质

需要注意的是,尽管在MAH制度下,药品上市许可和生产许可分离,但委托其他生产企业生产药品的MAH仍需按照《药品生产监督管理办法》的相关规定取得药品生产许可证B证,并符合如下条件②:

a. 有依法经过资格认定的药学技术人员、工程技术人员及相应的技术工人,法定代表人、企业负责人、生产管理负责人、质量管理负责人、质量受权人及其他相关人员符合《药品管理法》《疫苗管理法》规定的条件;

b. 有能对所生产药品进行质量管理和质量检验的机构、人员;

c. 有保证药品质量的规章制度,并符合药品GMP要求。

与负责实际生产药品的药品生产企业应当符合的条件相比,虽然MAH自身不需要具备与药品生产相适应的厂房、设施、设备、卫生环境和仪器设备,但是

① 《药品生产监督管理办法》第16条。

② 《药品生产监督管理办法》第6条和第7条。

必须要具备适格的技术人员和符合药品 GMP 要求的规章制度。这一要求也体现了国家对于 MAH 自身对药品的质量管理能力的重视。

(3)质量协议和委托协议

在委托生产的情形下,MAH 应当与符合条件的受托药品生产企业签订书面的质量协议以及委托协议,监督受托方履行有关协议约定的义务。

其中,质量协议是药品委托与受托生产关系所涉及各方主体之间有关如何在药品 GMP 合规情况下生产药品的全面约定,重点在于满足法律法规规章等合规要求和监管机构的监管要求,必须能保证双方有效履行药品质量保证义务。质量协议不是商业性协议,通常不包括一般的商业条件,如保密性、定价和成本、交货条款、有限责任或者损坏赔偿等①。需要注意的是,MAH 不得通过质量协议将法定只能由 MAH 履行的义务和责任委托给受托方承担。

委托协议是 MAH 委托受托方进行药品生产的商业性协议,用以明确双方各自的权利和义务。通常而言,在委托协议中,委托生产的价格、付款、交货、知识产权保护(包括但不限于委托/合作开发成果权的归属、技术改进的权利归属、知识产权侵权等)、保密条款、合同解除和违约责任等内容是需要 MAH 重点把控的核心内容和双方的谈判重点。

2. 哪些药品不能委托生产?

(1)根据适用法律的规定,禁止在我国进行委托生产的药品主要涉及以下存在特定风险或受到特别监管的药品类别:

a. 血液制品、麻醉药品、精神药品、医疗用毒性药品、药品类易制毒化学品,但是,药品监督管理部门另有规定的除外②;

b. 经批准或者通过关联审评审批的原料药,不得再行委托他人生产③。

(2)除绝对禁止类委托生产药品外,在我国委托生产疫苗也将受到一定的限制。原则上,疫苗 MAH 应当具备疫苗生产、检验必需的厂房设施设备,配备具有资质的管理人员,建立完善质量管理体系,具备生产出符合注册要求疫苗的能力;但是,超出疫苗生产能力确需委托生产的,应当经国家药监局批准④。

根据《疫苗生产流通管理规定》,满足以下情形之一的疫苗品种,MAH 可提出疫苗委托生产申请:

---

① 《药品委托生产质量协议指南(2020 年版)》第四(十一)条。

② 《药品管理法》第 32 条第 4 款。

③ 《药品生产监督管理办法》第 42 条第 4 款。

④ 《药品生产监督管理办法》第 25 条。

a. 国务院工业和信息化管理部门提出储备需要,且认为 MAH 现有生产能力无法满足需求的;

b. 国务院卫生健康管理部门提出疾病预防、控制急需,且认为 MAH 现有生产能力无法满足需求的;

c. 生产多联多价疫苗的。

并且,委托生产的范围应当是疫苗生产的全部工序。必要时,委托生产多联多价疫苗的,经国家药监局组织论证同意后可以仅就疫苗原液生产阶段或者制剂生产阶段进行委托生产①。

(3)受托方不得将接受委托生产的药品再次委托第三方生产②。

3. 药品委托生产的受托方和委托方需要承担哪些职责?

总体而言,在 MAH 制度下,MAH 应依法对药品研制、生产、经营、使用全过程中药品的安全性、有效性、质量可控性负责,而受托生产企业则依照质量协议和委托协议的规定就药品质量对 MAH 负责。具体如下所述。

(1)委托方职责

MAH 应当委托符合条件的药品生产企业,并对受托方的质量保证能力和风险管理能力进行评估,与其签订质量协议以及委托协议,监督受托方履行有关协议约定的义务③,督促其遵守有关法律法规规定,落实生产环节的质量责任,主要包括:

a. 委托方应当对受托方的生产条件、技术水平和质量管理情况进行考察,确认受托方是否具有完成受托生产的条件和能力,是否持续符合药品 GMP 以及委托生产产品的生产质量管理要求④。

b. 委托方应当向受托方提供必要的技术资料⑤。

c. 委托方应当对委托生产的全过程进行指导和监督,确保受托方能够按照注册工艺生产出符合注册标准的产品,尽可能地避免出现任何偏离工艺规程和操作规程的偏差⑥。

d. 委托方应当进行物料供应商的选择、管理和审核,供应商应当符合 NMPA 制定的药品 GMP 以及关联审评审批有关要求。

---

① 《疫苗生产流通管理规定》第 12 条。
② 《药品生产监督管理办法》第 42 条第 3 款。
③ 《药品管理法》第 32 条第 2 款和《药品生产监督管理办法》第 42 条第 2 款。
④ 《药品委托生产质量协议指南(2020 年版)》第三(二)条。
⑤ 《药品委托生产质量协议指南(2020 年版)》第四(四)条。
⑥ 《药品委托生产质量协议指南(2020 年版)》第四(五)条。

e. 委托方应当将合格供应商目录提供给受托方①。

f. 委托方应当配备质量受权人，负责产品的最终上市放行；委托方不得将产品的上市放行工作授权给受托方完成②。

（2）受托方职责

a. 受托方应确保委托生产药品遵守药品 GMP，按照国家药品标准和经药品监督管理部门核准的注册标准和生产工艺进行生产；

b. 受托方应当积极配合委托方接受审核，并按照所有审核发现的缺陷，采取纠正和预防措施落实整改③；

c. 受托方应当根据委托方提供的文件资料，根据企业现有的生产技术条件和质量管理情况制定相应的委托生产技术文件，文件必须经双方审核批准④；

d. 受托方在生产过程中对受托产品进行返工、重新加工和回收活动必须制定针对性的返工、重新加工和回收标准操作程序，文件须经双方审核批准，实际操作时应当提前告知委托方并得到书面批准后方可操作⑤；

e. 受托方应当审核委托方提供的合格供应商目录，经审核合格后，纳入受托方合格供应商目录，用于受托方入厂时的核对验收⑥；

f. 受托方负责产品的出厂放行⑦。

（3）可以约定的职责

对于特定的质量管理职责，委托方和受托方可以在质量协议中约定由一方承担，比如，由哪一方负责物料的采购，由哪一方负责原辅料、包装材料、中间产品、成品的取样，由哪一方负责持续稳定性考察工作等。

4. 药品可以跨境委托生产吗？

在 MAH 制度下，药品引进和许可交易日益活跃，跨境委托生产亦成为很多企业切实关注的问题。

（1）药品跨境委托生产在法律层面未被明确禁止

目前法律并未禁止药品跨境委托生产的模式。《药品管理法》规定，MAH 可以委托符合条件的药品生产企业生产。在委托生产的情况下，MAH 应按照

① 《药品委托生产质量协议指南（2020 年版）》第四（二）条。
② 《药品委托生产质量协议指南（2020 年版）》第四（六）条。
③ 《药品委托生产质量协议指南（2020 年版）》第三（三）条。
④ 《药品委托生产质量协议指南（2020 年版）》第四（四）条。
⑤ 《药品委托生产质量协议指南（2020 年版）》第四（五）条。
⑥ 《药品委托生产质量协议指南（2020 年版）》第四（二）条。
⑦ 《药品委托生产质量协议指南（2020 年版）》第四（六）条。

《药品生产监督管理办法》的相关规定取得药品生产许可证B证,并应当与受托生产企业签订委托协议和质量协议,严格履行协议约定的义务。除此之外,现行有效的法规层面并未有其他进一步的限制,也未明确限制受托生产企业应位于中国境内。

此外,根据《药品生产监督管理办法》的规定,MAH的生产场地在境外的,应当按照《药品管理法》与《药品生产监督管理办法》组织生产,配合境外检查工作①,并未要求境外生产企业取得药品生产许可证。

因此,从《药品管理法》规定层面,中国境内的MAH委托境外药品生产企业生产药品,或境外MAH委托境内药品生产企业生产药品并未被明确禁止。

(2)药品跨境委托生产监管实践

尽管前述法律规定给药品跨境委托生产赋予了一定空间,但是药品监督部门目前的监管实践有所不同。基于当前的行业实践,除下述大湾区特殊政策外,药品跨境委托生产目前因缺少相关实施细则和办理程序,在实践操作中仍然不可行。

(3)大湾区药品跨境委托生产规定

2022年6月,国家药监局发布了《支持港澳药品上市许可持有人在大湾区内地9市生产药品实施方案》,明确允许港澳MAH在广州、深圳、珠海、佛山、惠州、东莞、中山、江门、肇庆9市选择符合生产条件的药品生产企业进行委托生产。其中,委托生产的药品品种范围仅包括在香港或澳门合法登记的企业所持有和生产,并已获得药品注册证书在境内注册上市的中成药和化学药,不包含生物制品。并且,允许的委托生产仅为单向委托,即仅港澳的MAH有权委托前述境内9市的药品生产企业开展跨境委托生产,境内MAH不得委托港澳生产企业开展跨境委托生产。除此以外,受托生产企业应为注册地址和生产场地均在粤港澳大湾区内地9市,并已获得药品生产许可证、具有相应生产范围或者通过相应药品GMP符合性检查的药品生产企业。

三、药品GMP

1.什么是药品GMP?

1988年,原卫生部首次发布了药品GMP,此后,原卫生部和原国家药品监督管理局分别于1992年、1998年和2010年对其进行了三次修订,现行有效的是

① 《药品生产监督管理办法》第48条。

2010年版的药品GMP。2010年药品GMP对于药品生产企业的厂房、设备、人员、制度等各方面均有详细要求。具体请参见本部分问题2中的阐述。

药品GMP作为质量管理体系的一部分,是药品生产管理和质量控制的基本要求,旨在最大限度地降低药品生产过程中污染、交叉污染以及混淆、差错等风险,确保持续稳定地生产出符合预定用途和注册要求的药品[①]。

在2019年12月1日前,药品生产企业必须通过单独的药品GMP认证,取得药品GMP认证证书。但是,随着2019年修订的《药品管理法》正式实施,NMPA自2019年12月1日起,取消了单独的药品GMP认证,不再受理药品GMP认证申请,不再发放药品GMP证书。取消药品GMP认证发证的目的是提高药品GMP实施的科学性,强化药品生产企业持续合规的主体责任。取消药品GMP认证发证后,药品GMP仍然是药品生产活动基本遵循和监督管理的依据,药品监管部门将加强上市后的动态监管,由5年一次的认证检查,改为随时对药品GMP执行情况进行检查,监督企业的合规性,对企业持续符合药品GMP要求提出了更高的要求。

2. 药品GMP主要从哪些方面对生产企业提出了要求?

与1998年药品GMP相比,2010年药品GMP对于药品生产软硬件方面均提高了要求。如在无菌药品生产环境方面,向欧美标准靠齐,提高洁净度要求;着眼于药品生产的系统化,要求企业建立药品质量管理体系;增加了文件管理的范围和记录要求等。总体而言,2010年药品GMP主要从质量管理、机构与人员、厂房与设施、设备、物料与产品等方面对药品生产企业提出了详细要求。具体如下所述。

(1)质量管理:药品生产企业应当建立符合药品GMP要求的质量目标和质量保证系统,进行质量控制和质量风险管理。

(2)机构与人员:药品生产企业应当建立与药品生产相适应的管理机构(包括独立的质量管理部门),并配备足够数量和具有适当资质的管理和操作人员(包括企业负责人、生产管理负责人、质量管理负责人和质量受权人等);同时,药品生产企业应当指定部门或专人负责培训管理工作,并对药品生产、质量有关的所有人员进行培训。

(3)厂房与设施:药品生产企业应当有整洁的生产环境,生产厂房的选址、设计、布局、建造、改造和维护必须符合药品生产要求。具体而言,生产厂房的不

---

① 《药品生产质量管理规范》第3条。

同分区(生产区、仓储区、质量控制区和辅助区)的设置均应当符合药品 GMP 的具体要求。

(4)设备:生产设备的设计、选型、安装、改造和维护必须符合预定用途,应当尽可能降低产生污染、交叉污染、混淆和差错的风险,便于操作、清洁、维护,以及必要时进行的消毒或灭菌。具体而言,生产设备的设计和安装、维护和维修、使用和清洁、校准、制药用水均应当符合药品 GMP 的具体要求。

(5)物料与产品:药品生产所用的原辅包应当符合相应的质量标准,药品生产企业应当建立物料和产品的操作规程,确保物料和产品的正确接收、贮存、发放、使用和发运,防止污染、交叉污染、混淆和差错。具体而言,对药品生产所用的原辅包、中间产品和待包装产品以及成品等的管理和控制均应当符合药品 GMP 的具体要求。

(6)确认与验证:药品生产企业应当确定需要进行的确认或验证工作,以证明有关操作的关键要素能够得到有效控制,包括针对企业的厂房、设施、设备和检验仪器,以及生产工艺、操作规程和检验方法等方面的确认或验证。

(7)文件管理:药品生产企业必须有内容正确的书面质量标准、生产处方和工艺规程、操作规程以及记录等文件,并应当建立文件管理的操作规程,系统地设计、制定、审核、批准和发放文件。

(8)生产管理:所有药品的生产和包装均应当按照批准的工艺规程和操作规程进行操作并有相关记录,以确保药品达到规定的质量标准,并符合药品生产许可和注册批准的要求。

(9)质量控制与质量保证:药品生产企业的质量控制实验室管理、物料和产品放行、持续稳定性考察、变更控制、偏差处理、纠正措施和预防措施、供应商的评估和批准、产品质量回顾分析、投诉与不良反应报告等均应当符合药品 GMP 的具体要求,从而在整个生产过程实现质量控制与质量保证。

(10)委托生产与委托检验:如果存在药品委托生产或委托检验的情况,为确保委托生产产品的质量和委托检验的准确性和可靠性,委托方和受托方均应当符合药品 GMP 的具体要求,包括但不限于签订符合药品 GMP 要求的书面合同。

(11)产品发运与召回:药品生产企业应当建立产品召回系统并制定召回操作规程,每批产品均应当有发运记录。

(12)自检:药品生产企业的质量管理部门应当定期组织对企业进行自检,监控药品 GMP 的实施情况,评估企业是否符合药品 GMP 要求,并提出必要的纠正和预防措施。

3. 如果药品生产企业无法达到药品 GMP 相关要求有什么后果？

新开办的药品生产企业如果未达到药品 GMP 相关要求，则无法取得药品生产许可证。

如果已开办的药品生产企业在其生产经营过程中被发现未遵守药品 GMP 相关要求，药品监督管理部门可采取暂停生产、销售、使用、进口等风险控制措施，消除安全隐患[①]。同时，药品生产企业还将被责令限期改正，给予警告；逾期不改正的，处 10 万元以上 50 万元以下的罚款；情节严重的，处 50 万元以上 200 万元以下的罚款，责令停产停业整顿直至吊销药品生产许可证等，对法定代表人、主要负责人、直接负责的主管人员和其他责任人员，没收违法行为发生期间自本单位所获收入，并处所获收入 10%以上 50%以下的罚款，10 年直至终身禁止从事药品生产经营等活动[②]。

前述情节严重的情形[③]包括：

（1）未配备专门质量负责人独立负责药品质量管理、监督质量管理规范执行；

（2）MAH 未配备专门质量受权人履行药品上市放行责任；

（3）药品生产企业未配备专门质量受权人履行药品出厂放行责任；

（4）质量管理体系不能正常运行，药品生产过程控制、质量控制的记录和数据不真实；

（5）对已识别的风险未及时采取有效的风险控制措施，无法保证产品质量；

（6）其他严重违反药品 GMP 的情形。

第四节 药品经营

一、药品经营企业

1. 企业从事药品经营需要具备哪些条件？

药品经营活动包括药品批发活动和药品零售活动。从事药品批发活动，应当经所在地省、自治区、直辖市药品监督管理部门批准，取得药品经营许可证；从事药品零售活动，应当经所在地县级以上药品监督管理部门批准，取得药品经营许可证[④]。无药品经营许可证的，不得经营药品。此外，药品经营企业应当遵守

---

① 《药品检查管理办法（试行）》第 62 条第 4 款。

② 《药品管理法》第 126 条。

③ 《药品生产监督管理办法》第 69 条。

④ 《药品管理法》第 51 条。

《药品经营质量管理规范》(以下简称药品 GSP)的相关要求,建立健全药品经营质量管理体系,保证药品经营全过程持续符合法定要求。

从事药品经营活动,药品批发企业和药品零售企业应当分别具备以下条件:

药品经营企业类型	须具备条件
药品批发企业[1]	符合省、自治区、直辖市药品批发企业合理布局的要求。 具有保证所经营药品质量的规章制度。 企业、企业法定代表人或企业负责人、质量管理负责人无《药品管理法》规定的违法情形。 具有与经营规模相适应的一定数量的执业药师;质量管理负责人具有大学以上学历,且必须是执业药师。 具有能够保证药品储存质量要求的、与其经营品种和规模相适应的常温库、阴凉库、冷库;仓库中具有适合药品储存的专用货架和实现药品入库、传送、分检、上架、出库现代物流系统的装置和设备。 具有独立的计算机管理信息系统,能覆盖企业内药品的购进、储存、销售以及经营和质量控制的全过程;能全面记录企业经营管理及实施药品 GSP 方面的信息;符合药品 GSP 对药品经营各环节的要求,并具有可以实现接受当地药品监督管理部门监管的条件。 具有符合药品 GSP 对药品营业场所及辅助、办公用房以及仓库管理、仓库内药品质量安全保障和进出库、在库储存与养护方面的条件。
药品零售企业[2]	应符合当地常住人口数量、地域、交通状况和实际需要的要求,符合方便群众购药的原则。 具有保证所经营药品质量的规章制度。 具有依法经过资格认定的药学技术人员,其中:(1)经营处方药、甲类非处方药的药品零售企业,必须配有执业药师或者其他依法经过资格认定的药学技术人员,质量负责人应有 1 年以上(含 1 年)药品经营质量管理工作经验。(2)经营乙类非处方药的药品零售企业,以及农村乡镇以下地区设立药品零售企业的,应当按照《药品管理法实施条例》的规定配备业务人员,有条件的应当配备执业药师;企业营业时间,以上人员应当在岗。 企业、企业法定代表人、企业负责人、质量负责人无《药品管理法》规定的违法情形。 具有与所经营药品相适应的营业场所、设备、仓储设施以及卫生环境。在超市等其他商业企业内设立零售药店的,必须具有独立的区域。 具有能够配备满足当地消费者所需药品的能力,并能保证 24 小时供应。

[1]《药品经营许可证管理办法》第 4 条。

[2]《药品经营许可证管理办法》第 5 条。

需要注意的是,近年来随着我国对于药品流通领域的监管力度逐步加强,尤其是对各地方数量繁多且体量较小的药品经营企业(如主要为了过票而设立的药品经营企业)的管控,实践中很多地方对于新设药品经营企业可能会有额外的要求和考量,建议企业与主管药品监督管理部门做好事先沟通和了解。此外,国家对经营麻醉药品、精神药品、医疗用毒性药品、预防性生物制品另有规定的,从其规定。药品经营企业通过网络销售药品的,还应当遵守药品网络销售相关的规定(具体可参见本节第三部分内容)。

2. 申请药品经营许可证的一般流程和要求是什么?

就首次申请药品经营许可证的企业而言,申请药品经营许可证的主要流程①包括:

(1)申请企业设立登记/变更经营范围。申请企业应首先在相应的市场监督管理部门完成企业设立登记手续(其营业执照包含药品经营的相应经营范围),或增加药品经营的相应经营范围。

(2)申请药品经营许可证。在完成企业设立登记或经营范围变更后,根据各地实践要求的不同,如果当地要求申办人(尤其是针对药品批发企业的申办人)先行提交筹建申请,则申办人应当向拟办企业所在地的主管药品监督管理部门提出筹建申请,经药品监督管理部门作出同意筹建的决定后完成筹建,随后向药品监督管理部门提出验收申请。受理申请的药品监督管理部门依据开办药品批发/零售企业验收实施标准组织验收,作出是否发给药品经营许可证的决定。符合条件的,发给药品经营许可证;不符合条件的,书面通知申办人并说明理由,同时告知申办人享有依法申请行政复议或提起行政诉讼的权利。需要注意的是,实践中,有不少地方已经取消了筹建申请(尤其是针对药品零售企业的筹建申请)的步骤,而是由申办人直接向主管药品监督管理部门申请药品经营许可证。

3. 药品可以委托经营吗?

根据《药品管理法》的规定,MAH 可以自行销售其取得药品注册证书的药品,也可以委托药品经营企业销售。MAH 委托销售的,应当委托符合条件的药品经营企业。MAH 和受托经营企业应当签订委托协议,并严格履行协议约定的义务②。

此外,MAH、药品生产企业、药品经营企业还可以委托第三方储存、运输药品,但应当对受托方的质量保证能力和风险管理能力进行评估,与其签订委托协

---

① 《药品经营许可证管理办法》第三章。

② 《药品管理法》第 34 条。

议,约定药品质量责任、操作规程等内容,并对受托方进行监督[①]。

目前,部分地区已陆续出台了关于药品委托销售、存储和运输的地方规定,对于相关委托经营行为进行了部分细化规范,但国家层面尚未有药品委托经营的详细规定,各地的细则也存在一定差异(如向第三方经销商开出的销售发票应当由委托方开出,还是可以由受托方开出;委托方与受托方之间的法律关系属于经销关系还是委托代理关系)。因此,在开展药品委托经营业务前,建议充分了解企业所在地区关于委托经营的具体要求。

二、药品 GSP

1. 什么是药品 GSP?

药品 GSP 是药品经营管理和质量控制的基本准则。2000 年,原国家药品监督管理局首次发布了药品 GSP,并于 2013 年、2015 年和 2016 年对其进行了三次修订,现行有效的是 2016 年版的药品 GSP。2016 年药品 GSP 分别对药品批发企业和药品零售企业的人员、设施与设备、制度等各方面均有详细要求。具体请参见本部分问题 2 中的阐述。

药品 GSP 旨在加强药品经营质量管理,规范药品经营行为,保障人体用药安全、有效。药品经营企业应当严格执行药品 GSP,在药品采购、储存、销售、运输等环节采取有效的质量控制措施,确保药品质量,并按照国家有关要求建立药品追溯系统,实现药品可追溯。此外,药品生产企业销售药品、药品流通过程中其他涉及储存与运输药品的,也应当符合药品 GSP 的相关要求。

2. 药品 GSP 主要从哪些方面对经营企业提出了要求?

对于药品批发企业和药品零售企业,药品 GSP 提出了不同的要求,具体如下所述。

针对药品批发企业,药品 GSP 从以下 14 个方面提出了具体要求。

(1)质量管理体系:药品批发企业应当依据有关法律法规及药品 GSP 的要求建立质量管理体系,确定质量方针,制定质量管理体系文件,开展质量策划、质量控制、质量保证、质量改进和质量风险管理等活动。

(2)组织机构与质量管理职责:药品批发企业应当设立与其经营活动和质量管理相适应的组织机构或者岗位,明确规定其职责、权限及相互关系;其中,企业负责人、企业质量负责人和质量管理部门应当履行药品 GSP 规定的相应职责。

---

① 《药品管理法》第 35 条。

(3)人员与培训:药品批发企业从事药品经营和质量管理工作的人员,应当符合有关法律法规及药品 GSP 规定的资格要求,不得有相关法律法规禁止从业的情形。此外,企业应当对各岗位人员进行与其职责和工作内容相关的岗前培训和继续培训,以符合药品 GSP 要求。

(4)质量管理体系文件:药品批发企业制定质量管理体系文件应当符合企业实际,文件包括质量管理制度、部门及岗位职责、操作规程、档案、报告、记录和凭证等。

(5)设施与设备:药品批发企业应当具有与其药品经营范围、经营规模相适应的经营场所和库房,药品储存作业区、辅助作业区应当与办公区和生活区分开一定距离或者有隔离措施。储存、运输冷藏、冷冻药品的,还应当配备符合药品 GSP 要求的设施设备。

(6)校准与验证:药品批发企业应当按照国家有关规定,对计量器具、温湿度监测设备等定期进行校准或者检定,还应当对冷库、储运温湿度监测系统以及冷藏运输等设施设备进行使用前验证、定期验证及停用时间超过规定时限的验证。

(7)计算机系统:药品批发企业应当建立能够符合经营全过程管理及质量控制要求的计算机系统,实现药品可追溯。

(8)采购:药品批发企业的采购活动应当符合药品 GSP 要求,审核、留存相关供货单位资质和销售人员资料,并应当建立采购记录。

(9)收货与验收:药品批发企业应当按照规定的程序和要求对到货药品逐批进行收货、验收,防止不合格药品入库。

(10)储存与养护:药品批发企业应当根据药品的质量特性对药品进行合理储存,并符合药品 GSP 要求;养护人员应当根据库房条件、外部环境、药品质量特性等对药品进行养护。

(11)销售:药品批发企业应当将药品销售给合法的购货单位,并对购货单位的证明文件、采购人员及提货人员的身份证明进行核实,保证药品销售流向真实、合法。

(12)出库:出库时应当对照销售记录进行复核,冷藏、冷冻药品的装箱、装车等项作业,应当由专人负责并符合药品 GSP 要求。

(13)运输与配送:药品批发企业应当按照质量管理制度的要求,严格执行运输操作规程,并采取有效措施保证运输过程中的药品质量与安全。

(14)售后管理:药品批发企业应当加强对退货的管理,保证退货环节药品的质量和安全,防止混入假冒药品。此外,还应当按照质量管理制度的要求,制定投诉管理操作规程。

针对药品零售企业,药品 GSP 从以下 8 个方面提出了要求。

(1)质量管理与职责:药品零售企业应当按照有关法律法规及药品 GSP 的要求制定质量管理文件,开展质量管理活动,确保药品质量。此外,还应当具有与其经营范围和规模相适应的经营条件,包括组织机构、人员、设施设备、质量管理文件,并按照规定设置计算机系统。

(2)人员管理:药品零售企业从事药品经营和质量管理工作的人员,应当符合有关法律法规及药品 GSP 规定的资格要求,不得有相关法律法规禁止从业的情形。其中,企业法定代表人或企业负责人、质量管理、验收、采购人员、营业员等人员应当具有药品 GSP 规定的相应资格。此外,企业各岗位人员应当接受相关法律法规及药品专业知识与技能的岗前培训和继续培训,以符合药品 GSP 要求。

(3)文件:药品零售企业应当按照有关法律法规及药品 GSP 规定,制定符合企业实际的质量管理文件,文件包括质量管理制度、岗位职责、操作规程、档案、记录和凭证等,并对质量管理文件定期审核、及时修订。

(4)设施与设备:药品零售企业的营业场所应当与其药品经营范围、经营规模相适应,并与药品储存、办公、生活辅助及其他区域分开。此外,营业场所还应当有药品 GSP 规定的营业设备。

(5)采购与验收:药品零售企业采购药品,应当符合药品 GSP 针对药品批发企业采购的相关规定。药品零售企业还应当按规定的程序和要求对到货药品逐批进行验收,并做好验收记录。

(6)陈列与储存:药品零售企业对药品的陈列应当符合药品 GSP 的要求,企业应当定期对陈列、存放的药品进行检查并对药品的有效期进行跟踪管理。此外,企业设置库房的,库房的药品储存与养护管理应当符合药品 GSP 针对药品批发企业采购的相关规定。

(7)销售管理:药品零售企业应当在营业场所的显著位置悬挂药品经营许可证、营业执照、执业药师注册证等,销售药品还应当符合药品 GSP 的其他具体要求。

(8)售后管理:除药品质量原因外,药品一经售出,不得退换。药品零售企业应当及时处理客户对药品质量的投诉,并按照国家有关药品不良反应报告制度的规定,收集、报告药品不良反应信息。

3. 如果药品经营企业无法达到药品 GSP 相关要求有什么后果？

新开办药品经营企业如果未达到药品 GSP 相关要求，则无法取得药品经营许可证。

如果已开办的药品经营企业在其经营过程中被发现未达到药品 GSP 相关要求，药品监督管理部门可采取暂停生产、销售、使用、进口等风险控制措施，消除安全隐患①。同时，药品监督管理部门可责令限期改正，给予警告；逾期不改正的，处 10 万元以上 50 万元以下的罚款；情节严重的，处 50 万元以上 200 万元以下的罚款，责令停产停业整顿直至吊销药品经营许可证等，对法定代表人、主要负责人、直接负责的主管人员和其他责任人员，没收违法行为发生期间自本单位所获收入，并处所获收入 10%以上 50%以下的罚款，10 年直至终身禁止从事药品生产经营等活动②。

三、药品网络销售

1. 药品网络销售主要涉及哪些主体？

根据现行有效的法律法规，药品网络销售的监管主要围绕药品网络销售企业以及药品网络交易第三方平台展开。

对于药品网络销售企业，《药品管理法》对药品网络销售企业的主体范围进行了初步规定，即 MAH 和药品经营企业可以通过网络销售药品。2022 年颁布的《药品网络销售监督管理办法》（以下简称《药品网售办法》）第 7 条进一步明确③，药品网络销售企业为具备保证网络销售药品安全能力的 MAH 或者药品经营企业；对于中药饮片，药品网络销售企业可以是中药饮片的生产企业，中药饮片生产企业应当履行 MAH 相关义务。此外，该办法第 8 条第 1 款规定药品网络销售企业还应当按照经过批准的经营方式（批发或零售）和经营范围经营，如果向个人销售药品的，无论是 MAH 还是药品经营企业，都需要取得药品零售资质。这里需要强调的是，MAH 仅可以销售取得药品注册证书的药品，不得销售其他药品。

对于药品网络交易第三方平台，《药品网售办法》《互联网药品信息服务管理办法》《互联网信息服务管理办法》均对其主体资质要求作出明确的规定。一般而言，药品网络交易第三方平台一方面需要按照《药品网售办法》以及《关于

---

① 《药品检查管理办法（试行）》第 62 条第 4 款。

② 《药品管理法》第 126 条。

③ 《药品网销办法》第 7 条和第 8 条。

规范药品网络销售备案和报告工作的公告》的相关要求向省级药监部门办理备案,另一方面还需要按照《互联网药品信息服务管理办法》和《互联网信息服务管理办法》取得互联网药品信息服务资格证书以及互联网信息服务增值电信业务经营许可证。

2. 药品网络销售企业的主要职责是什么?

根据《药品网售办法》第10条第1款的规定①,药品网络销售企业应当建立并实施药品质量安全管理、风险控制、药品追溯、储存配送管理、不良反应报告、投诉举报处理等制度。对于需要报告的相关基本信息,药品网络销售企业应当按《药品网售办法》的规定向有关药监部门报告,并在信息变化后的10个工作日内向药监部门报告;对于需要公示的相关证件信息,药品网络销售企业应当在网站首页或者经营活动的主页面显著位置持续公示该等信息,如信息发生变化,应在10个工作日内予以更新。进一步地,药品网络销售企业还应当积极配合MAH依法召回药品,并且在特定情况下遵守国家有关应急处置规定,依法采取相应的控制和处置措施。对于药品零售企业而言,除前述药品网络销售企业的一般要求外,其还需要建立在线药学服务制度,配备依法经过资格认定的药师或者其他药学技术人员并由该等人员开展处方审核调配、指导合理用药等工作②。

《药品网售办法》还对通过网络销售药品的范围、配送、记录保存、促销行为、信息展示、风险控制等方面进行了具体的规定③。

首先,对于可以通过网络销售的药品范围,《药品网售办法》与《药品管理法》(2019修订)的规定一致,明确不得通过网络销售疫苗、血液制品、麻醉药品、精神药品、医疗用毒性药品、放射性药品、药品类易制毒化学品等国家实行特殊管理的药品。2022年11月30日,国家药监局发布《药品网络销售禁止清单(第一版)》,列明了两类禁止网络销售的药品。第一类为"政策法规明确禁止销售的药品",包括疫苗、血液制品、麻醉药品、精神药品、医疗用毒性药品、放射性药品、药品类易制毒化学品;医疗机构制剂、中药配方颗粒。第二类为"其他禁止通过网络零售的药品",包括注射剂、含麻黄碱类复方制剂(不包括含麻黄的中成药)、含麻醉药品口服复方制剂、含曲马多口服复方制剂、右美沙芬口服单方制剂、《兴奋剂目录》所列的蛋白同化制剂和肽类激素等。

其次,对于网络销售药品的配送,《药品网售办法》第14条第1、2款明确,药

---

① 《药品网售办法》第10条、第11条、第12条和第24条。
② 《药品网售办法》第10条。
③ 《药品网售办法》第8条、第9条、第14条、第15条和第16条。

品配送的质量与安全的责任主体为药品网络零售企业。药品网络零售企业委托配送的,应当对受托企业的质量管理体系进行审核,与受托企业签订质量协议,约定药品质量责任、操作规程等内容,并对受托方进行监督。对于配送活动,《药品网售办法》第 14 条第 1 款要求配送药品应当根据药品数量、运输距离、运输时间、温湿度要求等情况,选择适宜的运输工具和设施设备,配送的药品应当放置在独立空间并明显标识,确保符合要求、全程可追溯。

再次,对于网络销售药品的记录保存,相关记录保存期限应不少于 5 年,且不少于药品有效期满后 1 年。药品网络销售企业应当完整保存供货企业资质文件、电子交易等记录;销售处方药的药品网络零售企业应当保存处方、在线药学服务等记录。此外,《药品网售办法》第 15 条第 1 款还要求向个人销售药品的企业应当按照规定出具销售凭证,销售凭证可以以电子形式出具,药品最小销售单元的销售记录应当清晰留存,确保可追溯。

最后,《药品网售办法》第 8 条第 3 款和第 13 条第 1 款还要求企业不得以买药品赠药品、买商品赠药品等方式向个人赠送处方药、甲类非处方药,应当确保展示的药品相关信息真实、准确、合法。此外,对于存在质量问题或者安全隐患的药品,企业一方面应当依法采取相应的风险控制措施,另一方面也应当及时在网站首页或者经营活动主页面公开相应信息。

3. 药品网络交易第三方平台的主要职责是什么?

药品网络交易第三方平台对药品网络销售活动的开展起着枢纽作用,是实现药品网售规范发展的关键环节。《药品网售办法》主要从平台内部管理和平台对入驻的药品网络销售企业的管理两个方面,对压实药品网售平台的主体责任提出了具体要求①。

对于药品网络交易平台的内部管理,《药品网售办法》主要从机构人员、制度建设、信息公示和保存等方面进行了规范。对于入驻企业的管理,《药品网售办法》从准入管理、主动检查、签订协议、停止服务、信息报告等方面就第三方平台对药品网售企业的管理提出了要求。其中,《药品网售办法》第 22 条、第 23 条明确要求,如果第三方平台发现入驻的药品网络销售企业有违法行为,应当及时制止并立即向所在地县级药品监督管理部门报告;如果第三方平台发现药品网售企业存在严重违法行为,应当立即停止提供网络交易平台服务并停止展示药品相关信息。根据《药品网售办法》第 23 条第 1 款的规定,这里的严重违法行为

① 《药品网售办法》第 17 条至第 25 条。

包括(1)不具备资质销售药品;(2)违反《药品网售办法》第8条规定的销售国家实行特殊管理的药品;(3)超过药品经营许可范围销售药品;(4)因违法行为被药品监督管理部门责令停止销售、吊销药品批准证明文件或吊销药品经营许可证;(5)其他严重违法行为。

4. 处方药可以网售吗?

由于处方药在用药安全和风险等方面的特殊性,我国对于是否放开处方药网络销售经历了长时间的探索和摇摆。早在2007年,《药品流通监督管理办法》第21条即规定药品生产、经营企业和医疗机构不得采用邮售、互联网交易等方式直接向公众销售处方药。虽然2014年发布的《互联网食品药品经营监督管理办法(征求意见稿)》中出现了允许互联网药品经营者凭处方销售处方药的表述,但是在2017年发布的《网络药品经营监督管理办法(征求意见稿)》中又将口径调整为不得通过网络销售处方药。《药品管理法》删除了《药品管理法(修订草案)》中关于"药品上市许可持有人、药品经营企业不得通过药品网络销售第三方平台直接销售处方药"的表述,自此,处方药网络销售的监管趋势逐步放开。

现行《药品网售办法》在部门规章层面正式明确,药品网络零售企业可以通过网络向个人销售处方药,并就处方药销售活动的具体要求进行了规范,主要包括处方管理、信息展示两个方面①。首先,对于处方管理,《药品网售办法》第9条第1款要求,通过网络向个人销售处方药的,应当确保处方来源真实、可靠,并实行实名制。《药品网售办法》第9条第2~4款还就电子处方和纸质处方的管理对药品网络零售企业以及第三方平台提出了具体的要求。其次,对于信息展示,《药品网售办法》第13条从应当展示的风险警示信息、不得直接展示的信息、消费者确认知情、处方药和非处方药区分展示等方面,对处方药网络销售信息展示的要求进行了明确规定。

---

① 《药品网售办法》第9条和第13条。

第二章　医疗器械

第一节　基本概念与制度

一、基本概念

1. 什么是医疗器械?

根据《医疗器械监督管理条例》(2021 修订)的规定,医疗器械是指“直接或者间接用于人体的仪器、设备、器具、体外诊断试剂及校准物、材料以及其他类似或者相关的物品,包括所需要的计算机软件;其效用主要通过物理等方式获得,不是通过药理学、免疫学或者代谢的方式获得,或者虽然有这些方式参与但是只起辅助作用。其目的是:(一)疾病的诊断、预防、监护、治疗或者缓解;(二)损伤的诊断、监护、治疗、缓解或者功能补偿;(三)生理结构或者生理过程的检验、替代、调节或者支持;(四)生命的支持或者维持;(五)妊娠控制;(六)通过对来自人体的样本进行检查,为医疗或者诊断目的提供信息”。

2. 医疗器械有哪些类型?

我国对医疗器械按照风险程度实行分类管理:第一类医疗器械是风险程度低,实行常规管理可以保证其安全、有效的医疗器械;第二类医疗器械是具有中度风险,需要严格控制管理以保证其安全、有效的医疗器械;第三类医疗器械是具有较高风险,需要采取特别措施严格控制管理以保证其安全、有效的医疗器械。评价医疗器械风险程度,应当考虑医疗器械的预期目的、结构特征、使用方法等因素①。

---

① 《医疗器械监督管理条例》(2021 修订)第 6 条。

国家药监局负责制定和调整医疗器械的分类规则和分类目录。《医疗器械分类规则》用于指导制定医疗器械分类目录和确定新的医疗器械的管理类别。目前最新的《医疗器械分类目录》于2017年8月31日发布并经历了2020年12月18日、2022年3月22日和2022年3月28日三次调整。

3. 什么是体外诊断试剂?

我国目前对体外诊断试剂的管理分为两类,其中用于血源筛查和采用放射性核素标记的体外诊断试剂按照药品进行管理;其他体外诊断试剂均按照医疗器械进行管理。对于按照医疗器械管理的体外诊断试剂,除需符合医疗器械的一般性规定外,还需符合体外诊断试剂的特殊要求。

根据《体外诊断试剂注册与备案管理办法》的规定,按医疗器械管理的体外诊断试剂包括在疾病的预测、预防、诊断、治疗监测、预后观察和健康状态评价的过程中,用于人体样本体外检测的试剂、试剂盒、校准品、质控品等产品,可以单独使用,也可以与仪器、器具、设备或者系统组合使用。

4. 体外诊断试剂有哪些类型?

体外诊断试剂有单独的分类规则和分类目录。目前最新的《体外诊断试剂分类规则》由国家药监局于2021年10月27日发布并于同日施行,其中明确了体外诊断试剂根据风险程度由低到高,管理类别依次分为第一类、第二类和第三类。

根据《体外诊断试剂分类规则》的规定,下述类型的体外诊断试剂通常按照第三类进行管理:(1)与致病性病原体抗原、抗体以及核酸等检测相关的试剂;(2)与血型、组织配型相关的试剂;(3)与人类基因检测相关的试剂;(4)与遗传性疾病检测相关的试剂;(5)与麻醉药品、精神药品、医疗用毒性药品检测相关的试剂;(6)与治疗药物作用靶点检测相关的试剂和伴随诊断用试剂;(7)与肿瘤筛查、诊断、辅助诊断、分期等相关的试剂。

二、医疗器械注册人、备案人制度

1. 什么是医疗器械注册人、备案人制度?

根据《医疗器械监督管理条例》(2021修订)的规定,医疗器械注册人、备案人,是指取得医疗器械注册证或者办理医疗器械备案的企业或者研制机构;医疗器械注册人、备案人应当加强医疗器械全生命周期质量管理,对研制、生产、经营、使用全过程中医疗器械的安全性、有效性依法承担责任。医疗器械注册人、备案人制度是上市许可与生产许可分离的医疗器械管理制度。

在实行医疗器械注册人、备案人制度前,我国对医疗器械实行上市许可与生产许可合一的管理模式，即由医疗器械生产企业申请医疗器械上市许可。2017年10月，中共中央办公厅、国务院办公厅印发《关于深化审评审批制度改革鼓励药品医疗器械创新的意见》，提出“推动上市许可持有人制度全面实施”“允许医疗器械研发机构和科研人员申请医疗器械上市许可”。同年12月，上海市原食品药品监督管理局发布了《中国（上海）自由贸易试验区内医疗器械注册人制度试点工作实施方案》，医疗器械注册人制度试点工作自此开始落地。

2019年8月，国家药监局发布了《关于扩大医疗器械注册人制度试点工作的通知》，在上海、广东、天津自贸区开展医疗器械注册人制度试点工作的基础上，将试点的范围扩大到北京、天津、河北、辽宁、黑龙江、上海等21个省市。2021年2月9日《医疗器械监督管理条例》（2021修订）公布，并于2021年6月1日正式实施，正式将医疗器械注册人、备案人制度在行政法规层面予以落实，并将其从试点制度上升到了在全国范围内均适用的基本制度。

2. 成为医疗器械注册人、备案人需要具备哪些条件？

在医疗器械注册人制度试点开展前，根据目前已失效的《医疗器械注册管理办法》（2014修订）等规定，除按照创新医疗器械特别审批程序审批的境内创新医疗器械外，申请人在申请医疗器械注册时，样品不得委托其他企业生产，即医疗器械注册人、备案人需要具备生产能力。

医疗器械注册人制度试点开始后，根据《关于扩大医疗器械注册人制度试点工作的通知》的规定，申请人可以委托具备相应生产能力的企业生产样品，允许医疗器械注册证中登载的生产地址为受托生产地址，备注栏标注受托企业名称；同时明确“科研机构”可以申请成为医疗器械注册人。据此，医疗器械注册人制度试点开始将注册与生产解绑，没有生产能力的科研机构、研发型企业等市场主体可以申请医疗器械注册，成为注册人。

《医疗器械监督管理条例》（2021修订）明确，能够承担相应法律责任的企业或者研制机构在取得医疗器械注册证或者办理医疗器械备案后可以成为医疗器械注册人、备案人，不再要求医疗器械注册人、备案人需要具备生产能力，不具备生产能力的科研机构、研发型企业等主体也可以成为医疗器械注册人、备案人。

3. 医疗器械注册人和备案人需要承担哪些义务？

根据《医疗器械监督管理条例》（2021修订）的相关规定，医疗器械注册人、备案人对医疗器械研制、生产、经营、使用全过程中的安全性、有效性依法承担责任，具体包括：建立与产品相适应的质量管理体系并保持有效运行；制订上市后研究和风险管控计划并保证有效实施；依法开展不良事件监测和再评价；建立并执行产品追溯和召回制度等。

(1)研制环节

在研制环节,一方面,医疗器械注册人、备案人对研制中医疗器械的安全性、有效性依法承担责任,受理注册申请的药监部门会对注册申请人保证医疗器械安全、有效的质量管理能力等进行审查;[①]另一方面,医疗器械注册人、备案人还应当制订上市后研究和风险管控计划并保证有效实施。

(2)生产环节

在生产环节,委托生产医疗器械的,医疗器械注册人、备案人应当对所委托生产的医疗器械质量负责,并加强对受托生产企业生产行为的管理,保证其按照法定要求进行生产;医疗器械注册人、备案人应当与受托生产企业签订委托协议,明确双方权利、义务和责任;受托生产企业应当依照法律法规、医疗器械生产质量管理规范、强制性标准、产品技术要求和委托协议组织生产,对生产行为负责,并接受委托方的监督。[②]

医疗器械注册人、备案人和受托生产企业应当按照医疗器械生产质量管理规范,建立健全与所生产医疗器械相适应的质量管理体系并保证其有效运行;严格按照经注册或者备案的产品技术要求组织生产,保证出厂的医疗器械符合强制性标准以及经注册或者备案的产品技术要求;医疗器械注册人、备案人、受托生产企业应当定期对质量管理体系的运行情况进行自查并按照国务院药品监督管理部门的规定提交自查报告。[③]

(3)经营和使用环节

在经营和使用环节,一方面,从事医疗器械经营活动应当有与经营规模和经营范围相适应的经营场所和贮存条件,以及与经营的医疗器械相适应的质量管理制度和质量管理机构或者人员,建立健全与所经营医疗器械相适应的质量管理体系并保证其有效运行;[④]另一方面,医疗器械注册人、备案人还应当依法开展不良事件监测和再评价以及建立并执行产品追溯和召回制度。

其中,对于医疗器械不良事件,医疗器械注册人、备案人应当建立医疗器械不良事件监测体系,配备与其产品相适应的不良事件监测机构和人员,对其产品主动开展不良事件监测,并按照国务院药监部门的规定,向医疗器械不良事件监

---

① 《医疗器械监督管理条例》(2021修订)第13条和17条。

② 《医疗器械监督管理条例》(2021修订)第34条。

③ 《医疗器械监督管理条例》(2021修订)第35条。

④ 《医疗器械监督管理条例》(2021修订)第40条、第44条。

测技术机构报告调查、分析、评价、产品风险控制等情况。① 根据科学研究的发展对医疗器械的安全、有效有认识上的改变的，或对于医疗器械不良事件监测评估结果表明医疗器械可能存在缺陷的，医疗器械注册人、备案人应当主动开展已上市医疗器械再评价，根据再评价结果，采取相应控制措施，对已上市医疗器械进行改进，并按照规定进行注册变更或者备案变更；再评价结果表明已上市医疗器械不能保证安全、有效的，医疗器械注册人、备案人应当主动申请注销医疗器械注册证或者取消备案；医疗器械注册人、备案人未申请注销医疗器械注册证或者取消备案的，由负责药品监督管理的部门注销医疗器械注册证或者取消备案。②

对于产品追溯和召回，医疗器械注册人、备案人发现生产的医疗器械不符合强制性标准、经注册或者备案的产品技术要求，或者存在其他缺陷的，应当立即停止生产，通知相关经营企业、使用单位和消费者停止经营和使用，召回已经上市销售的医疗器械，采取补救、销毁等措施，记录相关情况，发布相关信息，并将医疗器械召回和处理情况向负责药品监督管理的部门和卫生主管部门报告。医疗器械受托生产企业、经营企业发现生产、经营的医疗器械存在前述情形的，应当立即停止生产、经营，通知医疗器械注册人、备案人，并记录停止生产、经营和通知情况；医疗器械注册人、备案人认为属于前述需要召回的医疗器械，应当立即召回。③

为督促医疗器械注册人、备案人落实医疗器械质量安全主体责任，强化医疗器械生产、经营企业质量安全关键岗位人员责任落实，国家药监局于 2022 年 12 月 29 日发布了《企业落实医疗器械质量安全主体责任监督管理规定》。该规定对于生产企业和经营企业质量安全关键岗位要求、企业质量安全管理机制以及企业质量安全关键岗位履职保障机制等内容作出了详细的规定。

第二节 医疗器械研发与上市

一、医疗器械研制

1. 医疗器械研制的基本原则是什么？

医疗器械研制应当遵循风险管理原则，考虑现有公认技术水平，确保产品所

---

① 《医疗器械监督管理条例》(2021 修订)第 62 条。
② 《医疗器械监督管理条例》(2021 修订)第 66 条。
③ 《医疗器械监督管理条例》(2021 修订)第 67 条。

有已知和可预见的风险以及非预期影响最小化并可接受,保证产品在正常使用中受益大于风险。①

根据《医疗器械安全和性能基本原则》的相关规定,在医疗器械全生命周期内,风险管理是一个持续、反复的过程,需要定期进行系统性的改进更新。在开展风险管理时,医疗器械注册人、备案人应:

(1)建立涵盖所有医疗器械风险管理计划并形成文件;

(2)识别并分析涵盖所有医疗器械的相关的已知和可预见的危险(源);

(3)估计和评价在预期使用和可合理预见的误使用过程中发生的相关风险,并采取符合规定的风险控制措施以消除或控制该等风险等。

2. 研制医疗器械需要进行非临床研究吗?

医疗器械研制,应当根据产品适用范围和技术特征开展医疗器械非临床研究。申请注册或者进行备案,应当提交研制活动中产生的非临床证据,包括非临床研究报告综述、研究方案和研究报告。

非临床研究包括产品化学和物理性能研究、电气安全研究、辐射安全研究、软件研究、生物学特性研究、生物源材料安全性研究、消毒和灭菌工艺研究、动物试验研究、稳定性研究等。② 此外,医疗器械非临床研究过程中确定的功能性、安全性指标及方法应当与产品预期使用条件、目的相适应,研究样品应当具有代表性和典型性。必要时,应当进行方法学验证、统计学分析。③

3. 什么是医疗器械临床评价?

医疗器械临床评价,是指采用科学合理的方法对临床数据进行分析、评价,以确认医疗器械在其适用范围内的安全性和有效性的活动。④ 临床评价旨在证明,与患者受益相比,产品使用相关的风险可接受,且能较高程度地保护患者健康及安全。

除下述情形可以免于进行临床评价外,医疗器械产品注册、备案,应当进行临床评价:(1)工作机理明确、设计定型,生产工艺成熟,已上市的同品种医疗器械临床应用多年且无严重不良事件记录,不改变常规用途的;(2)其他通过非临床评价能够证明该医疗器械安全、有效的。⑤ 免于进行临床评价的医疗器械产

① 《医疗器械注册与备案管理办法》(2021修订)第24条。

② 《医疗器械注册与备案管理办法》(2021修订)第28条第2款。

③ 《医疗器械注册与备案管理办法》(2021修订)第29条。

④ 《医疗器械注册与备案管理办法》(2021修订)第33条第2款。

⑤ 《医疗器械注册与备案管理办法》(2021修订)第34条。

品具体可见国家药监局制定的《免于临床评价医疗器械目录》(国家药监局通告2021年第71号),目前该目录的最新版由国家药监局于2021年9月16日发布并于2021年10月1日实施。此外,根据我国有关规定,第一类医疗器械备案不需提交临床评价资料。[①]

需要明确的是,医疗器械临床评价并非只在产品注册、备案阶段开展,而是贯穿医疗器械全生命周期:(1)在设计开发阶段,临床评价需确定上市前产品评价所需的临床数据,判断是否需要开展临床试验以及需要观察的临床终点;(2)产品上市后,随着产品安全性、临床性能和/或有效性信息的不断更新(该等更新信息可能引起风险评估、临床证据、说明书、标签和上市后活动的更改),需周期性的进行临床评价。[②]

临床评价的结果是临床评价报告,临床评价报告和作为其基础的临床数据共同构成产品的临床证据。注册申请人使用临床证据以及其他设计验证和确认文件、器械描述、说明书和标签、风险分析以及生产信息等,论证产品对安全和性能基本原则的符合性。[③] 若临床证据不足以论证产品对安全和性能基本原则的符合性,则注册申请人需要生成新的临床数据(如开展临床试验、扩大文献检索的范围等)。

4. 临床评价的数据来源有哪些?

医疗器械注册申请人可利用如下一种或多种来源的数据进行临床评价[④]:

(1)临床文献数据

文献检索可识别非注册申请人持有的、可论证产品安全性、临床性能和/或有效性的已发表临床数据;对于部分产品,文献检索产生的临床数据将构成临床证据的一部分,在该等情形下,临床评价人员需将以下文档用于临床评价过程,包括文献检索方案、文献检索报告以及相关文献,这些文档是临床证据以及医疗器械技术文档的组成部分。

(2)临床经验数据

该类临床数据源于除临床试验外的临床使用,与申报产品或同品种医疗器械相关,包括但不限于上市后监测报告、病历数据、不良事件数据等;与临床试验

---

① 《国家药品监督管理局关于实施〈医疗器械注册与备案管理办法〉〈体外诊断试剂注册与备案管理办法〉有关事项的通告》第6条。

② 《医疗器械临床评价技术指导原则》第二部分"临床评价"。

③ 《医疗器械临床评价技术指导原则》第二部分"临床评价"。

④ 《医疗器械临床评价技术指导原则》第二部分"临床评价"。

相比,临床经验数据是在更大量、多样性且复杂的人群中,更广泛且可能更缺乏经验的使用者中获取的真实世界经验;基于成熟技术的低风险产品不会成为科学文献或者临床试验的对象,因此临床经验数据是其有益的临床数据来源。

(3)通过临床试验产生的数据

注册申请人按照适用法规,为进行符合性评估而专门开展的临床试验,应按照医疗器械临床试验质量管理相关文件,对临床试验进行设计、实施和报告。对于注册申请人实施的临床试验,需将临床试验设计、伦理委员会和监管机构批准、实施、结果、结论相关的文档用于临床评价过程。这些文件可能包括临床试验方案及其修改、临床试验机构伦理委员会意见、病例报告表样稿、经研究者签名并注明日期的临床试验报告等。

医疗器械注册申请人进行临床评价选择数据类型时,考虑因素包括产品设计、适用范围以及风险、产品技术的发展背景(新技术还是成熟技术)、成熟技术的临床使用等。如果产品基于现有成熟技术产生且不改变适用范围时,最有可能通过同品种医疗器械的临床数据完成临床评价;如果产品基于无经验或经验极少的新技术产生,或者属于现有技术扩展适用范围的高风险产品,则更有可能要求提供临床试验数据。

5. 什么是医疗器械临床试验?

医疗器械临床试验,系指为评价医疗器械的安全性、临床性能和/或有效性,在一例或多例受试者中开展的系统性的试验或研究,包括可行性试验、为获得上市批准而进行的试验,以及在上市批准后开展的试验。①

可用于临床评价的临床数据包括在境内外合法的临床使用过程中生成的安全性、有效性信息,如临床文献数据、临床经验数据,以及通过临床试验产生的数据②。临床试验是产生临床数据的途径之一,并非所有的医疗器械临床评价均需要开展临床试验。

医疗器械注册申请人在产品研制过程中准备临床证据、进行临床评价时,对于是否需要开展临床试验,需考虑对于特定产品在其适用范围下是否存在需在临床试验中解决的安全性、临床性能和/或有效性的新问题,亦即当其他数据来源(如非临床测试、已有临床数据等)不能论证产品对于安全和性能基本原则的符合性时(包括安全性、临床性能和/或有效性,以及受益/风险比的可接受性),

① 《医疗器械临床评价技术指导原则》第一部分“主要定义和概念”。

② 《决策是否开展医疗器械临床试验技术指导原则》第二条。

需要开展临床试验,该等情形更多见于高风险和/或新型医疗器械。[①]

6. 境外临床试验数据可以作为临床评价资料吗?

根据《接受医疗器械境外临床试验数据技术指导原则》,境外临床试验数据系指全部或同期在境外具备临床试验开展所在国家(地区)要求条件的临床试验机构中,对拟在我国申报注册的医疗器械在正常使用条件下的安全有效性进行确认的过程中所产生的研究数据。医疗器械(含体外诊断试剂)在我国申报注册时,申请人采用境外临床试验数据作为临床评价资料的,该等境外临床试验数据应当符合伦理原则、依法原则和科学原则,[②]具体如下所述。

(1)伦理原则

境外临床试验应当遵循《世界医学大会赫尔辛基宣言》确定的伦理准则,申请人需说明临床试验开展所在国家(地区)的伦理、法律、法规所制定的规范和标准或国际规范和标准。

(2)依法原则

境外临床试验应当在有临床试验质量管理的国家(地区)开展,并且符合我国医疗器械(含体外诊断试剂)临床试验监管要求;若境外临床试验所符合的临床试验质量管理文件与《医疗器械临床试验质量管理规范》有差异,申请人应详细说明差异内容,并充分证明差异内容不影响研究结果的真实性、科学性、可靠性及可追溯性,且能够保障受试者权益。

(3)科学原则

境外临床试验数据应真实、科学、可靠、可追溯,申请人应提供完整的试验数据,不得筛选;申请人应确保在境外开展的临床试验目的适当,试验设计科学合理,试验结论清晰,受试者的权益得到保障,其他人员可能遭受的风险得以保护。

申请人提交的境外临床试验资料应至少包括:临床试验方案、伦理意见、临床试验报告。临床试验报告应包含对完整临床试验数据的分析及结论。若申请人提供的境外临床试验数据符合我国注册相关要求,数据科学、完整、充分,则予以接受;若境外临床试验数据符合前述基本原则的要求,但根据我国注册相关技术要求还需补充部分资料时,可在我国境内或境外开展补充临床试验,其补充试验数据与原境外试验数据经综合评价后符合我国注册相关技术要求的,予以接受。此外,对于列入《需进行临床试验审批的第三类医疗器械目录》(目前该目录的最新版由国家药监局 2020 年 9 月 14 日发布)的医疗器械,亦可根据《接受

---

① 《医疗器械临床评价技术指导原则》第三部分"临床试验"。

② 《接受医疗器械境外临床试验数据技术指导原则》第 2 条。

医疗器械境外临床试验数据技术指导原则》提交境外临床试验数据。

7. 医疗器械临床试验涉及哪些主体?

开展医疗器械临床试验涉及的相关主体,主要包括医疗器械临床试验机构、申办者、研究者和受试者,具体如下所述[①]:

(1)医疗器械临床试验机构,是指具备相应条件,按照《医疗器械临床试验质量管理规范》和相关法律法规实施医疗器械临床试验的机构,包括承担体外诊断试剂临床试验的血液中心和中心血站、设区的市级以上疾病预防控制机构、戒毒中心等非医疗机构。

(2)医疗器械临床试验申办者,是指医疗器械临床试验的发起、管理和提供财务支持的机构或者组织。

(3)医疗器械临床试验研究者,是指在医疗器械临床试验机构中实施医疗器械临床试验的人员,其中主要研究者指在医疗器械临床试验机构中实施医疗器械临床试验的负责人;协调研究者指在多中心临床试验中由申办者指定实施协调工作的研究者,一般为组长单位的主要研究者。

(4)医疗器械临床试验受试者,是指自愿参加医疗器械临床试验的个人。

8. 医疗器械临床试验申办者的主要职责有哪些?

医疗器械临床试验的申办者应当对医疗器械临床试验的真实性、合规性负责,[②]建立覆盖医疗器械临床试验全过程的质量管理体系。[③] 境外机构也可以作为医疗器械临床试验的申办者,但应当指定中国境内的企业法人作为代理人,由代理人协助境外机构履行申办者的职责。[④]

在医疗器械临床试验准备阶段,申办者的主要职责包括:

(1)在发起医疗器械临床试验前,确保产品设计已定型,完成试验医疗器械的临床前研究且结果应当能够支持该项医疗器械临床试验;根据试验医疗器械的特性,选择已备案的医疗器械临床试验机构、专业和主要研究者;负责组织制定并向医疗器械临床试验机构和主要研究者提供研究者手册、临床试验方案、知情同意书、病例报告表、标准操作规程以及其他相关文件。[⑤]

(2)通过主要研究者向伦理委员会提交伦理审查的相关文件,由伦理委员

---

① 《医疗器械临床试验质量管理规范》第64条。
② 《医疗器械临床试验质量管理规范》第36条。
③ 《医疗器械临床试验质量管理规范》第37条。
④ 《医疗器械临床试验质量管理规范》第36条。
⑤ 《医疗器械临床试验质量管理规范》第38条。

会对医疗器械临床试验的伦理性和科学性进行审查。①

(3)与医疗器械临床试验机构和主要研究者签订合同,明确各方在医疗器械临床试验中的权利和义务。②

(4)在医疗器械临床试验经伦理审查通过并且与医疗器械临床试验机构签订合同后,向申办者所在地省、自治区、直辖市药品监督管理部门进行临床试验项目备案或向国务院药品监督管理部门进行临床试验项目审批(临床试验对人体具有较高风险的第三类医疗器械)。③

(5)负责组织与该医疗器械临床试验相关的培训等。④

在医疗器械临床试验进行阶段,申办者的主要职责包括:

(1)免费提供符合相关要求的试验医疗器械。⑤

(2)为受试者支付与医疗器械临床试验相关的费用。⑥

(3)负责医疗器械试验期间安全性信息的评估和报告。⑦

(4)承担医疗器械临床试验监查责任,制定监查标准操作规程,并选择符合要求的监查员履行监查职责。⑧

(5)组织独立于医疗器械临床试验、有相应培训和经验的稽查员对临床试验实施情况进行稽查。⑨

(6)确保医疗器械临床试验的实施遵守临床试验方案,发现医疗器械临床试验机构和研究者不遵守临床试验方案和相关法律法规的,应当视情况及时指出并予以纠正,或者终止其继续参加该临床试验等。⑩

在医疗器械临床试验暂停、完成或终止阶段,申办者的主要职责包括:

(1)在医疗器械临床试验暂停、终止或者完成后 10 个工作日内,书面报告所有的主要研究者、医疗器械临床试验机构管理部门、伦理委员会。

(2)在医疗器械临床试验终止或者完成后 10 个工作日内,向申办者所在地

---

① 《医疗器械临床试验质量管理规范》第 11 条和第 12 条。
② 《医疗器械临床试验质量管理规范》第 39 条。
③ 《医疗器械临床试验质量管理规范》第 40 条;《医疗器械监督管理条例》(2021 修订)第 27 条。
④ 《医疗器械临床试验质量管理规范》第 41 条。
⑤ 《医疗器械临床试验质量管理规范》第 42 条。
⑥ 《医疗器械临床试验质量管理规范》第 43 条。
⑦ 《医疗器械临床试验质量管理规范》第 44 条。
⑧ 《医疗器械临床试验质量管理规范》第 45 条。
⑨ 《医疗器械临床试验质量管理规范》第 46 条。
⑩ 《医疗器械临床试验质量管理规范》第 47 条。

省级药品监督管理部门报告。①

9. 什么是多中心临床试验?

多中心临床试验是指按照同一临床试验方案,在两个以上(含两个)医疗器械临床试验机构实施的临床试验;多中心临床试验在不同的国家或者地区实施时,为多区域临床试验。②

申办者实施多中心临床试验,应当符合下述要求:(1)申办者应当确保各中心均能遵守临床试验方案;(2)申办者应当向各中心提供相同的临床试验方案;(3)各中心应当使用相同的病例报告表和填写指导说明;(4)医疗器械临床试验开始前,应当有书面文件明确各中心主要研究者的职责;(5)申办者应当确保各中心主要研究者之间的沟通;(6)申办者负责选择、确定医疗器械临床试验的协调研究者,协调研究者承担多中心临床试验中各中心的协调工作。③

二、医疗器械注册和备案

1. 医疗器械注册和备案的流程是什么?

医疗器械注册是指医疗器械注册申请人依照法定程序和要求提出医疗器械注册申请,药品监督管理部门依据法律法规,基于科学认知,进行安全性、有效性和质量可控性等审查,决定是否同意其申请的活动。医疗器械备案是指医疗器械备案人依照法定程序和要求向药品监督管理部门提交备案资料,药品监督管理部门对提交的备案资料存档备查的活动。④

在中国,第一类医疗器械实行产品备案管理,第二类、第三类医疗器械实行产品注册管理。⑤ 对新研制的尚未列入分类目录的医疗器械,申请人可以依照《医疗器械监督管理条例》(2021修订)有关第三类医疗器械产品注册的规定直接申请产品注册,也可以依据分类规则判断产品类别并向国务院药品监督管理部门申请类别确认后依照相关规定申请产品注册或者进行产品备案。⑥

具体而言,第一类医疗器械产品备案,由备案人向所在地设区的市级人民政府负责药品监督管理的部门提交备案资料。⑦ 申请第二类医疗器械产品注册,

---

① 《医疗器械临床试验质量管理规范》第48条。
② 《医疗器械临床试验质量管理规范》第54条。
③ 《医疗器械临床试验质量管理规范》第55条。
④ 《医疗器械注册与备案管理办法》第3条。
⑤ 《医疗器械监督管理条例》(2021修订)第13条。
⑥ 《医疗器械监督管理条例》(2021修订)第23条。
⑦ 《医疗器械监督管理条例》(2021修订)第15条。

注册申请人应当向所在地省、自治区、直辖市人民政府药品监督管理部门提交注册申请资料。申请第三类医疗器械产品注册，注册申请人应当向国务院药品监督管理部门提交注册申请资料。①

需要注意的是，向我国境内出口第一类医疗器械的境外备案人，由其指定的我国境内企业法人向国务院药品监督管理部门提交备案资料和备案人所在国（地区）主管部门准许该医疗器械上市销售的证明文件；未在境外上市的创新医疗器械，可以不提交备案人所在国（地区）主管部门准许该医疗器械上市销售的证明文件。② 向我国境内出口第二类、第三类医疗器械的境外注册申请人，由其指定的我国境内企业法人向国务院药品监督管理部门提交注册申请资料和注册申请人所在国（地区）主管部门准许该医疗器械上市销售的证明文件；未在境外上市的创新医疗器械，可以不提交注册申请人所在国（地区）主管部门准许该医疗器械上市销售的证明文件。③

申请医疗器械注册、备案需要提交的材料包括产品风险分析资料，产品技术要求，产品检验报告，临床评价资料，产品说明书以及标签样稿，与产品研制、生产有关的质量管理体系文件以及证明产品安全、有效所需的其他资料。其中，产品检验报告应当符合国务院药品监督管理部门的要求，可以是医疗器械注册申请人、备案人的自检报告，也可以是委托有资质的医疗器械检验机构出具的检验报告。④ 另外，对于临床评价环节，需要注意的是，符合下列两种情形的可以免于进行临床评价并免于提交临床评价资料：(1)工作机理明确、设计定型，生产工艺成熟，已上市的同品种医疗器械临床应用多年且无严重不良事件记录，不改变常规用途的；(2)其他通过非临床评价能够证明该医疗器械安全、有效的。⑤

医疗器械注册证有效期为5年，有效期届满需要延续注册的，应当在有效期届满6个月前向原注册部门提出延续注册的申请。⑥ 需要留意的是，出现以下三种情形之一的，主管部门将不予延续注册：(1)未在规定期限内提出延续注册申请；(2)医疗器械强制性标准已经修订，申请延续注册的医疗器械不能达到新要求；(3)附条件批准的医疗器械，未在规定期限内完成医疗器械注册证载明事项。⑦

---

① 《医疗器械监督管理条例》(2021修订)第16条。
② 《医疗器械监督管理条例》(2021修订)第15条。
③ 《医疗器械监督管理条例》(2021修订)第16条。
④ 《医疗器械监督管理条例》(2021修订)第14条。
⑤ 《医疗器械注册与备案管理办法》第34条。
⑥ 《医疗器械监督管理条例》(2021修订)第22条。
⑦ 《医疗器械监督管理条例》(2021修订)第22条。

2. 什么是医疗器械优先审批程序?

2016年10月,原国家食品药品监督管理总局发布《医疗器械优先审批程序》,对诊断或者治疗罕见病、恶性肿瘤、老年人特有和多发疾病、专用于儿童、临床急需等医疗器械予以优先审批。2021年8月,国家市场监督管理总局发布《医疗器械注册与备案管理办法》,再次明确了优先注册程序的启动条件、适用范围、审查原则和程序。对纳入优先注册程序的医疗器械注册申请,国家药监局优先进行审评审批,省、自治区、直辖市药品监督管理部门优先安排医疗器械注册质量管理体系核查。①

根据《医疗器械注册与备案管理办法》的相关规定,满足下列情形之一的医疗器械,可以申请适用优先注册程序:(1)诊断或者治疗罕见病、恶性肿瘤且具有明显临床优势,诊断或者治疗老年人特有和多发疾病且目前尚无有效诊断或者治疗手段,专用于儿童且具有明显临床优势,或者临床急需且在我国尚无同品种产品获准注册的医疗器械;(2)列入国家科技重大专项或者国家重点研发计划的医疗器械;(3)国家药监局规定的其他可以适用优先注册程序的医疗器械。②

申请适用优先注册程序的,申请人应当在提出医疗器械注册申请时,向国家药监局提出适用优先注册程序的申请。属于上述第(1)种情形的,由国家药监局组织专家进行审核,符合的,纳入优先注册程序;属于上述第(2)种情形的,由国家药监局器械审评中心进行审核,符合的,纳入优先注册程序;属于上述第(3)种情形的,由国家药监局广泛听取意见,并组织专家论证后确定是否纳入优先注册程序。③

3. 体外诊断试剂的注册和备案有哪些特殊要求?

按医疗器械管理的体外诊断试剂,其注册与备案需遵循《体外诊断试剂注册与备案管理办法》的规定。根据《体外诊断试剂注册与备案管理办法》,体外诊断试剂注册是指体外诊断试剂注册申请人依照法定程序和要求提出体外诊断试剂注册申请,药品监督管理部门依据法律法规,基于科学认知,进行安全性、有效性和质量可控性等审查,决定是否同意其申请的活动;体外诊断试剂备案是指体外诊断试剂备案人依照法定程序和要求向药品监督管理部门提交备案资料,药品监督管理部门对提交的备案资料存档备查的活动。④

---

① 《医疗器械注册与备案管理办法》第75条。
② 《医疗器械注册与备案管理办法》第73条。
③ 《医疗器械注册与备案管理办法》第74条。
④ 《体外诊断试剂注册与备案管理办法》第4条。

与其他医疗器械的注册和备案相比,体外诊断试剂的注册和备案主要有以下特殊要求:

(1)产品技术要求方面

第三类体外诊断试剂的产品技术要求中应当以附录形式明确主要原材料以及生产工艺要求①。

(2)产品检验方面

第三类体外诊断试剂应当提供3个不同生产批次产品的检验报告②。对于有适用的国家标准品的,应当使用国家标准品对试剂进行检验。中国食品药品检定研究院负责组织国家标准品的制备和标定工作。③

(3)非临床研究方面

体外诊断试剂申请注册或者进行备案,应当提交根据产品预期用途和技术特征开展的体外诊断试剂非临床研究等研制活动中产生的非临床证据。其中,非临床研究系指在实验室条件下对体外诊断试剂进行的试验或者评价,包括主要原材料的选择及制备、产品生产工艺、产品分析性能、阳性判断值或者参考区间、产品稳定性等的研究。④

(4)临床评价方面

体外诊断试剂注册必须进行临床评价并提交临床评价资料。符合如下情形的体外诊断试剂,可以免于进行临床试验:①反应原理明确、设计定型、生产工艺成熟,已上市的同品种体外诊断试剂临床应用多年且无严重不良事件记录,不改变常规用途的。②通过进行同品种方法学比对的方式能够证明该体外诊断试剂安全、有效的;⑤但申请人仍应当通过对符合预期用途的临床样本进行同品种方法学比对的方式证明产品的安全性、有效性。⑥ 对预期供消费者个人自行使用的体外诊断试剂开展临床评价时,申请人还应当进行无医学背景的消费者对产品说明书认知能力的评价。⑦

(5)注册/备案单元方面

体外诊断试剂的注册或者备案单元应为单一试剂或者单一试剂盒,一个注

① 《体外诊断试剂注册与备案管理办法》第27条第3款。
② 《体外诊断试剂注册与备案管理办法》第33条第2款。
③ 《体外诊断试剂注册与备案管理办法》第34条。
④ 《体外诊断试剂注册与备案管理办法》第29条第2款。
⑤ 《体外诊断试剂注册与备案管理办法》第37条第1款。
⑥ 《体外诊断试剂注册与备案管理办法》第38条第1款。
⑦ 《体外诊断试剂注册与备案管理办法》第44条。

册或者备案单元可以包括不同的包装规格;校准品、质控品可以与配合使用的体外诊断试剂合并申请注册,也可以单独申请注册。①

(6)临床实验室自建方法(LDT)方面

区别于已经获得注册、可用于大规模商业化流通的体外诊断试剂,LDT是仅在实验室内部研发、验证和使用的体外诊断项目,常见的商业模式是医学检验实验室使用未取得医疗器械上市许可的检测试剂完成检测服务。根据中国对医疗器械一贯的监管要求,医疗器械(包括按医疗器械管理的体外诊断试剂)均需要经过国家药监部门的注册或备案后方可使用。而《医疗器械监督管理条例》(2021修订)第53条明确规定:"对国内尚无同品种产品上市的体外诊断试剂,符合条件的医疗机构根据本单位的临床需要,可以自行研制,在执业医师指导下在本单位内使用。具体管理办法由国务院药品监督管理部门会同国务院卫生主管部门制定。"《体外诊断试剂注册与备案管理办法》第123条中对此也相应作出了原则性规定。该等规定为在中国用LDT开展业务的合法化予以了确认。但截至目前,具体管理办法仍未出台。

4. 医疗器械发生哪些变化需要变更注册或备案?

对于已备案的第一类医疗器械,备案资料载明的事项发生变化的,如变更备案人名称、注册地址、生产地址、产品名称、产品描述、预期用途等,应当向原备案部门变更备案。②

对于已注册的第二类、第三类医疗器械产品,其设计、原材料、生产工艺、适用范围、使用方法等发生实质性变化,有可能影响该医疗器械安全、有效的,注册人应当向原注册部门申请办理变更注册手续,如注册证载明的产品名称、型号、规格、结构及组成、适用范围、产品技术要求、进口医疗器械的生产地址等;发生其他变化的,如注册人名称和住所、代理人名称和住所等,应当在变化之日起30日内向原注册部门备案并按照规定向国务院药品监督管理部门报告。境内医疗器械生产地址变更的,注册人应当在办理相应的生产许可变更后办理备案。③

需要注意的是,对于按医疗器械管理的体外诊断试剂的变更注册以及医疗器械软件的变更注册,有如下特别要求:

(1)对于已注册的第二类、第三类体外诊断试剂而言,注册证载明的产品名称、包装规格、主要组成成分、预期用途、产品技术要求、产品说明书、进口体外诊

---

① 《体外诊断试剂注册与备案管理办法》第112条。

② 《医疗器械注册与备案管理办法》第88条。

③ 《医疗器械注册与备案管理办法》第79条。

断试剂的生产地址等,属于需要办理变更注册的事项。① 但是,该等体外诊断试剂产品的核心技术原理等发生实质性改变,或者发生其他重大改变、对产品安全有效性产生重大影响,实质上构成新的产品的,不属于变更申请事项,应当按照注册申请的规定办理。②

(2)对于医疗器械软件而言,由于软件更新迭代频繁,《医疗器械软件注册审查指导原则》(2022年修订版)对医疗器械软件需要进行变更注册的情形进行了特别规定。根据软件更新是否会影响医疗器械的预期用途、使用场景或核心功能进而影响医疗器械安全性和有效性,将软件更新区分为重大软件更新和轻微软件更新:重大软件更新,是指影响医疗器械安全性或有效性的软件更新,应申请变更注册;轻微软件更新,是指不影响医疗器械安全性与有效性的软件更新,通过质量管理体系进行控制,无须申请变更注册,待下次变更注册时提交相应注册申报资料。

5. 医疗器械注册证是否可以转让?

《药品管理法》(2019修订)明确规定药品上市许可持有人在满足特定条件下可以转让其持有的药品上市许可,随后出台的《药品注册管理办法》(2020)《药品上市后变更管理办法(试行)》亦对药品上市许可的转让要求和程序进行了细化。然而现行有效的医疗器械监管法规[包括《医疗器械监督管理条例》(2021修订)、《医疗器械注册与备案管理办法》等]均未明确规定医疗器械注册证可以转让。但我们注意到,在医疗器械注册人制度试点阶段,我国部分地区的医疗器械注册人试点方案中的试点原则提出了"积极探索技术、注册证转让"③。因此,国家未来是否会在政策法规层面明确放开医疗器械注册证转让的可行性,仍然值得关注和期待。

第三节　医疗器械生产

一、医疗器械生产企业

1. 企业从事医疗器械生产需要具备哪些条件?

在中国境内从事医疗器械生产活动,根据所生产的医疗器械的不同风险等

---

① 《体外诊断试剂注册与备案管理办法》第78条。

② 《体外诊断试剂注册与备案管理办法》第79条。

③ 《湖南省医疗器械注册人制度试点工作实施方案》第2条第1项。

级,所需取得的生产资质不同:从事第一类医疗器械生产的,应当向企业所在地设区的市级药监部门进行备案;从事第二类和第三类医疗器械生产的,应当向所在地省级药监部门申请并取得医疗器械生产许可。

根据《医疗器械监督管理条例》(2021修订)、《医疗器械生产监督管理办法》(2022)等规定,在我国从事医疗器械生产活动的企业通常应具备下列条件[①]:

(1)有与生产的医疗器械相适应的生产场地、环境条件、生产设备以及专业技术人员;

(2)有能对生产的医疗器械进行质量检验的机构或者专职检验人员以及检验设备;

(3)有保证医疗器械质量的管理制度;

(4)有与生产的医疗器械相适应的售后服务能力;

(5)符合产品研制、生产工艺文件规定的要求。

2. 申请取得医疗器械生产许可的一般要求和流程是什么?

在我国境内从事第二类、第三类医疗器械生产的,应当向生产企业所在地省级药监部门申请生产许可,并提交下述资料[②]:

(1)所生产的医疗器械注册证以及产品技术要求复印件;

(2)法定代表人(企业负责人)身份证明复印件;

(3)生产、质量和技术负责人的身份、学历、职称相关材料复印件;

(4)生产管理、质量检验岗位从业人员学历、职称一览表;

(5)生产场地的相关文件复印件,有特殊生产环境要求的,还应当提交设施、环境的相关文件复印件;

(6)主要生产设备和检验设备目录;

(7)质量手册和程序文件目录;

(8)生产工艺流程图;

(9)证明售后服务能力的相关材料;

(10)经办人的授权文件。

省级药监部门在收到申请资料后,根据资料提供情况会分别作出受理申请(申请资料齐全、符合法定形式)、一次性告知补正内容(申请资料不齐全或者不

---

① 《医疗器械监督管理条例》(2021修订)第30条、《医疗器械生产监督管理办法》(2022)第9条。

② 《医疗器械生产监督管理办法》(2022)第10条。

符合法定形式)、不予受理(不属于本行政机关职权范围)等处理。① 药监部门受理申请后,应按照《医疗器械生产质量管理规范》的要求对申请资料进行核查,并自受理之日起20个工作日内作出准予许可或不予许可的书面决定(需要整改的,整改时间不计入审核时限)。②

药监部门作出准予许可决定的,应于10个工作日内发给《医疗器械生产许可证》。《医疗器械生产许可证》分为正本和副本,有效期5年;正本和副本均载明的事项包括:许可证编号、企业名称、统一社会信用代码、法定代表人(企业负责人)、住所、生产地址、生产范围、发证部门、发证日期和有效期限;副本另行记载的事项包括:许可证正本载明事项变更以及车间或者生产线重大改造等情况。③

3. 发生哪些情形需要变更医疗器械生产许可?

第二类、第三类医疗器械生产许可的变更,分为"生产许可变更""登记事项变更",具体而言:

(1)生产许可变更

企业变更生产地址或者增加生产范围的,应当向原发证部门申请医疗器械生产许可变更,并提交涉及变更内容的有关材料,原发证部门应当依法审核并开展现场核查。④

此外,发生下述情况时,医疗器械生产企业应当按规定向原发证部门报告:①增加生产产品涉及生产条件变化,可能影响产品安全、有效的(应当在增加生产产品30个工作日前向原生产许可部门报告,原生产许可部门应当及时开展现场核查);②车间或者生产线进行改造,导致生产条件发生变化,可能影响医疗器械安全、有效的。⑤

(2)登记事项变更

企业名称、法定代表人(企业负责人)、住所变更,或者生产地址文字性变更,或者生产范围核减的,应当在该等变更后30个工作日内向原发证部门申请登记事项变更并提交相关材料,原发证部门应当在5个工作日内完成登记事项变更。⑥

---

① 《医疗器械生产监督管理办法》(2022)第11条。
② 《医疗器械生产监督管理办法》(2022)第13条。
③ 《医疗器械生产监督管理办法》(2022)第14条。
④ 《医疗器械生产监督管理办法》(2022)第15条。
⑤ 《医疗器械生产监督管理办法》(2022)第15条、第42条。
⑥ 《医疗器械生产监督管理办法》(2022)第16条。

此外,如果医疗器械生产企业跨省、自治区、直辖市设立新生产场地的,应当向新设生产场地所在地省级药监部门申请医疗器械生产许可。①

二、医疗器械委托生产

1. 什么是医疗器械委托生产?

医疗器械注册人、备案人可以自行生产医疗器械,也可以委托具备相应条件的企业生产医疗器械。委托生产是指最终产品的委托生产,不包括最终产品部分工序的外协加工(部分工序的外协加工,建议按照采购来进行管理)。②

医疗器械注册人、备案人委托生产的,应当对受托方的质量保证能力和风险管理能力进行评估,按照《医疗器械委托生产质量协议编制指南》要求与受托方签订《医疗器械委托生产质量协议》以及委托协议,监督受托方履行有关协议约定的义务。③

受托生产企业应当按照法律、法规、规章、《医疗器械生产质量管理规范》、强制性标准、产品技术要求、《医疗器械委托生产质量协议》等要求组织生产,对生产行为负责,并接受医疗器械注册人、备案人的监督。④

2.《医疗器械委托生产质量协议》有哪些关注要点?

医疗器械注册/备案人(委托方)和受托生产企业(受托方)签订《医疗器械委托生产质量协议》,应明确医疗器械委托生产全过程中各自的权利、义务和责任,规范各自应当承担的产品质量安全义务和责任,保证委托生产的医疗器械安全、有效、质量可控。基于上述出发点,委托方和受托方在签订《医疗器械委托生产质量协议》时通常应包含如下基本要素。⑤

(1)委托生产的产品范围:医疗器械注册/备案人委托生产的最终产品名称、注册证/备案编号(适用时)、规格型号等。

(2)专用术语和定义:针对在《医疗器械委托生产质量协议》中使用的专用术语和定义,进行内涵和外延的界定。

(3)适用的法律、法规和标准等规范性文件:列出受托方质量管理体系应当满足的法律法规及质量管理体系标准的清单。

---

① 《医疗器械生产监督管理办法》(2022)第18条。
② 《医疗器械委托生产质量协议编制指南》序言部分。
③ 《医疗器械生产监督管理办法》(2022)第32条。
④ 《医疗器械生产监督管理办法》(2022)第32条。
⑤ 《医疗器械委托生产质量协议编制指南》第2条。

(4)适用的质量管理规范或体系以及质量管理体系中委托方和受托方的责任:编制《医疗器械委托生产质量协议》应当选取适用的质量管理体系要求,这些质量管理体系的要求应当参照《医疗器械生产质量管理规范》,适用时也可以参照 YY/T 0287-2017《医疗器械质量管理体系用于法规的要求》(ISO13485:2016)。

(5)分歧的解决:《医疗器械委托生产质量协议》应当对委托生产过程中可能产生的分歧根据相关法律法规要求约定解决途径(分歧可以来自设计开发、产品生产、上市后监督、不良事件报告和召回等过程)。

(6)有效期限和终止条款:应当明确《医疗器械委托生产质量协议》的有效期限及批准、生效、变更和终止的要求(终止要求中应包括文件的转移或返回、相关法律责任的承担等约定)。

(7)知识产权的保护、保密、商业保险要求:如购买商业保险的,《医疗器械委托生产质量协议》中适宜约定委托方对商业保险的管理(包括保险的购买、延续、理赔等资料的保存和查阅)。

此外在《医疗器械委托生产质量协议》制定过程中,委托方和受托方应针对委托生产产品的每个流程,协商确认各自责任分工和义务,该等流程包括但不限于:文件和记录控制;采购控制和供应商管理;生产和质量控制;工作环境要求;产品标识和可追溯性;搬运、存储和发运;产品验收活动;不合格品控制;变更管理;投诉、纠正和预防措施;售后服务、不良事件和召回。

3. 受托方和委托方的主要职责有哪些?

根据《医疗器械监督管理条例》(2021 修订)、《医疗器械生产监督管理办法》(2022)等相关规定,在医疗器械委托生产中,委托方(医疗器械注册/备案人)和受托方(医疗器械受托生产企业)的主要职责如下。

委托方(医疗器械注册/备案人)的主要职责如下:

(1)应当对所委托生产的医疗器械质量负责;

(2)应当对受托生产企业的质量保证能力和风险管理能力进行评估;

(3)应当按照《医疗器械委托生产质量协议编制指南》等要求与受托方签订《医疗器械委托生产质量协议》和委托协议,并监督受托方履行有关协议约定的义务;

(4)应当对受托生产企业的生产放行文件进行审核;

(5)应当加强对受托生产行为的管理,保证受托方按照法定要求进行生产。

受托方(医疗器械受托生产企业)的主要职责如下:

(1)应当按照《医疗器械生产质量管理规范》的要求,建立健全与所生产医疗器械相适应的质量管理体系并保持其有效运行;

(2)应当严格按照经注册或备案的产品技术要求组织生产,保证出厂的医疗器械符合强制性标准以及经注册或者备案的产品技术要求;

(3)应当按照《医疗器械委托生产质量协议》等要求组织生产,对生产行为负责并接受委托方的监督;

(4)应当加强采购管理,建立供应商审核制度,对供应商进行评价,确保采购产品和服务符合相关规定要求;

(5)应当建立原材料采购验收记录制度,确保相关记录真实、准确、完整和可追溯;

(6)应当建立生产放行规程,明确生产放行的标准、条件,确认符合标准、条件的,方可出厂;

(7)应当按照医疗器械不良事件监测相关规定落实不良事件监测责任,开展不良事件监测,向医疗器械不良事件监测技术机构报告调查、分析、评价、产品风险控制等情况;

(8)应当按照医疗器械召回的相关规定履行责任,并协助医疗器械注册人、备案人对所生产的医疗器械实施召回等。

4. 哪些医疗器械不允许委托生产?

根据《医疗器械监督管理条例》(2021 修订)第 34 条的规定,具有高风险的植入性医疗器械不得委托生产,具体目录由国家药监局制定、调整并公布。2022 年 3 月 11 日国家药监局发布了《禁止委托生产医疗器械目录》(国家药监局通告 2022 年第 17 号)并已于 2022 年 5 月 1 日起实施,根据该目录,不得委托生产的医疗器械如下所述。

(1)有源植入器械:包括植入式心脏起搏器、植入式心脏收缩力调节器、植入式循环辅助设备;

(2)无源植入器械:包括硬脑(脊)膜补片(不含动物源性材料的产品除外)、颅内支架系统、颅内动脉瘤血流导向装置、心血管植入物(外周血管支架、腔静脉滤器、心血管栓塞器械除外)、整形填充材料、可吸收外科防粘连敷料(不含动物源性材料的产品除外)等 9 类;

(3)其他同种异体植入性医疗器械和直接取材于动物组织的植入性医疗器械。

5. 医疗器械可以跨境委托生产吗?

《医疗器械监督管理条例》(2021 修订)并未明确禁止医疗器械的跨境委托

生产,但根据《国家药监局关于进口医疗器械产品在中国境内企业生产有关事项的公告》的规定,进口医疗器械注册人通过其在境内设立的外商投资企业在境内生产第二类、第三类已获进口医疗器械注册证产品的,进口医疗器械注册人在中国境内设立的外商投资企业/投资境外注册人的中国境内企业作为注册申请人,向药品监督管理部门提交境内医疗器械注册申请。可见,以往的监管口径是中国大陆以外地区的医疗器械注册人,如拟在中国大陆生产已注册为进口医疗器械的产品时,需要先将该进口产品在中国大陆重新申请注册为国产医疗器械产品后方可在中国大陆生产。

2022 年 6 月国家药监局综合司发布的《支持港澳医疗器械注册人在大湾区内地 9 市生产医疗器械实施方案》在一定程度上突破了该等限制,就港澳医疗器械注册人将其持有的医疗器械在粤港澳大湾区内地 9 市符合条件的企业生产给出了实施方案。根据《支持港澳医疗器械注册人在大湾区内地 9 市生产医疗器械实施方案》,可以跨境委托生产医疗器械的品种范围和企业范围如下。

(1)品种范围:适用于在香港特别行政区或澳门特别行政区合法登记的企业所持有和生产,并已获得《医疗器械注册证》在境内注册上市的医疗器械。《禁止委托生产医疗器械目录》(国家药监局通告 2022 年第 17 号)规定的品种除外。

(2)适用企业:医疗器械注册人为港澳企业的,由其在大湾区内地设立的外商投资企业法人作为代理人,办理医疗器械变更注册事项,协助港澳医疗器械注册人履行义务,承担连带责任。港澳医疗器械注册人获得国家药监局发放的医疗器械注册证后,可以委托大湾区内地 9 市符合条件的企业生产。受托生产企业应当具备与所生产医疗器械相适应的质量管理体系和生产能力。

需要注意的是,港澳医疗器械注册人在粤港澳大湾区内地 9 市选择符合条件的企业作为受托生产企业时,应参考《医疗器械委托生产质量协议编制指南》的要求,由港澳医疗器械注册人、代理人和受托生产企业三方共同签订《医疗器械委托质量协议》以及委托协议,明确各方相关权利义务。若港澳医疗器械注册人在大湾区内地 9 市的生产经营行为违反《医疗器械监督管理条例》(2021 修订)及配套规章制度的,注册人承担主体责任、代理人承担连带责任、受托生产企业承担相应法律责任。

三、医疗器械生产质量管理规范

1. 什么是医疗器械 GMP?

GMP 是 Good Manufacturing Practice 的简称。我国目前现行有效的《医疗

器械生产质量管理规范》是由原国家食品药品监督管理总局于2014年12月29日发布并于2015年3月1日起实施的。除单独的GMP规范外,《医疗器械生产监督管理办法》(2022)中也有专章对医疗器械“生产质量管理”进行了规定。

《医疗器械生产监督管理办法》(2022)中明确规定:(1)在我国境内从事医疗器械生产活动,应当遵守《医疗器械生产质量管理规范》的要求;(2)药监部门在审核第二类、第三类医疗器械生产许可的申请资料时,会按照《医疗器械生产质量管理规范》的要求进行核查;(3)无论是委托生产或自行生产医疗器械,生产企业是否按照《医疗器械生产质量管理规范》的要求组织生产,都是药监部门监督检查的重点。

因此,医疗器械生产企业需要高度重视《医疗器械生产质量管理规范》的各项要求,建立健全与所生产医疗器械相适应的质量管理体系并保持其有效运行。

2. 医疗器械GMP主要从哪些方面对生产企业提出了要求?

《医疗器械生产质量管理规范》主要对医疗器械的设计开发、生产设备条件、原材料采购、生产过程控制、产品放行、企业的机构设置和人员配备等影响医疗器械安全、有效的事项进行了明确规定,具体主要包括以下几个方面。

(1)机构与人员:企业应当建立与医疗器械生产相适应的管理机构,并有组织机构图,明确各部门的职责和权限,明确质量管理职能;企业负责人是医疗器械产品质量的主要责任人;企业负责人应当确定一名管理者代表,管理者代表负责建立、实施并保持质量管理体系,报告质量管理体系的运行情况和改进需求,提高员工满足法规、规章和顾客要求的意识;企业应当配备与生产产品相适应的专业技术人员、管理人员和操作人员,具有相应的质量检验机构或者专职检验人员等。

(2)厂房与设施:厂房与设施应当符合生产要求,生产、行政和辅助区的总体布局应当合理,不得互相妨碍;厂房与设施应当根据所生产产品的特性、工艺流程及相应的洁净级别要求合理设计、布局和使用;生产环境应当整洁、符合产品质量需要及相关技术标准的要求;产品有特殊要求的,应当确保厂房的外部环境不能对产品质量产生影响,必要时应当进行验证等。

(3)设备:企业应当配备与所生产产品和规模相匹配的生产设备、工艺装备等,并确保有效运行等。

(4)设计开发:企业应当建立设计控制程序并形成文件,对医疗器械的设计和开发过程实施策划和控制;在进行设计和开发策划时,应当确定设计和开发的阶段及对各阶段的评审、验证、确认和设计转换等活动,应当识别和确定各个部门设计和开发的活动和接口,明确职责和分工;企业应当在设计和开发过程中开展设计和开发到生产的转换活动,以使设计和开发的输出在成为最终产品规范前得以验证,确保设计和开发输出适用于生产等。

(5)采购:企业应当建立采购控制程序,确保采购物品符合规定的要求,且不低于法律法规的相关规定和国家强制性标准的相关要求;企业应当建立供应商审核制度,并应当对供应商进行审核评价;企业应当与主要原材料供应商签订质量协议,明确双方所承担的质量责任;应当建立采购记录,包括采购合同、原材料清单、供应商资质证明文件、质量标准、检验报告及验收标准等;采购记录应当满足可追溯要求;企业应当对采购物品进行检验或者验证,确保满足生产要求等。

(6)生产管理:企业应当按照建立的质量管理体系进行生产,以保证产品符合强制性标准和经注册或者备案的产品技术要求;企业应当建立产品的可追溯性程序,规定产品追溯范围、程度、标识和必要的记录等。

(7)质量控制:企业应当建立质量控制程序,规定产品检验部门、人员、操作等要求,并规定检验仪器和设备的使用、校准等要求,以及产品放行的程序;企业应当根据强制性标准以及经注册或者备案的产品技术要求制定产品的检验规程,并出具相应的检验报告或者证书;企业应当规定产品放行程序、条件和放行批准要求,放行的产品应当附有合格证明等。

(8)不良事件监测、分析和改进:企业应当建立纠正措施程序,确定产生问题的原因,采取有效措施,防止相关问题再次发生;应当建立预防措施程序,确定潜在问题的原因,采取有效措施,防止问题发生等。

3. 如果医疗器械生产企业无法达到 GMP 相关要求有什么后果?

根据《医疗器械生产监督管理办法》(2022)第 76 条的规定,违反《医疗器械生产质量管理规范》,未建立质量管理体系并保持有效运行的,由药品监督管理部门依职责责令限期改正;影响医疗器械产品安全、有效的,依照《医疗器械监督管理条例》(2021 修订)第 86 条的规定处罚。

根据《医疗器械监督管理条例》(2021 修订)第 86 条的规定,如果存在生产不符合强制性标准或者不符合经注册或者备案的产品技术要求的医疗器械;未按照经注册或者备案的产品技术要求组织生产,或者未依照本条例规定建立质量管理体系并保持有效运行,影响产品安全、有效的;委托不具备本条例规定条件的企业生产医疗器械,或者未对受托生产企业的生产行为进行管理等情形的:

(1)由负责药品监督管理的部门责令改正,没收违法生产经营使用的医疗器械;

(2)违法生产经营使用的医疗器械货值金额不足1万元的,并处2万元以上5万元以下罚款;货值金额1万元以上的,并处货值金额5倍以上20倍以下罚款;

(3)情节严重的,责令停产停业,直至由原发证部门吊销医疗器械注册证、医疗器械生产许可证、医疗器械经营许可证,对违法单位的法定代表人、主要负责人、直接负责的主管人员和其他责任人员,没收违法行为发生期间自本单位所获收入,并处所获收入30%以上3倍以下罚款,10年内禁止其从事医疗器械生产经营活动。

第四节 医疗器械经营

一、医疗器械经营企业

1. 企业从事医疗器械的经营需要具备哪些条件?

(1)我国按照医疗器械风险程度对医疗器械的经营实行分类管理①,其中:

a. 经营第一类医疗器械不需要许可和备案。

b. 经营第二类医疗器械实行备案管理,同时对产品安全性、有效性不受流通过程影响的第二类医疗器械可以免于经营备案。就免于经营备案的第二类医疗器械,可以关注国家药监局发布的《免于经营备案的第二类医疗器械产品目录》(其中包括血糖分析仪、手动轮椅等)。

c. 经营第三类医疗器械实行许可管理,应取得医疗器械经营许可证。

根据销售对象的不同,经营许可和备案均包括批发和零售两种经营方式,前者是指将医疗器械销售给医疗器械生产企业、医疗器械经营企业、医疗器械使用单位或者其他有合理使用需求的单位的医疗器械经营行为,后者是指将医疗器械直接销售给消费者个人使用的医疗器械经营行为②。

(2)为了取得上述的经营备案或者医疗器械经营许可证,企业需要在经营场所和贮存条件、质量管理制度和质量管理机构或者人员等方面达到一定的要求,并持续遵守《医疗器械经营质量管理规范》(以下简称医疗器械GSP)的要

---

① 《医疗器械经营监督管理办法》第4条和第25条。

② 《医疗器械经营监督管理办法》第71条。

求,建立健全与所经营医疗器械相适应的质量管理体系并保证其有效运行。具体而言:

a. 医疗器械经营企业应当配备与经营范围和经营规模相适应的质量管理机构或者质量管理人员,质量管理人员应当具有相关专业学历或者职称;此外,还应当配备与经营的医疗器械相适应的专业指导、技术培训和售后服务的质量管理机构或者人员。

b. 医疗器械经营企业应当具备与经营规模和经营范围相适应的经营场所和贮存条件。

c. 医疗器械经营企业应当建立健全与所经营的医疗器械相适应的质量管理制度。

从事第三类医疗器械经营的企业,还应当具有符合医疗器械 GSP 要求的计算机信息管理系统,保证经营的产品可追溯。同时,鼓励从事第一类、第二类医疗器械经营的企业建立符合医疗器械 GSP 要求的计算机信息管理系统①。

医疗器械 GSP 对上述条件提出了更加细致的要求,具体请参见本节第二部分中关于医疗器械 GSP 的阐述。

2. 申请医疗器械经营许可证和经营备案的一般流程和要求是什么?

就首次申请医疗器械经营许可证或经营备案的新设企业而言,申请企业应首先在相应的市场监督管理部门完成企业设立登记手续。在完成企业设立登记后,经营企业应当根据拟经营的医疗器械类别按照下述流程和要求完成经营备案或取得医疗器械经营许可证。

(1)第二类医疗器械经营企业备案的一般流程和要求②

步骤	时限
a. 经营企业向所在地设区的市级药品监督管理部门备案并提交相关资料,即完成经营备案,获取经营备案编号	当场
b. 必要时,设区的市级药品监督管理部门对经营企业提交的资料以及执行医疗器械 GSP 的情况开展现场检查	完成备案之日起 3 个月内

医疗器械经营备案人应当确保提交的资料合法、真实、准确、完整和可追溯。药品监督管理部门现场检查发现与提交的资料不一致或者不符合医疗器械 GSP

① 《医疗器械经营监督管理办法》第 9 条。

② 《医疗器械经营监督管理办法》第 21 条和第 22 条。

要求的,责令限期改正;不能保证产品安全、有效的,取消备案并向社会公告。

(2)第三类医疗器械经营企业申请医疗器械经营许可证的一般流程和要求①

步骤	时限
a. 经营企业向所在地设区的市级药品监督管理部门提出申请并提交相关资料。申请资料存在可以当场更正的错误的,允许申请人当场更正。 药品监督管理部门收到申请后,作出受理或者不予受理的决定并出具受理或者不予受理通知书	当场(需要补正的当场或在5个工作日内告知)
b. 药品监督管理部门对申请资料进行审查,必要时按照医疗器械GSP的要求开展现场核查	自受理之日起20个工作日内(如需整改的,整改时间不计入审核时限)
c. 药品监督管理部门对符合规定条件的企业作出准予许可的书面决定,并发给医疗器械经营许可证;不符合规定条件的,作出不予许可的书面决定,并说明理由	10个工作日内

医疗器械经营许可申请人应当确保提交的资料合法、真实、准确、完整和可追溯。

经营企业同时申请第三类医疗器械经营许可和办理第二类医疗器械经营备案的,或经营企业已经取得第三类医疗器械经营许可再办理第二类医疗器械备案的,可以免予提交相应资料②。

(3)需要注意的是,无论是办理经营备案,还是申请医疗器械经营许可证,药品监督管理部门在必要时会按照医疗器械GSP的要求对医疗器械经营企业开展现场核查,区别在于:对于经营第二类医疗器械的企业,该等现场核查在其完成备案之后进行;而对于经营第三类医疗器械的企业,该等现场核查在颁发医疗器械经营许可证之前进行③。

3. 什么是医疗器械销售记录制度?

医疗器械销售记录制度是指从事第二类、第三类医疗器械批发业务以及第三类医疗器械零售业务的经营企业对销售信息进行记录的制度,记录事项包括:

---

① 《医疗器械经营监督管理办法》第10、11、13、23条。

② 《医疗器械经营监督管理办法》第23条。

③ 《医疗器械经营监督管理办法》第13条和第22条。

(1)医疗器械的名称、型号、规格、注册证编号或者备案编号、数量、单价、金额;

(2)医疗器械的生产批号或者序列号、使用期限或者失效日期、销售日期;

(3)医疗器械注册人、备案人和受托生产企业名称、生产许可证编号或者备案编号。

从事第二类、第三类医疗器械批发业务的企业,销售记录还应当包括购货者的名称、地址、联系方式、相关许可证明文件编号或者备案编号等。

销售记录信息应当真实、准确、完整和可追溯,并保存至医疗器械有效期满后2年,没有有效期的则不得少于5年。植入类医疗器械销售记录应当永久保存①。

二、医疗器械 GSP

1. 什么是医疗器械 GSP?

医疗器械 GSP 是医疗器械经营质量管理的基本要求,适用于所有从事医疗器械经营活动的经营者。2014年,原国家食品药品监督管理总局发布了医疗器械 GSP,并沿用至今。医疗器械 GSP 对医疗器械经营企业在医疗器械采购、验收、贮存、销售、运输、售后服务等环节所应遵守的规范要求作出了具体的规定,同时对医疗器械经营企业内部的职责与制度、人员与培训、设施与设备等方面提出了相应的要求。具体请参见本部分问题2中的阐述。

《医疗器械经营监督管理办法》中明确规定了必要时,药品监督管理部门会按照医疗器械 GSP 的要求对医疗器械经营企业进行现场检查。同时,医疗器械经营企业应当建立质量管理自查制度,按照医疗器械 GSP 的要求进行自查,并于每年3月31日前向所在地市县级药品监督管理部门提交上一年度的自查报告②。

2. 医疗器械 GSP 主要从哪些方面对经营企业提出了要求?

总体而言,医疗器械 GSP 要求医疗器械经营企业主要在以下几个方面进行质量体系建设:职责与制度,人员与培训,设施与设备,采购、收货与验收,入库、贮存与检查,销售、出库与运输,售后服务。各方面的要点简述如下。

(1)在职责与制度方面,医疗器械 GSP 明确企业法定代表人或者负责人是

---

① 《医疗器械经营监督管理办法》第38条。

② 《医疗器械经营监督管理办法》第44条。

医疗器械经营质量的主要负责人,全面负责企业日常管理[①]。除此之外,企业还应当配备专门的质量负责人,负责医疗器械质量管理工作;质量负责人应当独立履行职责,在企业内部对医疗器械质量管理具有裁决权,承担相应的质量管理责任[②]。医疗器械 GSP 还就企业质量管理机构或者质量管理人员的职责进行了详细的规定。同时,医疗器械 GSP 还要求企业应当建立覆盖医疗器械经营全过程的质量管理制度,并保存相关记录或者档案;特别地,从事第二类、第三类医疗器械批发业务和第三类医疗器械零售业务的企业还应当制定购货者资格审核、医疗器械追踪溯源、质量管理制度执行情况考核的规定[③]。

(2)在人员与培训方面,医疗器械 GSP 主要对企业法定代表人、负责人、质量管理人员的知识储备和资质等方面提出了要求。特别地,医疗器械 GSP 对于质量负责人、质量管理和经营等关键岗位人员、售后服务人员的专业背景、资质、经验等进行了细化的规定。

(3)在设施与设备方面,医疗器械 GSP 主要要求企业应当具有与经营范围和经营规模相适应的经营场所和库房,经营场所和库房的面积应当满足经营要求。医疗器械 GSP 特别规定,经营场所和库房不得设在居民住宅内、军事管理区(不含可租赁区)以及其他不适合经营的场所[④],并对可以不单独设立医疗器械库房的具体情形进行了明确。

(4)在采购、收货与验收方面,医疗器械 GSP 主要要求企业在采购前审核供货者的合法资格、建立采购记录。医疗器械 GSP 针对企业收货验收时应具体核查的内容也进行了规定。

(5)在入库、贮存与检查方面,医疗器械 GSP 主要要求企业建立入库记录以及区别对待不合格品,并根据医疗器械的质量特性合理贮存、定期检查,对库存医疗器械有效期进行跟踪和控制,定期进行盘点,做到账、货相符。

(6)在销售、出库与运输方面,医疗器械 GSP 主要在销售授权、购货者资质审查、销售记录、销售凭据、出库核对、出库复核、运输条件等方面对企业提出了要求。

(7)在售后服务方面,医疗器械 GSP 主要要求企业应当具备与经营的医疗器械相适应的专业指导、技术培训和售后服务的能力,或者约定由相关机构提供

① 《医疗器械经营质量管理规范》第5条。
② 《医疗器械经营质量管理规范》第6条。
③ 《医疗器械经营质量管理规范》第8条。
④ 《医疗器械经营质量管理规范》第16条。

技术支持。医疗器械 GSP 在售后服务方面对加强退货管理、制定售后服务管理操作规程等方面均进行了规定，同时要求企业应当协助医疗器械生产企业履行召回义务。

特别地，医疗器械 GSP 在诸多方面就接受委托为其他医疗器械生产经营企业提供贮存、配送服务的业务模式进行了有针对性的规定，如委托方应当承担质量管理责任、受托方自营的医疗器械应当与受托的医疗器械分开存放[①]等，并且医疗器械 GSP 的附录针对专门提供医疗器械运输贮存服务的企业规定了详细的经营质量管理体系要求[②]。

3. 如果医疗器械经营企业无法达到医疗器械 GSP 相关要求有什么后果？

就新开办医疗器械经营企业，如果未达到医疗器械 GSP 相关要求，第三类医疗器械经营企业则无法取得医疗器械经营许可证，第二类医疗器械经营企业则无法办理医疗器械经营备案。

已开办的医疗器械经营企业在开展经营活动中被发现不符合医疗器械 GSP 相关要求，不能保证产品安全有效，可能危害人体健康的，药品监督管理部门可以采取暂停进口、经营、使用的紧急控制措施，并发布安全警示信息[③]。同时，药品监督管理部门可以责令限期改正；对于影响医疗器械产品安全、有效的，药品监督管理部门还可以没收违法经营的医疗器械，并处以罚款，情节严重的还可以责令停产停业，直至吊销医疗器械经营许可证，对违法单位的法定代表人、主要负责人、直接负责的主管人员和其他责任人员在没收违法行为发生期间自本单位所获收入，并处所获收入 30%以上 3 倍以下罚款，10 年内禁止其从事医疗器械生产经营活动[④]。

三、医疗器械网络销售

1. 通过互联网销售医疗器械一般涉及哪些主体？

互联网医疗器械销售业态中，一般涉及“从事医疗器械网络销售的企业”和“医疗器械网络交易服务第三方平台提供者”两类与医疗器械经营直接相关的主体，具体而言：

---

① 《医疗器械经营质量管理规范》第 43 条。

② 参见《医疗器械经营质量管理规范附录：专门提供医疗器械运输贮存服务的企业质量管理》（国家药品监督管理局公告 2022 年第 94 号，2022 年 10 月 31 日发布，2023 年 1 月 1 日实施）。

③ 《医疗器械经营监督管理办法》第 57 条。

④ 《医疗器械经营监督管理办法》第 67 条、《医疗器械监督管理条例》第 86 条。

(1)从事医疗器械网络销售的企业是指通过网络销售医疗器械的医疗器械上市许可持有人(医疗器械注册人或者备案人)和医疗器械生产经营企业[①]。该等企业可以通过自建网站,也可以通过医疗器械网络交易服务第三方平台开展医疗器械网络销售活动。

(2)医疗器械网络交易服务第三方平台提供者是指在医疗器械网络交易中仅提供网页空间、虚拟交易场所、交易规则、交易撮合、电子订单等交易服务,供交易双方或者多方开展交易活动,不直接参与医疗器械销售的企业[②]。

2. 从事医疗器械网络销售的企业需要满足哪些合规要求?

在我国从事医疗器械网络销售的企业需要满足的合规要求主要包括如下几个方面。

(1)符合资质条件的要求如下所述。

a. 作为医疗器械网络销售的企业,医疗器械上市许可持有人应当根据医疗器械相关法律规定就拟销售的医疗器械取得医疗器械产品注册证或者备案。如果医疗器械上市许可持有人委托开展医疗器械网络销售,还应当评估确认受托方的合法资质、销售条件、技术水平和质量管理能力,对网络销售过程和质量控制进行指导和监督,对网络销售的医疗器械质量负责[③]。

b. 医疗器械生产经营企业应当分别获得医疗器械的生产许可/备案和经营许可/备案(法律法规规定不需要办理许可或者备案的除外)。其中,医疗器械批发企业从事医疗器械网络销售,应当销售给具有资质的医疗器械经营企业或者使用单位;医疗器械零售企业从事医疗器械网络销售,应当销售给消费者,由消费者个人自行使用。

c. 从事医疗器械网络销售的企业应当向所在地设区的市级药品监督管理部门备案经营法律规定的无须备案的医疗器械种类的除外,相关信息发生变化的,还应当及时变更备案[④]。

d. 通过自建网站(实践中还可能包括应用程序和小程序等)开展医疗器械网络销售的企业,应当依法取得互联网药品信息服务资格证书[⑤],并具备与其规

① 《医疗器械网络销售监督管理办法》第4条。

② 《医疗器械网络销售监督管理办法》第4条。

③ 《医疗器械网络销售监督管理办法》第7条。

④ 《医疗器械网络销售监督管理办法》第8条。

⑤ 根据《互联网信息服务管理办法》第2条第2款的规定,互联网药品信息服务是指通过互联网向上网用户提供药品(含医疗器械)信息的服务活动。提供互联网药品(含医疗器械)信息服务的主体应当取得互联网药品信息服务资格证书。

模相适应的办公场所以及数据备份、故障恢复等技术条件[①]。此外,此类企业还可能需要根据不同的业务形态,完成互联网信息服务备案或取得相关的电信业务经营许可证[②]。

(2)遵守信息展示和发布的要求:企业应当在其主页面显著位置展示其医疗器械生产经营许可证件或者备案凭证,产品页面应当展示该产品的医疗器械注册证或者备案凭证[③]。企业在网上发布医疗器械信息的,应当与经注册或者备案的相关内容保持一致[④],如果构成医疗器械广告,还需要取得医疗器械广告审查文件[⑤]。

(3)遵守记录和保存销售信息的要求:企业应当记录医疗器械销售信息,记录应当保存至医疗器械有效期后 2 年;无有效期的,保存时间不得少于 5 年;植入类医疗器械的销售信息应当永久保存。相关记录应当真实、完整、可追溯[⑥]。

(4)遵守贮存和配送的要求:企业应当按照医疗器械标签和说明书标明的条件贮存和运输医疗器械。若企业委托其他单位贮存和运输医疗器械,应当考核评估被委托方贮存和运输医疗器械的质量保障能力,明确贮存和运输过程中的质量安全责任,确保贮存和运输过程中的质量安全[⑦]。

3. 医疗器械网络交易服务第三方平台提供者需要具备哪些条件?

在我国,从事医疗器械网络交易服务的第三方平台提供者需要满足的合规要求主要包括如下几个方面。

(1)符合资质条件的要求如下所述。

a. 第三方平台提供者应当依法取得互联网药品信息服务资格证书,具备与其规模相适应的办公场所以及数据备份、故障恢复等技术条件,设置或配备专门的医疗器械网络质量安全管理机构或者人员[⑧]。此外,由于此类企业通常会通过其运营的平台网站、应用程序或者小程序等形式提供第三方平台服务,需要根据不同的业务形态,完成互联网信息服务备案或取得相关的电信业务经营许可证[⑨]。

---

① 《医疗器械网络销售监督管理办法》第 9 条第 2 款。
② 《互联网信息服务管理办法》第 4 条、《电信条例》第 7 条。
③ 《医疗器械网络销售监督管理办法》第 10 条。
④ 《医疗器械网络销售监督管理办法》第 11 条。
⑤ 《广告法》第 46 条。
⑥ 《医疗器械网络销售监督管理办法》第 12 条。
⑦ 《医疗器械网络销售监督管理办法》第 14 条。
⑧ 《医疗器械网络销售监督管理办法》第 15 条。
⑨ 《互联网信息服务管理办法》第 4 条、《电信条例》第 7 条。

b. 第三方平台提供者应当向所在地省级药品监督管理部门备案,获取医疗器械网络交易服务第三方平台备案凭证。相关备案信息发生变化的,还应当及时变更备案[①]。

(2)遵守信息展示和发布的要求:第三方平台提供者应当在其网站主页面显著位置标注医疗器械网络交易服务第三方平台备案凭证的编号,并且应当在网站醒目位置及时发布产品质量安全隐患等相关信息[②]。入驻企业拟发布医疗器械广告的,实践中第三方平台提供者应注意要求入驻企业提供相关广告的医疗器械广告审查文件,并严格按照审查文件的原样发布。

(3)遵守建立相关管理制度的要求:第三方平台提供者应当建立并执行入驻平台的企业核实登记、质量安全监测、交易安全保障、网络销售违法行为制止及报告、严重违法行为平台服务停止、安全投诉举报处理、消费者权益保护、质量安全信息公告等管理制度[③]。

(4)履行审查义务的要求:第三方平台提供者应当对申请入驻平台的企业提供的证件材料进行核实,建立档案并及时更新,并与入驻平台的企业签订入驻协议,明确双方义务及违约处置措施等相关内容[④]。

(5)遵守记录和保存销售信息的要求:第三方平台提供者应当记录在其平台上开展的医疗器械交易信息,相关记录应当真实、完整、可追溯。记录应当保存至医疗器械有效期后2年,无有效期的则保存时间不得少于5年。此外,植入类医疗器械交易信息应当永久保存[⑤]。

(6)履行平台监测管理义务的要求:第三方平台提供者应当对平台上的医疗器械销售行为及信息进行监测,发现入驻企业存在超范围经营、发布虚假信息、夸大宣传等违规问题的,应当立即停止向入驻企业提供网络交易服务,并向所在地省级药品监督管理部门报告[⑥]。

---

① 《医疗器械网络销售监督管理办法》第16条和第18条。

② 《医疗器械网络销售监督管理办法》第19条和第24条。

③ 《医疗器械网络销售监督管理办法》第20条。

④ 《医疗器械网络销售监督管理办法》第21条。

⑤ 《医疗器械网络销售监督管理办法》第22条。

⑥ 《医疗器械网络销售监督管理办法》第23条第1款。

第三章　医疗机构

第一节　基本概念及分类

一、什么是医疗机构？

1. 医疗机构的定义

医疗机构是指依法定程序设立的从事疾病诊断、治疗活动的卫生机构的总称。《医疗机构管理条例》[①]和《医疗机构管理条例实施细则》[②]所称医疗机构，是指依据《医疗机构管理条例》和《医疗机构管理条例实施细则》的规定，经登记取得医疗机构执业许可证的机构。目前，我国的医疗机构由一系列开展疾病诊断、治疗活动的卫生机构构成，主要包括从事疾病诊断、治疗活动的医院、卫生院、疗养院、门诊部、诊所、卫生所（室）以及急救站等[③]。

2. 热点问题：是否只有医疗机构才能开展美容服务？

美容服务可细分为医疗美容和生活美容。医疗美容是指运用手术、药物、医疗器械，或运用其他具有创伤性或者侵入性的医学技术方法，对人的容貌和人体各部位形态进行的修复与再塑。[④] 市场上常见的医疗美容服务包括光子嫩肤（强脉冲光

---

① 《医疗机构管理条例》（国务院令第 752 号），2022 年 3 月 29 日发布，2022 年 5 月 1 日实施。

② 《医疗机构管理条例实施细则》（国家卫生和计划生育委员会令第 12 号），2017 年 2 月 21 日发布，2017 年 4 月 1 日实施。

③ 《医疗机构管理条例》第 2 条、《医疗机构管理条例实施细则》第 2 条和第 3 条。

④ 《医疗美容服务管理办法》第 2 条。

治疗)、热玛吉(射频治疗)、皮秒激光(激光治疗)等①。

相对地,生活美容是指运用化妆品、保健品和非医疗器械等非医疗性手段,对人体所进行的皮肤、毛发的护理、按摩等带有保养或者保健型的非侵入性的美容护理②。市场上常见的生活美容服务包括美容SPA、美甲美睫等。

就医疗美容而言,只有取得医疗机构执业许可证的医疗机构才能开展医疗美容服务③。就生活美容而言,开展生活美容服务的机构无需取得医疗机构执业许可证,该等机构不属于医疗机构。

二、医疗机构如何进行分类?

1.公立和民营

按照医疗机构举办者性质不同,可将医疗机构分为公立医疗机构和民营医疗机构。公立医疗机构的举办者为国家或集体,民营医疗机构的举办者为社会资本。

2.营利性和非营利性

民营医疗机构可进一步划分为非营利性医疗机构和营利性医疗机构,划分的主要依据是医疗机构的经营目的、服务任务以及执行不同的财政、税收、价格政策和财务会计制度④。

非营利性医疗机构是指为社会公众利益服务而设立和运营的医疗机构,不以营利为目的,其收入用于弥补医疗服务成本,实际运营中的收支结余只能用于自身的发展。营利性医疗机构是指医疗服务所得收益可用于投资者经济回报的医疗机构⑤。

非营利性医疗机构和营利性医疗机构的组织形式有所不同。通常,非营利性医疗机构的组织形式为民办非企业单位⑥,营利性医疗机构的组织形式为有

---

① 原卫生部办公厅《关于印发〈医疗美容项目分级管理目录〉的通知》(卫办医政发〔2009〕220号)。

② 《化妆品与医疗美容产品科普知识之一:医疗美容产品不是化妆品　应由医生操作使用》,载国家药品监督管理局官网2019年9月15日,https://www.nmpa.gov.cn/directory/web/nmpa/xxgk/kpzhsh/kpzhshhzhp/20190905160901577.html。

③ 《医疗美容服务管理办法》第8条。

④ 原卫生部、国家中医药管理局、财政部、原国家计划委员会《关于印发〈关于城镇医疗机构分类管理的实施意见〉的通知》(卫医发〔2000〕233号)。

⑤ 卫生部、国家中医药管理局、财政部、国家计委《关于印发〈关于城镇医疗机构分类管理的实施意见〉的通知》(卫医发〔2000〕233号)。

⑥ 民政部、原卫生部《关于城镇非营利性医疗机构进行民办非企业单位登记有关问题的通知》(民发〔2000〕253号)。

限责任公司。

医疗机构执业登记中,应注明经营性质为“非营利性”或“营利性”[①]。

3. 内资和外资

按照医疗机构的投资者是否均位于境内,可将医疗机构分为内资医疗机构和外资医疗机构。其中,外资医疗机构可进一步分为中外合资、合作医疗机构和外资独资医疗机构。

(1)中外合资、合作医疗机构

在中外合资、合作医疗机构中,外国投资者的最高持股比例受到法律限制,外方所占的股权比例或权益不得高于70%[②]。

在四川省内设立的中外合资、合作医疗机构中,外国投资者的最高持股比例有所放宽,外方所占的股权比例或权益不得高于90%[③]。尽管四川省放宽外方持股比例的规定目前仍然有效,但实践中,依照该规定设立的外方持股超过70%的中外合资、合作医疗机构案例的非常有限。

热点问题:外商投资企业再投资的医疗机构是否属于外资医疗机构?

在中国法下,外商投资企业再投资的企业性质属于内资企业。因此,从法律角度,外商投资企业再投资设立的医疗机构,其性质理论上应当属于内资医疗机构。

但是,由于存在前述70%外资限制,在对外商投资企业再投资医疗机构的定性问题上,是否应当穿透监管,实践中各地卫生健康委员会持有不同态度。建议外国投资者在通过外商投资企业再投资方式设立医疗机构前,应当审慎制定投资方案并与当地卫生健康委员会充分沟通。

(2)香港、澳门、台湾地区投资者

对香港、澳门、台湾地区投资者而言,如果其符合《内地与香港关于建立更紧密经贸关系的安排》、《内地与澳门关于建立更紧密经贸关系的安排》及《海峡两岸经济合作框架协议》(ECFA)规定项下“服务提供者”的定义,则可以在全国地级以上城市设立独资医疗机构[④]。实践中,苏州市、南宁市等城市均有依照该规定设立独资医疗机构的成功案例。

---

① 卫生部、国家中医药管理局、财政部、国家计委《关于印发〈关于城镇医疗机构分类管理的实施意见〉的通知》(卫医发〔2000〕233号)。

② 《中外合资、合作医疗机构管理暂行办法》第8条。

③ 《四川省中外合资、合作医疗机构管理办法》第8条。

④ 原国家卫生和计划生育委员会、国家中医药管理局《关于加快发展社会办医的若干意见》(国卫体改发〔2013〕54号)。

(3)外资独资医疗机构

就外国投资者而言,投资设立医疗机构限于中外合资、合作形式,不得设立外资独资医疗机构①。

值得一提的是,2011 年至 2015 年,《外商投资产业指导目录》(2011 年修订,已失效)②曾将外商投资医疗机构从"限制类"调整为"允许类"。相应地,原国家卫生和计划生育委员会和商务部曾在该窗口期内出台规定,允许境外投资者通过新设或并购的方式在北京、上海等七省市设立外资独资医院③。实践中,存在外国投资者在该窗口期内成功设立外资独资医疗机构的成功案例。

但是从 2015 年 3 月起,《外商投资产业指导目录》(2015 年修订,已失效)④收紧了外商投资医疗机构的监管口径,重新将外商投资医疗机构从允许类调整为限制类,明确医疗机构限于合资、合作。因此,尽管上述试点设立外资独资医疗机构的规定未被废止,但实践中外国投资者在七省市设立外资独资医疗机构仍然存在很大困难。

第二节 医疗机构的设立

一、医疗机构设立的流程和条件

1. 医疗机构设立的一般规定

医疗机构的设立形成了以"证"(医疗机构执业许可资质)、"照"(主体资格登记)为核心的监管布局⑤。

营利性医疗机构的设立实行后置执业审批,即先"照"后"证":第一步,由市场监管部门对医疗机构进行登记注册,取得营业执照;第二步,卫生行政部门按照审批权限对医疗机构进行设置审批和执业登记。一般医疗机构的设置审批程

---

① 《外商投资准入特别管理措施(负面清单)(2021 年版)》第 24 项、《自由贸易试验区外商投资准入特别管理措施(负面清单)(2021 年版)》第 20 项。

② 《外商投资产业指导目录》(2011 修订)(国家发展和改革委员会、商务部令第 12 号),2011 年 12 月 24 日发布,2012 年 1 月 30 日实施。

③ 原国家卫生和计划生育委员会、商务部《关于开展设立外资独资医院试点工作的通知》(国卫医函〔2014〕244 号)。

④ 《外商投资产业指导目录》(2015 修订)(国家发展和改革委员会、商务部令第 22 号),2015 年 3 月 10 日发布,2015 年 4 月 10 日实施。

⑤ 《医疗机构管理条例》、《医疗机构管理条例实施细则》及《医疗机构设置规划指导原则(2021—2025 年)》。

序与医疗机构执业登记程序可以合并进行，但三级医院、中外合资合作医疗机构、港澳台独资医疗机构等特殊医疗机构需先经过医疗机构设置审批再申请医疗机构执业①。

与营利性医疗机构的设立流程有所区别，非营利性医疗机构的设立实行前置执业审批，即先"证"后"照"，先办理设置审批和执业登记，再由社会组织管理局、民政局进行民办非企业单位登记主体资格登记。

2. 外资设立医疗机构的特殊要求

（1）中外合资、中外合作医疗机构的设立

根据《中外合资、合作医疗机构管理暂行办法》等相关规定，中外合资、中外合作医疗机构的设立应当符合额外条件，例如中外双方均应具有直接或间接从事医疗卫生投资与管理的经验等②；投资总额不得低于2000万元人民币；合资合作期限不得超过20年③。

此外，相较于一般医疗机构设立由县级以上卫生行政部门审查批准，中外合资、合作医疗机构设立需经所在地设区的市级卫生行政部门初审后，再报省级卫生行政部门审批④。

（2）港澳台独资医疗机构的设立

根据《香港和澳门服务提供者在内地设立独资医院管理暂行办法》等相关法规，香港、澳门和台湾地区投资者设立独资医疗机构，同样需要满足与中外合资、合作医疗机构类似的额外要求，包括资质经验、投资总额、政府部门审批层级

---

① 根据《关于进一步改革完善医疗机构、医师审批工作的通知》及《关于印发医疗领域"证照分离"改革措施的通知》，三级医院、三级妇幼保健院、急救中心、急救站、临床检验中心、中外合资合作医疗机构、港澳台独资医疗机构需分别经过医疗机构设置审批、申请医疗机构执业；其余医疗机构无需单独进行医疗机构设置审批程序，设置审批程序与医疗机构执业许可审批程序合并进行；如为诊所，在设立流程上以备案代替审批，取得设置医疗机构备案回执即可申请医疗机构执业许可。

② 根据《中外合资、合作医疗机构管理暂行办法》第7条的规定，申请设立中外合资、合作医疗机构的中外双方应是能够独立承担民事责任的法人。合资、合作的中外双方应当具有直接或间接从事医疗卫生投资与管理的经验，并符合下列要求之一：能够提供国际先进的医疗机构管理经验、管理模式和服务模式；能够提供具有国际领先水平的医学技术和设备；可以补充或改善当地在医疗服务能力、医疗技术、资金和医疗设施方面的不足。

③ 根据《中外合资、合作医疗机构管理暂行办法》第8条的规定，设立的中外合资、合作医疗机构应当符合以下条件：必须是独立的法人；投资总额不得低于2000万元人民币；合资、合作中方在中外合资、合作医疗机构中所占的股权比例或权益不得低于30%；合资、合作期限不超过20年；省级以上卫生行政部门规定的其他条件。

④ 根据原卫生部《关于调整中外合资合作医疗机构审批权限的通知》第1条的规定，设置中外合资、合作医疗机构，经医疗机构所在地设区的市级卫生行政部门初审后，报省级卫生行政部门审批。

提高等①。

二、医疗机构运营还需取得什么样的资质证照?

医疗机构设立完成后,在开展相关医疗活动之前,需要视其诊疗业务的范围需要取得相应的证照资质。医疗机构常见的资质证照要求列举如表所示。

资质证照	相关活动
医疗保障定点单位[1]	医疗机构成为医疗保障定点单位,纳入医保定点范围
大型医用设备配置许可证[2]	医疗机构配置大型医用设备时需要具备,如放射科拟配置X线计算机断层扫描装置(CT)、医用磁共振成像设备(MRI)等
放射诊疗许可证[3]	使用放射性同位素、射线装置进行临床医学诊断、治疗和健康检查均需具备,常见如开展CT检查、磁共振检查、超声检查等
辐射安全许可证[4]	
放射性药品使用许可证[5]	医院购销放射性药品,或使用放射性药品进行治疗时需要具备,如核医学科开展X线正电子发射断层扫描检查(PET-CT)[需要注射的显像剂为氟代脱氧葡萄糖(18F-FDG),一种放射性药物]
麻醉药品、第一类精神药品购用印鉴卡[6]	医疗机构需要购买、使用麻醉药品和第一类精神药品,如医院麻醉科提供麻醉服务
医疗机构制剂许可证[7]	医院自行配制用于诊疗的固定处方制剂
母婴保健技术服务执业许可证[8]	开展婚前医学检查、遗传病诊断、产前诊断以及施行结扎手术和终止妊娠手术
血液透析室执业登记[9]	利用血液透析的方式,对因相关疾病导致慢性肾功能衰竭或急性肾功能衰竭的患者进行肾脏替代治疗

[1]《医疗机构医疗保障定点管理暂行办法》。

[2]《大型医用设备配置与使用管理办法(试行)》。

[3]《放射诊疗管理规定》。

[4]《放射性同位素与射线装置安全许可管理办法》。

---

① 根据《台湾服务提供者在大陆设立独资医院管理暂行办法》第9、10条及《香港和澳门服务提供者在内地设立独资医院管理暂行办法》第9、10条的规定,申请设立港澳台独资医院的港澳台服务提供者应当是能够独立承担民事责任的法人,应当具有直接或间接从事医疗卫生投资与管理的经验,并符合下列要求之一:能够提供先进的医院管理经验、管理模式和服务模式;能够提供具有国际领先水平的医学技术。设立的港澳台独资医院应当符合以下条件:必须是独立的法人;三级医院投资总额不低于5000万元人民币,二级医院投资总额不低于2000万元人民币;符合二级以上医院基本标准;在老、少、边、穷地区设置的港澳台独资医院,投资总额要求可以适当降低。

[5]《放射性药品管理办法》。
[6]《麻醉药品和精神药品管理条例》第36条。
[7]《医疗机构制剂注册管理办法(试行)》第5条。
[8]《母婴保健法》第32条。
[9]原卫生部《关于对医疗机构血液透析室实行执业登记管理的通知》。

第三节　医疗机构的收购与改制

在国家医疗体制改革、政策支持社会办医及大健康产业飞速发展的背景下，社会资本逐步参与医疗机构的收购、重组和改制活动，医疗机构已跻身医疗健康行业的投资热点。

一、营利性医疗机构的收购

基于支持社会办医的大背景，法律层面允许社会资本投资、收购营利性医疗机构。但考虑到医疗机构属于高监管行业，区别于一般的企业投资，投资人在收购营利性医疗机构时需要特别关注以下要点。

(1)核查医疗机构执业许可证证载信息

对于医疗机构而言，其核心证照为医疗机构执业许可证，上载经营性质、床位、开设科室等信息。投资人在进行尽职调查时，除需要核查标的医疗机构的证照是否齐全外，还需进行实地考察，注意核对医疗机构执业许可证所载内容是否与标的医疗机构实际运营内容一致。

同时，医疗机构需定期向卫生行政部门提交医疗机构执业许可证办理校验①，故投资人需要特别关注标的医疗机构是否存在不良执业行为等可能影响定期校验的扣分项目。

(2)医疗机构所在地块是否为医疗卫生用地

一般而言，医疗机构的用地性质应为医疗卫生用地。但由于存在医疗卫生用地供给紧缺、土地出让金高等情况，政策层面有所放开，允许营利性医疗机构

① 根据《医疗机构管理条例》第21条及《医疗机构管理条例实施细则》第35条的规定，床位在100张以上的综合医院、中医医院、中西医结合医院、民族医医院以及专科医院、疗养院、康复医院、妇幼保健院、急救中心、临床检验中心和专科疾病防治机构的校验期为3年；其他医疗机构的校验期为1年。

可以在一定情况下使用商业、办公、工业等地块①。

但是,在医疗机构上市过程中,监管部门会要求拟上市主体取得医疗机构所在地卫生行政部门、规划部门出具的无异议函,以确保用地性质的合规性。因此,在标的医疗机构使用非医疗卫生用地的情况下,应提前与当地主管部门确认其使用土地的合规性。

(3)核查医疗机构是否履行环评、排污手续

由于医疗机构废弃物的特殊性,在投资营利性医疗机构过程中,需要重点核查标的医疗机构是否已经根据其规模大小、床位数量等实际情况,履行相应的环境评价程序、取得排污许可等。一般而言,医疗机构床位数量越多,对环保和排污的监管要求越高②。

(4)外资医疗机构收购的特别关注点

如第一节所述,目前法规层面对医疗机构的外资持股比例有所限制。当境外投资人直接收购内资医疗机构时,需特别注意收购完成后的医疗机构必须由中国投资者持有30%以上的股权或权益。

此外,由于收购完成后,标的医疗机构的性质将由内资医疗机构变更为外资医疗机构,原内资医疗机构持有的医疗机构执业许可证将被注销,需要按照中外合资医疗机构的标准重新申请医疗机构执业许可证,需特别关注换证期间内医疗机构是否可以继续营业。

二、非营利性医疗机构的改制和投资

除了营利性医疗机构的投资与收购,由于非营利性医疗机构常常享受土地、税收优惠,且业绩增长较为稳定,近年来非营利性医疗机构的改制与投资也时有发生。

1."非改营"有多难?

相较于营利性医疗机构可以直接进行投资与收购,由于非营利性医疗机构不能以营利为目的,无法向举办者分红、不能直接上市,投资人无法获取经济利益,投资人往往会选择通过将非营利性医疗机构改制为营利性收购的方式进行

---

① 根据《促进社会办医持续健康规范发展意见》,经土地和房屋所有法定权利人及其他产权人同意后,对闲置商业、办公、工业等用房作必要改造用于举办医疗机构的,可适用过渡期政策,在5年内继续按原用途和权利类型使用土地,但原土地有偿使用合同约定或划拨决定书规定不得改变土地用途或改变用途由政府收回土地使用权的除外。

② 《建设项目环境影响评价分类管理名录(2021年版)》、《排污许可管理条例》及《固定污染源排污许可分类管理名录(2019年版)》。

投资,即“非改营”。

目前法规层面对“非改营”的态度仍较保守:原则上,由社会资本举办的非营利性医疗机构不得转变为营利性机构,确需转变的,需经原审批部门批准并依法办理相关手续[①]。因此,实践中“非改营”的过程非常困难,没有普遍适用的转换操作规程,在实施“非改营”之前需要和当地卫生行政部门深入沟通,进行一事一议。市场上“非改营”的成功案例主要通过以下途径实现。

(1)直接改制

“直接改制”方式是指投资人在收购非营利性机构后,将其原本的“民办非企业法人单位”直接改制为“有限责任公司”,并依法取得营业执照和营利性医疗机构执业许可证。

如前所述,由于前述操作没有明确的法律依据,完全依赖于当地卫生行政部门的大力支持,并且需要协调民政部门和市场监督管理部门等多个政府部门才能完成。因此,虽然看似操作步骤非常简单,但实践中操作难度非常大,所以成功案例十分有限。

(2)先清算注销后新设

“先清算注销后新设”方式是指投资人在收购非营利性医疗机构后,将非营利性医疗机构进行清算、注销,再以原非营利性医疗机构的土地和资产重新申办营利性医疗机构执业许可证。目前部分地区出台了前述方式的具体操作流程,使得前述方式在操作层面有法可依。

但是,由于该种方式需要先注销原非营利性医疗机构后,才能以原有的土地和资产申请新设营利性医疗机构,存在原非营利性医疗机构停业至拟设立营利性医疗机构正式投入运营的过渡期间,一般而言至少需要3个月以上。实践中,由于前述注销及新设流程的目的是“非改营”,部分地区卫生行政部门同意同步办理注销及新设流程,因而市场上有过现有医院停业与拟设立医院正式投入运营无缝衔接的成功案例,但前述操作仍需提前与当地卫生行政部门沟通操作细节。

2. 托管(IOT)模式

由于“非改营”改制难度很大且改制后的营利性医疗机构可能无法继续享受土地优惠且需要补缴税收,投资人在面对非营利性医疗机构时也会考虑以医院IOT模式进行投资,即非营利性医疗机构不改变其经营性质、组织形式;投资

---

① 《国务院办公厅转发发展改革委卫生部等部门关于进一步鼓励和引导社会资本举办医疗机构意见的通知》(国办发〔2010〕58号);《卫生部有序开展部分公立医院改制试点工作的若干意见》。

人设立医疗机构管理公司,由非营利性医疗机构通过向管理公司缴纳管理费(或伴随其他供应链)的方式获得收益。

相较于"非改营"的传统方式,IOT 模式可以避免高成本、不可控的"非改营"改制程序,并保留土地、税收优惠。但是,IOT 模式同样存在以下法律风险。

(1)IOT 模式可能会被认为变相向举办者分配收益

如前文所述,非营利性医疗机构不能以营利为目的,其收益只能用于自身的发展,如改善医疗条件、引进技术、开展新的医疗服务项目等,不可用于向投资者支付经济回报。但是,IOT 模式下,非营利性医疗机构向管理公司支付管理费或咨询费,其实质是将非营利性医疗机构的收益通过管理费或咨询费的方式输送给投资人,因此可能会被认定为变相分配利润,可能会导致罚款等行政处罚①。

(2)托管协议存在不稳定性,合同相对方可能违约

由于 IOT 模式下投资人并非以所有权方式进行投资,仅仅依靠托管协议的合同关系,以管理服务换取医疗机构的管理权及经营权,并通过收取管理费的方式获取收益。如果托管协议发生争议或出现合同相对方违约的情况,则很可能导致投资人的利益受到重大影响。

例如,2019 年,北京燕化医院单方解除其与华润医院管理咨询有限公司于 2008 年订立的 IOT 协议,主张医院药品、医疗设备及医用卫材的采购服务均未履行协议约定的程序。虽然最终法院判决双方应继续履行 IOT 协议,但在北京燕化医院发出单方解除通知后,华润医院管理咨询有限公司所在集团上市公司股价创下上市以来新低,总市值蒸发约 10 亿港元。

(3)IOT 模式设计不当可能会落入"科室承包"的范畴

目前我国法律明文禁止"科室承包"行为,即医疗机构将科室或房屋承包、出租给非本医疗机构人员或者其他机构并以本医疗机构名义开展诊疗活动②。

由于 IOT 模式及科室承包均会涉及以管理服务换取医疗机构的管理权及经营权,并通过收取费用获取收益,两者存在一定程度的相似性。目前,相关规定中并未对医疗机构托管与科室承包的界限作出明确区分。

---

① 根据《基本医疗卫生与健康促进法》第 39、100 条的规定,非营利性医疗卫生机构不得向出资人、举办者分配或者变相分配收益。违反前述规定的,责令改正,没收违法所得,并处违法所得 2 倍以上 10 倍以下的罚款。

② 《基本医疗卫生与健康促进法》第 39 条第 4 款、《医疗机构管理条例》。

如果IOT模式设计不当,可能会被认为落入变相进行“科室承包”的范畴①。因此,在投资人在设计IOT模式时需要在专业人士的指导下,对日常经营过程中人事管理权归属、利润分配设计、医疗与经营风险承担等重点合作条款进行仔细斟酌。

第四节　医护技人员执业管理

一、医护技人员的执业管理制度

根据《卫生技术人员职务试行条例》的规定,医护技人员包括医疗、预防、保健人员(通常所说的医师);护理人员(通常所说的护士);其他卫生技术人员(通常所说的技师,如影像技师等)。

我国医护人员执业管理的原则为依法注册、依法执业原则,医师及护士必须取得相对应的执业资格。其他卫生技术人员一般没有上岗准入类执业资格要求,但一般仍应取得对应的水平评价类卫生专业技术资格。

二、医护人员执业资格要求

1.医师执业资格要求

我国取得执业医师资格或者执业助理医师资格的人员,必须按照《医师法》《医师执业注册管理办法》等进行注册后方可执业。②

但是,需要注意的是,医师变更执业地点、执业类别、执业范围等注册事项的,应当提交医师变更执业注册申请。对于符合变更注册条件的申请,注册主管部门应当自收到变更注册申请之日起20个工作日内办理变更注册手续③。

2.热点问题:多点执业与医生集团

“医师多点执业”是指符合条件的执业医师,可以在两个或两个以上医疗机构定期从事执业活动。2009年多点执业制度出台之前,一名医师一般仅能在一个执业地点执业。2017年实施《医师执业注册管理办法》对原有的多点执业制度进行了深化,将医师多点执业由审批制变更为备案制,将执业医师执业地点由

---

① 2018年,康宁医院在审核会上,被发审委委员要求说明,康宁医院向其所管理医院提供资金、收取管理服务费用是否属于分红的行为,是否符合会计准则的要求,是否涉及科室承包、租赁,符合相关法律法规的规定。

② 《医师法》第12、13条。

③ 《医师执业注册管理办法》第20条第1款、第21条。

医师执业许可证上登记的特定医疗机构扩大到该医疗机构所在地的整个省级行政区划,而且多点执业地点不再受数量限制,大大促进了医师资源的合理流动。

随着多点执业制度的不断落实,我国"医生集团"产业也得到了迅速发展。"医生集团"又称为"医生团体执业"(Medical Group Practice),通常指多个医生通过成立一定组织,共享医疗设备、场所等资源,并通过该组织为患者提供服务①。多点执业制度使得医师在多个执业地点进行执业成为可能,也让众多医师可以通过多点执业的方式加入医生集团。

但是,由于多点执业后医师在本医院的工作时间会减少,可能会影响医院的医疗质量,甚至造成病患流失到其他执业医疗机构等,虽然法规层面医生多点执业已不再需要取得第一执业机构的批准,但是实践中第一执业机构仍然对医师是否能够多点执业事项上有较大的话语权,往往会通过内部规章制度等方式对医师多点执业进行一定程度的限制。

3. 护士执业资格要求

与医师执业的管理要求类似,护士也实行执业注册制度。通过护士执业资格考试的人员,必须按照《护士条例》经注册取得护士执业证书后方可执业。

申请护士执业注册的人员,应当向其拟执业医疗机构的主管部门提出申请②。但与医师执业不同,护士的执业注册变更一般只涉及执业地点的变更,但其仍需向拟执业医疗机构的主管部门报告。收到报告的主管部门应当自收到报告之日起7个工作日内为其办理变更手续③。

三、医护人员执业活动的关注要点

1. 医师执业关注要点

2022年3月生效的《医师法》结合医疗实务要求,规定了医师应当按照注册的执业地点、执业类别、执业范围进行执业,并且负有诊疗义务、说明与取得患者同意义务、报告义务等法定义务④,尤其对说明与取得患者同意义务、报告义务进行了细化。

在说明与取得患者同意义务方面,较以往《执业医师法》(均已失效)中仅规定医师进行实验性临床医疗需要取得患者本人或者其家属同意,《医师法》将需

① The American Heritage® Medical Dictionary.,(2007). Published by Houghton Mifflin Company.

② 《护士条例》第8条第1款。

③ 《护士条例》第9条。

④ 《医师法》第23—33条。

要取得同意的事项范围进行了扩大,包括开展医学临床研究,实施手术、特殊检查、特殊治疗以及超说明书用药。

同时,在报告义务方面,在此前医师需对医疗事故、传染病疫情、涉嫌伤害事件或者非正常死亡进行报告的基础上,扩充了在发现突发不明原因疾病或者异常健康事件,可能与药品、医疗器械有关的不良反应或者不良事件或假药或者劣药情形下进行报告的义务,要求医师充分承担起作为“吹哨人”的职责。

2. 护士执业关注要点

根据《护士条例》的规定,护士负有依法执业义务、紧急通知医师义务、问题医嘱报告义务等①,其中较为特殊的为紧急通知医师义务。

紧急通知医师义务是指护士在执业活动中,如发现患者病情危急,应当立即通知医师。护士是临床治疗过程中与患者接触最多的角色,而护士对于患者病情的持续观察也是医师采取及时有效诊疗措施的前提,实务中不乏护士因未将患者病情及时通知医师而受处罚的案例。

3. 违反的法律后果

我国法律体系对医护人员违反执业要求的法律后果作出了全方位的规定,医护人员在违法违规执业时可能会承担民事赔偿责任,还可能承担责令改正、警告、罚款、暂停 6 个月以上 1 年以下执业活动、吊销执业证书等行政责任,严重情况下还可能需要承担刑事责任。

此外,《医师法》首次设置了医师“终身禁业”规定②,因此除上述法律责任外,医师在严重违反医师职业道德、医学伦理规范,造成恶劣社会影响的情况下,可能会被终身禁止从事医疗卫生服务或者医学临床研究。

4. 热点问题:西医医师从事中医药服务是否违反其执业类别?

如上所述,医师执业应当按照注册的执业地点、执业类别、执业范围从事相应的医疗卫生服务。

根据《医师执业注册管理办法》等相关规定,执业类别包括临床、中医、口腔、公共卫生③。一般情况下,医师执业注册的类别只能选择一个④,即如果医师的执业类别为中医,则其不得从事中医专业以外的诊疗活动。如果医师超出注册的执业类别或执业范围进行执业,可能面临责令改正、警告、没收违法所得、罚

① 《护士条例》第 16 条和第 17 条。

② 《医师法》第 58 条。

③ 《医师执业注册管理办法》第 7 条第 3 款。

④ 《关于医师执业注册中执业范围的暂行规定》(卫医发〔2001〕169 号)第 2 条。

款、责令暂停6个月以上1年以下执业活动、吊销医师执业证书等处罚。

为了呼应医疗机构常有的中西医结合需求,2022年3月生效的《医师法》将中西医互认作为医师超专业执业的例外情形,认可在经培训和考核合格后,中医可以采用与其专业相关的西医药技术方法开展执业活动,西医也可以采用与其专业相关的中医药技术方法①,从而为医疗机构安排经培训考核后的中医参与临床科室执业等工作提供了合法性基础。

第五节　互联网医院

一、互联网医院的概念与分类

1. 什么是互联网医院?

根据《互联网医院管理办法(试行)》的规定②,互联网医院包括作为实体医疗机构第二名称的互联网医院,以及依托实体医疗机构独立设置的互联网医院。互联网医院可以使用在本机构和其他医疗机构注册的医师开展互联网诊疗活动,互联网医院提供的服务主要包括为患者在线提供部分常见病和慢性病的复诊服务以及家庭医生签约服务。

2. 互联网医院有哪些类型?

互联网医院分为第三方机构独立设置的互联网医院以及作为实体医疗机构第二名称的互联网医院,其中后者还分为由第三方机构与实体医疗机构合作共建的第二名称互联网医院以及由实体医疗机构独立设置的第二名称互联网医院。

第三方机构独立设置的互联网医院由互联网医院单独作为一类医疗机构申请设置并按规定获得医疗机构执业许可证,其依托实体医疗机构的要求不变。独立设置的互联网医院必须依托实体医疗机构并签订合作协议,合作方发生变更或出现其他合作协议失效的情况时,需要重新申请设置互联网医院③。作为实体医疗机构第二名称的互联网医院,由实体医疗机构申请设置并按规定进行变更执业登记,第二名称互联网医院不单独持有医疗机构执业许可证,法律责任主体仍为实体医疗机构④。

---

① 《医师法》第14条。

② 《互联网医院管理办法(试行)》第2条和第19条。

③ 《互联网医院管理办法(试行)》第13条。

④ 《互联网医院管理办法(试行)》第32条第1款。

二、互联网医院的设立与监管

1. 设立互联网医院的一般流程和要求是什么？

不同类型的互联网医院需要遵守各自的设立流程和要求。第三方机构依托实体医疗机构独立设置互联网医院的，应当向其依托的实体医疗机构执业登记机关提出设置申请。由实体医疗机构所在地的执业登记机关进行审批，经批准发给设置医疗机构批准书后，经申请执业登记，取得医疗机构执业许可证。根据《互联网医院管理办法（试行）》的规定[①]，申请独立设置互联网医院，应当提交的材料主要包括设置申请书、设置可行性研究报告、所依托实体医疗机构的地址以及申请设置方与实体医疗机构共同签署的合作建立互联网医院的协议书。实体医疗机构建立作为实体医疗机构第二名称的互联网医院的，应当向实体医疗机构《医疗机构执业许可证》的发证机关提出增加互联网医院作为第二名称的申请，审核通过后进行变更登记。根据《互联网医院管理办法（试行）》的规定[②]，申请建立作为实体医疗机构第二名称的互联网医院，应当提交的材料主要包括医疗机构法定代表人或主要负责人签署同意的申请书、与省级互联网医疗服务监管平台对接情况等资料。如果实体医疗机构系与第三方机构合作建立互联网医院，还应当提交合作协议。

设立互联网医院除需要遵循上述流程和要求外，还需要注意符合相关法规对于互联网医院命名以及互联网医院基本标准的要求。根据《互联网医院管理办法（试行）》第12条的规定，除需符合有关规定外，互联网医院的命名还应当视类型符合对应的命名要求，即实体医疗机构独立申请互联网医院作为第二名称，应当包括“本机构名称+互联网医院”；实体医疗机构与第三方机构合作申请互联网医院作为第二名称，应当包括“本机构名称+合作方识别名称+互联网医院”；独立设置的互联网医院，名称应当包括“申请设置方识别名称+互联网医院”。根据《互联网医院基本标准（试行）》的规定，互联网医院的基本标准主要包括诊疗科目、科室设置、人员、房屋和设备设施以及规章制度等方面。

---

① 《互联网医院管理办法（试行）》第7条。
② 《互联网医院管理办法（试行）》第10条。

诊疗科目	互联网医院根据开展业务内容确定诊疗科目,不得超出所依托的实体医疗机构诊疗科目范围
科室设置	互联网医院根据开展业务内容设置相应临床科室,并与所依托的实体医疗机构临床科室保持一致。必须设置医疗质量管理部门、信息技术服务与管理部门、药学服务部门
人员	互联网医院开设的临床科室,其对应的实体医疗机构临床科室至少有1名正高级、1名副高级职称的执业医师注册在本机构(可多点执业)。 互联网医院有专人负责互联网医院的医疗质量、医疗安全、电子病历的管理,提供互联网医院信息系统维护等技术服务,确保互联网医院系统稳定运行。 有专职药师负责在线处方审核工作,确保业务时间至少有1名药师在岗审核处方。药师人力资源不足时,可通过合作方式,由具备资格的第三方机构药师进行处方审核。 相关人员必须经过医疗卫生法律法规、医疗服务相关政策、各项规章制度、岗位职责、流程规范和应急预案的培训,确保其掌握服务流程,明确可能存在的风险
房屋和设备设施	用于互联网医院运行的服务器不少于2套,数据库服务器与应用系统服务器需划分。存放服务器的机房应当具备双路供电或紧急发电设施。存储医疗数据的服务器不得存放在境外。 拥有至少2套开展互联网医院业务的音视频通信系统(含必要的软件系统和硬件设备)。 具备高速率高可靠的网络接入,业务使用的网络带宽不低于10Mbps,且至少由两家宽带网络供应商提供服务。鼓励有条件的互联网医院接入互联网专线、虚拟专用网(VPN),保障医疗相关数据传输服务质量。 建立数据访问控制信息系统,确保系统稳定和服务全程留痕,并与实体医疗机构的HIS、PACS/RIS、LIS系统实现数据交换与共享。 具备远程会诊、远程门诊、远程病理诊断、远程医学影像诊断和远程心电诊断等功能。 信息系统实施第三级信息安全等级保护
规章制度	建立互联网医疗服务管理体系和相关管理制度、人员岗位职责、服务流程。规章制度应当包括互联网医疗服务管理制度、互联网医院信息系统使用管理制度、互联网医疗质量控制和评价制度、在线处方管理制度、患者知情同意与登记制度、在线医疗文书管理制度、在线复诊患者风险评估与突发状况预防处置制度、人员培训考核制度,停电、断网、设备故障、网络信息安全等突发事件的应急预案

2. 外资入股互联网医院有特殊监管要求吗?

外资入股互联网医院主要通过两种方式:一种方式是与中方股东设立合资公司,由合资公司作为第三方机构,依托实体医疗机构来独立设置互联网医院;

另一种方式是收购中国境内实体医疗机构的部分股权,然后由实体医疗机构设置第二名称互联网医院。

根据《中外合资、合作医疗机构管理暂行办法》(卫生部、对外贸易经济合作部令第 11 号)第 8 条的规定,中方在中外合资医疗机构中所占的股权比例或权益不得低于 30%。《外商投资准入特别管理措施(负面清单)(2021 年版)》第 24 项规定医疗机构限于合资。

如果外资公司拟与中方股东设立合资公司,由合资公司作为第三方机构,依托实体医疗机构来独立设置互联网医院,那么在取得医疗机构执业许可证之前,需要先根据相关规定申请医疗机构设置审批并取得设置医疗机构批准书。如果外资公司拟通过股权收购的方式收购中国境内实体医疗机构的部分股权,然后由实体医疗机构设置第二名称互联网医院,在收购完成后直接由实体医疗机构进行申请并在审核通过后进行变更登记即可。需要注意的是,无论外资公司采取哪一种方式入股互联网医院,都需要注意相关规定对于外资股权比例的限制(互联网医院的中方所占股权比例一般不得低于 30%),此外也需要注意各地主管部门对于中外合资医疗机构审批的口径,评估商业安排的可行性。

3. 互联网医院通常还需要取得哪些资质证照?

对于互联网医院,考虑到其在业务开展过程中通常会通过网站平台来提供就诊预约、在线问诊,提供医药医疗信息等服务,因此互联网医院除需取得医疗机构执业许可证并就实际经营的业务按照相关法律的规定取得经营资质外,还需基于网站平台所提供的服务按照相关法律法规的要求取得相应的增值电信业务资质以及互联网药品信息服务资格证书。

(1)增值电信业务相关资质

对于互联网医院平台而言,由于平台通常会通过互联网面向平台内用户提供信息发布、信息匹配、信息处理等具有电信业务性质的服务,可能会涉及《电信业务分类目录(2015 年版)》下的 B25 类"信息服务业务"。

在《电信业务分类目录(2015 年版)》项下,B25 类"信息服务业务"是指通过信息采集、开发、处理和信息平台的建设,通过公用通信网或互联网向用户提供信息服务的业务。信息服务的类型按照信息组织、传递等技术服务方式,主要包括信息发布平台和递送服务、信息搜索查询服务、信息社区平台服务、信息即时交互服务、信息保护和处理服务等。互联网医院网络平台如果通过信息采集、开发、处理和信息平台的建设,通过公用通信网或互联网向用户提供信息发布、信息社区平台、信息即时交互等服务,将会落入互联网信息服务的业务范畴内。

根据《互联网信息服务管理办法》第3、4条的规定,如果从事无偿、共享性的信息服务业务,需履行相应的备案手续,即互联网信息服务备案;如果有偿提供互联网信息服务,即构成"经营性互联网信息服务",则应当申请互联网信息服务经营许可。由于互联网医院网站平台将不可避免地会涉及信息发布、信息展示等互联网信息服务,因此互联网医院应当申请互联网信息服务备案。进一步地,如果互联网医院网站平台面向医疗机构和患者提供的服务涉及向医疗机构或患者收取信息服务费用,典型的情形例如向合作医疗机构收取相关信息发布费用,或者向存在推广需求的合作医疗机构收取互联网广告费用,或者直接向患者个人收取账号登录、注册和信息使用费用等,互联网医院还应当申请互联网信息服务业务经营许可。

(2)互联网药品信息服务资格证书

根据《互联网药品信息服务管理办法》的相关规定①,通过互联网向上网用户提供药品(含医疗器械)信息,不论是否有偿,均应向网站主办单位所在地省级药品监督管理部门申请取得《互联网药品信息服务资格证书》,并应当在其网站主页显著位置标注《互联网药品信息服务资格证书》的证书编号。未取得《互联网药品信息服务资格证书》从事互联网药品信息服务的,或未在其网站主业的显著位置标注《互联网药品信息服务资格证书》的证书编号的,可能被处以警告、责令限期改正、罚款、责令停止从事互联网药品信息服务等行政处罚。

通常,互联网医院在在线问诊、在线开具药品处方等活动中,可能存在向患者提供药品或医疗器械的相关信息的情形,可能构成提供互联网药品信息服务,因此可能需要取得《互联网药品信息服务资格证书》。

4.互联网医院提供诊疗服务医师的资质要求

根据《互联网医院管理办法(试行)》的规定②,互联网医院提供诊疗服务的医师,应当依法取得相应执业资质,在依托的实体医疗机构或其他医疗机构注册,具有3年以上独立临床工作经验。互联网医院提供服务的医师,应当确保完成主要执业机构规定的诊疗工作。

除上述资质要求外,在互联网医院开展互联网诊疗活动的医师,还可能需要办理多机构备案。根据《医师执业注册管理办法》第10条的规定③,在同一执业

---

① 《互联网药品信息服务管理办法》第2条、第5条、第8条、第22条和第23条。

② 《互联网医院管理办法(试行)》第29条。

③ 《医师执业注册管理办法》第10条。

地点多个机构执业的医师,应当确定一个机构作为其主要执业机构,并向批准该机构执业的卫生健康行政部门申请注册;对于拟执业的其他机构,应当向批准该机构执业的卫生健康行政部门分别申请备案,注明所在执业机构的名称。但是《医师执业注册管理办法》主要针对实体医疗机构,对于医师在互联网医院开展多点执业的备案没有明确要求。2022 年颁布的《互联网诊疗监管细则(试行)》对于医师在互联网医院开展诊疗活动是否需要进行多点执业备案的问题进行了明确规定[①],即医务人员如在主执业机构以外的其他互联网医院开展互联网诊疗活动,应当根据该互联网医院所在地多机构执业相关要求进行执业注册或备案。

① 《互联网诊疗监管细则(试行)》第 16 条。

第四章　药品资产交易

第一节　药品许可交易

一、基本概念

什么是药品许可交易?

药品许可交易(license in/out)通常是一个综合的交易安排而非单纯的技术许可。在药品许可交易中,根据特定药品所处生命周期阶段的不同(如临床前研究阶段、上市许可申请阶段、上市后阶段等),将有关该药品的知识产权许可安排与其他交易安排(例如合作开发、技术服务、委托生产、MAH 转让、技术出资等)相结合,共同构成一个相对复杂且极具个性的交易模式。

虽然药品许可交易往往复合了多种法律关系及商业安排,但亦有许多共性问题,如许可范围的确定(涉及许可标的、许可地域、许可期限、许可目的、许可类型、分许可等)、许可费用的支付(涉及里程碑付款等)、知识产权的归属(涉及前景知识产权、知识产权等)、联合指导委员会的设置等。

二、交易重点

1. 许可类型主要有哪些?

常见的许可类型包括独占许可、排他许可、普通许可、交叉许可等,对于不同许可方式的概念和关注要点下面我们将分别予以介绍。

(1)独占许可(sole license)

独占许可,系指许可方在约定的许可期限、许可地域、许可使用范围内,将许可标的仅许可一个被许可方实施,且许可方不得自行实施该许可标的。

独占许可虽名为“独占”,但由于专利的地域性,如果许可方通过全球布局对同一核心技术在多个国家和地区都取得了专利权,那么在不同的地域内许可方可以将同一核心技术以独占许可的方式授予不同的被许可方;或者在同一地域的不同期限内(受限于相关专利保护期未到期),许可方也可以将同一许可标的授予不同的被许可方。因此在实践中,独占许可往往会附加限制条件,或者与技术转让相结合(如对于同一许可标的,可以约定前期独占许可、达到一定条件后进行转让等),以便精确、灵活地实现各方的商业诉求。

(2)排他许可(exclusive license)

排他许可,系指许可方在约定的许可范围内将许可标的仅许可一个被许可方实施,但许可方依约定可以自行实施该许可标的。

特别地,根据2021年6月1日生效的《专利法》以及国家知识产权局办公室2022年5月11日发布的《专利开放许可试点工作方案》的规定,如果专利权人拟实行开放许可,则在开放许可实施期间内专利权人不得就该专利给予独占或者排他许可,只能给予普通许可。

(3)普通许可(non-exclusive license)

普通许可,系指许可方在约定的许可范围内许可他人实施许可标的,且许可方可以自行实施该许可标的。根据最高人民法院《关于审理技术合同纠纷案件适用法律若干问题的解释》(2020修正)第25条的规定,当事人对专利实施许可方式没有约定或者约定不明确的,认定为普通实施许可;专利实施许可合同约定被许可人可以再许可他人实施专利的,认定该再许可为普通实施许可,但当事人另有约定的除外。

此外,被许可方是否可以基于许可而成为许可标的相关纠纷案件的适格原告,对被许可方开展维权行动至关重要。对于独占/排他/普通这几种不同的许可类型,一般情况下,独占/排他/普通许可的被许可方均有权提起诉讼,但就提起诉讼的具体形式而言存在一些不同:独占许可的被许可方通常有权单独提起诉讼;排他许可的被许可方原则上应该和权利人共同提起诉讼,在权利人不起诉的情况下可以自行提起诉讼;普通许可的被许可方原则上应该和权利人共同提起诉讼,经权利人书面授权的可单独提起诉讼。

(4)交叉许可(cross-license)

交叉许可,系指经营者将各自拥有的知识产权相互许可使用,也即两个或两个以上的专利权人,在约定的许可地域、期限等许可范围内,互相允许其他方使用自己的专利,通常会构成专利池或专利联盟。

对于交叉许可,国务院反垄断委员会2019年1月4日发布并于同日实施的《关于知识产权领域的反垄断指南》中指出,交叉许可通常可以降低知识产权许可成本、促进知识产权实施,但是也可能对市场竞争产生排除、限制影响。

在分析交叉许可是否会对市场竞争产生排除、限制的不利影响时,可考虑如下因素:①是否为排他性许可;②是否构成第三方进入市场的壁垒;③是否排除、限制下游市场的竞争;④是否提高了相关商品的成本。由于技术垄断可能造成部分合同条款无效或者引发强制许可的风险,因此交易各方应尽量避免合同条款或相关行为被认定为技术垄断的可能性。

2. 起草分许可条款时需要关注哪些重点?

分许可,也称再许可,系指被许可方经许可方事先同意后,在一定条件下将许可标的全部或部分授权第三方实施的行为。

分许可权对被许可方而言非常重要,但对许可方而言,如果不加限制地授予分许可权,却是风险极大的。在约定分许可条款时,各方往往会对分许可权的授予设定诸多限制条件,如下所述。

(1)分许可方的范围:是否仅允许向被许可方的关联方进行分许可,或者对分许可方的注册地/国籍、主营业务、规模等存在其他限制条件;

(2)分许可的范围:是否仅允许就特定适应症、在特定期限内(例如产品上市后)、为特定目的(例如限于为委托生产/销售之目的)进行分许可;

(3)分许可的费用:被许可方是否需要就分许可向许可方支付费用,相关费用的计算方式是按次固定收费模式,还是根据被许可方就分许可获得的收益按比例提成模式等;

(4)分许可方的责任承担:被许可方是否需要就分许可方的行为承担连带责任等。

3. 许可对价的计算与支付需要关注哪些重点?

药品许可交易的许可费有多种计算和支付方式,例如"一次总算+分期支付""首付款+提成支付"等,实践中比较常见的,是"首付款+里程碑费用+销售提成"的模式。

(1)首付款

首付款也称入门费,一般为固定金额的费用。就许可方而言,其往往会要求被许可方在合同签署后较短时间内一次性支付入门费;就被许可方而言,其可能会要求入门费的支付附带一定前提条件，例如通过尽职调查不存在重大风险等。

(2)里程碑费用

里程碑费用可进一步分为“研发里程碑费用”和“销售里程碑费用”：

·就研发里程碑费用而言，以被许可方使用许可标的进行药物研发为例，当事人可约定当药物研发进入不同阶段/达成不同事件时（例如在特定国家或地区或在全球范围内首次完成三批中试、取得临床试验许可、完成一期/二期临床试验、取得上市许可等），被许可方需要向许可方就每一阶段/事件的达成支付特定金额的研发里程碑费用。

·就销售里程碑费用而言，以被许可方使用许可标的进行药物研发并上市销售为例，当事人可约定在特定国家/地区或在全球范围内累计达到一定的净销售额或其他销售指标时，由被许可方向许可方支付特定金额的销售里程碑费用。

实践中，有的许可交易中会将两种里程碑费用都纳入许可对价的计算范畴。为促进相关技术的实施和商业化，许可方往往会对研发里程碑的完成时间进行限定，如被许可方逾期未能完成研发进度，许可方可能会要求合同的单方解除权或附加一定的违约责任。

(3)销售提成

关于提成费用的计算和确定方式，根据《民法典》第846条的规定，①约定提成支付的，可以按照产品价格、实施专利和使用技术秘密后新增的产值、利润或者产品销售额的一定比例提成，也可以按照约定的其他方式计算；②提成支付的比例可以采取固定比例、逐年递增比例或者逐年递减比例；③约定提成支付的，当事人可以约定查阅有关会计账目的办法。

作为核心商业条款之一，各方在确定销售提成的计算和支付方式时，需要关注的细节很多，例如：

·销售提成是以销售收入还是销售利润为基数进行计算的，如果是以销售利润为基数，需要特别关注销售成本、费用的扣除范围；

·除被许可方自身的销售业绩外，被许可方的销售代理和/或关联方的销售收入/利润是否纳入计算基数，如果纳入则往往还会涉及分许可的问题；

·如果当事人对销售提成的金额出现异议，如何进行审计和调整，审计机构的选择由谁确定，相关争议是否提交联合指导委员会（如有）解决或采用其他方式解决等。

(4)价格调整机制

由于药品许可交易执行周期长，在出现特定情形时，被许可方可能会要求下调许可费,而许可方也可能会要求变更许可费的计算和支付方式,如下所述。

· 许可标的瑕疵:在许可标的为已授权专利的情况下,许可期限内该等专利被撤销或无效;在许可标的为专利申请的情况下,最终未能取得目标国家或地区的专利授权;许可方对许可标的存在权属或其他瑕疵,导致被许可方承担了额外的支出或损失等。

· 政策法律变化:目标产品上市后被纳入集采范围,导致销售收入悬崖式下降;基于战乱、制裁或其他原因,造成跨境技术许可的许可标的被限制进出口,或者造成生产许可产品所必需的元器件、原材料等被限制进出口等。

· 项目转让安排:如果项目在研发阶段或者产品上市后转让给第三方,则该等情形下被许可方应向许可方支付的里程碑费用和销售提成的计算和支付方式可能会发生调整,例如由被许可方按照其向第三方转让项目所获收益的一定比例向许可方进行支付等。

第二节　其他类型的药品资产交易

除上文介绍的药品许可交易以外,药品行业中还存在其他类型的资产交易。本节主要介绍三类常见的其他类型的药品资产交易,分别是独家经销权交易、独家推广权交易以及药品资产收购交易。

一、独家经销权交易

1. 独家经销商的角色定位是什么?

独家药品经销权交易的当事方通常为药品 MAH 与独家经销商(具备《药品经营许可证》的药品经营企业)。此类交易项下,药品 MAH 将授权独家经销商在合作区域内独家经销和推广某款药品。

从药品 MAH 的角度出发,对于研发型或者初创型 MAH 而言,其投入的大部分成本通常会侧重用于研发或者引进相关药品,本身可能并不具备相应的销售推广团队。因此,为了能够在产品上市后尽快打通国内市场,该类 MAH 需要寻找具备一定经销实力的合作伙伴负责产品的后续销售、推广和商业化工作。对于规模较大的药企而言,虽然一般都有自己的销售推广团队,但有时候也会出于资源配置优化整合的目的,集中力量开拓某款产品的市场,而将另一些产品的销售推广工作交由独家经销商负责,或者希望利用某独家经销商拥有的针对目标产品的庞大经销资源,来扩大其产品的市场份额。

从独家经销商的角度出发,这类药品经营企业一般规模较大,在合作区域内掌握相应的渠道资源和物流仓储资源,同时拥有庞大的销售推广团队,能够迅速在各医院、零售等渠道销售推广产品。独家经销商通过与药品 MAH 达成独家经销权交易,依托上述资源实现在渠道内独家经营某款产品。独家经销商一方面承担了将药品从生产场地配送至终端医院和零售药房的任务,另一方面为了完成药品 MAH 指定的销售目标,独家经销商需要负责该产品的市场推广工作。

2. 独家经销协议有哪些重点内容?

(1)独家经销渠道范围

通常来说,独家经销权涵盖的是整个区域内的全部渠道,包括医院渠道和零售渠道。但在有的交易中,考虑到部分特定渠道的重要程度以及整体经销战略的安排,药品 MAH 可能会保留在部分特定渠道的销售推广权利,即未经药品 MAH 事先同意,独家经销商不得在部分特定渠道内推广和销售其产品,或者独家经销商与药品 MAH 均可在该类特定渠道中进行推广和销售,但双方需要互相协作与配合。此外,在药品 MAH 自身拥有一定的销售推广资源的情况下,可能授权给独家经销商的渠道范围有限,例如,仅将零售渠道的独家经销权授予独家经销商,而医院渠道的经销事宜仍由药品 MAH 自行负责。

需要注意的是,如果在独家经销协议达成之前,药品 MAH 已经和各个区域内的经销商或者推广商达成了经销与推广安排,则独家经销商通常会要求药品 MAH 清理和终止其与现有经销商和推广商的相关协议,或者针对具体情况拟定过渡性安排(如在过渡期内将现有经销商或推广商的部分工作交接至独家经销商)。

(2)独家经销权的对价

对于某些具有市场竞争力的优质药品而言,为了获得该等药品的独家经销权,独家经销商可能需要付出正常产品货款之外的对价。该笔对价与药品许可交易中的对价类似,通常包括入门费以及销售里程碑费用,具体金额则一事一议。而对于市场竞争力相对普通的药品而言,可能就不存在这一笔额外的费用。

(3)采购订单与滚动预测

鉴于药品在到达终端客户之前需要保证一定的有效期,药品的生产一般需要遵照一定的生产计划,而生产计划的制订需要参考经销商对未来订单数量的预测,因此药品独家经销协议中通常会要求独家经销商提供产品采购的滚动预测。常见的滚动预测一般会覆盖12个月(每个月都要提供自当月起往后12个月的采购预测),其中协议签署后一段时期内(例如前3个月)的预测对于双方而言通常是有约束力的,即如果实际采购量未能达到该预测时,独家经销商将需要向药品MAH进行补偿;反之,如果超过了该预测时,药品MAH通常会要求其没有义务接受超出部分的订单。对于不具有约束力的滚动预测,通常仅供药品MAH或其指定的生产商排产参考,但为了避免该等预估变动幅度过大给药品生产带来不确定因素,药品MAH通常会要求在该等预估成为有约束力的采购预测时,变动的幅度不应超过一定的比例。

(4)供应价格及调整方式

双方一般会在药品独家经销协议中明确供货价格,该价格通常不具有变动的可能性。但是,在某些特定情形(例如产品进入国家集中采购目录或者医保目录,或者大部分省市的中标价较之前降低幅度过大时)下产品终端销售价显著降低,如果维持原供货价格将严重影响独家经销商对于该产品的商业化利益,甚至出现亏本销售的情况,谈判地位相对较高的大型独家经销商可能会要求双方应当重新协商供应价格,并且在协商不一致的情况下双方均可解除协议。

(5)销售目标

双方通常会设定一定期限内的年度销售目标,用以考核独家经销商当年的销售业绩,这也是药品独家经销协议区别于一般药品经销协议的重要因素。一方面,从药品MAH的角度出发,如果独家经销商无法保证一定的最低销量,则证明其销售和推广能力无法满足药品MAH的要求。在此情况下,由于在独家经销协议项下药品MAH授予独家经销商的是独家推广销售产品的权利,药品MAH无法寻找替代的经销商予以弥补损失的市场份额,因此通常会在协议中要求一定的补救措施,包括经济赔偿、调整授权性质(由独家经销权调整为非独家经销权)或授权区域,甚至终止协议。

另一方面,从独家经销商的角度出发,如果独家经销商达到相应的销售目标,证明产品的销售推广效果优异,在药品MAH与独家经销商双赢的局面下,独家经销商亦希望从药品MAH处获得相应的奖励。

(6)推广活动及合规要求

鉴于独家经销商同时负责产品的推广,协议中需要明确其具体的推广工作要求，例如，双方共同制订年度推广计划；独家经销商根据药品 MAH 提供的信息和材料制作推广材料，并在药品 MAH 批准后方可投入使用等。

此外，由于药品行业属于强监管行业，药品的推广受到方方面面的法规限制，一旦独家经销商在推广活动中存在合规问题（尤其是药品广告问题与商业贿赂问题），将对产品声誉以及后续投标造成影响，进而影响产品的销量。因此，一般而言，MAH 都会在协议中要求药品独家经销商严格遵守法律法规，有时还会将其内部通用的合规手册或要求列入经销协议附件以约束独家经销商的推广行为；一旦发生任何违反该等要求的情况，独家经销商将承担相应的违约责任（如违约金和损害赔偿）被取消获得销售奖励的资格，甚至被剥夺独家经销权或者由药品 MAH 单方终止协议。

二、独家推广权交易

1. 独家推广商的角色定位是什么？

药品独家推广权交易的当事方通常为药品 MAH 与独家推广商。此类交易项下，药品 MAH 将授权独家推广商在合作区域内独家推广某款药品。

与独家经销协议授予的权利范围相比，此类交易中并不包含经销权利。独家推广商一般由行业内专门提供药品推广服务的企业担任。与传统的药品经销企业不同，此类推广商往往不具备《药品经营许可证》，无法从事药品经营的活动。其仅可作为药品推广服务的提供者，通过开展学术讲座、调研、向医生介绍药品等工作为药品 MAH 提供推广外包服务，后者为此向独家推广商支付推广服务费用。

从药品 MAH 的角度出发，对于不具备推广团队的药品 MAH 而言，将推广服务外包给独家推广商有利于降低企业自建营销团队的成本和风险。

从独家推广商的角度出发，其具备强大的推广团队和资源，可以在不具备药品经营资质的情况下获取药品商业化的利益。

2. 独家推广协议有哪些重点内容？

（1）独家推广区域、渠道范围与额外对价

独家推广权交易通常也有区域、渠道范围的划定，同时对于优质药品的独家推广权而言，独家推广商也需要向药品 MAH 先行支付一定的对价，基本情况与独家经销权交易类似。

(2)推广服务相关内容

相较于独家经销协议,独家推广协议项下推广商的主要义务就是提供推广服务,因此这部分内容会在协议中规定得更加详细。首先,推广服务的具体内容一般包括向医疗卫生专业人士提供产品信息和数据使其了解产品、组织学术会议、拜访客户、参与患教活动、收集反馈产品临床使用情况和需求信息等。其次,由于推广服务涉及的方方面面较为细节,药品 MAH 和独家推广商通常会设立联合管理委员会用来讨论药品推广服务过程中的大小事宜。该等管理委员会的职责通常会包括审阅、讨论和批准产品的年度推广计划,监督各项推广活动的实施,讨论带量采购策略、销售预估和推广目标等。

(3)推广服务费与推广指标

推广服务费可以采用固定费用或者人/天费率乘以实际投入人/天数,但更常见的是以授权区域/渠道内的销量乘以销售价格所得的销售额,乘以相应的服务费费率。其中,服务费费率可以是固定费率,也可以根据相应的销量设定相应的梯度安排。

与独家经销权交易一样,独家推广权交易项下授予的权利为独家的推广权利,因此会有相应的推广指标来考核独家推广商的业绩。如果独家推广商未能达成相应的推广指标,可能面临经济赔偿、服务费费率的下调、授权性质或授权区域的调整甚至由药品 MAH 单方终止协议。

(4)合规要求

与独家经销权交易一样,独家推广权交易项下药品 MAH 同样重视推广行为的合规性。特别是针对商业贿赂的行为,该类行为一旦被监管部门查获将可能对药品 MAH 的企业商誉和产品品牌造成巨大损害,同时可能会影响相应产品的投标资格,使其丧失原有的地域市场。因此,一旦独家推广商违反该等合规义务,通常将构成对独家推广协议的重大违反。为了进一步监督独家推广商的推广行为,药品 MAH 通常会要求在协议中明确其享有对独家推广商及其分包商的推广行为以及其他履约行为进行审计的权利。此外,考虑到我国对于医药代表①备案的要求,尤其是药品 MAH 应当对医药代表的备案和管理负责,独家推广商为履行其在推广协议项下的义务而具体开展产品推广活动的人员属于应当备案的医药代表的范畴,因此为了满足合规要求,MAH 通常会在协议中明确

① 根据《医药代表备案管理办法(试行)》第 2 条第 1 款的规定,医药代表是指代表药品 MAN 在中国境内从事药品信息传递、沟通、反馈的专业人员。

要求独家推广商在协议签署后一定期限内向其提供开展产品推广活动的所有医药代表的信息和资料，以使得MAH能够根据法律要求完成医药代表的备案；同时，在协议期限内，独家推广商还应当定期将医药代表的任何变更情况和信息及时告知MAH，并承诺不得聘用或授权已备案的医药代表以外的任何人士开展与产品推广相关的且应由医药代表进行的任何活动。

三、药品资产收购交易

1. 药品资产收购交易中的资产有哪些？

与药品许可交易不同，通常的药品资产收购交易对应的标的药品都是已经上市销售的药品，因此受让方无须进行产品的研发、临床研究以及注册工作。同时，此类交易使受让方不仅获得技术方面的许可与支持，而且收购转让方与某款药品相关的全部资产。通常而言，药品资产收购交易中的标的资产包括以下内容：(1)药品上市许可；(2)药品上市许可相关的全部数据；(3)药品相关的知识产权(包括商标、专利、技术秘密等)；(4)产品现有库存；(5)转让方已经就药品与第三方签署的全部业务合同；(6)与药品相关的业务人员等。

此外，除明确要转让的资产以外，此类交易通常还需要明确不予转让的部分，通常包括：(1)转让方的账面资金以及对于目前药品经营的应收账款。(2)业务相关的不动产与设备。(3)不予转让的知识产权[通常是转让方的企业名称对应的商标；对于专利及技术秘密而言，有的时候转让方也会保留一部分权利(例如药品生产技术)。对于该类知识产权，转让方通常通过授予受让方许可的方式使得受让方能够使用该等知识产权生产和销售标的药品]。(4)相关保险单及其理赔利益等。

2. 药品资产收购交易中MAH如何转让？

根据药品资产收购交易中交易双方的国别类型的不同，MAH转让变更的主要流程将有所不同，具体如下所述。

(1)内转内

如果转让方和受让方均是境内企业，通常情况下，受让方并不会在交易达成初期就能够自行生产，而是由受让方委托转让方继续生产，待受让方自建的生产线完成或者找到相应的受托生产方并与转让方完成生产技术转移之后，生产场地才会变更至受让方或者其指定的受托生产方。通常此类境内交易中MAH的转让流程如下图所示。

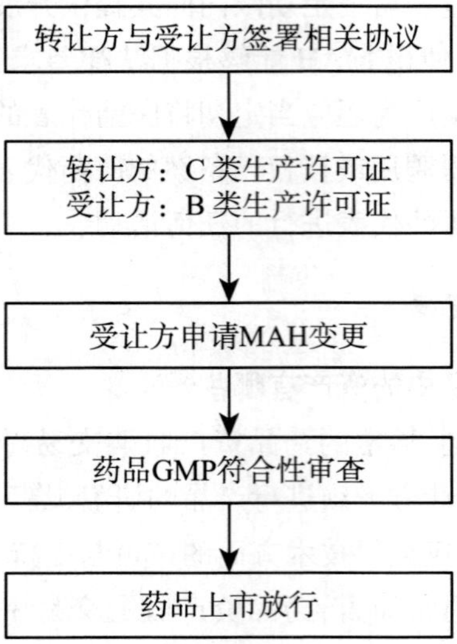

a. 受让方与转让方签署药品资产收购协议、药品委托生产协议以及药品委托生产质量管理协议等配套协议。

b. 受让方与转让方凭借药品委托生产协议以及药品委托生产质量管理协议等申请文件向各自所在地的省级药品监督管理部门申请办理相应的《药品生产许可证》,其中受让方办理的是B类证书,转让方办理的是C类证书。

c. 受让方凭借其B类《药品生产许可证》、药品资产收购协议等申请文件向CDE提出补充申请。CDE将在规定时限内作出是否同意变更的决定,同意变更的,核发药品补充申请通知书,药品批准文号和证书有效期不变,并抄送转让方、受让方和生产企业所在地省级药品监管部门[①]。

d. 转让的药品在通过药品GMP符合性检查后,符合产品放行要求的,可以上市销售。

(2)外转外

如果转让方和受让方都是境外企业,由变更后持有人向CDE提出补充申请。CDE应当在规定时限内作出是否同意变更的决定,同意变更的,核发药品补充申请通知书,药品批准文号和证书有效期不变[②]。

(3)外转内

如果转让方是境外企业而受让方是境内企业,已在境内上市的境外生产药

① 《药品上市后变更管理办法(试行)》第8条第1、2款。

② 《药品上市后变更管理办法(试行)》第9条。

品转移至境内生产的,应当由境内申请人按照药品上市注册申请的要求和程序提出申请,相关药学、非临床研究和临床研究资料(适用时)可提交境外生产药品的原注册申报资料,符合要求的可申请成为参比制剂①。

3. 药品资产收购交易中需要重点关注的问题有哪些?

相较一般的资产收购交易,受限于药品监管方面的规制,药品资产收购交易中交易双方关注的重点问题通常包含以下几个方面。

(1)收购资产标的

药品资产收购协议需要明确框定收购资产标的的具体内容和范围。如上文所述,一般而言收购资产的范围需要通过正面列举和反面排除相结合才可以将收购资产范围进行明确框定。例如,将该等药品的上市许可、上市许可数据、药品相关知识产权、现有库存以及转让方与第三方就该等产品的推广或商业化已签订的相关协议等资产项目进行正面列举,同时将转让方明确保留的不予出售的资产项目进行反向列举。具体参见本部分第1个问题中的内容。

(2)购买价款

对于此类药品资产收购交易的价款,一般会在签约时明确一个"一揽子"固定金额。有的交易中会基于届时交割日的剩余库存与签约日的剩余库存之间的差额对收购价款进行调整。但是,由于库存价值往往在整体收购价款中的占比较小,该等调整通常并不会对收购价款造成实质性影响。

(3)交割与过渡期安排

一般而言,此类交易的交割条件主要包括签署相应的交易文件、履行必要的政府审批手续(如转让方司法管辖区内与技术出口相关的手续以及适用的反垄断相关的审批备案手续)等。以交割日为分割点,交割日之前与药品生产、销售以及知识产权相关的权利义务与责任将由转让方承担,而交割日之后的相应权利义务与责任将由受让方承担。

如上文所述,交割后双方需要申请/变更相应的《药品生产许可证》,并由受让方申请变更《药品注册证书》,待变更完成之后受让方方可以自己的名义对外销售产品。通常情况下,还需等到受让方自身具备生产条件之后再次变更药品注册证书,将其中的生产地址变更至受让方自有生产场地或者其指定的受托生产方的场地,整个交易才算彻底完成。在此之前的过渡阶段,双方仍然需要制定完善的过渡期方案,以尽可能降低在整个交易不同阶段中对产品的市场供应和

---

① 《药品上市后变更管理办法(试行)》第10条。

市场份额造成的不利影响,其中包括但不限于:转让方或转让方指定的受托生产方向受让方提供委托生产服务,过渡期内的产品销售推广和招投标工作安排等。此外,转让方应当在药品上市许可变更之前履行对药品上市许可的维持义务,包括在药品注册证书期限届满前向药品监督管理部门提交再注册的申请、确保不擅自变更药品上市许可等。

(4)上市许可变更前后的库存药品处理

一方面,在药品上市许可变更进行期间,为维持该等药品在市场正常销售以及继续履行已签署的相关供货协议下的义务,转让方仍会继续生产原包装产品并产生相应的剩余库存;另一方面,药品 MAH 变更之后生产的药品需要按照新的持有人信息进行包装,转让方若不具备《药品经营许可证》,在上市许可变更完成之后转让方无法继续销售原包装的库存产品。

因此,在药品资产收购交易中需要关注药品 MAH 变更完成之前生产的产品库存如何处理的问题。交易双方可考虑引入桥接库存的处理机制,即在上市许可变更期间因维持药品市场供应而由转让方继续生产的原包装药品为桥接库存,由转让方在上市许可变更完成之前继续以自己的名义对外销售;该等桥接库存可在上市许可变更完成之前的一段期间内由受让方指派转让方的签约经销商从转让方处购买,由该等经销商继续出售。

(5)生产相关安排

药品的生产安排是药品资产收购交易中必须要考虑的问题。由于受让方通常不具备药品的生产能力,可能会希望委托转让方或其指定的受托生产方继续生产药品。在此情况下,交易双方需要就该等委托生产的整体机制在药品资产收购协议中进行约定,并签署委托生产协议以明确委托生产的具体安排。通常而言,药品资产收购交易中的转让方希望完整剥离该药品的相关业务,因此即使同意接受受让方的委托进行生产,该等委托生产安排一般不会持续太久,而受让方也希望最终能够实现自行生产。因此,双方需要制订生产技术转移的计划与安排,并且明确届时该等生产技术转移的开始日期、确定方式、转移时限以及如何收费等问题。

第二编

知识产权保护

第一章　药品知识产权保护

第一节　药品的专利保护

一、专利保护策略

1. 为什么专利保护对医药行业的发展至关重要？

(1)投资大

根据美国制药协会和欧美制药协会的统计，国际上每研制一种化学新药就需要投资8亿—10亿美元，耗时10年左右，而且各制药公司用于研究开发的费用占到其销售额的15%—20%或更高。例如，2021年罗氏制药的研发费用超过161亿美元，占其总收入的23%。

(2)难度大

新药的研发是一项技术难度很高的工作。以药物化合物的筛选为例，每3000—10,000种已经合成的具有药物活性的化合物中，只能筛选出5种左右进行临床试验，而最终成为药品的只有1种。另外，新药研发活动中，高达70%的项目最终无法获得上市而宣告失败。因此，大多数制药不发达的国家无能力创制新药，只能依赖仿制或进口。

(3)研发周期长

一种新药的创制，从药物化合物的合成、筛选、药效、毒性试验、动物试验到各种临床试验，直到最后批准上市，中间需要经过许多阶段，时间往往达10年以上。

(4)市场广

药品是人类健康的必需品。任何国家都需要，因此其市场大，影响广泛。以上特点，特别是投资巨大、风险高且研发周期长等特点,决定了医药领域成为对知识产权保护,特别是专利保护依赖性最高的技术领域。如果没有有效的专利保护作为保障,很少有人敢于从事如此高风险的投资和研发。美国经济学家曼斯菲尔德(Mansfield)经过研究分析得出结论,如果没有专利保护,60%的药品发明不能研究出来,65%不会被利用。

(5)成果易受侵害性

由于现代分析技术的进步,在一款新药上市之后,如果没有知识产权,特别是专利权的保护,竞争对手通过反向工程分析药品的活性成分,进而进行仿制是非常容易的。医药领域成果中还有一类是已知化合物的新的医药用途,其中的化合物是已知的,在市场就可以买到或者生产工艺等是完全公知的。在新药上市后,竞争对手所需要做的仅仅是在包装上写明用途及其适应症即可,当然实际产品上市还需要国家药监局的批准。因此,如果没有知识产权,特别是专利权,药品研发企业的成果很容易受到侵害。

2. 药品常见的专利保护策略是什么?

(1)通过专利组合对药品进行全面的保护。例如,小分子化合物可以保护化合物、制备方法、中间体、晶型、制剂、适应症、给药方案、联合用药。大分子药物,例如抗体药物,可以保护抗体分子序列,抗体制剂,抗体纯化方法,抗体生产方法,抗体变体,抗体的治疗用途,抗体偶联物(ADC),疾病的伴随诊断方法等。

(2)专利长青策略。在申请专利的时候,由于专利的保护期限一般是 20 年,为了延长专利对药品的保护期限,一般在早期药品化合物或者序列分子基础专利申请之后,会根据产品研发和上市的进程随后申请不同的从属专利,例如上述各种专利。结果是在基础专利到期之后,仍然可以根据上述的从属专利对药品进行保护,从而延长保护期。

(3)根据产品的目标市场,在全球进行布局。例如,可以提交 PCT 申请,然后在不同的国家和地区都获得专利权。

3. 药品专利保护目前仍存在哪些问题和不足?

自中国在 1992 年第一次修改《专利法》对药物化合物进行专利保护之后,药品的专利保护对中国医药工业的发展起了重大的推动作用。2008 年第三次修改《专利法》,引入了 Bolar 例外。2020 年《专利法》进行了第四次修改,引入了药品专利期限补偿制度和药品专利链接制度。但是药品专利保护仍然有不足和需要进一步改进的方面。

(1)保护主题

中国专利法仍然对疾病的诊断和治疗方法不予专利保护,将其明确排除在专利保护范围之外。尽管,中国有变通的瑞士型权利要求的用途保护,但是这样的用途专利的保护范围仍然有限制,对一些涉及给药方案的发明无法进行保护。另外,动物品种在中国也不能获得专利保护,因此一些具有重大医学价值的转基因动物,例如癌症模型小鼠或者用于抗体生产的转基因小鼠都无法在中国获得专利保护。

(2)马库什权利要求的修改

在现在的专利无效和诉讼实践中,通过不同的取代基的组合进行保护的马库什权利要求的保护范围被认为是一个整体,不允许对取代基进行删除和修改。结果是专利权人在无效过程中往往只能将权利要求限定修改为具体的化合物,保护范围受到很大限定。

(3)序列专利保护范围

在审查实践中,不允许申请人通过序列一致性或者同源性对序列进行扩增保护。结果是只能保护一个具体的序列。专利权人未来在侵权诉讼中对序列有变化的侵权嫌疑人无法主张字面相同侵权,可能需要借助等同侵权进行保护,而是否构成等同侵权存在非常大的不确定性。这对保护专利权人非常不利。

4. 数据保护对药品知识产权保护的补充作用

除专利保护之外,数据保护也可以为药品研发企业提供补充保护作用。药品数据保护制度是一种通过赋予创新药企业(权利人)在数据保护期内对药品试验数据的独占权,从而鼓励创新药研发及申报的特殊制度。其中独占权是指在数据保护期内,审批机构不得依赖权利人的数据批准其他申请人提出的相同品种仿制药申请。保护期限根据新药品种的不同而不同。

二、药品常见的专利申请类型

1. 药品在专利申请方面有哪些特殊性?

与其他技术领域相比,医药生物技术领域的专利保护上有众多的特殊性。

(1)医药生物领域中许多主题在申请专利权时需要确定其是否具有产业实用性

根据《专利法》第22条第4款,可授权的发明必须能够在产业上应用。如果一个发明能够在产业上制造或者使用,并且能够产生积极效果,则其具有产业实用性。《专利审查指南》明确指出,无再现性、违背自然规律、利用独一无二的自然条件的产品、人体或动物体的非治疗目的的外科手术方法以及测量人体或者动物体在极限情况下生理参数方法的发明不具备实用性。

尽管由于基因测序技术的快速发展,很多新的基因被发现,但许多基因的功能仍然是未知的。这些基因因为不具备产业实用性而不可授权,除非发现它们的可信用途。

如果发现了这样一个基因的特殊用途,则可能符合产业实用性的要求。但是,这些发明可能有充分公开的问题。根据《专利审查指南》,提出生物材料如DNA片段、基因、肽或蛋白质的用途时,如果提出的技术解决方案依赖于实验验证,则必须提供实验证据以满足充分公开的要求。当技术解决方案是为诊断或治疗的目的时,必须提交充分的定性或定量的实验室试验、动物试验或临床试验以证明提出的技术解决方法可以达到所需的目的或效果。

通常,从自然界中筛选一个特殊微生物的方法因为没有再现性而不具备产业实用性。其不可再现性是因为筛选取样的地理位置、该位置的环境变化以及样本中该特殊微生物存在的偶然性都是不确定的。然而,如果申请人有充分的证据可以证明该方法的可再现性,该方法则是可授权的。同样,因为人工突变方法一般是基于在某些物理化学条件下微生物的随机突变,这些方法也因为没有再现性而通常被认为不具备产业实用性。然而,基于定点突变的方法或其他任何在特定条件下确定能产生所需微生物的方法可能是产业上有实用性的。

尽管从自然界中筛选微生物或随机突变的方法通常是不可授权的,但从自然界中筛选或通过随机突变获得的新微生物可能是可授权的,但须将该微生物的样本按照中国专利法要求进行生物材料的保藏。

(2)特定的主题因为违反法律、社会公德和公共利益而不能申请专利

根据《专利法》第5条,可授权发明不能违反国家法律、社会公德或妨害公共利益。这个专利主题的排除限制了违反法律、社会公德或妨害公共利益的发明。如果具有积极效果的发明仅仅是因为错误使用或滥用而造成违反法律或妨害公共利益,则该发明不能被认为是在排除的范围之内,并且,不能因为发明的实施为法律所禁止而认为该发明本身违反法律。所谓社会公德是指公众普遍接受的道德标准。

《专利审查指南》解释,根据《专利法》第5条,以下发明因为违反公共道德而不可授权:克隆人的方法或克隆的人;改变人生殖系遗传同一性的方法;人体形成的各个阶段,包括生殖细胞、受精卵、胚胎;人胚胎的工业或商业目的的应用;人胚胎干细胞及其制造方法;可能导致动物痛苦而对人或动物的医疗没有实质性益处的改变动物遗传同一性的方法。

(3)《专利法》第25条还将疾病的诊断和治疗方法排除在可专利保护的主题之外

a. 不可授权的疾病治疗方法和诊断方法

根据《专利审查指南》,被排除的治疗相关的主题包括以人体或动物体为对象的以外科手术、治疗或预防为目的的治疗方法。以人体或动物体为对象,但不以治疗为目的的方法不属于《专利法》第25条排除的可授权主题范围。

但并不是所有与疾病的诊断及治疗相关的发明都不能得到专利保护。对于物质的新的治疗用途可以通过特定的权利要求撰写形式来获得专利保护,即制药用途权利要求,也称为瑞士型权利要求。

在《专利审查指南》中,瑞士型权利要求格式用于保护已知物质的二次医疗应用。具体地,这种权利要求的格式是"物质A在制备用于治疗疾病X的药物中的用途"。

实践中,瑞士型权利要求得到了广泛应用,以保护已知药物或物质的新的医药用途,即新的适应症。

b. 不可授予专利权的植物或动物品种

微生物既不是植物,也不是动物,因此没有被第25条第1款排除其可专利性。除《专利法》其他条款规定的情况外,分离的或基本纯化的微生物是可授权的。《专利审查指南》中定义的微生物包括细菌、放线菌、真菌、病毒、原生动物、藻类等。

2. 常见的药品专利申请类型有哪些?

药品专利一般可以分为基础专利和二级专利。

基础专利是指小分子药物的化合物专利和生物大分子药物的序列专利,其保护范围宽、稳定性好,是一个药品专利保护的基础。如果一个药品没有基础专利的保护,其很难实现保护期内的市场独占性。

二级专利是指基础专利以外的涵盖上市药品的其他专利,例如晶型专利、制备方法专利、制剂专利和新适应症专利等。二级专利是基础专利的有益补充。多数情况下,二级专利所保护的技术方案并非技术上唯一可行的方案,也不是获批药品必须使用的方案。因此,实践中存在被竞争者绕过的情形。但由于获批药品的适应症与新适应症专利保护的适应症一致,该二级专利可以提供与化合物专利类似的高水平保护。

3. 不同药品专利申请类型的特点是什么?

以小分子化合物专利和大分子抗体专利为例,简单说明这两种主要类型专利申请的特点。

(1)化合物发明的具体要求

对于特定化合物的发明,说明书应当公开其化学名称、化学式或该化合物的分子式以及用于鉴定该化合物的充分的理化数据,如熔点、NMR、IR、UV、MS和XRD数据。

对于具有通式的化合物的发明,说明书应当公开包括公式中取代基的定义,并且,该通式范围内的至少一种特定化合物满足上述的特定化合物发明充分公开的要求。

说明书应当公开至少一种制备化合物的方法以使本领域技术人员能够根据该制备方法获得所述化合物。对于具有通式的化合物,除化合物的制备途径,通常还要求在说明书中公开至少一个具体化合物的制备实施例。

说明书应当公开充分的定性或定量的测试数据以使本领域技术人员相信所述化合物具有说明书中所记载的用途和/或可以达到说明书中记载的效果,除非本领域技术人员能够根据现有技术预测所述化合物有所述用途和/或可以达到所述效果。

(2)抗体发明的具体要求

近年来,治疗性抗体几乎已成为生物医药产业中最重要的保护目标。在中国专利保护抗体发明可能面临各种挑战。

首先涉及抗体的可实现性。可实现性要求是与发明相关的专利说明书公开程度的基本要求。发明充分公开的要求根据产业不同以及发明的特定环境可能变化很大。但是,基本要求是说明书必须教导本领域技术人员怎样制备要求保护的产品以及怎样使用它们。

早期当抗体的序列还没有被很好地鉴定,大多数情况下,抗体被描述为由某种杂交瘤分泌的产品而没有该抗体结构的进一步描述,尽管专利说明书中可能公开了各种结合特性和生物性质。杂交瘤技术几乎总是被认为不可重复。因此,几乎不可能通过说明书充分公开发明使本领域技术人员能够获得要求保护的抗体。在最早的优先权日之前根据《国际承认用于专利程序的微生物保存布达佩斯条约》在国际保藏中心保藏该杂交瘤以及适时地向专利局提供保藏信息是抗体发明充分公开所必需的。

如今,多数抗体不仅通过其原始的生产手段(如杂交瘤或转基因动物)公开,也通过所得抗体的重链和轻链可变区的序列公开。随着DNA重组技术和抗体表达系统的出现,中国的多数审查员不会对与生产相关的抗体提出充分公开的驳回意见。笔者建议在说明书中提供通过重组表达技术(例如载体、宿主细胞和转化表达的方法等,最好有文献支持)获得要求保护的抗体的一般性指导。

尽管现在不用太担心抗体生产的充分公开,仍有必要公开与其性质相关的生物实验数据,该抗体的创造性将会依赖于此。

三、药品专利无效程序

1. 专利无效程序介绍及其在专利保护制度中的核心地位

专利无效程序是仿制药公司应对原研药公司专利侵权诉讼的主要手段之一,也是仿制药公司在立项之初为扫清药物上市的法律障碍通常需要进行的行动之一,其结果对仿制药能否成功上市以及上市之后是否存在侵权风险至关重要。一旦药品专利被宣告无效,则原研药公司拥有的专利权视为自始即不存在,无法继续行使权利,也无法就专利被宣告无效之前可能存在的侵权行为主张权利。

专利无效宣告程序普遍被认为是一种为不当或错误的专利授权而设置的纠正程序,在世界各国专利制度中都有着类似的程序。

《专利法》第45条规定,自国务院专利行政部门公告授予专利权之日起,任何单位或者个人认为该专利权的授予不符合本法有关规定的,可以请求国务院专利行政部门宣告该专利权无效。由此而启动的法律程序称为"专利权无效宣告程序"。

根据上述法律规定,侵权诉讼中的被控侵权人可以以本公司名义或其他任何主体名义,在原告提起诉讼之后提出专利无效宣告请求,也可以在侵权诉讼发生之前提出无效请求,从而降低或消除专利侵权风险。

专利无效宣告请求的受理机关是国家知识产权局,具体的审理单位是专利复审和无效审理部。专利无效案件从提出权利无效请求之日起至国家知识产权局作出无效决定,通常的审查周期是6个月。但是药品专利通常为发明专利,技术相对复杂,国家知识产权局审理周期会相对延长,约6个月至1年。专利无效宣告审查决定结论类型包括宣告专利权全部无效、部分无效以及维持有效。

审查决定并非自国家知识产权局作出之日起即生效。《专利法》第46条规定,国务院专利行政部门对宣告专利权无效的请求应当及时审查和作出决定,并通知请求人和专利权人。宣告专利权无效的决定,由国务院专利行政部门登记和公告。对国务院专利行政部门宣告专利权无效或者维持专利权的决定不服的,可以自收到通知之日起3个月内向人民法院起诉。人民法院应当通知无效宣告请求程序的对方当事人作为第三人参加诉讼。

国家知识产权局作出的无效宣告审查决定,通常需要经过法院的行政诉讼程序加以确认,除非当事人双方均不对审查决定提起行政诉讼。行政诉讼一审和二审的周期均在1年左右。

2. 药品专利无效案件的特点和策略

近年来,随着仿制药企业对专利制度的不断了解以及对知识产权法律手段运用能力的不断提升,中国医药领域专利无效宣告事件不断增多,尤其是仿制药企业挑战知名原研药企业的事件显著增长,被提无效的专利大多涉及销售额在10亿元以上的重磅药物相关专利,小分子化学药物是被提起无效的重点。

经过国家知识产权局的审理,宣告全部无效和部分无效的比例与维持有效的比例接近。以2020年和2021年为例,两年间国家知识产权局针对医药领域专利作出的无效请求审查决定数量共计128件,其中化学药96件,生物药32件。结论部分,宣告全部无效共计49件,占比38%;宣告部分无效13件,占比10%;维持有效66件,占比52%。在所涉及的医药领域专利无效案件中,化合物专利共计24件,其中宣告全部无效3件,部分无效3件,维持有效18件;晶型专利共计22件,占比17%,其中宣告全部无效12件,部分无效2件,维持有效8件;制剂专利共计23件,占比18%,其中宣告全部无效17件,部分无效1件,维持有效5件。

药品专利无效案件的主要特点体现在以下几个方面。

(1)涉外案件比例高,中国市场竞争激烈

以化合物专利为例,2020—2021年的24件化合物专利的专利权人均为外国制药企业,而无效请求人为国内药企或个人。说明中国作为世界重要医药市场,已经成为全球医药企业布局专利、配置资源、展开市场角逐的"兵家必争之地"。

(2)国家知识产权局审查决定被法院撤销比例低,推翻无效决定比较困难

虽然国家知识产权局作出的审查决定可以被诉至北京知识产权法院,乃至二审的最高人民法院,但是推翻审查决定的比例不高。根据北京知识产权法院2020年发布的数据,在297件以判决方式结案的药品专利行政案件中,判决驳回原告诉讼请求254件,占比85.5%;判决撤销重审43件,占比14.5%。其中涉及化学药品专利案件236件,撤销率为10.6%。可以看出,国家知识产权局作出的审查决定总体的专业性和准确性能够得到司法机关的认可。

(3)化合物或生物制备专利权稳定性显著高于晶型、制剂、组合物、用途等二级专利

化合物专利或生物制品专利是创新药品较重要的知识产权,也是创新药知识产权体系的核心价值体现。国家知识产权局一向对于化合物专利或生物制品专利的核心价值给予充分的认可,体现在相对于其他二级专利化合物专利或生物制品专利在无效程序中被维持有效的比例显著更高,而对于例如晶型专利、制剂专利等二级专利,被宣告无效的案件占绝大多数。

仿制药厂商在注意到这一特点之后,对于化合物专利发起挑战的热情和投入的精力有所减缓。事实上,目前大多数仿制药厂商的策略是等待化合物专利过期或争取获得许可,宣告无效的重点在于化合物专利之后的晶型专利、制剂专利等二级专利。一方面可以扫清化合物专利过期后的障碍,另一方面也可以通过二级专利无效获得包括化合物专利在内的许可谈判的筹码。

(4)创造性无效理由是药品无效专利宣告的有效武器

2020—2021 年的 128 件医药领域专利无效案件中,被宣告全部无效或部分无效的案件共计 62 件,其中 6 件以不支持理由宣告无效,1 件以公开不充分理由宣告无效,55 件以不具备创造性理由宣告无效。可见,创造性无效理由是宣告专利无效的主要武器。

国家知识产权局自 2013 年开始对审查策略进行调整,通过多年的探索、创新、总结、实践,形成目前以新颖性、创造性和实用性为主线的审查策略,将审查重点聚焦于发明创造是否对现有技术作出实际贡献。这样的政策体现在审查结果上就造成了超过 80%的专利无效理由都集中在创造性方面。这种情况在药品专利无效案件中尤为突出,以往公开不充分、不支持等常见无效理由的比例在近年来明显下降。

(5)说明书记载的实验数据对维持专利权有效的支撑作用明显

相较于其他领域的发明创造,药品或化学品专利对实验数据的要求更高,因为化学领域是一门实验科学,其大部分技术效果都有赖于实验数据的证实,《专利审查指南》第二部分第十章对此予以特殊说明。由此导致,专利无效案件对于说明书以及对比文件中的实验数据特别关注。

药品专利无效案件中的创造性判断,要在发明实际解决的技术问题的背景下判断,实际解决的技术问题是根据区别技术特征所能达到的技术效果确定,而技术效果在药品专利中需要足够的实验数据予以支持。因此,实验数据对于药品专利是否能够被维持有效至关重要。目前,几乎所有的药品专利无效焦点问

题都离不开对实验数据的探讨。

(6)补充实验数据能够作为辅助手段,提高专利维持有效的可能性

中国专利审查实践中对于专利权人在无效阶段提交的补充实验数据都会进行审查,但是对依据补充实验数据认定发明具备创造性的要求非常高。虽然在其他国家的一些案例中,专利权人可以在授权后程序中通过补充实验数据证明创造性,但是在中国,审查机关在无效阶段接受补充实验数据,尤其是涉及针对发明技术方案的补充实验数据的案例在2021年之前并不多见。

近年来,尤其是在2021年1月15日实施的《专利审查指南》增加了两个接受补充实验数据的例证,以及最高人民法院和国家知识产权局相继作出继受补充实验数据的案例[替格瑞洛晶型无效二审案,(2019)最高法知行终33号;卡利拉嗪晶型无效案,第47087号无效决定]之后,业界似乎感受到了补充实验数据审查实践层面的变化,虽然《专利审查指南》并未修改接受补充实验数据的实质条件。

在策略方面,专利是原研药企业保护其知识产权的核心手段,从专利布局、专利申请、专利无效、专利侵权诉讼等多个环节都要采用合适的策略,强化药品知识产权保护。作为专利权人,要特别重视国家知识产权局的无效宣告程序,其审理结果往往代表了专利最终的命运。

首先,积极收集反证,提交适当的补充实验数据,是应对专利无效案件的有效措施。事实胜于雄辩,所有的争辩在缺乏证据支持的情况下都是苍白的。对无效宣告请求进行答复的重点,永远都不是反驳对方的所有观点,而是基于有证据支持的事实让审查机关相信专利符合相关法律法规继而应当被维持有效。

其次,朝向上市药物的权利要求修改可以大幅度提高维持有效的可能性。一方面,药品专利上市产品一旦确定,仿制药产品基本上无法改变有效成分以及主要辅料,因此,根据上市药品的技术特征限缩权利要求的保护范围不会对药品专利维权产生负面影响。另一方面,通过将通式范围限定成具体的技术方案可以容易地克服公开不充分、不支持等问题,在创造性评判中也可以使技术效果更加聚焦,与现有技术的区别更加明显,有利于获得维持专利权有效的最终结果。

再次,要重视技术问题的争辩。通过本专利与对比文件技术效果的区别,确定发明实际解决的技术问题,可以更加凸显发明创造的实际意义,现有技术往往不会同时公开区别技术特征和与本专利相同的技术效果,这样能够使专利权人在创造性争辩中占据更加有利的位置。

最后,重视补充实验数据。专利权人往往具有更强的实验能力,以及更多的

试验记录，包括成功的试验以及失败的试验结果。通过补交其他技术方案失败的实验数据可以凸显本专利技术方案的非显而易见性。

对于无效请求人来说，选择合适的专利提出无效挑战是首先面对的问题，这需要对相关专利进行充分的检索以及客观的分析。选择优秀的代理机构以及专业的人才是完成此项工作的关键。无效请求人还应该充分利用各种无效理由，虽然最终决定的是创造性，但是其他无效理由能够对创造性的说理起到辅助作用。一些情况下，无效请求人也能够利用补充实验数据达到辅助技术事实认定或者支持结论的目的。

总之，无论是无效请求人还是专利权人，都应当注重国家知识产权局阶段的专利无效程序，综合使用进攻或防御策略获得各自预期的效果。

第二节　与药品注册审批相关的药品独占保护

一、药品数据保护

1. 何为药品的数据保护？

药品的试验数据保护是由《与贸易有关的知识产权协议》(TRIPs)第 39 条第 3 款所规定的知识产权保护制度，是世界贸易组织(WTO)给各成员规定的一项义务。试验数据保护制度是药品专利保护的重要补充，理论上它与专利保护相辅相成，激励创新实体进行研发以解决迫切的临床医学需求，使大众受益。

2001 年，中国正式加入 WTO。在《中国加入 WTO 工作组报告》中，我国明确表示："中国将对为申请使用新化学成分的药品或农业化学品的销售许可而按要求提交中国主管机关的未披露试验数据或其他数据提供有效保护，以防止不正当商业利用。"这是中国政府加入 WTO 时所作出的承诺，是承诺执行 TRIPs 第 39 条第 3 款的具体体现。

随后，2002 年《药品管理法实施条例》中对有关制度进行了国内法的转化。原国家药品监督管理局更被指定为该项制度的具体执行部门。

现行《药品管理法实施条例》第 34 条第 1、2 款规定：国家对获得生产或者销售含有新型化学成分药品许可的生产者或者销售者提交的自行取得且未披露的试验数据和其他数据实施保护，任何人不得对该未披露的试验数据和其他数据进行不正当的商业利用。

自药品生产者或者销售者获得生产、销售新型化学成分药品的许可证明文件之日起 6 年内，对其他申请人未经已获得许可的申请人同意，使用前款数据申请生产、销售新型化学成分药品许可的,药品监督管理部门不予许可;但是,其他申请人提交自行取得数据的除外。

因此,自2002年起,上述条款构成了药品数据保护的基础,即是否实施药品数据保护,以及由哪个机关来行使职权已不存在疑问。

2. 药品数据保护的范围是什么?

实施保护主体:国家通过药品行政管理部门实施药品数据保护。

根据《药品试验数据保护实施办法(暂行)(征求意见稿)》第2条的规定,国家药品监督管理部门主管药品试验数据保护工作,国家药品监督管理部门的药品审评机构负责药品试验数据保护的具体实施工作。

保护客体:自行取得且未披露的试验数据和其他数据。

国家药监局于2018年4月25日发布的《药品试验数据保护实施办法(暂行)(征求意见稿)》第4条中,曾对"试验数据"作出定义,即药品上市注册申请文件数据包中与药品有效性相关的非临床和临床试验数据,但是与药品安全性相关的数据除外,并应满足三个条件:以获得药品上市许可为目的提交的数据;提交药品注册申请前未公开披露;未依赖他人的试验数据或已公开发布的研究成果自行取得。

保护形式:不披露、不依赖。

对于含有新型化学成分的已批准药品而言,自其上市起6年内,其他仿制药申请人不应获得上市许可,除非仿制药申请人自行取得相关的试验数据。此外,2022年5月公开的《药品管理法实施条例(修订草案征求意见稿)》第178条还规定了药品监督管理部门及其工作人员泄露数据的罚责。由此可见,随着立法的完善,数据保护的实际内容包括了"不披露""不依赖"这两种国际上常见的数据保护方式。

保护期限:自药品上市许可之日起6年。

根据现行法律规定,药品试验数据保护的期限为自药品上市许可之日起6年。在《药品试验数据保护实施办法(暂行)(征求意见稿)》中,探讨了对于不同类型的药品获得不同数据保护期限的可能,对于需要更大的投入进行研发的生物制品甚至提供了12年的数据保护期。更加值得期待的是,对罕见病用药或儿童专用药,该办法建议自相应的适应症首次在中国获批之日起,也给予6年数据保护期。

保护对象:含有新型化学成分的已批准药品。

根据上述定义,含有新型化学成分的已批准药品为新的化学药品,此处并未对药品的获批类型进行限制，按照通常的理解应为尚未在中国获得上市批准的新化学药品，包括1类新药、5.1类进口药品。但在实践中，进口新药在获得上市批准后首仿于2—3年获得批准的情况屡屡出现。此后，随着国家和创新药主体对于创新保护的愈加重视，药品的数据保护情况亦有所好转。

3.药品数据保护目前存在哪些问题？

自2001年加入WTO起，中国对于WTO的承诺迅速进行了国内法的转化，使得数据保护的实施有了法律基础。但遗憾的是，至今仍然缺乏具有具体操作性的配套法律法规。作为一种实体权利，其申请、审查、批准、公示以及可能的异议环节如何进行仍不清楚，使得权利人和利害相关方均不能合理地预计权利边界。

除此以外，对于保护客体的争议仍在持续。在《药品管理法实施条例（修订草案征求意见稿）》中，第40条提及"国家对获批上市部分药品"提供数据保护，其中"部分药品"引起了广泛的争议。而"部分药品"是数据保护的权利基础，其定义对于药品产业的发展将会有广泛且深远的影响。

在《药品试验数据保护实施办法（暂行）（征求意见稿）》中，探讨了对于创新药，包括化学药品和治疗用生物制品进行数据保护的尝试，而不仅限于含有化学成分的化学药品。此外，关于创新药的定义也存在不同的理解。这些疑问均还需要通过进一步的立法来确定其内涵和外延。

第三节　药品商标保护

一、商标保护策略

1.药品通用名称、药品商品名称和商标有什么区别？

药品通用名称即药品的国际非专利名称（International Nonproprietary Names for Pharmaceutical Substances，INN）是世界卫生组织（WHO）为每一种在市场上作为药品销售的活性物质所起的一个在世界范围内都可接受的唯一名称。中国国家药典委员会还以INN为基础为同一种成分或相同配方组成的药品制定了在中国境内的中文名称，即中国药品通用名称（China Approved Drug Names，CADN）。根据WHO"有关INN的指导"以及《中国药品通用名称命名原则》相关规定，无论是中国药品通用名称，还是国际非专利药品名称，都不得作为商标注册。

药品商品名称是生产企业为其新药起的名称，用于区分其他企业同一产品，在得到国家药监局批准后方可使用。由于药品商品名称体现了生产企业的特定形象及其对商品名称的专属权,实践中,生产企业往往还会将之作为商标使用,即药品商品名称和药品商标的“两名合一”。

但药品商品名称和药品商标并非同一概念,药品企业在监管部门登记商品名称后虽然获得了使用权,却并不因此直接产生排除他人注册和使用相同或近似商标的在先权利(注册商标专用权)。

目前涉及药品管理的一些部门规章仍然保留着对药品商标的注册要求。例如,《药品说明书和标签管理规定》第27条规定“药品说明书和标签中禁止使用未经注册的商标以及其他未经国家食品药品监督管理局批准的药品名称”;《关于在药品广告中规范使用药品名称的通知》第2条规定“药品广告中不得使用未经注册的商标;不得以产品注册商标代替药品名称进行宣传(经批准的作为药品商品名称使用的文字型注册商标除外)”。此外,实践中,在向监管部门提交新产品包装备案时,仍会要求药品企业提交证明其所使用的商标已获注册的商标注册证书。因此,虽然目前中国《商标法》以及《药品管理法》早已不再对人用药品商标注册有强制性规定,但鉴于上述一些部门规章的存在,以及为了更完善地保护商标利益,对于药品企业而言,在中国对药品商标进行事先注册依然有其必要性。

2. 药品企业常见的商标保护策略是怎样的?

商标作为连接企业和市场、用户的重要纽带和载体,是能为企业带来经济价值的无形资产,对现代医疗行业的企业的重要性无须多言,企业要建立起一套全面的行之有效的商标保护制度,需要从前期布局、日常维护和后期维权等多阶段,从商标标识、商品服务和地域等多维度进行设计、考量。

在前期布局阶段,为免新药上市审批因商标问题遭遇阻碍、久拖不决,对拟使用的商标标识进行可注册性分析就显得尤为重要,事前的检索和分析将有助于排除拟使用商标与在先权利间的冲突,发现拟使用商标存在的天然缺陷。而在申请商品/服务方面,药品企业应着重关注其核心产品医药试剂(尼斯国际分类第5类),与此同时,出于使用或防御目的,还可考虑布局医药产品零售批发(第35类)、个护产品(第3类)、食品饮料(第30类、第32类)、制药机器(第7类)、医疗器械(第10类)、药材加工(第40类)和医疗服务(第44类)等关联领域。受到近年来医疗产业信息化发展的影响,不少企业还开始注意到制药、售药软件(第9类)的重要性。在企业“走出去”的需求推动下,对于国内药品企业而言,除在大本营中国布局商标外,在海外积极申请注册商标标识也十分重要,其中，美欧这样的发达市场对涉及医疗健康领域的监管制度较为严格，很多国内企业出于合规需要也会考虑积极在美欧布局商标。药品企业可以结合其现实预算，综合考虑品牌、产品和地域的重要程度，利用不同商标申请机制（如马德里国际注册以及单一商标申请两种渠道）各自的优劣，结合不同法域体系的保护特点（如实行保护申请在先原则的国家，以及保护使用在先原则的国家）实现商标全球布局的目标。

而正如品牌的价值并非一蹴而就，企业要想长久地占据商标权并合法地扩大权利范围，就不应仅着眼于前期布局，还应从长远角度出发关注商标权利的后续维持和保护。具体来说，第一，鉴于包括中国在内的绝大多数国家都设有商标不使用撤销制度，少数国家还规定有特定期限内主动声明或提交证据证明商标使用的制度如美国、菲律宾、墨西哥、波多黎各、阿根廷、海地等，以及考虑到药品商标经常面临较大的退化风险，药品企业应注重规范使用商标，定期收集、保存和更新使用证据；第二，具有一定知名度乃至驰名的商标标识，其保护范围和程度往往更大，药品企业还可考虑在恰当时机通过典型个案争取获得驰名商标保护；第三，鉴于药品行业一旦发生侵权行为，其造成的社会和商业影响将难以预料，药品企业还应从知识产权海关备案、商标域名监测、规范商标使用许可、加强对一线业务人员及合作伙伴培训和管理等角度入手，积极打击侵权行为，如有必要，还可考虑第三方平台投诉、行政投诉、民事或刑事诉讼等救济途径。

二、药品企业的商标保护痛点

1. 如何克服药品商标命名困境？

受行业特性影响，药品企业在品牌命名时有一些明显的共性倾向，如选用具备美好寓意、表明医疗效果或体现专业性的字词，例如“速康洁”、“舒舒通”、“爱眼医生”和“舒肤博士”；加入人体器官、药品原材料、医疗方法等元素，例如“肠虫清”、“舒腹 SPA”、“海默康肽”、“镁盛 MEISHENG”和“小熊灸”；采用医学领域知名人物作为商标，例如“罗有明”。然而此种命名偏好很可能会导致药品商标因欺骗性、不良影响或缺乏显著性条款被驳回注册，也容易导致商标同质化并出现重合冲突。

鉴于此，药品企业在创设品牌时应尽量调整上述命名习惯，避免选用医疗领域常见词汇，采用臆造词汇、随意词汇或者暗示性词汇，如不得不选取常见词汇，则需考虑加入其他具有显著性的元素。

2. 如何应对药品商标退化风险?

所谓商标退化,特指原先具备显著性的注册商标,在使用过程中,其显著特征被逐渐削弱,直到丧失区分商品、标识来源的功能,最终退化为特定商品或服务的通用名称,进入公有领域而无法被商标权利人排他占有的情形。

对于药品行业而言,由于药品的通用名称大多比较生僻,普通消费者往往倾向于以识记难度较低的药品商标来指代药品本身,这就导致药品商标面临的退化风险相比其他行业的商标来说更大。众所周知,“阿司匹林”是一种常用的镇痛药,但少有人知,“阿司匹林”最初是德国拜耳公司研发生产的一种新型药品“乙酰水杨酸”的商标,由于这一名称过于拗口,消费者便直接将该药称为“阿司匹林”,久而久之“阿司匹林”就成了此类药品的通用名称,德国拜耳公司也因此被法院判决不再享有“阿司匹林”的商标专用权,类似情况还发生在曾经的“吗啡”商标上。

因此,在药品商标获准注册后,药品企业仍应高度关注其后续维护,尤其要重视对药品商标进行商标化的使用和宣传,避免在使用和宣传中用其指代药品本身;当发现药品商标有退化倾向时,应尽早通过各种宣传手段来引导消费者矫正观念;如果发现存在其他主体将药品商标作为药品名称使用的情况,例如药品商标被网络百科全书、专业医疗书籍、辞典甚至政府部门药品名称汇编文件等列为药品名称的,企业应当积极与相关主体沟通、协商以制止和纠正;发现有恶意使用和模仿注册行为的,更要及时采取法律措施进行维权。

3. 药品商标海外布局有哪些特殊规定?

商标具有很强的地域性,通常只有在当地国家注册后才能取得更为稳定的保护权利。随着我国药品企业当前“走出去”的步伐不断加快,海外注册商标成为其出海的“通行证”,因此,事先了解并提前布局海外商标十分必要,否则很可能令其在海外市场遭遇挫折。尤其考虑到医药行业具有涉及人身健康的高度特殊性,相对于其他行业来说,在部分国家进行相关商标使用和保护时可能会面临更多特别的规定。举例而言,除少量个人使用外,药品在伊朗、也门等国家必须在取得商标注册后才能在市场中进行销售;在伊朗、叙利亚,第5类药品上的商标申请要求申请人一并提供原属国商标注册证明或药品成分表等信息;在以色列,药品商标必须同时使用希伯来语、英语、俄语和阿拉伯语四种文字;等等。

第二章　医疗器械知识产权保护

第一节　医疗器械的专利保护

一、专利保护策略

伴随全球日益老龄化、慢性病医疗支出增长，医疗器械市场规模也在不断扩大。2020 年全球医疗器械市场规模突破 4400 亿美元，预计 2030 年全球医疗器械市场规模将超过 8000 亿美元。中国医疗器械市场的增速高于全球平均增速，正处于黄金时代。随着医疗器械市场的扩大以及市场竞争的加剧，医疗器械的知识产权保护，特别是专利保护无论是对于中国创新企业突出重围、脱颖而出参与头部竞争，还是对于传统优势企业持续保持领先竞争力来说都至关重要。因此，制定合适的医疗器械专利保护策略就显得尤为重要。

1. 医疗器械行业的专利申请概况

要制定专利保护策略，首先要了解行业整体的现有专利布局概况。目前，中国已成为医疗器械领域全球专利申请受理量最多的国家，本节以中国的专利申请现状为例，介绍医疗器械行业在中国的专利布局概况。

检索国内近年医疗器械领域专利申请情况可看到，国内医疗器械领域的发明和实用新型专利呈现逐年递增的趋势。从 2010 年到 2018 年，医疗器械领域的发明专利申请数量呈逐年上升的趋势，这与医疗器械行业的快速发展有很大关系，在 2019—2021 年则保持在上下波动的状态，趋势较为稳定，增长趋势放缓应该是受全球新冠疫情的影响。

发明专利授权量在 2010 年到 2013 年逐渐上升，在 2013

年以后呈现下降的稳态趋向,这与国家知识产权局近年来要提高专利授权质量的目的导向是紧密联系的。

医疗器械领域中,实用新型授权的数量从2010年开始逐年递增,企业在申请实用新型专利时往往同时申请发明专利作同日申请,由于《专利审查指南》对审查程序有更为严格的规定,此时发明就要面临延期审查。因此企业在申请时是否要同日申请实用新型专利及发明专利需要谨慎考虑。

外观设计专利授权量与实用新型专利授权量趋势大致相同,整体上也呈现上升趋势,尤其是随着医疗器械行业的智能化程度越来越高,近年来,界面外观设计的专利更是呈爆发式增长。

2. 医疗器械行业的专利实施概况

专利实施往往涉及专利无效程序,因此专利无效案件的状况可以在一定程度上反映出医疗器械专利的实施状况。

对国家知识产权局2020年至2021年医疗器械相关的发明和实用新型无效决定发文进行研究,可以发现,医疗器械专利无效涉及的发明专利和实用新型专利从类型上来说相差不大,即真正实施的专利并非一定是发明专利。从结果上看,经过实审的发明专利的维持有效率较高,仅有20%左右被全部无效,实用新型专利的无效率大概为30%,即医疗器械专利的有效率相对来说是很高的。从专利权人来看,无效涉及的专利的权利人多数是国外专利权人,且国外专利权人的专利维持有效的比例明显更高。

可见,虽然国内医疗器械企业在创新上有了显著的进步,但中外专利权人在专利质量和专利保护策略上仍然存在不小差距。

3. 医疗器械行业制定专利保护策略要考虑哪些因素?

制定合理的专利保护策略,首先,要研究本行业的发展趋势。这种趋势不仅包括技术上的,也包括政策上的。近年来,国家高度重视医疗器械企业的创新发展,发布了一系列相关政策指导医疗器械产业发展,进一步规范市场、鼓励投资和科技创新,对拥有专利且具有重大临床价值的创新医疗器械特殊审评、优先办理等。随着政策推动及企业创新能力的提升,医疗器械行业整体处于黄金发展时期,国产医疗器械逐步开始取代进口医疗器械,专利对于国内医疗器械企业的资产优势前所未有。

其次,通过研究主要竞争对手的专利布局,确定专利战略。通过检索分析竞争对手的专利申请情况,分析竞争对手的技术研发方向、路径和成果。结合自身的技术研发情况,根据自己在当前赛道的位置,即处于创业期、发展壮大期、扩张期,还是国际化运营期来制定专利战略,是防守为主,还是主动出击为主。处于创业期时,一方面要避免侵犯别人的专利,通过专利预警降低风险,可以寻求专利许可,拟定好协议条款;另一方面要着手专利布局,做好对原创技术的专利保护。随着企业发展壮大,逐步加强专利布局规划,不仅要注重核心技术的专利保护,还要关注外围专利的布置,逐步实现以点到面,实现全面的保护。在扩张期,注重专利的运营和实施,利用专利来强化竞争优势。而在国际化运营阶段,在进一步做好风险预防排查以及提升专利质量、加强专利布局的基础上,推动专利标准化,最大化发挥专利优势。

最后,在策略实施层面,尽量建立具体的专利申请策略、专利实施策略。例如,根据医疗器械将来的市场来决定向哪些国家和地区申请专利,并选择申请合适的专利类型。

二、医疗器械的专利申请策略

由于医疗器械是直接或者间接用于人体的仪器、设备、器具、体外诊断试剂及校准物、材料以及其他类似或者相关的物品,包括所需要的计算机软件,即医疗器械可能涉及装置和方法,因此医疗器械理论上可以通过发明、实用新型和外观设计专利来得到全方位保护。

1. 常见的医疗器械专利申请类型有哪些?

(1)发明

发明专利保护对产品、方法或者其改进所提出的新的技术方案。医疗器械涉及设备和操作方法的部分,可申请发明专利。发明专利权的保护期限为自申请日起 20 年。发明专利经过实质审查,相对来说质量高、稳定性强,相应的保护期限也最长。

(2)实用新型

实用新型专利保护对产品的形状、构造或者其结合所提出的适于实用的新的技术方案,即实用新型专利只针对装置,不保护方法。因此,涉及操作方法的医疗器械只能通过发明专利来保护。实用新型专利权的保护期限为自申请日起 10 年。实用新型专利的优点在于授权快,可以更快获得保护。

(3)外观设计

外观设计专利保护对产品的整体或者局部的形状、图案或者其结合以及色彩与形状、图案的结合所作出的富有美感并适于工业应用的新设计。医疗器械中的仪器、设备、器具及相关物品的外观可以通过外观设计来保护。中国专利法在2021年经修改延长了外观设计专利权的保护期限,将外观设计专利权的保护期限自申请日起10年延长至15年,进一步加大了外观设计专利权的保护。

随着人工智能的发展和人机交互的进步,图形用户界面(GUI)外观设计也越来越多地应用于医疗器械领域。能够申请外观设计的GUI需要以实现产品功能为目的和具备人机交互的功能。作为特殊的外观设计专利权,对于包括GUI的产品外观设计的保护,在判断时,如果该外观设计专利其余部分的设计为惯常设计,则认定其GUI对整体视觉效果更具有显著的影响。尤其是中国专利法在2021年修改之后加强了局部外观设计的保护,界面设计可以申请局部设计。因此,虽然GUI外观设计专利权的保护客体仍然是带GUI的产品,但GUI设计本身在实质上也能够得到保护。GUI外观设计作为软件运行过程在消费者眼前的直接展示,体现了软件的承载功能和交互功能,合理地申请GUI外观设计对维护医疗器械中相关软件产品的竞争优势具有重要作用。

对于医疗器械领域,需要充分利用相似设计与局部外观设计制度,在一件申请中包括多个相似设计来充分保护自己的设计,尤其是在界面设计方面,从自身保护需求和成本角度合理制定申请策略。

2. 医疗器械在专利申请方面有哪些特殊性?

由于医疗器械的特点以及使用的特殊领域,医疗器械往往涉及疾病诊断、治疗功能。而《专利法》第25条规定,对下列各项,不授予专利权:(1)科学发现;(2)智力活动的规则和方法;(3)疾病的诊断和治疗方法;(4)动物和植物品种;(5)原子核变换方法以及用原子核变换方法获得的物质;(6)对平面印刷品的图案、色彩或者二者的结合作出的主要起标识作用的设计。对前款第(4)项所列产品的生产方法,可以依照本法规定授予专利权。

可见,《专利法》直接将疾病的诊断和治疗方法排除在专利保护客体之外。欧洲国家、印度等与中国的态度一样,虽然理由有所不同,但总体对疾病的诊断和治疗方法是不授予专利权。日韩的做法则是对于实施对象是人还是动物进行了区分,以人为对象的不能授予专利权,但以动物为对象的则分情况,没有一概排除。但是,此类方法在美国是可以获得专利保护的。因此,医疗器械专利申请要特别注意保护客体问题,在向不同国家申请时加以注意。

另外,由于医疗器械实施对象的特殊性,对于非治疗目的的外科方法,比如美容目的的外科方法通常会因为其是以有生命的人或者动物为实施对象,被认为无法在产业上使用而不具备实用性,从而无法授权。在申请这类专利时,可考虑将其撰写成装置权利要求,尽可能以部件的功能特征去限定方法步骤,以获得授权。同样,这类专利申请也需要针对不同国家的不同规定采取不同策略。

3. 疾病诊疗方法在中国的专利申请出路在哪里?

前文提到,医疗器械企业经常会提出大量的与疾病的诊断和治疗方法相关的专利,这类专利在撰写过程中经常会存在与疾病的诊断和治疗方法相关的方法权利要求,这类方法在美国可以受到保护。然而,出于人权、国家政策等方面的考量,《专利法》第25条明确规定了"疾病的诊断和治疗方法不能被授予专利权",即将疾病的诊疗方法排除在专利保护之外。一直以来,国家知识产权局对该禁止授权的规定也严格执行,不仅对涉及医生实施治疗的"疾病的诊断和治疗方法"拒绝授权,而且对于计算机实施的该类方法也拒绝授权,从而基本上排除了这类方法的授权可能,某种角度讲对医疗器械行业非常不利。

如何突破上述困局,近年来的司法实践对申请实践中一直以来的尝试给予了支持。法院在审理专利授权行政诉讼时,打破了国家知识产权局对于用计算机模块实现"疾病诊断和治疗方法"不予授权的一贯立场,从而为以计算机模块实现的"疾病的诊断和治疗方法"的专利保护提供了依据和支持。用计算机模块实现的"疾病的诊断和治疗方法"能够实质性得到授权,是疾病诊疗方法尝试获得专利保护的重大进展,为医疗器械领域的大批申请松了绑,对医疗器械领域意义重大。

因此,对于涉及"疾病的诊断和治疗方法"的专利,可以将其撰写为包括执行各个方法步骤的对应计算机功能模块的装置权利要求来申请,并且要巧妙设计权利要求的写法,以获得专利保护。

三、专利预警及海外专利保护

随着专利重要性的日益凸显,围绕专利侵权的争端逐渐增加,专利预警正是提前发现和有效规避专利侵权风险的一种有效手段。

专利预警实质上是一种危机预警,为判断可能或者面临的由专利引发的争端危机而进行的一种监控和预测。专业的专利预警服务可以为企业提供有力的支持,从而能够防患于未然,而面对争端时也能够从容不迫。我们常说的专利预警通常是指狭义的专利预警,即对可能发生的专利侵权风险提前发布警告,制定应对预案,以维护相关主体利益和最大限度减少损失的行为。这里所说的主体主要指企业。本部分主要围绕狭义的专利预警展开阐述。

1. 医疗器械专利预警的作用是什么?

专利预警是企业专利工作的重要内容,对规避侵权风险,减少纠纷损失起着重要的作用,可以为公司管理层进行某种决策时提供有力的参考依据。

由于专利的地域性,专利争端可能发生于不同国家或地区,因此专利预警是针对某一个国家或地区,基于该国家或地区的法律法规来进行的。如果企业的市场布局不仅仅在国内,申请的专利遍布海内外,那么就可能面临海内外的专利争端的风险。

当前我国的很多医疗器械公司都已经或者正在"走出去"的路上,有的已经在海内外布局了众多专利,有的刚刚开始。不管是否布局了专利,都可能面临侵犯竞争对手专利的风险。在没有硝烟的知识产权战场上,专利就是武器,就是弹药。别人打过来,有专利的企业,就像手中有弹药,既可以躲避,也可以回击,没有专利的企业,只能躲避或者被动挨打。

鉴于医疗器械领域的巨大市场,无论在国内还是国外,市场竞争异常激烈。医疗器械一旦投放到市场,立即就会引来众多的目光。如果不了解相关国家或地区的专利保护制度,很可能立即面临警告甚至诉讼。因此,企业应当在产品研发阶段,至少在投放市场之前,就采取适当的预警措施,以免陷入被动,蒙受巨大损失。

因此,专利预警至少具有以下作用:一是有利于识别和规避风险,不仅可以避开侵权陷阱,而且节约研发时间和经费,缩短交易时间;二是有利于实施专利战略,定期及时的专利预警分析有利于企业了解竞争对手的技术研发情况,制定和实施自己的专利战略,做到知己知彼,百战不殆;三是有利于促进自主创新,促进企业在了解竞争对手的基础上努力自主创新,提高市场竞争力,这对企业应对经济全球化、市场国际化具有助跑、保航的重大意义。

2. 如何有效实施医疗器械专利预警?

(1)专利预警的技术领域

医疗器械是一个非常综合的技术领域,随着竞争日益加剧,各个企业都在提前布局自己的专利申请,因此专利申请数量之多、所涉技术领域之广都是相当可观的。

医疗器械的专利申请涉及的技术领域小类超过20个。以2020年公布的中国专利申请数量为例,全年医疗器械领域的专利申请数量超过了10万件。

每个企业虽然通常会专注于少量几种产品,专利的技术领域划分与实际产品并不完全对应,一种产品可能会涉及多个领域的专利申请。因此企业在做专利预警工作过程中,虽然可以把这个工作交给外部顾问来做,但自己要有这个意识,即在新产品上市之前可能需要多个领域的专利清扫工作,到底涉及哪些领域,需要跟外部顾问充分沟通。

真正需要做清扫的领域并不是产品每一部分所涉及的技术,而是取决于新产品的"新"意在哪里,即企业自认为的创新设计点或改进点,从第三方合法购买的或者早已进入公众领域的技术点,都不需要做专利清扫。

(2)专利预警的工作内容

为了有效实施专利预警,第一步是专利预警检索与分析,即对企业可能遇到的各种潜在风险的监测、识别、诊断、评价,并由此做出警告。在上述检索与分析的基础上,给出风险等级的判断。第二步是应对方案策划,即根据预警分析的评价结果,制定相应的对策措施,以便对潜在风险进行早期控制与准备。

对于企业而言,如果想长效保持自己的市场地位,还必须在专利风险危机消除后,进行持续的预警监控,以防范未来的潜在风险,而且,专利预警的结论并非一成不变,随着相关信息的不断变化,其结论也可能会随之变化,因此会存在动态跟踪式的定期预警,比如一年一次或半年一次。

(3)专利预警的主要步骤

由于专利的地域性,专利预警的具体判定标准呈现较大的多样性。各国对专利侵权的判定标准不尽相同,因此在专利预警过程中对风险的分析判断不能仅以中国的法律规定来确认,而应该以目标国家或地区的法律法规来判断。

首先,企业需要确认产品的目标市场,包括现有的和未来可能"走出去"的目标市场。这个市场所在的国家或地区决定了专利预警的检索范围。

其次,确认预警对象。预警对象应该是一种清楚、完整的准备工业化实施或出口的产品或方法的设计构思,或者是已经工业化实施的产品或方法。充分分解预警产品或方法的技术方案,找准、找全各个技术特征,预警对象中往往存在多种技术特征组合的可能,也就是存在多种技术方案。这一步非常关键,直接决定了专利预警的准确性。

再次,检索筛查有风险的专利。该工作会涉及选择合适的数据库,制定适当的检索策略,避免漏检。

最后,在充分了解目标市场的法律法规基础上,评估风险等级。通常可以把风险等级划分为无风险、低风险、中风险、高风险、暂时无法确认。风险等级的划分可以给企业的后续策略制定提供有效的依据,给管理层作出正确的决策提供高效的支持。

(4)应对方案

确认风险等级之后,下一步就是制定应对方案。选择合适的应对方案,对企业降低风险、避免损失至关重要。当然,在存在专利侵权风险的情况下,应对策略的制定会涉及很多方面,包括企业本身的硬实力和软实力、经营方式、市场开拓前景、成本考虑、不同国家或地区的法律法规的区别、专利权人的情况等,是一项综合工程。这里介绍几种常见的应对方法。

一是不侵权应对,包括不侵犯专利本身或者享有先用权,后者通常抗辩比较难,需要及时收集充分的证据。

二是采用规避方案,通过重新研究开发绕过障碍专利。当然,这种替代技术必须要跟专利有实质性的不同,需要重新分析确认没有落入障碍专利的保护范围。这种方案通常是比较经济有效的一种方案。

三是排除障碍专利,即采取异议或无效程序,主动攻击,使权利人失去权利基础,也可以为与权利人达成和解提供筹码。

四是积极谈判,获得转让或许可。谈判过程需要充分发挥谈判技巧,制造有力筹码,以最低成本达到消除风险的目的。

当然,如果存有侥幸心理,虽然侵权风险较高,但判断权利人起诉的可能性不高或者在对方起诉后再和解的可能性较高,也可以搁置该风险,到诉讼的时候再解决。不过这种方案非常被动,不可预期的因素太多,对企业经营不利。

3. 如何利用不同专利制度优化海外专利布局?

企业"走出去",知识产权一定是绕不过去的,除了要积极防御落入别人的权利范围,还要积极布局海外专利。充分了解海内外的专利保护制度,对优化海外专利布局有较大的帮助。

(1)巴黎公约途径

企业如果产品主要在国内,或者目标市场只有个别海外国家,比如不超过3个,这种情况通常建议采用巴黎公约途径。

巴黎公约途径给申请人提供了一种优先权,即首先在国内提交首次申请,然后在12个月内利用优先权向《巴黎公约》成员国提交申请,该成员方承认国内首次申请的申请日为优先权日,所有在优先权日之后公开的技术都不视为该海外申请的现有技术,不能用来破坏该海外申请的新颖性和创造性。

这种途径就是在中国提交申请之后,要向各个国家或地区分别提交,每个国家或地区都是独立进行的。巴黎公约途径在一定程度上能缩短获得专利权的时间,但由于时间较短,申请人必须在12个月内完成市场布局判断、准备不同语种的申请文本、资金筹集必须很快完成等,这给申请人带来较大的挑战。

巴黎公约途径适用于发明、实用新型和外观设计的申请。当然实用新型专利取决于不同国家是否有该制度。

(2)PCT途径

如果申请人需要向多个国家申请专利保护,或者在市场尚不明朗,资金筹集、决策部署等方面尚未成熟的情况下,则可以选择通过 PCT 途径提交国际专利申请。PCT 允许申请人用一种规定的语言提交一套满足形式要求的申请文件向同一国家专利局提出申请,即可在所有 PCT 缔约方都具有法律效力。对中国企业而言,可以用中文直接向国家知识产权局提交 PCT 申请。

选择此种途径,申请人可以花费少量的国际阶段费用后,获得 30—32 个月的时间来决定进入哪些国家或地区,从而可以有充足的时间作出精准的市场定位以及更加充分的多方面准备,加上在国际阶段,世界知识产权组织国际局会出具检索报告和书面意见,能为申请人决策提供较高的参考价值,通过初步评估判断该发明是否具备获得专利权的前景,来决策是否继续投入和如何布局。

PCT 途径适用于发明和实用新型,但不适用于外观设计。实用新型专利同样取决于不同国家是否有该制度。

(3)《工业品外观设计国际注册海牙协定》(以下简称《海牙协定》)途径

类似于 PCT 途径的国际专利申请,外观设计申请也有一种国际外观设计注册制度,即《海牙协定》。按照该协定,可通过向主管局提交一件单一的外观设计国际申请,来代替原本需要向不同的国家或地区主管局提交的一系列外观设计申请,并取得一个国际申请日。在递交海牙国际外观设计注册申请时,申请人就需要同时指定要在哪些海牙体系成员国获得专利保护(可以理解为"要进入哪些国家")。

当然如果申请人利用《海牙协定》延迟公布的制度,则可以提交延迟公布请求,最长延迟期限为自申请日(优先权日)起 30 个月(根据 1999 年文本)。这样做的好处是,申请人可以较早地通过海牙体系提交国际申请并获得有利的申请日,同时可在随后 30 个月内作出是否进入各个指定国的决定,从而可争取更多时间来进一步衡量其申请策略,以节省不必要的相关费用。

中国于 2022 年 2 月 5 日递交了《海牙协定》的加入书,并于 2022 年 5 月 5 日正式生效。因此,中国申请人以及在中国有经常居所或营业所的非《海牙协定》缔约国的申请人都可以向中国知识产权局提交国际外观设计注册申请。

第二节 医疗器械的商标保护

一、医疗器械行业商标保护策略

与药品企业一样,医疗器械企业商标保护制度也应分阶段、分维度地进行设计。具体来说,在前期布局阶段,虽然多数医疗器械企业在商业实践中往往采用单一品牌策略,但由于产品系列名称、自研技术名称和企业宣传用语等在具备一定显著性的情况下也能起到标识商品和服务来源的作用,多数医疗器械企业还会将这些标识作为子品牌予以保护,从而形成围绕主品牌的多商标族群。而在申请商品/服务方面,医疗器械企业应着重关注其核心产品医疗器械(第10类),同时,出于使用或防御目的,还可考虑布局医药试剂(第5类)、医药产品零售批发(第35类)、医疗器械的安装修理(第37类)和远程医疗(第44类)等关联商品或服务,受到近年来医疗产业信息化发展的影响,不少企业还开始注意到软件和智能健康监测产品(第9类)、软件服务(第42类)的重要性。在商标海外保护方面,中国、美国和欧盟同样是国内医疗器械企业重点关注的国家和地区,即便其产品暂不销往美欧,但考虑到美欧两地严格的监管制度和高昂的维权成本,国内企业往往更愿意未雨绸缪,提前布局。

至于商标权利的日常维护和维权策略,可以参考此前相应的药品商标保护章节。只是相比于药品行业更容易面向大众市场,由于医疗器械的客户群体、销售渠道、营销方式更为专业化,其商标侵权行为往往更为隐蔽,这就要求医疗器械企业要重点加强企业商标保护部门与业务部门间的联动,更加注重对一线业务人员及合作伙伴的管理与培训。

二、医疗器械企业商标保护痛点

1. 如何克服医疗器械商标的显著性缺陷?

实践中,医疗器械企业在进行品牌命名时会偏好一些医疗领域的常见词汇,包括医疗器械英文缩写(例如指代“自动体外除颤器”的“AED”、指代“监测仪”的“BP”)、生命体征数值名称(例如指代“呼吸频率”的“Resp”、指代“体温”的“Temp”)以及与健康、安全相关的褒义词等,此种命名方式固然可能降低品牌传播成本,但可能令企业在获取和维护商标权利时遭遇阻碍,因为包括中国在内的大多数国家的商标法均明确规定,商品的通用名称或直接表示商品的质量、功能及其他特点的标志因缺乏应有的显著性而不得作为商标注册,或即使获得注册,在维权时也容易受到各种因素限制。

此外,一些医疗器械企业还会将其品牌保护扩展至产品外观、颜色和声音等元素,但由于产品外观等在传统意义上多被视为装饰性或功能性元素,实践中取得商标权保护仍有诸多难度。举例而言,曾有知名医疗企业尝试在欧盟地区将呼吸器上的单一紫色、蛋形药物吸入器外观申请为商标,然而尽管其产品在全球范围内的销量巨大,产品设计也颇具特色,最终却均被欧盟知识产权局拒绝授予商标注册。

鉴于此,除在传统文字/图形品牌命名时尽量选用具备较高显著特征的元素外,医疗器械企业在创设品牌时还应充分考虑:第一,对于产品外观、特定颜色等非传统元素,如希望将之作为商标保护,一方面要提高这些元素的风格化设计程度,尽可能令其具备天然的识别性;另一方面要重视对这些元素的使用、宣传证据的积累,以证明经过使用产生了后天的显著性。第二,还可考虑将产品外观申请注册为外观设计,相比商标,外观设计的注册路径更为简单,且不会因显著性问题遭遇阻碍。第三,要充分利用不同国家法律规定特点去寻求法律救济,如英美普通法系下的反假冒(passing-off)以及大陆法系的反不正当竞争规定,都能对一些传统的注册商标权难以保护的要素、标识和权利提供不同角度的保护。

2. 医疗器械商标在使用中有哪些困惑?

商标的生命在于使用,商标权利的维持与行使均有赖于有效的"商标使用",而"商标使用"也是商标权利获得保护的正当性基础。

对于医疗器械企业而言,由于其大多偏好使用单一品牌,往往会忽略对系列名称、技术名称等周边品牌的有效使用和证据积累,为免其商标权利因此丧失,企业应尽量遵循"注""用"一致原则,从品牌标识、产品服务等方面严格规范商标使用,与销售和宣传等业务部门保持联动,从使用和宣传两个角度入手,收集合同、销售单据、宣传物料、媒体报道、社会荣誉等材料,整合销售数据、宣传投入、市场份额等信息作为商标使用证据,并对这些证据材料进行定期的自查和更新。

此外,在"互联网+"时代,软件甚至某项特定技术成为各行业整合资源的必要工具,医疗器械行业亦是如此,导致不少周边品牌在实践中仅仅出现在医疗器械中的某一软件界面,甚至仅以医疗器械上的某一选项或内嵌技术的形式出现。在这种情况下,医疗器械企业不免疑惑,这些标识是否属于商标性使用?如果属于商标性使用,那么其指示的是哪种商品或服务的来源?对此,北京市高级人民法院曾在2006年《关于审理商标民事纠纷案件若干问题的解答》第5条中规定"在安装、运行计算机软件时,显示器显示出的对话框、标题栏、图标及版权页等界面上出现注册商标,表明其所标示的商品区别于其他同类商品的来源的"是商标的使用方式。至于如何界定此类标识所涉商品或服务的性质,显然,如果因其外化表现为某个软件的标题栏或图标,便将之机械定义为软件上的商标使用,从而将之全部纳入注册在软件商品上的商标专用权的保护范围,进而导致商标权利边界被无限放大,也否定了软件和硬件、服务的独立属性,违背了"互联网+"

时代规律。因此,医疗器械企业在对此类商标进行定位时,有必要从相关消费群体视角出发,对品牌的使用场景、创设目的、具体功能、实现方式和服务对象等进行深入了解,以界定现实场景下软件、硬件和服务各自的价值,从而刺破唯一的“软件”面纱,明确此类商标究竟指示何种商品或服务的来源。

3. 海外商标保护有哪些特殊规定?

类似药品企业,为顺利“出海”,医疗器械企业也需对海外商标保护的特殊规定有所了解。例如,伊朗、也门等国家对医疗器械产品的销售有事先注册商标的强制性规定;在美国这样以使用作为保护核心原则的典型国家,不仅商标申请获准注册前可能需要提交使用证据,注册以后还需定期提交使用证据来维持注册;在欧盟,商标权利人可以通过申请成员方商标或者欧盟商标两种途径来取得商标权,二者的权利效力本身差别不大,但在效力的范围、获取难易程度、日后的使用义务的履行以及举证上有很大不同。此外,以欧洲各国为代表的地区的官方在商标注册申请中不会主动审查引证在先商标障碍,对于真正商标权利人而言,这意味着其权利人更有必要注重主动监控当地商标抢注行为。

三、商标预警制度的设立与意义

商标预警制度是打击商标侵权、维护商标权利的重要方式之一,狭义上特指商标权利人持续监控,寻找与自己商标相同或近似的第三方商标并予以打击,广义地,企业还可能由此“顺藤摸瓜”,发现潜在的侵权行为人和隐蔽的侵权行为,采取积极措施制止他人侵权行为,维护企业品牌权益。

当前全球商标抢注行为泛滥,虽然抢注初衷各有不同,或者囤积牟利,或者占为己用,或者恶性竞争,但都不可避免地令真正的商标权利人因此遭受损失,包括产生大量维权和收购成本,甚至造成品牌声誉、营业收入乃至市场份额的重大损失。在一个真实案例中,国内一家知名医疗器械企业A因业务扩展需求在巴西提交了商标注册申请,却被一家巴西公司B基于在先注册商标提出了异议,A公司此时才发现,这家B公司曾经主动联系A公司,希望从其处获取独家经销权,A公司经评估后认为B公司不符合其经销商标准,拒绝了这一合作请求。而B公司在遭到拒绝后便在巴西当地抢注了A公司品牌,B公司还凭借其名下注册的巴西商标,擅自以A公司名义签订虚假销售合同。由于前述行为发现得太晚,A公司只能通过昂贵的诉讼手段来打击商标抢注行为,两公司间的往来记录因年代久远已经遗失,大大削弱了A公司诉讼维权的成功把握,且多家公司已遭受B公司蒙骗,并误将B公司实施的欺诈行为归咎于A公司。

由此可见,设立商标预警制度并确保这一制度的正常运行对于医疗器械企业而言是较为重要的。一旦发现第三方申请或使用相同或近似商标,除及时采取异议、无效宣告、撤销、发律师函、投诉、起诉等措施打击外,还需调查分析此类商标申请行为的性质及背景原因,甚至需要挖掘出隐藏背后的更多侵权行为并予以打击。

第三节　医疗器械的软件著作权保护

一、医疗器械的软件著作权保护策略

1. 何为软件著作权保护?

著作权保护文学、艺术和科学作品。《著作权法》第3条第8项规定了作品包括计算机软件,明确了计算机软件是著作权法意义上的作品,受到著作权法的保护。软件著作权的客体即计算机软件,指计算机程序及其有关文档。作为著作权的一种,软件著作权自动取得,自软件开发完成之日产生。软件著作权人可以向中国版权保护中心办理著作权登记。自然人的软件著作权的保护期为自然人终生及其死亡后50年,截至自然人死亡后第50年的12月31日;软件是合作开发的,截至最后死亡的自然人死亡后第50年的12月31日。法人或者其他组织的软件著作权,保护期为50年,截至软件首次发表后第50年的12月31日,但软件自开发完成之日起50年内未发表的,不再给予保护。

2. 医疗器械的软件著作权保护的范围是什么?

医疗器械越来越多地涉及检测、控制、分析、诊断的软件,这些软件本身可以通过著作权获得保护。

计算机软件是指计算机程序及其有关文档。计算机程序是指为了得到某种结果而可以由计算机等具有信息处理能力的装置执行的代码化指令序列,或者可以被自动转换成代码化指令序列的符号化指令序列或者符号化语句序列。同一计算机程序的源程序和目标程序为同一作品。文档是指用来描述程序的内容、组成、设计、功能规格、开发情况、测试结果及使用方法的文字资料和图表等,如程序设计说明书、流程图、用户手册等。

3. 医疗器械的软件著作权与涉及软件专利的区别

医疗器械涉及检测、控制、分析、诊断的软件代码本身可通过软件著作权保护,而采用软件执行检测、控制、分析、诊断的技术构思即技术方案本身可通过专利保护。两者保护范围完全不同。比较而言,医疗器械的软件著作权和涉及软

件的专利存在以下不同。

首先,医疗器械的软件著作权保护的是软件作品的表达,即保护程序和相关文档的表达方式不被抄袭,而涉及软件的专利保护的是软件体现的技术方案,即执行软件所实施的检测、操作、控制、分析、诊断方法。

其次,软件著作权自软件开发完成即自动获得保护,医疗器械涉及的软件的专利则需要申请,在满足专利授权条件获得审批后才能受到保护。

最后,软件著作权的保护期限较长,如前文所述,法人或其他组织的软件著作权的保护期限长达首次发表后50年,而涉及软件的专利的保护期限为自申请日起20年。

二、医疗器械软件著作权保护需要关注哪些问题?

1. 医疗器械软件著作权难以保护"技术构思"

著作权法保护作品的表达方式,不保护思想。因此,对软件著作权的保护不延及开发软件所用的思想、处理过程、操作方法或者数学概念等。可见,医疗器械相关的软件的著作权法保护不能对软件实现的医疗器械操作方法、诊断方法、处理方法等技术构思进行保护,竞争者通过研究相关软件,按照相同的思路采用不同的表达可以编写出相同效果的软件,并不侵犯著作权。《计算机软件保护条例》第29条也规定,软件开发者开发的软件,由于可供选用的表达方式有限而与已经存在的软件相似的,不构成对已经存在的软件的著作权的侵犯。可见,医疗器械相关软件著作权不能对其中包含的技术构思进行保护,具有相当的局限性。

2. 医疗器械软件著作权登记需要注意的事项

计算机软件著作权登记证书虽然可以作为主张著作权的初步证据,但软件著作权本质上从开发完成即产生。为避免主张权利时遇到额外困难,进行软件著作权登记除了需要注意主体的适格性、鉴别材料和证明文件的交存外,最好将源程序、文档或样品进行封存,除申请人或者司法机关外,任何人不得启封。除通过登记提供初步证明外,在开发过程中留存的软件源代码是证明软件权属的有力证据,在发生纠纷时,软件开发过程中的建档日志和相应的源代码就是有力的证据。司法实践中发生过已进行著作权登记的登记人因为争议方提交了软件开发过程中的源代码而被认定为非著作权人的例子。

另外,除了进行软件著作权登记外,还要注意防止其他人非正常接触软件源代码以尽可能避免纠纷。

第三章　医药知识产权的纠纷与解决

第一节　医药领域常见知识产权纠纷类型及各自特点

一、专利侵权纠纷

1. 专利侵权纠纷的类型有哪些?

根据专利权人救济方式的不同,《专利法》第 65 条规定专利侵权纠纷可以分成两种类型:一种类型是专利民事侵权诉讼,即专利权人或者利害关系人向人民法院起诉;另一种类型是专利行政调处,即专利权人或者利害关系人请求管理专利工作的部门处理。

2. 不同专利侵权纠纷类型的各自特点是什么?

专利民事侵权诉讼和专利行政调处在受理机关、侵权责任认定、审理周期和当事人不服判决/裁定的救济途径等方面具有各自不同的特点。

(1)受理机关

专利民事侵权诉讼作为民事程序,应向人民法院起诉。根据最高人民法院《关于适用〈民事诉讼法〉的解释》(2022 修正)第 2 条第 1 款规定,专利纠纷案件由知识产权法院、最高人民法院确定的中级人民法院和基层人民法院管辖。

专利行政调处作为行政程序,应请求管理专利工作的部门处理。根据《专利法实施细则》第 79 条的规定,管理专利工作的部门是指由省、自治区、直辖市人民政府以及专利管理工作量大又有实际处理能力的设区的市人民政府设立的管理专利工作的部门。

(2)侵权责任

若人民法院认定专利侵权成立,可以要求侵权方承担民事责任。根据《民法典》第179条、《专利法》第11条和第71条的规定,法院可以要求侵权方停止侵权行为,并且赔偿损失。根据最高人民法院《关于当前经济形势下知识产权审判服务大局若干问题的意见》第15条的规定,法院还可以明确责令当事人销毁制造侵权产品的专用材料、工具等。

若管理专利工作的部门认定侵权行为成立,仅能要求侵权方停止侵权,不能承担赔偿责任。根据《专利法》第65条和《专利行政执法办法》第43条的规定,管理专利工作的部门可以责令侵权人立即停止侵权行为,销毁侵权产品、制造侵权产品的专用设备和模具。

(3)审理周期

专利民事侵权诉讼的审理周期应遵循《民事诉讼法》第152条的规定,在立案之日起6个月内审结,有特殊情况需要延长的,经本院院长批准,可以延长6个月;还需要延长的,报请上级人民法院批准。

专利行政调处的审理周期遵循《专利行政执法办法》第21条第1款的规定,相比专利民事侵权诉讼,专利行政调处的审理周期更短,应当自立案之日起3个月内结案,案件特别复杂需要延长期限的,应当由管理专利工作的部门负责人批准,经批准延长的期限,最多不超过1个月。

(4)当事人不服判决/裁定的救济途径

当事人不服专利民事侵权诉讼的一审判决结果,根据《民事诉讼法》第171条和《关于知识产权法庭若干问题的规定》第2条的规定,当事人有权向最高人民法院知识产权法庭上诉。

当事人不服管理专利工作的部门的裁定,根据《专利法》第65条的规定,当事人可以自收到处理通知之日起15日内依照《行政诉讼法》向人民法院起诉。

专利权人可以根据维权策略选择适合的类型,甚至同步进行专利民事侵权诉讼和专利行政调处。例如,通过专利行政调处快速拿到有利的判定侵权的行政裁定,再通过民事侵权诉讼基于行政裁定获得高额的赔偿。

二、专利无效纠纷

1.医药领域专利常见的无效理由有哪些?

医药领域常见的无效理由包括《专利法》第26条第3款规定的说明书公开充分、《专利法》第26条第4款规定的权利要求清楚和得到说明书支持以及《专利法》第 22 条第 2 款和第 3 款规定的新颖性和创造性等。

说明书公开充分是指说明书应当对发明或者实用新型作出清楚、完整的说明,以所属技术领域的技术人员能够实现为准。权利要求清楚和得到说明书支持是指权利要求书应当以说明书为依据,清楚、简要地限定要求专利保护的范围。新颖性是指该发明或者实用新型不属于现有技术,也不是抵触申请。创造性是指与现有技术相比,该发明具有突出的实质性特点和显著的进步,该实用新型具有实质性特点和进步。

有经验的无效宣告请求人通常将上述无效理由配合使用,以达到全部无效的最终目的。尤其对于化合物、晶型、制剂等医药领域的产品专利而言,产品所能取得的技术效果对专利是否具有创造性至关重要。请求人通过提出专利存在公开充分、清楚和支持等问题,迫使专利权人明确权利要求的保护范围以及所取得的技术效果,为创造性无效理由提供铺垫,以争取通过创造性最终宣告专利无效。

2. 医药领域专利有哪些常见的无效应对策略?

在面对医药专利无效挑战时,专利权人及其代理人需要根据对方提出的无效理由和证据评估无效风险,分析对方提出无效请求的根本目的,综合运用无效策略,积极应对。医药领域专利常见的无效应对策略包括修改权利要求书、提交反证、补充实验数据、提交在先类似判例等。

无效请求人提出的无效理由以及证据并不充分时,专利权人可以仅进行答复,或者提供一些反证或在先类似案例予以反驳。

提交反证的目的在于反驳无效请求人的主张或推理过程,也可以用于证明本专利的技术效果,辅助克服创造性和公开不充分等问题。反证通常应在国家知识产权局指定的答复期限内进行,公知常识性证据或用于完善证据法定形式的公证书或证据原件等可以在口头审理辩论终结前提交。专利权人还可以提交在先类似判例,以帮助合议组明晰审查尺度。

如果无效请求人提出的无效理由和证据比较充分,至少对于独立权利要求来说,被宣告无效的风险较大时,修改权利要求书是一个推荐的做法。因为授权的独立权利要求保护范围通常大于获批上市的具体药物,或者专利权人实际应用的技术方案。将独立权利要求缩小到核心的技术方案,既能增大维持专利有效的概率,又能达到阻止他人非法使用的目的。

无效阶段权利要求书的修改方式一般限于权利要求的删除、技术方案的删除、权利要求的进一步限定、明显错误的修正四种。在收到无效宣告请求书或补充意见陈述的1个月内,专利权人可以进行上述四种修改。在国家知识产权局作出无效决定之前,专利权人可以删除权利要求或技术方案。

专利权人也可以通过补充实验数据的方式克服新颖性和/或创造性等无效理由。

如果修改权利要求书,提交反证等方式还不能克服请求人所指出的缺陷,则要考虑专利全部无效的风险和后果。与无效请求人达成和解是优选的应对策略。

三、专利(专利申请)权属纠纷

1. 医药领域专利(专利申请)权属纠纷的主要类型有哪些?

医药领域专利(专利申请)权属纠纷比较常见以下类型。

第一,因职务发明而引发的权属纠纷,争议双方之间存在雇佣或者临时雇用的基础法律关系。

第二,因合作技术开发而引发的权属纠纷,争议双方之间存在委托技术开发或者合作技术开发的基础法律关系。

第三,因非法或合法接触取得而引发的权属纠纷,一方取得另一方的现有未公开技术成果并申请专利,也可能引发专利申请权或者专利权权属纠纷。

2. 医药领域专利(专利申请)权属纠纷的应对策略是什么?

(1)以职务发明创造为由,请求法院确认涉案专利权利归属

《专利法》及《专利法实施细则》规定了三种认定职务发明创造的情形:①主要利用本单位的物质技术条件所完成的发明创造;②执行本单位的任务所完成的发明创造;③劳动关系终止后1年内作出的,与其在原单位承担的本职工作或者原单位分配的任务有关的发明创造。如具备上述三种情形之一,即可以请求法院确认涉案专利权利归属于单位。

(2)以违反合作协议为由起诉,要求被告承担违约责任

关于因合作技术开发而引发的权属纠纷,如果合作协议中关于知识产权归属有明确约定,且依据该约定判断涉案专利所请求保护的技术方案应当归属于原告,可以要求被告承担违约责任并将专利权或专利申请权变更为原告所有。

(3)以侵害商业秘密为由起诉,要求被告承担侵权责任

如被告因接触原告商业秘密而取得专利,或者员工将单位属于商业秘密的技术成果申请专利,导致商业秘密被公开,则同时属于侵害商业秘密的行为,违反了《反不正当竞争法》的相关规定,原告可以据此要求被告承担侵权责任。商

业秘密案件对原告有举证要求，特别是原告技术信息是否具有非公知性，原告是否采取了保密措施，被告的接触行为等法律要件或要求，原告需要进行初步举证。

3. 医药领域如何尽可能避免专利（专利申请）权属纠纷？

为了避免日后可能产生的专利权属纠纷，笔者有以下几点建议。

第一，企业在研发人员的劳动合同或工作任务书中约定具体的工作职务、研究方向以及知识产权归属问题，企业还要注意保存技术研发的相关资料、内部沟通记录以及试验记录等原始证据，对于窃取现有技术成果申请专利的情形，尤其依赖于技术成果原始载体的形成时间早于专利申请日期的证据。

第二，在与其他方签署合作技术开发协议时，关于技术归属的约定需以明确、清晰的意思表示作出，避免笼统的约定。

第三，企业在日常科研管理中，需特别注重对技术成果采取合理的保密措施，例如签署保密协议、将技术成果保藏在安全的地方、限制知悉、限制访问、保密标记、接触记录、内外网监控等。

四、专利发明权纠纷

1. 专利发明权纠纷的应对策略是什么？

发明权是指发明人对其发明成果所享有的物质权利和精神权利。

《专利法》第 6 条第 2 款规定，“非职务发明创造，申请专利的权利属于发明人或者设计人；申请被批准后，该发明人或者设计人为专利权人”。第 15 条规定，“被授予专利权的单位应当对职务发明创造的发明人或者设计人给予奖励；发明创造专利实施后，根据其推广应用的范围和取得的经济效益，对发明人或者设计人给予合理的报酬。国家鼓励被授予专利权的单位实行产权激励，采取股权、期权、分红等方式，使发明人或者设计人合理分享创新收益”。第 16 条第 1 款规定，“发明人或者设计人有权在专利文件中写明自己是发明人或者设计人”。

从上述规定可以看出，发明权纠纷主要有三项。

第一，非职务发明的申请权及专利权纠纷，对此建议企业从涉案专利技术属于职务发明方面入手，重点关注涉案专利是否利用了本单位的物质技术条件所完成，以及在劳动合同中是否有知识产权归属约定等。

第二，对职务发明获得奖励、报酬的权利纠纷，根据《专利法实施细则》第 76、77 条的规定，单位可以与员工约定或者依法制定规章制度规定职务发明奖酬的合理支付方式和数额，若没有约定或未制定规章制度时，应当按照法定的标准进行支付。对此,企业可根据与员工间存在的约定或者企业的规章制度所规定的奖酬支付方式和数额进行争辩。

第三,署名权纠纷,主要包括如下几种情形:(1)错报、漏报或瞒报实际发明人;(2)发明人离职后,删除发明人;(3)将只负责组织工作或从事其他辅助工作的人列为发明人;(4)有约定发明人的署名顺序而未按约定。对此,企业可举证不存在上述情况或存在员工自愿放弃署名权等抗辩事由,以及根据实际情况增加、删除或修改发明人。

2. 如何尽可能避免专利发明权纠纷?

为了避免日后可能产生的专利发明权纠纷,笔者有以下三点建议。

第一,在职务发明之初,内部拟定一份项目文件,文件中对该发明创造进行分析,写明主要贡献人及帮助实现人员,由相关人员签字确认;在员工离职前请其签署一份声明,写明对于其参与的职务发明,其能够保证在离职后依然帮助公司签署必要的法律文件,如选择放弃其发明人署名权,需签署放弃声明。

第二,单位根据自己的实际经营、研发、获利情况选择合适的方式对职务发明奖酬进行确定,与员工进行约定或者依法制定规章制度以规定职务发明奖酬的支付方式和数额。

第三,在专利申请过程中避免产生错报、漏报、瞒报或者擅自删除发明人等情形,除非相关发明人签署相关协议同意放弃上述情形。

五、商业秘密侵权纠纷

1. 商业秘密的构成要件是什么?

商业秘密是指不为公众所知悉、具有商业价值并经权利人采取相应保密措施的技术信息、经营信息等商业信息[①]。商业秘密具有以下四个基本特征。

(1)秘密性。商业秘密的秘密性是指权利人请求保护的信息不为所属领域的相关人员普遍知悉和容易获得[②],不要求权利人独占控制该秘密信息,对公有领域的信息重新汇编和组合的仍可构成商业秘密。

(2)实用性。商业秘密的实用性是指该秘密信息具有确定的可应用性,能为权利人带来现实的或者潜在的经济利益或者竞争优势。不能够直接或间接用于生产经营活动的信息,不具有实用性,不是商业秘密。

(3)保密性。保密性是权利人为防止商业秘密泄露,在被诉侵权行为发生

---

① 《反不正当竞争法》第9条第4款。

② 最高人民法院《关于审理侵犯商业秘密民事案件适用法律若干问题的规定》第3条。

以前主动采取的与商业秘密保密程度相对应的合理保密措施，权利人采取了与涉密内容基本相符的保密措施，可认为实施了合理的保密手段。

(4)价值性。商业秘密的价值性即能为权利人带来经济利益。商业秘密必须具有商业价值或者经济价值，能给商业秘密权利人带来市场竞争优势，是商业秘密权利人追求商业秘密保护的目的和需求法律保护的目的。

2. 商业秘密侵权纠纷的主要类型有哪些？

根据商业秘密纠纷的客体类型，可分为侵害技术秘密纠纷和侵害经营秘密纠纷①。从案件性质类别而言，又可分为侵犯商业秘密民事纠纷和侵犯商业秘密罪刑事程序。侵犯他人商业秘密的行为，可能是违法获取行为、违法披露行为、违法使用行为、违法允许他人使用行为中的一种，也可能是其中的两种或两种以上。在侵犯商业秘密中，由于侵权行为隐蔽，原告举证多存在实际难度，虽然有举证责任转移的规则，原告胜诉的难度仍然较大。在实践中，切入点可以是先行进行刑事报案，由公安机关进行侦查取证，这既给侵权人造成较大的法律威慑，获取的证据也可用于后续民事程序以支持损害赔偿诉求。刑事案件的立案标准为原告损失或被告非法获益超过 30 万元。

3. 医药领域企业可以采取哪些措施保护其商业秘密？

医药领域企业的商业秘密可以为技术信息，如不易于用专利保护的生产工艺的具体条件、参数等，也可以为经营策略、管理诀窍、客户名单、经营计划、财务资料、货源渠道、产销策略、标底、标书等经营信息。建议可以采用的措施有以下内容。

(1)保存信息，企业在经营中应妥善保存商业秘密，并对这些商业秘密进行分级管理，根据分级分别划定储存时间，建议最短的储存时间为 3 年以上。

(2)避免侵犯他人商业秘密，在购买技术、专利等技术引入过程中，注意对拟引入的技术进行背景调查，避免侵犯他人商业秘密。

(3)做好员工保密与商业接触保密，新员工入职前做好尽职调查，明确竞业禁止义务以及涉密业务，进行法规培训等；与在职员工签订保密协议；与关键岗位离职人员签订离职后保密协议并要求交还涉密材料；在合同订立或商业接触中规定涉及商业秘密条款和违约后果。

(4)建立企业保密制度，对商业秘密区分密级，并对员工进行告知和培训，采取适当措施对涉密的车间等经营场所限制来访或分级管理，采取措施限制接

---

① 《民事案件案由规定》第 15 条。

触特定商业秘密的人员范围,对商业秘密及其载体如载有商业秘密的电子设备等进行分级涉密管理,例如采取限制访问、储存、复制等手段。

(5)对于容易被反向工程破解的技术秘密,建议申请专利保护;对于不易被反向破解或不能公开的技术秘密,更要做好保密措施,以商业秘密形式保护。

(6)若发现存在商业秘密侵权行为,可根据实际情况提起民事诉讼或向当地公安机关报案,刑事程序中取得的证据也可用于民事诉讼,以证明侵权行为及确定损害赔偿金额。

六、商标及不正当竞争侵权纠纷

1. 商标及不正当竞争侵权纠纷的主要类型有哪些?

医药领域商标侵权及不正当竞争纠纷的案件类型通常包括以下几种。

其一,常规商标侵权,即擅自在相同或类似的商品或服务上使用与他人注册商标相同或近似的商标,造成混淆误认的。此类案件在医药领域内多表现为假冒商标,行为人构成商标侵权的同时,还可能构成假冒注册商标罪或销售假冒注册商标的商品罪。例如,“张百年牌虎镖痛可贴”案中,行为人销售假冒“张百年牌虎镖痛可贴”系列产品,擅自在相同商品上使用了与他人注册商标相同的商标,被追究刑事责任①后,又被权利人提起商标侵权诉讼②,被判令停止侵权并赔偿损失。此外,因药品具有特殊性,此类商标侵权行为往往还伴随着售卖假药等行政违规甚至犯罪行为。

其二,侵害驰名商标。此类行为主要表现为:擅自在不相同或不类似的商品或服务上使用与他人已注册驰名商标相同或近似的商标;擅自在相同或类似商品或服务上使用与他人未注册驰名商标相同或近似的商标;注册并使用仿冒他人驰名商标的注册商标,侵害驰名商标权人合法权益。例如,在“两岸同仁堂之争”案件③中,原告中国北京同仁堂(集团)有限责任公司发现我国台湾地区的中华同仁堂生物科技有限公司擅自使用“中华同仁堂”商标,在其网站、中国大陆门店等处使用,赠送中国台湾地区土特产、茶叶以进行招商合作,遂起诉。原告“同仁堂”商标用于中药成药,与被告的服务并不构成相同或类似,为予以保护,

---

① 安徽省太和县人民法院刑事判决书,(2019)皖1222刑初487号。

② 最高人民法院民事判决书,(2022)最高法民再4号。

③ 中国北京同仁堂(集团)有限责任公司诉中华同仁堂生物科技有限公司侵害商标专用权及不正当竞争纠纷案,江苏省高级人民法院民事判决书,(2014)苏知民终字第0101号。2015年江苏省高级人民法院公布2014年度江苏法院知识产权司法保护十大典型案例之案例三。

法院认定原告"同仁堂"商标为驰名商标,被告侵害了其驰名商标权益。

其三,注册商标与企业名称的权利冲突,包括在后注册商标侵害在先企业字号合法权益的情形,以及在后登记并使用的企业名称侵害在先注册商标专用权的情形。由于涉及权利冲突,此类案件相较于常规商标侵权案件更为复杂,还可能涉及"老字号"等特殊历史背景的纠纷。例如,经最高人民检察院抗诉、最高人民法院改判的山西省药材公司诉太原大宁堂药业有限公司商标侵权案[①]中,原告认为被告"大宁堂"字号侵害其商标权,但最高人民法院认为,原被告存在历史承继关系,本案属于特殊历史背景下商标与字号长期共存的案件,应当从历史传承、现实情况、法律适用和社会效果等方面综合考量,本案应当允许双方善意共存。

其四,仿冒商品名称或包装、装潢的不正当竞争纠纷。若商品名称或包装、装潢经使用具有一定影响,他人擅自使用造成混淆的,构成《反不正当竞争法》第6条所禁止的情形。在前述"张百年牌虎镖痛可贴"案中,被告除使用假冒商标外,还使用了原告具有一定在先影响力的药品包装,构成不正当竞争。

其五,虚假宣传的不正当竞争纠纷。医药领域内,若经营者对其医药产品或服务的性能、功能、质量、销售状况、用户评价、曾获荣誉等作虚假或者引人误解的商业宣传,欺骗、误导消费者,则构成《反不正当竞争法》第8条所禁止的虚假宣传行为。商标侵权案件中,被告也可能捏造品牌历史,以进一步攀附原告商誉,因此商标侵权行为也通常伴随着虚假宣传。前述"两岸同仁堂之争"案中,被告编造"两个同仁堂分别存续于两岸"等虚假品牌历史进行宣传,被认定为不正当竞争。

2. 商标及不正当竞争侵权纠纷的主要应对策略是什么?

因医药领域的特殊性,相关商标侵权及不正当竞争案件中主要争议往往围绕通用名称、商标显著性、商标使用等法律问题。

其一,固有词汇或弱显著性商标能否受到保护?四川好医生药业集团有限公司诉平安健康互联网股份有限公司医生案[②]中,核心争议即原告"好医生"商标为固有词汇,使用在医药领域显著性弱,应否予以保护。法院认为,原告"好医生"商标经过长期使用和宣传,已被相关公众所知晓并享有较高的知名度,相关

---

① 山西省药材公司诉太原大宁堂药业有限公司商标侵权案,最高人民法院民事判决书,(2015)民提字第46号。

② 四川好医生药业集团有限公司诉平安健康互联网股份有限公司侵害商标权案,四川省高级人民法院民事判决书,(2019)川知民终字154号。

公众已将涉案商标与原告建立固定联系,其商标的显著性已经凸显,应当予以保护,最终认定被告构成商标侵权。与之相反,在“银黄”商标授权确权行政案件①中,法院认为,在争议商标“银黄”申请注册前已有大量企业取得“银黄类”药品的生产许可,“银黄口服液”“银黄颗粒”“银黄胶囊”,或其他含有“银黄”的药品名称已经成为该类药品通用名称,相关公众足以通过“银黄”指代“银黄类”药品,故认定“银黄”已经构成通用名称。原审被告依据该判决重新裁定撤销“银黄”注册商标。

其二,违反《药品管理法》的非法使用是否能够认定为商标使用?在双飞人制药股份有限公司与广州赖特斯商务咨询有限公司等侵害商标权及不正当竞争案②中,被告提出在先使用抗辩,最高人民法院指出,被告在先使用抗辩所指向的销售行为,是未经审查批准的情况下销售了原本在我国香港地区销售、不得在内地销售的法国双飞人药水,违反了《药品管理法》的规定,属于无效民事法律行为。非法使用行为产生的商誉不应归于商标所有者,亦不应当构成商标使用行为,因此,上述商品销售行为不应当被认定为在先使用。

其三,包装于不透明材料内的药片形状与权利人注册的立体商标相似,是否构成商标侵权?在“万艾可”蓝色菱形立体商标专用权纠纷案③中,原告商标为辉瑞产品有限公司于2003年经核准注册的蓝色菱形立体商标,被控侵权药品是“甲磺酸酚妥拉明分散片”盒内药片为浅蓝色、近似于指南针形状的菱形。原告认为该药品侵犯了其注册商标专用权,对其研发方、生产方及销售方提起诉讼。但最高人民法院认为,由于争议药品包装不透明,其颜色及形状并不能起到标识其来源和生产者的作用,不能认定为商标意义上的使用,因此不属于使用相同或者近似商标的行为,最终原告败诉。

从以上案件可以得到以下启示:医药企业应注重提高品牌保护意识。在品牌规划之初,优先选择显著性较强的商标,避免选择药品成分等固有词汇或通用名称,充分评估商标可注册性和被控侵权风险,选定品牌后及时进行全面的商标布局。在品牌经营过程中,应注重对品牌的宣传培育,规范使用注册商标,使商标能够发挥其识别功能,并保留使用和宣传证据;使用商品时应注意区分药品名称和药品商标,避免直接以商标替代药品名称而导致商标“通用化”;进行市场监控,发现侵权应及时采取维权行动,避免商标反被侵蚀而“退化”为通用名称。

---

① 北京市高级人民法院行政判决书,(2010)高行终字第1162号。

② 最高人民法院民事判决书,(2020)最高法民再23号。

③ 最高人民法院民事裁决书,(2009)民申字第268号。

七、技术合同纠纷

1. 技术合同纠纷的主要应对策略是什么？

所谓技术合同，包括技术开发合同、技术转让合同、技术转化合同、技术服务合同、技术咨询合同等。医药行业技术合同相较其他技术合同又有其特殊性，除了技术开发或转让，还可能涉及药品的临床试验申报、注册申请、质量体系认证等。另外，医药全产业链被高度监管，受到各层级法律法规的诸多约束，部分强制性规制条款可能影响合同效力。本部分梳理了医药技术合同纠纷的部分典型裁判案例，从中学习和借鉴裁判思路和应对策略。

（1）技术合同定性

技术合同性质关系缔约各方权利义务。法院审理时，也需要首先认定合同性质，进而确定所适用的法律规范，在界定合同具体条款含义时，也会考虑到涉案合同签订的背景以及合同延续关系。

在益生同和与中狮技术合同纠纷案①中，中狮公司主张涉案合同为项目投资合同与加工承揽合同。最高人民法院认为：涉案合同是以技术成果工业化应用为目标，合同约定的主要内容以及双方权利义务均符合技术转化合同的特征。涉案合同中双方在涉案产品生产销售中的分工协作以及利润分配等是技术转化的延续，最终裁定涉案合同为技术转化合同。

（2）案件管辖权

一旦合同履行发生争议，首先引发的是案件管辖权的问题。技术合同纠纷案件需满足级别管辖、专门管辖、集中管辖的特别规定。

在方正医药与陕西天森技术秘密让与合同纠纷民事管辖上诉案②中，上诉人主张本案应移送被告所在地基层人民法院审理。最高人民法院裁定：有关技术秘密案件需满足跨区域集中管辖的特别规定，原审法院对本案具有管辖权，故驳回了上诉人的上诉请求。

（3）合同解除与法律后果

合同各方发生争议后，都希望尽快从合同的桎梏中解脱出来，法院在判定当

---

① 潍坊中狮制药有限公司、北京益生同和医药科技发展有限公司技术合作开发合同纠纷案，最高人民法院民事裁定书，(2016)最高法民申 2946 号。

② 方正医药研究院有限公司、陕西天森药物研究开发有限公司技术秘密让与合同纠纷民事管辖上诉案，最高人民法院民事裁定书，(2022)最高法知民辖终 98 号。最高人民法院《关于北京、上海、广州知识产权法院案件管辖的规定》。

事人是否有权依据《民法典》第563条第1款第3、4项解除药品技术合同时主要关注合同目的和合理期限两点[①]。

在华恒公司、马德林、德林公司技术转让合同纠纷案[②]中,马德林、德林公司主张华恒公司不履行合同约定的到期付款义务构成根本违约,诉请解除合同并承担法律后果。而华恒公司则要求马德林、德林公司继续履行合同义务。本案一审、二审法院均认为:马德林、德林公司已如约履行合同义务,华恒公司经多次催告仍未支付剩余款项的行为导致合同目的无法实现,并且华恒公司如因自身企业设备问题导致无法通过现场核查,或者其怠于履行现场核查义务的情况也将导致合同目的无法实现,其已构成根本违约,故马德林、德林公司有权解除涉案合同。

对于合同解除后华恒公司应当承担的法律后果,二审法院依法判决[③]华恒公司返还涉案专利权和技术。对于涉案专利权和涉案技术应支付的未付款金额,二审法院采取了不同的认定方式,对于涉案专利权,以合同金额为基数,按照华恒公司占用专利权的年限计算其应支付的专利权使用费以及未付款金额;对于涉案"保心包贴膜"技术,考虑到即便返还资料,华恒公司仍可利用该技术,故对于涉案技术的未付款部分,华恒公司应当全部予以支付。

(4)违约赔偿与违约损失计算

在技术合同纠纷中,由于技术所有方往往处于弱势地位,对于技术受让方的恶意违约,法院可能在基本遵循法律的基础上,出于保护弱者利益的目的,从公平原则和诚实信用原则加以调整。

在益生同和与中狮技术合同纠纷案中,虽然违约金比例高于合同法律约定,但由于中狮公司多次违约,法院最终裁定益生同和主张以双方合作时的涉案药品销售价格,去除原辅料成本,去除协议约定的中狮加工费和利润分成来计算其可得利益损失。

---

① 《民法典》第563条第1款第3、4项规定:"有下列情形之一的,当事人可以解除合同:……(三)当事人一方迟延履行主要债务,经催告后在合理期限内仍未履行;(四)当事人一方迟延履行债务或者有其他违约行为致使不能实现合同目的。"

② 北京华恒汉方制药有限公司、马德林、德林公司技术转让合同纠纷案,最高人民法院民事判决书,(2021)最高法知民终1013号。

③ 《民法典》第566条第1款规定,在合同解除后,尚未履行的合同义务,双方应当终止履行;已经履行的,根据履行情况和合同性质,各方可以要求恢复原状、采取其他补救措施,并有权要求赔偿损失。

在南京亿康与上药新亚技术转让合同纠纷案[①]中,原告上诉请求二审法院改判被告支付违约金150万元并承担全部诉讼费用。二审法院认为《技术转让合同》约定的违约金比例和数额具有赔偿守约方因对方违约所造成的损失和惩罚违约行为的双重属性,判决支持原告获得全额违约金的诉请。

(5)合同效力认定

合同无效,则各方缔约基础和权利义务不复存在。因此当事人经常为谋求自身利益而主张合同无效,而法院在审理案件时也必须先就合同效力进行认定。司法实践中,当事人主张合同无效的事由常见以下两种。

a. 违反强制性规定

在益生同和与中狮技术合同纠纷案中,益生同和与中狮公司约定益生同和拥有涉案技术产品的总经销权。中狮公司主张涉案合同因违反了《药品管理法》(2015修正)第14条关于无证经营药品的禁止性规定而无效。该案历经一审、二审、再审,各级法院均认为上述条款属于"管理性强制性规定"而非"效力性强制性规定",不会导致技术合同无效。

类似的还有三维公司、上海长征医院与兰陵公司、上海大陆药业技术合作开发合同纠纷案[②],在一审中,兰陵公司主张合同约定由三维公司提供左旋卡尼订粗品,兰陵公司仅负责精制、烘干的生产工艺流程违反了《药品管理法》(2015修正)第10条关于除中药饮片外的其他药品必须按照批准的生产工艺进行生产的规定,故而该协议应属无效。该案一审、二审均未支持兰陵公司的主张,认为《药品管理法》(2015修正)第10条属于管理性强制性规定,并不导致合同无效。

b. 非法垄断,妨碍技术进步,限制使用

在三维公司、上海长征医院与兰陵公司、上海大陆药业技术合作开发合同纠纷案中,兰陵公司主张合同无效的另一依据是,合同约定合作期满后兰陵公司不得生产销售涉案药品及承担违约责任存在非法垄断技术、妨碍技术进步的情形。对此,法院认为新药研发和上市通常需要投入大量的人力、物力和财力,成功的不确定性非常高。因此,研发单位为了保证自己的利益约定合同期满后兰陵公司不得生产涉案药品,并不存在不合理性。

---

① 南京亿康医药有限公司与上海上药新亚药业有限公司技术转让合同纠纷案,江苏省南京市中级人民法院民事判决书,(2016)苏01民终4279号。

② 常州高新技术产业开发区三维工业技术研究所有限公司、上海长征医院与常州兰陵制药有限公司、上海大陆药业有限公司技术合作开发合同纠纷案,最高人民法院民事判决书,(2014)民三终字第12号。

但在吴某诉思路高公司技术合同纠纷案中,吴某与思路通公司(后被思路高公司并购)签订《联合商品化靶浓度输注麻醉泵系列产品协议书》,合同约定双方以独家合作方式持续开发涉案产品,双方不能重复与第三者进行合作。思路通公司不得通过其他方法获得具有靶浓度输注功能的单片机芯片。在本案的审理中,法院援引最高人民法院《关于审理技术合同纠纷案件适用法律若干问题的解释》(2004年,已被修改)第10条的规定,认为涉案合同相关条款限制了思路高公司从其他来源获得类似的技术,属于原《合同法》第329条所称的"非法垄断技术、妨碍技术进步"的情形,是无效的约定。

2. 如何尽可能避免技术合同纠纷?

除了积极应对技术合同纠纷,尽可能避免技术合同纠纷更为重要,我们建议在订立合同时关注以下方面。

(1)明确合同性质。根据合作背景和商业目的准确确定合同名称,避免履约过程中因合同性质认定错误而对自身利益产生不利影响,并在法律规范的框架内尽可能周全地约定各方权利义务。

(2)评估技术风险。谨慎研判技术研发风险和产品商业化风险,充分认识合同性质对技术成果交付标准、风险责任承担的差异,在技术合同中对风险管控与风险分担进行明确约定。

(3)进行尽职调查。确保合同所涉技术的必要性、完整性、有效性,确保技术所有方对所涉技术拥有完整的控制权。在技术合同中明确约定技术瑕疵担保的主要情形和违约责任。

(4)约定技术成果归属。对前期投入的、合作产生的、未来可能改进的技术权利归属,甚至合作期满后合同所涉技术成果的权利归属作出明确约定。尤其是技术委托开发合同,如未约定,专利申请权将默认归于受托方。

(5)财务条款安排。充分认识合同所涉术语与定义的真实含义,明确约定付款方式,触发付款义务的条件、时间、事件节点以及支付金额的计算基础和计算方式,明确约定未如约支付合同金额的违约情形与违约责任。

(6)解除条款设计。明确约定合同解除后前期研发费用、技术转让费的返还比例,合同所涉技术成果的归属与分享,以及各方所应承担的对于涉案技术的保密义务和相应的违约责任。

(7)规避无效风险。及时了解管理新规,明确约定特定的合同事项是否与相关的药品管理强制性规定挂钩。谨慎考虑合同条款是否导致垄断和限制竞争风险。

医药类技术合同通常协议周期长、标的额大、技术问题和法律问题复杂，导致当事人维权难度大、成本高。因此，除了通过诉讼手段解决纠纷外，药企更需要关注的是在非诉环节做好法律风险防控并在诉前解决争议，加强技术人员与法律人员的沟通配合，尽早发现问题，尽快解决问题，尽可能寻求企业利益最大化。

第二节　解决知识产权纠纷的主要途径

在中国，解决上述纠纷的主要途径包括发送警告函及协商、行政程序、民事诉讼、刑事诉讼和仲裁等。

一、警告函及协商

1. 如何选择发送警告函的时机？

警告函发送时机的选择，应当考虑发函人的证据调查进度以及对收函人行为的预判。

通常，在发函人（知识产权权利人）了解到对方侵犯其专利权的初步证据时，即掌握了发送警告函的主动权。例如，最高人民法院曾在（2015）民申字第191号中指出，当权利人出于行权和维权目的进行真实的维权行为时，即便在维权时机等方面是有意的选择，也仍然属于权利人行使权利的自由。

但是，收函人接收到警告函后，往往会采取相应的行动，为避免落入被动，发函人有必要在发出函件之前做出预判和应对。

首先，对于那些处于侵权人掌控之下、具有修改删除可能性的证据，例如侵权人在己方企业网站许诺销售、销售侵权产品的网页链接，应当事先做好证据保全，以免函件惊动侵权人致使其隐匿、销毁相应的侵权证据，导致证据灭失。

其次，根据相关司法解释，权利人发函后，收函方可以书面催告权利人提起诉讼，若权利人拖延不提起诉讼且不撤回警告，则法院应当受理收函方提起的确认不侵权之诉。因此，一旦发出警告函，权利人就处于可能被催告起诉或被提起确认之诉的状态，考虑到诉讼的复杂性，建议权利人在发函前即做好必要的诉讼筹备工作。

2. 警告函内容和发送对象如何确定？

起草警告函时，应当对函件的实体内容和措辞表述尽到相应的注意义务，不恰当的信息披露和措辞可能会导致发函人陷入不正当竞争或不利自认的境地。

在函件实体内容方面，目前中国尚无明确的法律法规要求，但纵观既有的司法实践,并考虑警告函的维权目的与注意义务,发函人至少应当列明:双方当事人的信息、主张权利的基础(例如处于有效状态的专利权)、涉嫌侵权的产品型号、涉嫌侵权的事实(例如制造、销售)、维权诉求(例如停止使用、支付许可费或者赔偿损失),避免纳入与本次维权不相关的信息;函件披露的程度以收函人能够判断其是否涉嫌专利侵权为宜。在措辞表述方面,应当注意客观地陈述事实、主张权利。

在发送对象方面,从侵权人、经销商、(潜在)交易相对方,到社会公众,都是法律法规未予明文禁止的可发函对象。但是,随着函件受众的扩大,发函人陷入不正当竞争的风险将显著上升。因此,如果考虑向侵权人以外的主体发送函件,应当提高注意义务,谨慎起草函件的内容,确保客观、公正、完整。

3. 发送警告函产生何种法律效力?

理想的情况下,双方达成和解,解决纠纷。

若收函人不予回复并持续实施涉嫌侵权的行为,则对于后续提起的侵权诉讼,警告函具有如下效果:(1)中断诉讼时效;(2)认定构成侵权的情况下,收函人可能因此构成情节上的“恶意”,进而增加权利人的获赔额度。

此外,如前所述,在收函人催告发函人起诉无果的情况下,收函人及其利害关系人有权主动提起确认不侵权之诉。

4. 如何避免发送警告函引起的不正当竞争责任?

警告函所引起的不正当竞争责任主要是指通过函件向侵权者或其(潜在)交易相对方披露了不真实、不相关、不恰当的内容,以致产生了反竞争的效果。规避不正当竞争责任,主要通过规范函件内容和函件对象实现。

首先,发函人应当作为适格的主体,以处于有效状态的权利为基础起草函件;避免以已然无效的权利或不适格主体进行主张。

其次,发函人应当尽到相对客观的证据收集与调查比对的义务,避免针对显然不落入其专利范围的产品主张权利。

再次,发函人应当避免恐吓、威胁等情绪化的措辞,避免在函件中纳入不严谨、不真实、不相关的内容,此类内容可能被解读为编造虚假信息或者误导性信息的商业诋毁。

最后,发函人应当避免评价性的措辞,在函件对象为侵权人的(潜在)交易相对方时,尤其应当注意避免比较双方当事人的企业经营状况、宣传己方、贬损对方等措辞,此类措辞可能被解读为发函人不正当地获取竞争机会、打击竞争对手。

二、行政程序

由一方当事人申请或行政机关主动启动，以调解、裁决等方式，在行政机关的主导下解决争议。

1. 行政程序的特点有哪些?

行政程序具有成本低、程序简洁、取证效率高、技术专业性强的特点。

2. 如何确定合适的有权机关提起行政程序?

若需投诉举报，当事人可通过拨打“12315”、登录全国“12315”平台、手机应用程序“全国12315”、微信公众号/小程序“12315”(原“知识产权执法12330”已整合至“12315”)进行。若查询到当地设立的知识产权维权援助中心，也可向其提出知识产权侵权、知识产权违法案件的举报或投诉。维权援助中心接收举报或投诉案件后，会及时向有关知识产权行政执法机关或公安机关转送，并向举报人或投诉人反馈案件处理情况和结果。

若需专利行政裁决、行政调解，当事人可直接向当地管理专利工作的部门(各地知识产权局)请求予以调解、裁决；对于重大、复杂、有较大影响的案件，由省、自治区、直辖市管理专利的部门或国家知识产权局负责处理。

3. 行政决定的法律效力是什么?

对于行政裁决，专利侵权纠纷行政裁决具有强制性，当事人不服专利侵权纠纷处理决定，可以向人民法院提起诉讼，期满不诉讼不履行的，管理专利工作的部门可以申请人民法院强制执行。

对于行政调解，调解结果不具强制性，当事人不履行调解协议的，可以通过其他途径解决纠纷。行政调解的结果不能申请复议，也不能提起行政诉讼。

三、民事诉讼

1. 民事诉讼的特点有哪些?

民事诉讼严格按照民事诉讼法及知识产权诉讼程序相关的司法解释进行，尽可能保障当事人双方的诉讼实体与程序权利，追求程序正义，从而使案件的审理具有较高的公正性。同时，人民法院作出的判决具有权威性，以国家强制力为保障，具有相对可靠的执行力。

2. 如何确定合适的法院提起诉讼?

根据相关司法解释，发明专利、技术秘密等的权属、侵权纠纷以及垄断纠纷第一审民事、行政案件由知识产权法院，省、自治区、直辖市人民政府所在地的中级人民法院和最高人民法院确定的中级人民法院管辖。外观设计专利的权属、侵权纠纷以及涉驰名商标认定第一审民事、行政案件,通常由知识产权法院和中级人民法院管辖。

此外,第一审知识产权案件诉讼标的额在最高人民法院确定的数额以上的,以及涉及国务院部门、县级以上地方人民政府或者海关行政行为的,由中级人民法院管辖。

其余第一审知识产权民事、行政案件,由最高人民法院确定的基层人民法院管辖。

3. 生效法院判决如何成功执行?

在诉前、诉中阶段,为避免判决生效后财产被隐匿、转移等,当事人可申请财产保全,提前固定款项以供后续执行。

在诉讼期间,当事人应当恰当、准确地向法官阐明诉求,以尽可能明确判决主文和执行标的。

法院作出判决后,当事人应当持续关注对方履行的情况,自行履行期届满未履行的,及时向有管辖权的法院申请强制执行。若当事人有关于被执行人财产的线索,应当提供给法院核实与执行。

四、刑事诉讼

假冒专利纠纷、假冒商标纠纷、商业秘密纠纷等在满足法定条件的情况下,可能构成刑事犯罪。

1. 刑事诉讼的特点和难点有哪些?

刑事诉讼中的调查、起诉和审判由专门的机关负责,通常由公安机关进行调查,检察机关提起公诉,法院作出审判。

刑事诉讼遵循程序法定原则,参与诉讼的机关、当事人和其他诉讼参与人都应当严格按照法律规定的程序参与诉讼,在法律赋予权力和权利范围内行权。

在刑事程序中,公诉人负有举证证明被告人有罪的责任,且证明标准应当达到犯罪事实清楚、证据确实充分的程度;被告人不负举证责任。

2. 如何协调刑事诉讼和其他程序的关系?

对于同一纠纷事实,一般刑事诉讼由民事或行政程序中的法院或行政机关发现线索并主动移送至公安机关或检察机关,或由当事人自行启动或由公安、检察机关启动。

目前,刑民衔接关系相对成熟,存在一定的优势。一方面,刑事案件的证据调查在公安机关主导下更为高效、全面,此类证据及相关司法鉴定意见可以直接在后续民事程序申请调取,继续作为证据使用,缓解了民事诉讼中当事人的举证压力;另一方面,刑事诉讼的退赔、追缴等可能不足以覆盖权利人的损失,在民事程序中,当事人可以继续主张其侵权损害赔偿、维权合理费用等,作为获赔额度的补充。

五、各种途径的适用及优劣对比

1. 如何选择最优的知识产权纠纷解决途径?

不同的维权途径成本和效果不尽相同,如下列举了不同争议解决程序在金钱成本、时间周期、所能获得的救济以及当事人对于程序的控制力度这几个方面的差异,当事人可以按照需求选择合适的救济路径。

	行政	民事	刑事	警告函
金钱成本	中/低	高	中	低
时间周期	中/短	中/长	中/长	短
所获救济	行政处罚(罚款、禁令等)	永久(临时)禁令、损害赔偿等	罚金、责任人有期徒刑	自动停止违法或侵权行为等
当事人对程序的控制力度	中等	强	弱	中等/弱

2. 如何针对同一纠纷结合不同途径及协调各自关系?

在纠纷初期,若权利人希望尽快解纷止争,则可考虑以警告函或律师函的方式与涉嫌侵权人沟通,进行谈判、协商等,实现私力救济;对于双方达成一致的内容,可通过行政调解、民事调解等途径进一步确认其效力,但应当认识到此类调解的强制执行和后续救济的可能性。

若警告函未能达到维权预期,则可考虑寻求行政裁决或民事诉讼的救济,具体选用何种程序,需要综合考虑相关救济机制的成本、效率、专业性等;某些特定纠纷类型存在具体适用的程序,例如重大专利侵权纠纷行政裁决办法、药品专利纠纷早期解决机制等,则需进一步考虑此类程序的特点与优势,权衡救济路径。对于可能达到刑事入罪标准的知识产权犯罪,需考虑刑民/行刑的衔接关系与权力主动性,在法律允许范围内,规划最利于权利人的救济时机与路径。

救济路径的选择涉及管辖地域、救济时效、证据调查程度、技术专业性、成本控制等多方面,建议根据个案的需求谨慎决定。

第三节 民事诉讼常见问题

一、民事诉讼主体

1. 法定的民事起诉适格主体有哪些?

民事诉讼的主体包括以下三个方面:一是诉讼活动的当事人,即参与诉讼活动的民事纠纷的双方,这也是我们通常所说的民事诉讼主体,包括原告、被告、第三人、上诉案件中上诉人和被上诉人等。诉讼程序的当事人必须是适格的,即具有在某一诉讼程序中以自己的名义成为当事人的资格。这通常意味着适格当事人应当与案件争议的事实、案件的裁判结果存在一定的利害关系。二是主持审判活动的审判机关。三是诉讼活动的其他参与人,包括证人、鉴定人、勘验人、当事人的委托代理人等。

2. 如何选择最适宜的起诉主体?

就医药行业的知识产权纠纷民事诉讼而言,适格诉讼主体包括:专利权人、商标权人、技术许可合同的双方、委托开发合同的双方、商业秘密的所有人、专利权或商标权或商业秘密的被许可人以及侵权行为人等。

在发起知识产权纠纷民事诉讼时,起诉的主体一般容易选择,主要是权利人本身或者被许可人。当选择权利人自己发起诉讼时,应当注意权利基础是否为共有状态。例如,对于共有专利权,应当由所有专利权人共同提起诉讼,或者单独提起诉讼的权利人已获得其他共同专利权人的许可;当选择被许可人发起诉讼时,则应当注意被许可人基于许可协议是否有独立提起诉讼的权利。此外,对于被诉主体的选择,往往需要综合考虑实施不同侵权行为的具体主体、可能的管辖选择以及偿付能力等多种因素。

二、民事诉讼时效

1. 民事诉讼时效如何计算?

民事诉讼时效是指权利人经过法定期限不行使自己的权利,依法律规定其胜诉权便归于消灭的制度。

根据2021年1月1日生效的《民法典》第188条的规定,向人民法院请求保护民事权利的诉讼时效期间为3年。在知识产权领域中,包括著作权、商标权、专利权等权利基础的诉讼时效均为3年,自权利人知道或者应当知道权利受到损害以及义务人之日起计算。

对于民事权利受到侵害的当事人而言,其应当在诉讼时效期间内请求人民法院保护其合法权益。当然,这一规定并不意味着民事诉讼主体在超过诉讼时效期间后就不能再提起诉讼。诉权既包括程序性诉权,也包括实体性诉权。当事人超过诉讼时效期间起诉的,人民法院依然会保障当事人的程序性诉权,但是起诉的当事人将丧失实体性诉权也就是胜诉权。如果被告主张诉讼时效的抗辩,则法院将判决驳回原告的诉讼请求。

2. 民事诉讼时效和损害赔偿计算的关系是什么?

请求损害赔偿的诉讼时效是3年。知识产权纠纷可能包括违约责任和侵权责任。其中,侵权责任属于民事纠纷,适用3年的民事诉讼时效。也就是说,若被诉主体截至起诉时存在持续性的侵权行为,由于侵权行为一直持续,起诉必然满足诉讼时效的要求。但是,由于主张损害赔偿的时效也是3年,权利人只能主张自起诉之日起3年内的损害赔偿数额。

3. 民事诉讼时效的常见中止和中断事由是什么?

诉讼时效期间可以由于一定事由的存在,被中止或中断。

诉讼时效中止是一种暂时性的阻碍,是指在诉讼时效期间的最后6个月内,因出现法律规定的事由,诉讼时效暂停计算的情形。时效中止的事由包括不可抗力和其他导致权利人不能行使请求权的障碍。导致时效中止之前已经经过的期间与中止时效的事由消失之后继续进行的期间合并计算,而中止的时间过程不计入时效期间。

民事诉讼时效中断则是指在诉讼时效期间进行中,因发生一定的法定事由,致使已经经过的时效期间统归无效,待时效中断的事由消除后,诉讼时效期间重新起算。民事诉讼时效的中断可以发生在诉讼时效的整个期间,只要产生了特定的法定事由,就引起时效中断。中断事由包括权利人向义务人提出履行请求、义务人同意履行义务、权利人提起诉讼或者申请仲裁以及与提起诉讼或者申请仲裁具有同等效力的其他情形。在医药领域的知识产权侵权诉讼中,常见的中断情形包括权利人发送律师函或者直接提起侵权诉讼。

三、管辖法院

1. 如何确定适格的管辖法院?

法院之间受理第一审民事案件的分工和权限基于管辖权恒定原则,而管辖权一经确定则其他法院丧失对案件的管辖权,当事人不能再去其他法院起诉或应诉。因此,在案件中选择适格的管辖法院自然是重中之重。

适格的管辖法院应当符合级别管辖和地域管辖两方面的要求。

在级别管辖方面,知识产权侵权纠纷的一审一般是由中级人民法院管辖的,各地高级人民法院可以根据本地的实际情况,指定基层人民法院审理知识产权侵权案件的一审纠纷,比如商标民事纠纷,一般只有较大城市的基层人民法院才有管辖权。此外,医药领域常见的专利侵权纠纷二审存在"飞跃管辖"的情形,即专利侵权案件二审统一由最高人民法院知识产权法庭进行管辖。

在地域管辖方面,一般由侵权行为地或者被告住所地人民法院管辖。在医药领域,专利侵权行为地包括:被控侵犯发明、实用新型专利权的产品的制造、使用、许诺销售、销售、进口等行为的实施地;专利方法使用行为的实施地,依照该专利方法直接获得的产品的使用、许诺销售、销售、进口等行为的实施地;以及上述侵权行为的侵权结果发生地。

2. 如何在多个有管辖权法院中确定最佳起诉法院?

在侵权案件中,由于侵权行为地法院以及被告所在地法院往往不同,可能存在多个法院同时对案件具有管辖权的情况。此时,应当谨慎选择提起诉讼的法院。由于医药领域的专利侵权纠纷一般具有复杂程度高、专业水平高等特点,应当尽量在有管辖权的法院中选择具有一定相关审判经验的法院进行管辖。

3. 如何提出管辖权异议或应对对方提出的管辖权异议?

当事人在第一审民事案件可以对案件的地域和级别管辖权提出异议,即向受诉人民法院提出该法院对案件无管辖权的主张。当事人提出管辖权异议的,需要向受理案件的法院提交管辖权异议申请书,申请书要载明受诉法院没有管辖权的事实、理由和法律依据,并说明应当由哪个法院负责管辖。受理法院将根据异议人提出的事实和理由以及被异议人的抗辩情况综合作出管辖权异议的裁定。需要注意的是,管辖权异议应当在提交答辩状期间提出。

当面临对方当事人提起管辖权异议的情况时,原告方应当积极答辩,向受理法院提出与管辖合理性有关的事实和理由。对管辖权异议的裁定结果不服的,应当积极在法定期间内提起上诉。

四、证据收集

1. 民事诉讼核心证据有哪些?

就民事诉讼程序的证据而言,其种类主要包括:(1)当事人陈述;(2)书证;(3)物证;(4)视听资料;(5)电子数据;(6)证人证言;(7)鉴定意见;(8)勘验笔录。

无论采用哪种形式的证据,都必须满足一个基本的条件,那就是任何证据必须查证属实才能作为认定事实的依据。根据我国民事诉讼法以及民事诉讼证据规则的规定和要求,对于证据的查证一般从三个方面予以考查,即证据是否真实、合法并且与案件有关联关系。

2. 如何进行证据收集?

在案件中,与待证事实具有相关性的材料往往很多,这时就需要通过审慎选择来甄别最有利的证据。在收集证据时,应当注意证据的全面性并确保收集证据的进行不得有违法侵权等行为。在医药领域的知识产权诉讼中,通常需要通过调查取证、公证固定、鉴定检测等多种方式来全面地收集案件的证据。

3. 如何将证据通过公证予以固定?

为了提高证据的证明力,避免与对方当事人就证据的真实性和合法性进行无意义的争辩,提交证据的当事人往往需要通过公证程序对证据进行固定。在知识产权侵权纠纷案件中,购买侵权产品的沟通记录以及收货过程、对方当事人在网上或者展会中的宣传行为以及网上记载的对证明案件事实有帮助的内容通常都是需要进行公证的对象。申请人可以向住所地、经常居住地、行为地或者事实发生地的公证机构提出公证申请。

除申请公证机构进行公证外,对于报纸期刊以及论文文献这一类证据,还可以考虑向国家图书馆以及其他有能力的机构提出以文献复制委托的方式进行固定。

五、临时保全措施

1. 临时保全措施的主要类型是什么?

所谓临时措施,一般是指在司法机关对案件事实和法律问题进行全面审查并作出终局裁判之前,因情况紧急或其他法定情形的出现为权利人采取的临时性的救济措施。

从我国目前的知识产权法律体系来看,临时措施主要包括诉前责令停止侵权行为、诉前证据保全和诉前财产保全。除了以上临时措施之外,《民事诉讼法》还规定了"行为保全",其中既包括诉前行为保全,也包括诉中行为保全。无论是诉中行为保全还是诉前行为保全,其本质上仍然是在人民法院作出最终裁判之前给予权利人的一种临时性的救济措施。

2. 临时保全措施的价值和作用是什么?

在知识产权纠纷案件中,当事人完全可能采取隐匿、销毁或者拖延提交的方式处理对待证事实具有重要作用的证据。此外,被告还可能通过转移财产的方式导致原告即使胜诉也没有可供执行的财产。最后,由于诉讼案件在下达最终具有约束力的判决前往往需要一段较长的时间,如果不能及时制止侵权行为可能导致权利人进一步受到次生的损害。这种情况在医药领域尤为突出。而临时保全措施就是为了保护当事人的合法权益,保障案件能够顺利进行且未来发生效力的裁判文书可以被实际执行。

3. 申请临时保全措施需要满足什么条件?

无论是诉前责令停止侵权、诉前证据保全、诉前财产保全,还是行为保全,其作为临时措施均是由权利人在紧急情况下提起的,受到时间和审查条件的限制,难以通过抗辩程序听取双方意见,因此难以在很短的时间内对案件的相关事实予以最终查实,也必然会出现最终裁判结果和临时措施不一致的情况,因此人民法院在审查并决定是否适用临时措施的时候,往往会非常谨慎。请求人需要积极提供证据,促使法院确认若不下达临时措施可能造成难以弥补的损害,且这种损害远大于采取临时措施可能造成的损害;同时,还应提供相应的证据证明请求人在案件中具有胜诉的可能性。

4. 申请临时保全措施的主要风险是什么?

财产保全也可能面临若干风险。例如,保全后未在法定期间起诉致财产保全解除,引发赔偿诉讼;保全措施不完备,致使财产保全落空;申请财产保全过限,给被申请人造成不必要的损失;保全措施不当致使判后无法执行等。

六、诉讼周期

1. 民事诉讼的一般周期是多长?

关于诉讼周期,对应我国民事诉讼法的规定即指审限。根据现行《民事诉讼法》第152条的规定,按照普通程序审理的一审民事案件,应当在立案之日起6个月内审结;有特殊情况的,经本院院长批准,可以延长6个月;仍然无法审结、需再行延长的,须报请上一级人民法院批准。以上审限是指立案之日起到裁判宣告、调解书送达之日止的期间。因审理案件的需要,需要进行公告、鉴定或评估的,该等公告期间、鉴定期间以及评估期间均不计入审限。法院处理当事人提出的管辖权异议或者处理人民法院之间的管辖权异议的期间,也不计入审限。根据我国现行《民事诉讼法》的规定,当事人和解的期间也不再计入审限的范围。

人民法院审理对判决的上诉案件,应当在二审立案之日起3个月内审结;有特殊情况需要延长的,由本院院长批准。人民法院审理对裁定的上诉案件,应当在二审立案之日起30日内审结;有特殊情况需要延长的,由本院院长批准。

此外,涉外民事诉讼案件的一审审限和二审审限不受以上所述内容的限制。

2. 影响诉讼周期的主要因素或事由有哪些？

虽然我国法律法规对案件审限有明确的规定，但在诉讼实务中，众多因素都可能对诉讼周期产生影响。在医药领域的专利侵权案件中，涉案专利被提起无效以及无效审理的情况、司法鉴定与检测的难度和复杂程度以及其他不可抗力的因素都可能影响诉讼周期。

3. 如何加快诉讼进程？

由于医药领域的专利侵权纠纷一般具有复杂程度高、专业水平高等特点，案件的审理通常周期较长。为了加快诉讼进程，一方面，需要在提起诉讼之前做好充足的准备，避免起诉后因调查和取证浪费诉讼时长；另一方面，还需要在诉讼过程中积极与法院进行沟通，在管辖权异议、司法鉴定等过程中及时促使法院推进流程。

七、法律救济

1. 民事诉讼的主要法律救济类型有哪些？

法律救济是法律关系主体的合法权益受到侵犯并遭受损害时，获得恢复和补救的法律制度，其解决的问题是通过什么样的方式恢复或者补救遭受损害的合法权益。其中，就民事救济而言，由于合同纠纷和侵权纠纷的性质差异，存在不同的法律救济方式。就合同纠纷而言，根据合同性质及其内容，常用的法律救济主要有继续履行、赔偿损失、采取补救措施、支付违约金等。采取补救措施具体还包括修理、更换、重作、退货、减少价款或者报酬等。就侵犯知识产权民事纠纷而言，法律救济则包括停止侵害、消除危险、赔偿损失、消除影响等。

2. 如何计算损害赔偿及所需的证据有哪些？

在知识产权侵权案件中，常用的损害赔偿计算方式包括权利人因侵权行为受到的实际经济损失以及侵权人因侵权所获得的利益两种情况。此外，在专利案件中还可以依据合理的专利许可费数额确定损害赔偿。因此，权利人应当合理根据上述证据举证的难易程度和可以获得的损害赔偿数额积极进行举证。例如，对于侵权行为人的侵权获利，可以考虑提供侵权人在网上或者年报中公开的销售数据，必要时还可以通过证据保全程序保全侵权人的财务账册；对于权利人的损失，则可以举证因侵权产品在市场上销售使权利人的产品的销售量下降的情况、相关行业的利润率以及专利的贡献率等事实。

3. 主张惩罚性赔偿的条件是什么？

在专利案件中，为解决过去“赔偿低”问题，《专利法》增设对故意侵权的惩罚性赔偿制度。2020年修订的《专利法》第71条第1款规定,对故意侵犯专利权,情节严重的,可以在按照确定的损害赔偿数额的1倍以上5倍以下确定惩罚性赔偿数额。因此,这个惩罚性赔偿可能是1倍,也可能是5倍,具体要看案件情况,即要看"故意"侵权的"情节严重"程度。惩罚性赔偿偏重考量侵权行为人的主观恶意程度,以侵权为业或者侵权人明知或应知侵权的情形都可能成为证明行为人主观恶意的重要证据。

八、司法鉴定

1. 什么情况下需要进行司法鉴定?

司法鉴定是指在诉讼活动中鉴定人运用科学技术或者专门知识对诉讼涉及的专门性问题进行鉴别和判断并提供鉴定意见的活动。或者说,司法鉴定是指在诉讼过程中,对案件中的专门性问题,由司法机关或当事人委托法定鉴定单位,运用专业知识和技术,依照法定程序作出鉴别和判断的一种活动。由于医药领域的专利侵权纠纷一般具有复杂程度高、专业水平高等特点,案件中往往需要涉及司法鉴定来证明相关侵权事实。

2. 司法鉴定的一般流程是什么?

(1)委托:司法鉴定机构首先需要接受司法机关、仲裁机构的司法鉴定委托。在特殊情况下,司法鉴定机构也可以接受当事人的司法鉴定委托。

(2)受理:司法鉴定机构收到委托书后,应对委托人的委托事项进行审核,并根据具体情况作出是否受理的决定。

(3)鉴定:鉴定机构受理案件后,应当指派具有资格的专业人员承担鉴定工作,同一鉴定事项应当由两名具有资格的专业人员进行。

(4)出具鉴定书:鉴定人完成司法鉴定工作后,应当出具司法鉴定文书。

(5)出庭:司法鉴定人应当按照司法机关或者仲裁机关的要求按时出庭。司法鉴定人出庭的,应当依法实事求是地对鉴定结论的依据进行说明,回答与鉴定相关的问题。

3. 司法鉴定报告的法律效力如何?

司法鉴定结论,尤其是案件中法院委托进行的司法鉴定,往往具有非常高的证明力。除非有强有力的证据,否则当事人很难推翻司法鉴定报告的结论。由于司法鉴定过程完全是在当事人不能干预的情况下进行的,即使是单方出具的司法鉴定报告也可以具有很强的证明力。在具体案件中,法院甚至可能依据单方出具的司法鉴定报告对案件事实进行认定。

4. 如何针对司法鉴定报告进行质证?

虽然司法鉴定报告具有很强的证明力,但并不意味着无法推翻司法鉴定的结论。根据案件的实际需要,当事人可以从委托鉴定的程序合法性、受托的鉴定机构及鉴定人的资质、检材或客体的客观真实性和来源合法性以及检测方法的科学性等多个方面进行质证。由于法院可以要求鉴定人出庭回答有关鉴定报告的疑问,而鉴定人都具有很强的专业性,在对鉴定报告质证前必须做好充足的准备,避免无的放矢。

九、法律监督程序

1. 对生效判决如何申请法律监督程序?

根据《民事诉讼法》的规定,当事人对已经发生法律效力的判决、裁定,认为有错误的,可以向上一级人民法院申请再审。申请再审的,应当提交再审申请书等材料。其中,申请再审的材料一般包括:再审申请书、原审案件的诉状、证据、裁判文书以及授权委托书、法定代表人身份证明和公司营业执照等程序文件。上述所有文件除提交纸件外,还需要通过光盘提供电子件。其中,再审申请书以及原审的裁判文书等文件均需要提供 Word 和 Pdf 两个版本。

2. 法院民事再审程序的一般流程是什么?

民事诉讼中的再审程序包括以下流程:当事人在裁判文书生效 6 个月内向作出生效裁判文书的法院提交再审申请书等材料;然后法院审查符合规定的,裁定再审;之后开庭审理,由当事人进行陈述和辩论,最后法院作出维持原判或变更原判决等决定。

3. 检察院法律监督程序的一般流程是什么?

人民检察院对人民法院作出的已发生法律效力的判决、裁定,发现确有错误,依职权提起再行审理的特殊诉讼程序。目的在于对已生效而确实有错误的判决和裁定,通过再次审理并作出裁判予以纠正。

最高人民检察院对各级人民法院,上级人民检察院对下级人民法院确有错误的生效裁判,依审判监督程序提起抗诉;地方各级人民检察院发现同级人民法院或者上级人民法院已经发生法律效力的判决、裁定确有错误,无权依照审判监督程序提出抗诉,报请上级人民检察院决定是否抗诉。

案件当事人可以在人民法院作出驳回再审申请裁定或者再审判决、裁定发生法律效力之日起 2 年内向人民检察院申请监督。

第四章　知识产权合规

第一节　医药企业知识产权合规管理体系建设

一、医药企业知识产权合规管理体系的构建维度

1. 知识产权合规管理体系原则上需要具备哪些要素?

企业知识产权合规是企业整体性合规的重要组成部分,因此,企业知识产权合规体系的建设工作通常也需要满足企业整体性合规的相关要求。根据《中央企业合规管理办法》等法律法规以及《合规管理体系　要求及使用指南》等标准文件,企业的合规体系一般需要包含组织和职责设置、制度建设、运行机制、评价与追责机制、合规文化建设、信息化建设等元素,企业的知识产权合规体系建设也应当将上述元素充分纳入考量范围。

在此基础上,上海市浦东新区人民检察院发布的《企业知识产权合规标准指引(试行)》以及北京市大兴区人民检察院发布的《侵犯知识产权犯罪涉案企业合规整改指南》等针对企业知识产权合规体系建设的指引文件进一步指出:企业的知识产权合规体系应当涵盖组织体系、制度体系、运行体系、风险识别处置体系等元素。

2. 构建知识产权合规管理体系需要涵盖哪些知识产权类型?

知识产权包括专利权、商业秘密、注册商标专用权、著作权等多种类型,不同类型的知识产权分别适用不同的法律规则,因而需要采取不同的措施分门别类地进行合规管理。通常而言,医药企业日常经营中涉及的知识产权客体主要包括专利技

术、商业秘密、商业标识、文学艺术作品等。

技术与科研是医药企业核心竞争力的重要来源，作为科研技术成果的主要法律保护手段，专利以及技术秘密在医药企业的知识产权管理体系中也往往具有举足轻重的地位。针对专利，企业管理的要点在于制定符合企业自身定位的专利布局策略、形成流畅高效的专利申请与维护流程、维持对市场中重要专利的监控分析以及开展适宜的知识产权交易；针对技术秘密，企业管理的要点在于构建一套切实可行且成本可控的防泄密、防侵权、可追溯的技术秘密管控措施。

品牌是医药企业重要的无形资产，而品牌的价值源于企业在市场中的使用。商标是企业品牌价值的主要承接载体，企业的商标管理体系通常包括确权、运用和维权三个层面，需要重点关注品牌设计、商标申请注册续展、标志印刷与使用规范以及市场监测维权等环节。

著作权、域名等也是医药企业知识产权矩阵的重要组成部分。医药企业日常经营过程中涉及的著作权问题往往集中在企业商标图样、产品形象、广告创意等领域。对于企业的核心产品或重要品牌，在注册商标的同时应当注意注册相关域名，以避免他人恶意抢注。

3. 构建知识产权合规管理体系涉及哪些业务部门？

企业知识产权合规管理体系的建设工作并非仅依靠企业法律合规部门或知识产权部门一己之力便可完成，而是需要各业务部门积极沟通、通力配合方可实现。通常而言，企业的知识产权合规工作需要研发、生产、市场、财务、人力资源、法务等多个业务部门的共同努力。

例如，关于职务成果的知识产权归属以及奖励报酬发放等事宜，相关制度的执行需要研发部门和人力资源部门的协助；又如，商标使用规范的落实需要依靠生产部门和市场营销部门的配合；再如，对企业商业秘密的管控还需要保密部门以及信息化部门的工作。

4. 构建知识产权合规管理体系需要考虑哪些知识产权工作环节？

企业的知识产权工作通常可以归纳为知识产权创造、知识产权运用、知识产权保护和知识产权管理四个环节，在四个环节中，相关工作所需关注的要点也各有不同。例如，知识产权创造环节通常较为关注智力成果的及时识别以及知识产权布局，需要着重避免的风险包括申请专利或注册商标不及时、研发或品牌运营落入他人知识产权的保护范围等；知识产权运用环节则包括自行使用、许可他人使用以及使用他人许可的知识产权，此环节需要着重避免的风险集中在相关使用行为违反法律法规或超出许可范围；知识产权保护环节聚焦于知识产权的维权,重点在于识别侵权行为并及时有效地采取维权措施,其风险主要包括侵权行为识别以及维权行为的不及时、不充分;知识产权的管理贯穿企业知识产权工作的全流程,常见的风险包括未及时缴纳年费、未变更著录信息或未办理许可备案等导致权利流失或受损的行为。

二、医药企业知识产权合规管理体系的组织架构和人员设置

1. 如何设置知识产权管理部门组织架构?

企业知识产权管理部门的组织架构通常有三种模式,三种模式各有利弊,因此其适用场景亦有不同。企业应根据自身发展阶段、知识产权管理需求等因素综合决定。

第一种模式,企业设置独立的知识产权部门作为专门的知识产权管理部门,与企业法律合规部门以及其他业务部门平级,综合管理企业的专利、商标、著作权等一应知识产权相关事务。由于此种模式下,知识产权管理部门的层级较高,可直接参与企业的高层决策,并与其他业务部门对接,知识产权管理在企业运营过程中处于更重要且灵活的地位,但正是由于此种模式需统一管理企业专利申请、专利运用、知识产权维权等所有与知识产权相关的事务,其成本也相对较高。

第二种模式,企业于研发部门下设知识产权部门,通常负责处理专利与著作权相关事务,而商标事务则由法律合规部门负责。此种模式下,知识产权部门可以密切关注企业产品技术研发,更有利于产品初期设计与专利申请,但由于此种模式下知识产权部门隶属于研发部门,层级较低且专注于技术研发,或不利于企业知识产权的日常管理与运用,企业可以考虑完善管理办法以协同知识产权部门与法律合规部门,同时确保企业知识产权部门可以直接参与企业高层决策,从而对企业知识产权进行整体管理。

第三种模式,企业设置"大法务部门",将知识产权部门下设于企业法律合规部门。此种模式能更高效地协同企业知识产权工作与法律合规工作,解决企业知识产权管理过程中可能存在的法律问题,例如从法律角度应对知识产权投诉或诉讼,但知识产权部门可能缺乏对企业实际技术的关注,难以紧密跟踪企业研发动向。因此,此种模式下,确保知识产权部门与研发部门的对接尤为重要。

2. 如何调配知识产权管理部门内部的人员设置?

对于较为成熟或规模较大的企业来说,设置专门的知识产权管理岗位并调配具有专业知识的人员是必不可少的。企业应根据自身实际情况以及企业知识产权工作的需求与定位调配知识产权管理部门内部的人员。例如,根据企业产

品技术领域划分知识产权管理人员,不同小组负责企业不同研发线。

通常来说,企业可设三类知识产权管理人员,即部门负责人、知识产权工程师以及法律合规相关人员。部门负责人负责统筹管理知识产权部门,参与制定企业整体知识产权管理与保护策略。知识产权管理人员的决策对于企业知识产权风险规避与日常管理至关重要,因此,应由企业的高层管理人员或具有一定决策权的领导层人员担任知识产权管理部门的负责人。知识产权工程师应熟悉知识产权业务,负责执行具体的知识产权管理事务,同时与企业研发人员对接以跟踪企业产品技术研发,为研发部门提供专利申请等知识产权技术信息。法律合规相关人员负责知识产权管理过程中可能涉及的各项法律工作,协同企业法律合规部门,尽可能监督知识产权管理过程中所涉及的法律风险,例如初步应对知识产权纠纷、管理专利许可转让文件等。

三、医药企业知识产权合规管理体系的制度制定与机制设计

1.知识产权合规制度应当涉及哪些事项?

一般而言,医药企业的知识产权合规制度主要涉及以下事项。

(1)员工相关事项:主要包括职务成果知识产权安排以及保密。企业可通过劳动合同、知识产权协议以及经内部公示的规章制度等方式,约定职务成果的范围以及所对应的知识产权权属,明确发明创造人员享有的权利和负有的义务。在保密领域,企业可通过劳动合同、保密协议以及内部保密规章制度等文件来明确员工的保密义务,必要时还可与员工约定竞业限制和补偿条款。此外,在员工入职后和离职前,企业有必要对与其相关的知识产权情况开展调查确认,并要求其签署相关文件予以确认或陈述保证,从而尽可能规避风险。

(2)市场营销与宣传:企业在正式开展市场营销与宣传行为前,宜将目标市场以及潜在竞争对手的知识产权情况纳入市场调研中,将企业所拥有的知识产权优势以及知识产权风险作为考量因素之一。在正式开展市场营销与宣传过程中,则应当重视品牌命名商标布局、注重广告宣传和包装设计中的知识产权合规使用。此外,鉴于知识产权具有地域性的特点,企业在不同地域的类似营销行为可能会得到截然相反的合规评价,因此需要因地施策,关注平行进口等行为的合规风险。

(3)研发相关事项:研发过程中的知识产权合规风险管理重点在于结合企业自身的产品研发流程,形成一套有序高效的知识产权管理制度,使相关研发成果及时、准确地通过适当的知识产权类型(包括但不限于专利技术、技术秘密

等)得到保护。企业的产品研发流程应当确保留存可追溯的研发档案,作为未来维权以及不侵权抗辩的重要依据。此外,企业在研发过程中还需要注意避免不当使用未经授权的技术平台或研发工具等知识产权风险。

(4)生产及供应链管理:生产及供应链管理过程中亦涉及诸多知识产权问题。在生产过程中,管理者应当意识到需采取措施或制定制度对核心技术、工艺、品牌或商标予以必要保护,在外部贴牌或代工合作的场景中,此类知识产权风险尤甚。在对外采购以及供应链管理的过程中,应当通过尽职调查、要求供应商提供相关承诺或证明等方式,尽可能避免引入外部的知识产权风险。

(5)合同管理及争议解决:对于涉及知识产权内容的合同,企业应当建立标准合同或标准条款库,并形成明确的合同审核标准以及审批流程,避免发生知识产权权属约定不明或重大流失。针对知识产权相关纠纷,企业应当制定应急预案,有序安排内部调查、决策以及引入外部律师参与争议解决。

2. 知识产权合规制度可以适用哪些机制?

(1)知识产权合规风险识别预警机制:企业可以定期对企业的整体知识产权管理情况进行自查,识别梳理潜在的合规风险,对风险发生的可能性、影响程度、潜在后果等进行系统分析,并对典型性、普遍性和可能产生较严重后果的风险及时发布预警。知识产权合规风险的梳理和识别除了依据法律法规的明确规则外,还有必要结合相关领域的商业实践予以考量。

(2)知识产权合规风险应对机制:企业可以基于所适用的法律法规,梳理并建立自身的合规风险库,对于较为典型的知识产权合规风险,企业有必要提前制定相应的处置预案,以便有效应对相关风险。风险处置预案至少应当涵盖以下内容:处置人员的权责、风险事件的描述、对应具体处置措施、风险处置的时限以及与后续措施的衔接等。对于较为重大的知识产权合规风险,往往还涉及引入外部机构提供专业协助,因此也应当考虑相关的协助机制。

(3)知识产权合规评价与追责机制:企业应当定期或不定期对知识产权的合规状况开展合规评价,评价的标准包括但不限于风险识别以及分析的充分性、及时性,制度流程的有效性、完整性,部门人员权责落实程度,第三方监管以及举报机制等。企业还可以根据自身情况,考虑制定合规风险问责机制,对知识产权合规绩效目标、绩效奖金和其他激励措施进行定期评审,以验证是否有适当的措施来防止不合规行为;对违反企业知识产权合规义务、目标、制度和要求的人员,进行适当的纪律处分,必要时追究相关责任。

3. 知识产权合规制度可以采用哪些文本形式?

从制度文本的具体形式出发,知识产权合规制度体系通常由原则性制度、专项合规管理制度、工作指南与流程、制度配套文件以及合规管理台账组成,具体而言包括以下几个方面。

(1)原则性制度:该制度为关于企业知识产权合规管理的原则性、总体性的管理制度,通常涵盖企业内部知识产权管理机构及权限的设置,企业内部知识产权的规划、产生,职务成果知识产权处理、经营、维护、维权以及纠纷应对等方面的基本规则。

(2)专项合规管理制度:该制度是关于企业特定类别知识产权的细化管理制度,例如专利管理办法、商标管理办法、版权管理办法、商业秘密管理办法等。

(3)工作指南及流程:该制度是关于企业知识产权合规管理工作的流程性规则或指南,例如专利申请流程,知识产权许可、转让、放弃流程,商标申请流程,著作权登记流程等。

(4)制度配套文件:企业知识产权合规管理工作中,需要设计相关制度的配套文件(尤其是涉及职务成果知识产权归属及奖励报酬等员工相关事宜时)以实现管理机制闭环,例如保密协议、劳动合同、竞业限制及保密承诺书,以及在员工入职知识产权背景调查、离职(调动)核查、专利奖酬发放领取确认等方面需要的配套文件。

(5)合规管理台账:该台账是企业开展知识产权合规管理所需的管理台账,包括但不限于专利管理台账、商标管理台账、著作权管理台账、域名管理台账、知识产权纠纷记录台账等。

第二节 医药企业常见知识产权合规要点

一、研发领域

1. 技术研发立项前需要开展哪些知识产权工作?

企业在进行技术研发之前应当进行立项。在立项工作启动前,首先,企业的知识产权部门、市场部门或专职人员应当配合产品的研发部门对该技术的国内外研发现状、水平和发展趋势、市场信息、客户信息、竞争信息等进行收集和分析,帮助研发部门了解目前的市场需求,对可能达到的技术水平进行初步判断,进而确定研发的总体目标。在此基础上,由企业的知识产权部门、市场部门和研发部门从法律、市场、技术等方面进行综合论证,避免重复研发和无效研发,节省企业的人力物力成本。

在确定可以立项的前提下,制定初步检索策略,通过专利信息分析和侵权比对等方法,对项目的主要内容及关键技术、创新点进行自由实施分析(FTO分析),判断研发项目落地后是否可能侵犯第三人的专利权。如果存在侵权的可能性,则应当就检索到的现有技术提出规避方案;如果发现难以规避或者规避成本过高,可考虑放弃该立项。特别地,对于仿制药而言,企业如果没有定期及时对相关专利进行跟踪检索,则容易导致错过启动仿制药研发的最佳时机。

2. 如何考虑技术研发成果的具体知识产权保护方式?

技术研发成果产生前后,企业应当关注成果的知识产权保护方式,即采取专利的保护方式还是技术秘密的保护方式。在这个阶段,知识产权部门应当配合研发部门,在前期检索内容的基础上对相关成果的知识产权保护方式进行研判,结合成果的技术特点、竞争对手研发情况等,制定关于技术成果知识产权保护方式的评定标准,必要时聘请外部知识产权代理机构或律师事务所进行相应分析判断。

如果采取技术秘密方式保护,企业应做好保密工作。例如,要求参加研发的各方签署保密协议,未经允许不得申请专利,不得公开技术秘密等;企业在以任何形式对外交流、发布、提供涉密技术内容前,必须经过知识产权部门或专职人员的审核。如果采取专利方式保护,首先,应当保证专利申请的可授权性,若相关技术方案不具有新颖性、创造性和实用性,则专利申请也不会被授权。其次,应当保证专利申请的质量。例如,若发明或者实用新型专利申请的权利要求描述不准确、不全面,则会导致专利不被授权或取得授权的专利不能充分覆盖企业希望保护的技术方案。最后,专利申请审查程序上的合规要点也是企业应当重点关注的。例如,企业若要将在中国完成的发明或者实用新型向外国申请专利,需要报国务院专利行政部门进行保密审查。又如,企业应当依法提出优先权申请,按要求进行补正、提交资料等,避免出现丧失优先权的情形。

3. 对于职务发明及相应奖酬的管理,企业应当注意哪些要点?

《专利法》第6条规定,执行本单位的任务或者主要利用本单位的物质技术条件所完成的发明创造,其申请专利的权利归属于单位。利用本单位的物质技术条件所完成的发明创造,单位与发明人或者设计人订有合同,对申请专利的权利和专利权的归属作出约定的,从其约定。结合前述规定,企业可以提前在与员工的劳动合同中对企业的知识产权归属作出明确的约定,必要时,企业还可以设置员工职务发明确认环节,要求员工签署关于职务发明知识产权归属的书面文件，将研究、开发成果等归属规定为企业所有，并签署相应的保密条款，以保护企业的知识产权。

此外，《专利法》第15条第1款还规定，被授予专利权的单位应当对职务发明创造的发明人或者设计人给予奖励；发明创造专利实施后，根据其推广应用的范围和取得的经济效益，对发明人或者设计人给予合理的报酬。因此，企业应当制定职务发明奖酬制度，同时明确对发明人或设计人的奖酬标准和依据，并且在企业内部进行充分公示。如果是创新性、革命性的发明，应当在技术实施产业转化应用并产生经济价值后，再给予发明人相应的期权、分红权等。发明报酬奖励制度的落地实施，可以给予发明人或设计人足够的激励进行创作创新，更能为企业带来源源不断的技术革新。

4. 对外公开技术信息时，企业应当避免哪些情况？

企业在对外公开技术信息时泄露企业的技术秘密是实践中十分常见的一种情形。例如，在招投标过程中，招标方向投标方披露技术信息的范围以及投标方如何使用获悉的技术信息都应当事先进行明确。从合规的角度来看，企业在进行招投标之前或与外部第三方开展合作之前，应当与对方签订保密协议并明确约定保密信息的知悉和使用范围。企业内部也应当建立研发技术档案管理、借阅和使用制度，对研发技术秘密进行分级管理，标明保密标志和等级，并明确对外提供所应当进行的审批流程等。

此外，企业员工还会在企业申请专利之前发表论文或进行学术交流，在上述过程中，企业应当严格审查论文和学术交流材料是否涉及企业的技术秘密，若企业后续计划通过专利的方式对相关技术方案进行保护，前述技术信息的不当公开将会导致企业的技术方案丧失新颖性，也就难以通过专利进行保护。

二、技术合作领域

1. 技术许可协议的知识产权条款需要关注哪些要点？

在技术许可协议中，技术提供方可能会对许可标的不侵犯第三方知识产权等事宜作出陈述保证。需要注意的是，“不侵犯第三方知识产权”的承诺是一项较为严苛的陈述和保证，通常还需要采取全方位的规避措施来履行该等承诺，例如针对相关领域外部第三方的知识产权进行充分检索比对并采取必要的规避措施等。

此外，在技术许可协议中，对于知识产权的归属和使用往往会成为双方争议的焦点。技术许可协议中的知识产权一般可以分为背景知识产权、前景知识产权以及改进所形成的知识产权。背景知识产权是指双方合作之前已经取得、开发或许可的知识产权,在技术许可协议中,这部分知识产权通常约定仍归双方各自所有。合作知识产权是指双方履行技术许可协议过程中所形成的成果知识产权,这部分知识产权通常由双方结合成果的实际投入、商业化等因素约定为双方共有或一方单独所有。而对合作知识产权进行改进所形成的成果知识产权一般由改进的一方享有。

最后,尽管在司法实践中,一般并不将办理专利许可备案视为专利许可协议的生效要件,未办理备案的专利许可协议在符合其他协议生效要件的前提下仍然有效,但对于部分独占许可或排他许可而言,若相关许可协议没有得到备案,则被许可人的排他权利将有可能难以对抗善意第三人。

2. 委托开发与合作开发模式下的知识产权如何归属?

在双方未就知识产权归属进行明确约定而需要按照相关法律法规执行的情况下,根据《民法典》等相关法律法规,委托开发和合作开发模式下的知识产权归属并不相同。

针对委托开发,对于专利而言,委托开发完成的发明创造,申请专利的权利属于研究开发人,即受托人。委托人可以依法实施该专利。研究开发人转让专利申请权的,委托人享有以同等条件优先受让的权利。对于技术秘密而言,在相同技术方案被授予专利权前,当事人均有使用和转让的权利。委托开发的研究开发人不得在向委托人交付研究开发成果之前,将研究开发成果转让给第三人。

针对合作开发,对于专利而言,合作开发完成的发明创造,申请专利的权利属于合作开发的当事人共有。当事人一方转让其共有的专利申请权的,其他各方享有以同等条件优先受让的权利。一方声明放弃其共有的专利申请权的,可以由另一方单独申请或者由其他各方共同申请。申请人取得专利权的,放弃专利申请权的一方可以免费实施该专利。当事人一方不同意申请专利的,另一方或者其他各方不得申请专利。对于技术秘密而言,在相同技术方案被授予专利权前,当事人均有使用和转让的权利。

3. 企业与高校/研究机构合作过程中如何进行科技成果转化?

在近年的IPO审核中,可以看到越来越多的拟上市企业的专利、技术成果等来自高校/研究机构的科技成果转化,其中涉及的知识产权问题也成为监管机构审核的重点。

首先,在科技成果转化过程中,企业应当确认高校/研究机构内部针对科技成果的审批、公示、资产评估等程序是否已履行,该等程序是否符合法律法规、高校/研究机构内部规章制度的相关规定，如果相关程序已履行，单位应提供相应的审批、公示、资产评估文件。其次，在IPO准备阶段，倘若前述相关文件并不能提供足够的支撑，或者根据届时的上市规则还需要进行一定程度的补强，企业还有可能需要协调高校/研究机构出具声明，从确认企业与高校/研究机构之间就科技成果转化不存在纠纷或潜在纠纷、不存在关于研发成果归属的纠纷、不存在为企业分担研发费用或以其他形式进行利益输送的情形等角度进行相应的说明。最后，在IPO过程中，还应当进一步确认企业对高校/研究机构不存在知识产权的依赖，从而不影响企业知识产权的自主性和独立性。例如，企业往往需要确认其拥有的知识产权和核心技术不涉及员工在高校/研究机构的职务发明等。

三、市场运营领域

1. 中国药品通用名称、药品商品名称、国际非专利名称能否注册为商标？

我国药品具有三类名称：中国药品通用名称、药品商品名称、国际非专利名称。其中，中国药品通用名称是国家药典委员会按照一定的原则制定的药品名称，是药品的法定名称，具有通用性和唯一性；药品商品名称是药品生产企业为区别于其他企业生产的相同成分的药品，自行命名并经国家药监局批准注册的名称；国际非专利名称是研发药物机构向WTO申请后获得核准的全球通用名称。

《商标法》第11条第1项规定："下列标志不得作为商标注册：(一)仅有本商品的通用名称、图形、型号的……"根据该规定，中国药品通用名称以及国际非专利名不得作为我国的商标得到注册。药品商品名称在不违反商标法其他禁止性规定的前提下，经申请可注册为商标。

2. 道地药材的产地是否可以取得知识产权保护？

根据《中医药法》第23条规定："国家建立道地中药材评价体系……鼓励采取地理标志产品保护等措施保护道地中药材。前款所称道地中药材，是指经过中医临床长期应用优选出来的，产在特定地域，与其他地区所产同种中药材相比，品质和疗效更好，且质量稳定，具有较高知名度的中药材"。换言之，道地药材的产地在我国可以作为地理标志得到知识产权保护。

更进一步地，《商标法》第16条第2款规定："前款所称地理标志，是指标示某商品来源于某地区，该商品的特定质量、信誉或者其他特征，主要由该地区的自然因素或者人文因素所决定的标志。"《商标法实施条例》第4条第1款规定："商标法第十六条规定的地理标志，可以依照商标法和本条例的规定，作为证明商标或者集体商标申请注册。"根据上述规定，通过申请注册证明商标或者集体商标的方式,地理标志商标的权利人可以对其产品享有商标权的保护,即若其发现侵权产品,为制止侵权,其作为注册商标权利人,也可以申请行政查处或者提起商标侵权民事诉讼。

3. 在宣传物料上使用商业标识可能侵犯他人的哪些权利?

首先,若企业未经许可在开展宣传、营销等活动的过程中,所使用的宣传物料上以不恰当的方式使用(如在显著位置突出使用)了供应商、合作伙伴或竞争对手的注册商标,导致相关公众误认为企业是相关注册商标的持有人、相关产品或服务是由企业制造或提供的,或企业与相关第三方具有合作关系或其他关联关系,则企业将有可能构成对上述注册商标专用权的侵犯。

其次,尽管企业并未不当使用他人的注册商标,但未经许可使用了与他人有一定影响的商品名称、包装、装潢等相同或者近似的标识,或是使用了他人有一定影响的企业名称、姓名、域名主体部分、网站名称、网页等,导致相关公众误认为企业商品是他人商品或者与他人存在特定联系,则将有可能构成《反不正当竞争法》所禁止的不正当竞争行为。

最后,若企业在宣传物料上使用的商业标识涉及他人的文学艺术作品或肖像等,则在企业未取得相关权利人许可的情况下,还有可能构成对著作权或肖像权的侵犯。

4. 什么是“驰名商标”? 是否可以在市场活动中使用“驰名商标”的表述?

《商标法》第 13 条第 1 款规定:“为相关公众所熟知的商标,持有人认为其权利受到侵害时,可以依照本法规定请求驰名商标保护。”第 14 条第 1 款规定:“驰名商标应当根据当事人的请求,作为处理涉及商标案件需要认定的事实进行认定……”根据上述规定,驰名商标是因为被相关公众所熟知,因而可基于商标法获得优于其他一般性商标的保护的商标,而且,驰名商标采用的是“按需认定”的原则,只有在商标权利受到具体的侵害时方可基于个案主张。

基于上述商标法原则,商标使用者不得在一般性、普遍性的市场活动中使用“驰名商标”的表述。对此,《商标法》第 14 条第 5 款明确规定:“生产、经营者不得将‘驰名商标’字样用于商品、商品包装或者容器上,或者用于广告宣传、展览以及其他商业活动中。”

5. 药品说明书是否可以获得著作权保护?

我国的著作权相关法律并未明文规定药品说明书不得作为作品保护,但药品说明书是否可以作为作品得到著作权保护曾经是一个存在较大争议的话题,司法实践中也曾产生过一些结论完全相反的判决。在广东省佛山市弘兴医药有限公司与湘北威尔曼制药股份有限公司著作权纠纷案[(2013)佛中法知民终字第14号]中,法院认为从药品说明书的写作体例、发布要求、法律属性以及平衡公众利益的角度看,药品说明书不宜认定为著作权法意义上的作品。而在湘北威尔曼制药有限公司诉苏州二叶制药有限公司著作权纠纷案[(2010)长中民三终字第0437号]中,法院认为:"根据国家食品药品监督管理局《药品说明书和标签管理规定》,药品说明书和标签由国家食品药品监督管理局予以核准。药品说明书的具体格式、内容和书写要求由国家食品药品监督管理局制定并发布。由于上述规定,药品说明书可能出现撰写方式、结构体例的趋同,但不必然导致药品说明书丧失独创性而不受著作权法保护。"

2010年2月,最高人民法院收到了原国家食品药品监督管理局《关于提请解释药品说明书著作权问题的函》,并在2012年至2013年进行了专项课题研究,最高人民法院最终认为:"我国现阶段不宜确定药品说明书构成受著作权法保护的作品。"

第五章　热点问题探讨

第一节　药品专利链接制度

2020年10月17日,第十三届全国人民代表大会常务委员会第二十二次会议通过了《关于修改〈中华人民共和国专利法〉的决定》。修改后的《专利法》第76条增设了药品专利链接制度。

一、药品链接制度介绍

1. 什么是药品链接制度?

根据《专利法》第76条的规定,在药品上市审评审批过程中,药品上市许可申请人与有关专利权人或者利害关系人,因申请注册的药品相关的专利权产生纠纷的,相关当事人可以向人民法院起诉,请求就申请注册的药品相关技术方案是否落入他人药品专利权保护范围作出判决。国务院药品监督管理部门在规定的期限内,可以根据人民法院生效裁判作出是否暂停批准相关药品上市的决定。

药品上市许可申请人与有关专利权人或者利害关系人可以就申请注册的药品相关的专利权纠纷,向国务院专利行政部门请求行政裁决。

2. 药品链接制度的目的是什么?

通过采用药品链接制度将药品行业知识产权冲突中的专利争议与药品上市许可进行"链接",将专利争议从仿制药上市后提前到仿制药上市前,在兼顾创新药企业、仿制药企业和公众利益的基础上,能够减少仿制药上市后的专利争议以及对公众利益造成的影响。

二、药品链接制度具体规定

1. 原研药厂商如何登记专利？

原研药厂商需要在中国上市药品专利信息登记平台登记在中国境内注册上市药品的相关专利信息。未在该平台上登记的专利，不能适用药品专利链接制度。

对于化学药品而言，在中国上市药品专利信息登记平台上可以登记药物活性成分化合物专利、含活性成分的药物组合物专利、医药用途专利。对于生物药品而言，在中国上市药品信息登记平台上可以登记序列结构专利和医药用途专利。

药品注册申请人或者 MAH 对其提交的相关专利信息的真实性、准确性和完整性负责。

2. 原研药厂商如何提起专利链接诉讼或申请行政裁决？

化学仿制药申请人提交药品上市许可申请时，应当对照已在中国上市药品专利信息登记平台记载的专利信息，针对每一件专利作出声明，并提供声明依据。

原研药厂商对仿制药申请人提交的第 4 类专利声明和/或声明依据有异议的，可以自国家药监局公示药品上市许可申请之日起 45 日内，就申请上市药品的相关技术方案是否落入相关专利权保护范围向人民法院提起诉讼或者向国家知识产权局申请行政裁决。

上述司法程序的受理法院是北京知识产权法院（一审）和最高人民法院知识产权法庭（二审）。上述行政程序的受理机关是国家知识产权局复审和无效审理部。对上述行政机关所作行政裁决不服的，当事人可以向法院（北京知识产权法院）提起行政诉讼。

3. 专利链接诉讼判决或行政裁决具有何种法律效力？

对提交第 4 类声明的化学仿制药注册申请，如专利权人自国家药监局公示药品上市许可申请之日起 45 日内，就申请上市药品的相关技术方案落入相关专利权保护范围向人民法院提起诉讼或者向国家知识产权局申请行政裁决，专利权人应当自收到判决书或者决定书 10 日内将判决书或者决定书报送国家药品审评机构。对技术审评通过的化学仿制药注册申请，国家药品审评机构结合人民法院判决或者国务院专利行政部门行政裁决作出相应处理：

（1）确认落入相关专利权保护范围的，待专利权期限届满前将相关化学仿

制药申请转入行政审批环节;

(2)确认不落入相关专利权保护范围或者双方和解的,按照程序将相关化学仿制药申请转入行政审批环节;

(3)相关专利权被宣告无效的,按照程序将相关化学仿制药申请转入行政审批环节;

(4)超过9个月等待期,人民法院或者国家知识产权局仍未作出生效判决或者行政裁决,或者未出具调解书的,按照程序将相关化学仿制药申请转入行政审批环节;

(5)国家药监局在行政审批期间收到人民法院判决或者国家知识产权局行政裁决,确认落入相关专利权保护范围的,将相关化学仿制药申请交由国家药监局按照前述第(1)项的规定办理。

4. 专利链接制度目前在哪些方面可进一步改进?

(1)市场独占期的认定

对于首个挑战专利成功且首个获批上市的化学仿制药品,国家药监局在该药品获批之日起12个月内不再批准同品种仿制药上市,也就是说,对于首个挑战专利成功且首个获批上市的化学仿制药品将会获得12个月的市场独占期。

但是,如何认定"首个挑战专利成功"目前尚未明确。例如,"首个挑战专利成功"是按照"无效宣告请求日"判断,还是按照"无效宣告审查决定发出日"判断,抑或是按照前述"四段声明提交日"判断。又如,如果不是仿制药申请人的其他人首先挑战专利成功,是否该品种的仿制药就不会出现"市场独占期"。

(2)仿制药企业不提交声明依据的应对

药品专利链接制度的核心是判断"申请上市药品的相关技术方案"是否落入专利权人相关专利权的范围之内。针对上述问题,专利链接制度中规定,仿制药申请人提交药品上市许可申请时,应当对照已在中国上市药品专利信息登记平台记载的专利信息,针对每一件专利作出声明,并提供声明依据。

然而,在实践中,一部分仿制药申请人仅提交专利声明,拒绝提交声明的依据。导致原研药企业为了确认仿制药的相关技术方案是否落入专利权的保护范围之内,不得不提起专利链接诉讼或者行政裁决请求,从而引起了很多本来可能避免的诉讼或行政裁决。

第二节 药品专利保护期延长制度

2020年10月17日,第十三届全国人民代表大会常务委员会第二十二次会议通过了《关于修改〈中华人民共和国专利法〉的决定》。修改后的《专利法》的第42条增设了药品专利保护期延长制度。

一、药品专利保护期延长制度介绍

1. 什么是药品专利保护期延长制度？

根据《专利法》第42条第3款的规定，为补偿新药上市审评审批占用的时间，对在中国获得上市许可的新药相关发明专利，国务院专利行政部门应专利权人的请求给予专利权期限补偿。补偿期限不超过5年，新药批准上市后总有效专利权期限不超过14年。

2. 药品专利保护期延长制度的目的是什么？

药品作为一种特殊商品，其有效性和安全性关乎患者的生命健康。因此，世界各国都为药品的上市设立了严格的准入审查标准。一个药品通常需要经过临床前实验、临床Ⅰ期、临床Ⅱ期、临床Ⅲ期试验等大量和长期的研究，才能够获取获得上市许可审批所必要的数据。这一过程通常需要长达数年甚至十数年，与《专利法》规定的发明专利20年保护期限相比，为了获得上市许可所需要的时间显著地缩短了相关专利的实质有效保护期限。

为了鼓励医药领域的创新，促进更新更好的药品惠及更多患者，全球多个国家和地区均设立了药品专利保护期延长制度，以适当补偿因上市许可申请而实质性缩短的有效保护期限。对此，中共中央办公厅和国务院办公厅也于2017年公布了《关于深化审评审批制度改革鼓励药品医疗器械创新的意见》，提出了药品专利期限补偿制度，并在第四次修改《专利法》后继续落实。

二、药品专利保护期延长制度具体规定

1. 哪些药品专利可以申请保护期延长？

根据2022年11月公布的《专利审查指南修改草案（再次征求意见稿）》，创新药品的药物活性物质的产品发明专利、制备方法发明专利或者医药用途发明专利均可以申请保护期延长。创新药品的具体定义规定应当参见当前执行的《专利审查指南》，《专利审查指南修改草案（再次征求意见稿）》中规定为第1类创新药、化学药品第2.1类（对已知活性成分成酯或者对已知活性成分成盐的药品）、化学药品第2.4类（含有已知活性成分的新适应症的药品）、预防用生物制品第2.2类（对疫苗菌毒种改进的疫苗）、治疗用生物制品第2.2类（增加新适应症的生物制品）和中药第2.3类（增加功能主治的中药）。

2. 如何计算延长期?

根据《专利审查指南修改草案(再次征求意见稿)》,延长期限的计算方式为新药在中国获得上市许可之日减去专利申请日的期限,再减去5年。但是,该延长期限最长为5年,且该药品上市许可申请批准后总有效专利权期限不超过14年。

3. 药品专利保护期延长制度目前在哪些方面有待进一步改进或明确?

当前所规定的药品专利保护期延长制度仅限于"全球新"类药物,即在中国申请上市许可之前,未在其他国家或地区获得批准的药物。这一制度设计的目的是鼓励创新药品首先在中国申请上市,以让中国患者能够更早受益于创新药品。然而,对于涉及中小企业或者跨境许可的药物产品而言,由于行政审批、市场安排和资金实力的限制,往往难以做到同步在中国申请创新药品上市许可,上述"全球新"的要求客观上限制了中小企业和跨境许可药品在中国上市的开发意愿。如何平衡上述两者,将是亟待解决的焦点之一。

除此之外,药品专利保护期延长期限内相关专利的保护范围如何,是否适用普通专利侵权的相同审判规则,药品专利保护期延长审批的具体程序和救济,对药品专利保护期延长审批决定的争议解决等问题,仍然需要相关制度的进一步规范和实践。

第三节 药品专利纠纷反垄断审查

一、药品专利纠纷和解的反垄断问题

1. 药品专利纠纷和解可能涉及哪些反垄断问题?

具有"反向支付"外观的药品专利纠纷和解协议可能触发垄断协议反垄断审查,在垄断程度较高的药品市场中,失当和解行为可能构成滥用市场支配地位。其中,"药品专利反向支付协议"是指药品专利权利人承诺给予仿制药申请人直接或者间接的利益补偿(包括减少仿制药申请人不利益等变相补偿),仿制药申请人承诺不挑战该药品相关专利权的有效性或者延迟进入该专利药品相关市场的协议,可能构成横向垄断协议。药品专利纠纷和解过程中,当事人签订的和解协议,尤其是涉及反向支付的和解协议可能被司法机关认为存在排除、限制市场竞争情形而受到司法审查。由于药品市场垄断程度一般较高,若和解协议中还具有涉及现行《反垄断法》第22条的行为,有关企业也可能因为构成滥用市场支配地位而受到反垄断处罚。

2. 目前中国法院对和解协议的潜在反垄断问题采取何种态度？

最高人民法院在阿斯利康诉沙格列汀仿制药生产商奥赛康侵害发明专利权纠纷案[（2021）最高法知民终 388 号]中确立了对具有反向支付外观的涉诉和解协议主动进行反垄断司法审查的规则。最高人民法院认为，判断以不挑战专利权有效性为目的的“药品专利反向支付协议”是否涉嫌构成反垄断法规制的垄断协议，核心在于其是否涉嫌排除、限制相关市场竞争。可能的考量因素有专利无效可能性的评估（包括通过缺乏合理解释的大额反向利益输送作为专利有效性的替代评估因素）、专利权人市场独占期延长、是否排除仿制药进入市场等，据此分析对于相关市场而言有关协议是否以及在多大程度上造成了竞争损害，并判断其是否涉嫌构成反垄断法规制的垄断协议。

从该案开始，中国法院开始在涉及医药领域的诉讼中主动关注具备反向支付等协同行为外观的涉诉和解协议，并在裁判/审查是否准许和解撤诉程序中主动审查这些协议。一旦法院认为涉诉和解协议确有明显违反反垄断相关规定的嫌疑，则不准许当事人径自和解撤诉。

二、和解协议的反垄断司法审查

1. 和解协议反垄断司法审查的触发条件是什么？

在由法院审查的专利纠纷中，依照《民事诉讼法》及其司法解释的规定，当事人申请撤回起诉或者上诉的，法院应当在进行合法性审查后作出是否准许撤诉的裁定，这其中包含反垄断合规的初步审查和判断。就审查范围而言，我们认为一切具备“药品专利反向支付协议”外观的涉案和解协议、合同或者协同行为都可能成为触发司法审查的对象，不受其在案件中的签订背景、是否由当事人签订等因素影响。同时，由于反向支付仅仅是可能构成垄断的行为之一，不排除未来法院在案件审理过程中对其他具有垄断行为外观的协议进行审查的可能性。

2. 若法院认为存在违反反垄断法的行为将如何处理？

在上文提及的阿斯利康案中，最高人民法院也给出了反向支付协议审查的处理方式，即若反向支付协议未明显违反《反垄断法》及相关规定，或虽涉嫌违反《反垄断法》但无须作出进一步处理的，如亦不存在其他依法不应予以准许的情形，则准许撤回起诉/上诉；若涉嫌明显违反《反垄断法》，则根据个案情况准许撤回起诉/上诉、不准撤回起诉/上诉并继续审理，或同时向反垄断执法机构移送违法线索。

第三编

融资上市

第一章 私募股权投融资

第一节 私募股权投融资概述

生物医药产业具有高投入、长周期、高风险、高附加值等特征,导致生物医药产业对核心技术研发、高层次人才、创新研发投入等依赖性较强。私募股权投资带来的资本投入是推动医药产业创新发展的加速器,也是助力医药产业高质量发展和产业升级的强大支撑。

本节内容主要针对私募股权投融资进行概述,包括私募股权投融资的基本流程和私募股权投融资的交割涉及的关键事项,以期向公司私募股权投融资的重要环节和被投公司/目标公司提示应对策略。

一、私募股权投融资的基本流程

1. 私募股权投融资的基本流程包括哪些?

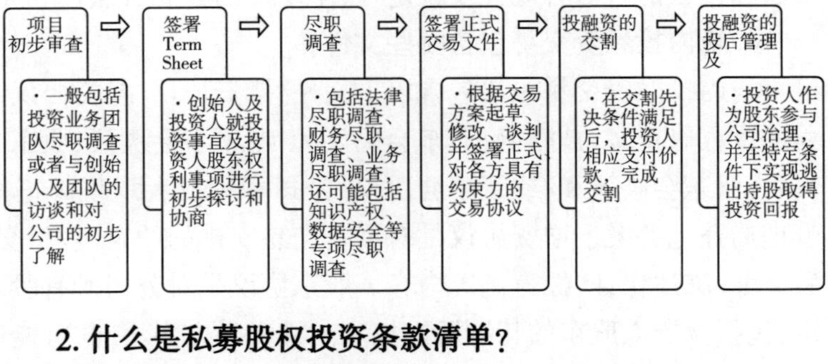

2. 什么是私募股权投资条款清单?

私募股权投资条款清单(Term Sheet of Private Equity Investment,以下简称 Term Sheet)在名称上可能还会被称为"投资意向书""投资条款摘要"等,是指投资人对目标公司具备初步投资意向之后,就可能达成的融资交易,与目标公司就投资安排(包括公司估值、投资金额、交易方案等)及投资人享有的股东权利签订的原则性规定,也是双方后续签订正式协议的主要依据和基础。

Term Sheet 的内容简繁不一,一般情况下会包括投资人、创始人、投资方案、投资金额、公司估值、交割条件、投资人的特殊权利、排他期、交易费用、保密、法律效力等。

一般情况下除了保密、排他期以及交易费用(主要指因尽职调查和交易文件起草等事项而聘请第三方专业机构的服务费用,包括律师费、会计师费用等)的约定条款之外的条款不具备法律效力。但这也不是一成不变的,投资人与目标公司可以约定某些条款具备法律效力。比如,如果投资人比较强势,可以要求某些条款具备法律效力;或者公司比较强势,可以要求投资人如因其自身原因无法完成投资,公司可以获得一定赔偿等。

3. 什么是法律尽职调查?

在私募股权投融资交易中,法律尽职调查是指在投资人确定对目标公司的投资意向后,委托专业的律师团队对目标公司的历史沿革、股东情况、业务资质、治理结构、重大资产、对外投资、重大债权债务及担保、在建工程、主要业务合同、关联交易、劳动与社保、知识产权、环境保护及安全生产、诉讼仲裁与行政处罚等方面进行审慎的调查,并向投资人出具法律尽职调查报告,分析和判断目标公司所存在的法律风险,并向投资人提出相应的建议。

对于医药企业而言,考虑到医药企业技术壁垒高、产品周期长等行业特点,法律尽职调查的重点一般包括业务资质及业务经营的合法合规性、知识产权的权属和授权的合法合规性及稳定性、不动产的权属合法性和完整性等。

4. 境内投融资交易包含哪些文件?

境内投融资交易主要包含以下文件:增资协议/投资协议、股东协议、公司章程或章程修正案、披露函、股东会决议和/或董事会决议、股东名册、出资证明书。其中,股东会决议和/或董事会决议、公司章程或者章程修正案会提交市场监督管理局登记备案。增资协议是对增资交易安排的约定,包括交割前提条件、交割后义务、陈述保证、披露函等内容。股东协议是对公司所有股东的权利义务的约定,包括投资人股东的特别股东权利。视交易方案不同,可能还会有股权转让协议或其他补充协议。另外,有些早期的私募股权投融资交易可能将增资交易和股东权利的内容在一份协议中予以约定。

二、私募股权投融资的交割

1. 什么叫溢价出资？什么叫平价出资？

溢价出资指所支付的实际投资金额超过认购的股权/注册资本等证券性权益的面值。溢价出资中投资款金额高于有限责任公司新增的注册资本金额的部分将计入资本公积。

平价出资指按照认购的股权/注册资本等证券性权益的票面价值出资。平价出资中全部投资款金额计入有限责任公司新增的注册资本中。

比如，某公司的注册资本为人民币1000万元，如果投资人投资人民币1000万元，在投资人为平价出资的情况下，投资人出资后，公司注册资本为人民币2000万元，投资人股权占公司增资后的股权比例为50%。在投资人为溢价出资的情况下，投资人按照公司投前估值人民币1亿元投资1000万元，投资人出资后，公司注册资本为人民币1100万元，投资人认购新增注册资本100万元，占公司增资后的股权比例为9.09%，这样投资人认购的100万元计入注册资本中，剩下的资金计入公司资本公积中。

2. 除了货币出资还有什么方式可以出资？商誉可以出资吗？

股东可以用货币出资，也可以用实物、知识产权、土地使用权等可以用货币估价并可以依法转让的非货币财产作价出资。对作为出资的非货币财产应当评估作价以确定出资额，核实财产，不得高估或者低估作价。

公司股东不得以劳务、信用、自然人姓名、商誉、特许经营权或者设定担保的财产等作价出资。

3. 交割条件指什么？一般包括哪些方面的条件？

交割条件或交割先决条件是指投资人支付投资款所需要目标公司提前满足或完成的条件或事项，该等条件也可被投资人豁免。

交割条件一般主要为目标公司及创始股东所需要完成或满足的相关事项，包括目标公司及创始股东作出的陈述与保证事项均真实、准确、完整，不存在重大遗漏等，目标公司及创始股东在交割日之前的承诺事项均已经完成，目标公司在交割日之前不存在重大不利变化或重大不利影响的事项，相关的交易文件均已完成签署，交易安排及相关事项均已取得内外部的批准（包括公司内部的股东会/董事会审批以及外部的监管机关的审批），以及其他在尽职调查中已发现的问题在交割日之前得到妥善解决等。另外，投资人一般会要求将尽职调查已经完成且令投资人满足以及投资人已通过内部的投资决策审批事项作为交割条件。

4. 交割的意义是什么？交割日要提交哪些资料和信息？

交割是指交易文件约定的交割条件全部满足或被投资人豁免后,投资人向目标公司支付投资款的程序。按照交易文件的逻辑顺序,交易文件签署之后,待交割条件满足或被投资人豁免后,投资人再进行交割。

一般情况下,公司在准备交易文件的同时准备交割文件,因此,交易文件的签署和交割条件的满足可能同时发生,如果投资人直接打款增资,签约和交割是同一日。但是也有一些时候交割是发生在签约后,公司还要满足其他交割条件,完成这些条件时,才可以正式交割打款。

交割日,除非在交易文件中另有定义,是指投资人支付投资款之日。在交割日,目标公司通常需要向投资人提供投资款收款凭证、股东名册原件、出资证明书原件等。

第二节　私募股权投融资中投资人的特殊股东权利

一、经济性权利

1. 回购权指什么？公司如何应对？

回购权是私募股权投资人的一项常见权利,通常指在某些特定情况下投资人有权要求创始股东或公司按约定方式计算的价格回购投资人持有的公司股权。前述某些特定情况指创始股东或公司重大违约、公司在指定日期前未能完成合格上市、公司业绩目标未达成等,而约定的回购价格通常是基于某一固定回报率计算的回报金额加上已宣派但未分配的股息及红利。如果公司无法在一定年限内上市或被并购,回购则是对于投资人来讲另一种可行的退出方式。

目前我国司法实践对于私募股权投资中的"回购权"的权利性质并未形成统一的裁判观点,甚至部分裁判观点不讨论"回购权"的权利性质,而是直接基于衡平双方利益的角度,判定双方当事人关于回购权期限的约定及过期未行权的法律后果。

在条款的设置上,公司可尽量争取仅由创始人以其持有的股权价值为限承担回购义务,尽量避免以公司财产及创始人在公司财产外以个人财产承担回购义务;创始股东及公司如果必须履行回购义务,可以考虑管理层收购投资人股权、引进新投资人等,以继续公司业务。

2. 优先清偿权指什么？公司如何应对？

优先清偿权又称优先清算权，指特定清算事件发生时投资人可优先取得所投入资金或以其他方式获得优先分配的权利。

特定清算事件一般指公司解散、资不抵债等情况发生。但在私募股权投资领域，清算事件的定义一般较为广泛，可能包括公司的控制权变更、转让核心知识产权或资产、被并购或高科技公司与其他公司签订排他性的核心知识产权许可协议等。所以，清算事件的定义很关键。

具体约定方面，投资人可约定清算事件发生时，投资人可优先取得投入的本金加本金的一个百分比的固定回报，在投资人取得本金及固定回报返还后，有权按持股比例参与公司剩余财产的分配。

公司可与投资人协商，约定投资人参与剩余财产分配上限，最多可获得其投资额的固定倍数的回报，剩余财产全部归创始团队所有；亦可协商约定投资人在取得优先清算财产后不再参与剩余财产的分配。

3. 什么是反稀释条款？反稀释条款有哪些种类？

反稀释即确保投资人的股权比例或股数不因增发新股或引入新的投资人而减少。反稀释条款适用的场景并不是持股比例的稀释，而是股权价值的稀释，即新一轮融资的每股价格（新价格）低于投资人入股时的单价（原价格）。

反稀释机制主要包括两种：完全棘轮（full ratchet）条款和加权平均（weighted average）条款，其中加权平均条款又有广义和狭义之分。

完全棘轮的情况下，投资人有权把其持有的股份的单价调整为新价格。加权平均的情况下，不会只考虑新价格，还会考虑新价格对应的股份数量，即权重。因此完全棘轮条款对投资人最有利，这种反稀释方式为强势投资人常用。

加权平均的计算公式为 $CP2 = CP1 \times (A + B) / (A + C)$，其中，CP2 指新价格，CP1 指原价格，A 为新一轮融资前公司的股份总数或注册资本总额，B 指假设新一轮融资按照原价格进行的情况下应发的股份数或注册资本额，C 为公司拟增加的股份数/注册资本额。

广义加权平均和狭义加权平均的区别在于 A 的范围。广义的情况下，A 将包含新一轮融资前所有已发行和将发行的股份；狭义的情况下，A 的范围将在最广义的基础上有所减少，最窄的情况下，仅包含已发行的普通股。相较而言，狭义加权平均对投资人更有利。

在惯常的私募股权投资中通常还会约定如果投资人因反稀释调整而必须支付对价，由创始股东向投资人进行现金补偿，且交易相关税费由创始股东承担。

公司低价发行股份用于员工激励计划、因各方认可的重组目的低价发行股份、因对赌失败补偿投资人或部分投资人行使反稀释权而发行股份等,不应适用反稀释条款。

反稀释条款的谈判还存在于老投资人和新投资人之间,新投资人的反稀释条款对新投资人越有利,则对现有投资人越不利,因为新投资人在反稀释权利下被补偿得越多,特别是股权补偿的情况下,对现有投资人的持股比例的稀释越大。

4. 拖售权指什么？公司如何应对？

拖售权指在一定的条件成就时,公司的部分股东有权强制其他股东和自己一起向第三方转让公司股权。一般来讲,其他股东的出售条件应与拖售他们的股东的出售条件相同,包括价格和其他出售条件。

拖售权条款是创造并购退出机会的重要手段。拖售权的行使通常发生在第三方想收购目标公司100%股权或控股权,但创始人或少数股东不愿意出售的情形。能享有拖售权的股东通常是话语权比较大的投资人,有时还会加上创始人(或创始人中的多数)。而被拖售的股东通常为创始人和持股比例较小的少数股东。持股比例较大的股东一般不会给其他人权利来拖售自己。持股比例的大小因每个公司的具体股权分布而有所不同,没有固定的比例。

投资人拖售权往往是创始人比较担心的一项投资人权利,创始人可能会要求增加某些前提条件,比如公司出售的总体估值下限以及一定的时间门槛,或者提出在投资人要求出售股权时,公司或创始人自己或其指定人士可以行使优先购买权从而避免被强制出售给第三方(特别是创始人“不喜欢”的第三方)。拖售权的行使条件中很少限制向公司的竞争方拖售,因为通常是竞争方反而会有更强烈的意愿购买目标公司控股权。如果限制向竞争方拖售,则会大大限制拖售权的价值。

当拖售权与优先清偿权共同发生作用时,清算顺位靠前的投资人就有机会在公司估值不佳的情况下仍强迫拖售公司,并通过优先分配权实现一定的回报和快速退出变现。因此清算顺位靠后的投资人需要争取对拖售权的行使有单独的否决权,或约定在发生拖售的情况下,不适用优先清偿权,各股东按照股权比例分配出售的对价。

5. 优先分红权指什么？公司如何应对？

优先分红权指约定投资者每年分红的比例。公司可与投资者约定在公司上市前无分红权,也可以约定分红是否为累积计算,是否有上限限制等。

6. 优先认购权指什么？公司如何应对？

优先认购权指公司发行新股或可转换债时老股东可以按原先持有的股份数量的一定比例优先于他人进行认购的权利。

根据《公司法》第 34 条，股东按照实缴的出资比例分取红利；公司新增资本时，股东有权优先按照实缴的出资比例认缴出资。但是，全体股东约定不按照出资比例分取红利或者不按照出资比例优先认缴出资的除外。基于此，形成了优先认购权。

公司可与投资人进行协商，如约定现有投资人可按照股权比例对增资额的一定比例进行认购，而剩余增资款可由新的投资人进行认购。

7. 创始人的股权转让限制可以有哪些例外？

在境内私募股权投融资时，一般会设置创始人的股权转让限制，以防止创始人随意转让其直接及间接持有的公司股权。

但为实操之目的，创始人的股权转让限制条款一般会设置特定例外情形，如为执行经公司股东会/董事会批准的员工持股计划而发生的股份转让，或在公司整体估值不低于一定金额的前提下创始人可在一定限度内以不低于一定估值的价格向其他股东或第三方出售或转让其部分股权。

此外，从创始人的角度出发，还可以争取一些例外情形，如在股权架构中引入其实际控制的特殊目的载体（SPV）、转让给直系亲属、转让给其他创始人等，或者在一定范围内创始人有权自由转让其 1%、3%、5%等小部分比例的股份以用于换取资金等。

8. 优先购买权和共售权是什么？

优先购买权是指股东向非内部股东受让方转让股权时，其他股东在同等条件下有优先购买的权利。

根据《公司法》第 71 条第 2 款规定，有限责任公司的股东向股东以外的人转让股权，应当经其他股东过半数同意。股东应就其股权转让事项书面通知其他股东征求同意，其他股东自接到书面通知之日起满 30 日未答复的，视为同意转让。其他股东半数以上不同意转让的，不同意的股东应当购买该转让的股权；不购买的，视为同意转让。由于优先购买权系股东自益权，可以由公司章程放弃，或者通过股东协议等进行其他特别约定。经股东同意转让的股权，在同等条件下，其他股东有优先购买权。两个以上股东主张行使优先购买权的，协商确定各自的购买比例；协商不成的，按照转让时各自的出资比例行使优先购买权。公司章程对股权转让另有规定的，从其规定。

股份公司由于其资合性的特点,股东针对其他股东所转让的股权无法定的优先购买权,但是可以由股份公司股东在章程或者股东协议中进行约定。

私募股权投资中的优先购买权条款通常会包含通知方式、通知期限、行权期限、行权条件等内容。就"同等条件"的含义,根据最高人民法院《关于适用〈中华人民共和国公司法〉若干问题的规定(四)》第18条的规定,应当考虑转让股权的数量、价格、支付方式及期限等因素。

9. 对赌条款是什么？效力如何？公司应当如何应对？

对赌条款通常为在对初创型或发展型企业的投资中根据未来某一指标的实现与否对当初投资条件(金额)进行调整的一种安排。私募股权投资通常为财务性投资,对被投企业经营管理参与较少,具有较大的信息不对称性和委托管理风险,故而产生了对赌条款。双方就未来公司估值进行对赌,若业绩指标得到实现,则融资方享有一定的权利;若业绩指标最终未得到实现,则投资方有权调整估值及股权比例。

常见的对赌条款业绩指标分为财务性业绩指标和经营性业绩指标,财务性业绩指标即未来特定财务年度的净利润金额、利润增长率、营业收入金额、收入增长率等;经营性业绩指标一般体现为用户数量、访问量、成交量、产量以及相关数据的增长率等,或者是研发的特定里程碑[例如,量产,知识产权的取得,新药研发的临床试验、美国食品药品管理局(FDA)认证等]。

业绩指标未达标后的估值调整方式大致分为现金补偿、股权回购(请见上文"1. 回购权指什么？公司如何应对？",不再赘述)、股权比例调整等方式,上述方式也可能同时约定,由投资人选择执行。

现金补偿方式即公司以现金方式一次性退还相应多付的投资款,但由于《公司法》规定,如公司存在未弥补亏损,无法分配利润,且利润分配事项需股东会决议,该方式实际实现会存在一定不确定性,投资人可能会要求创始股东对此提供担保;股权比例调整方式即按照重新调整后估值重新计算原投资款应持有的公司股权比例,增加部分由创始股东无偿转让。

10. 最惠待遇条款指什么？公司应如何应对？

最惠待遇条款通常是指如果公司现有或未来的其他投资人享受比某一轮投资人更优惠的一项或多项投资条件或保障投资的条件,该轮投资人应自动享有。投资人可以根据需要选择针对公司现有股东或未来股东或两者兼具的最惠待遇条款。

投资人要求最惠待遇条款,通常是为了避免因信息不对称导致其不知晓在先投资人享有更优权利,而造成不公平对待,或为了避免目标公司在未来融资中向其他后续投资人提供更优待遇的权利,而对投资人权利造成不合理限制或损害。

对于创始人和目标公司而言,目标公司给予在先投资人的权利条款是确定的,因此最惠待遇条款往前适用(涵盖在先投资人的权利)的风险较好评估和控制;后续投资人可能要求的权利条款是不确定的,因此最惠待遇条款往后适用(涵盖后续投资人的权利)的风险较难预估和控制。因此,限制最惠待遇要求往后适用对目标公司和创始人而言是比较有利的。

此外,目标公司和创始人还可以增加条款的例外情况,如优先分红、优先清算、回购款支付等存在分配顺序条款的排序约定、与部分投资人特殊约定的条款(如战略投资人的特殊要求)及信息披露特殊条款等,另外也可限制仅对股东特殊权利条款适用最惠待遇,并可对最惠待遇条款的适用机制设置一定的触发门槛或条件限制,如估值达标后相关投资人即放弃享有最惠待遇、最惠待遇条款有效期等。

二、管理性权利

1. 保护性权利包括哪些？如何安排较为合理？

保护性权利可指投资方对于公司关键事项的同意权/一票否决权,如公司借款、财务预决算、关联交易、重大资产处置、重大合同、利润分配等。在增资发行新股方面,前轮投资者可约定公司引入后轮投资者时,需取得前轮投资者的同意。

保护性权利也可于董事会决议中约定董事会多数决议通过执行,如约定投资人委派的董事必须包含在多数决议之内。

融资后,创始人一般仍有充分的自由去经营管理公司,而财务投资人除非在特殊的情况下不得不接管公司,否则一般不介入公司的经营管理。但是,否决权条款为创始人设定了行为的边界,超过这个边界要获得投资人同意。实践中,投资人在股东会或董事会上行使否决权的情况并不常见,否决权的设置其实倒逼创始人在一些事情上要事先和投资人沟通商量,取得共识。

有些投资人有单方否决权,特定事项没有他的同意就不能做。而有些投资人只有共同否决权,特定事项需代表全体股东或全体投资人(或某一级别或轮次投资人中)超一定比例表决权之股东同意。有时会约定成某两个投资人(A 和 B)共享一个否决权,特定事项需要取得 A 或 B 的同意,在这种情况下,A 和 B

需考虑是否在双方之间达成一致行动协议。对投资人最有利的是单方否决权，但这个局面在公司后续融资中可能会发生改变。过多的投资人享有单方否决权对于公司的决策效率和效果是一种负担。经过谈判，就可能变成多个投资人共享的共同否决权，或者有条件的单方否决权，条件一般跟股权比例有关，可以是绝对的股权比例(如8%)，也可以是投资人出售股份达到一定程度就丧失否决权。投资人需评估，其股权比例降低(包括由于后续融资不跟投引起的稀释)有多大可能导致否决权丧失。

用好否决权所带来的地位，有助于投资人与管理层建立健康的关系——既不是处处过不去，也不是无原则迁就创始人，同时，投资人也更有机会在其他事项上得到公司的配合。多次动用否决权并在公司内部存档记录，可能会使得上市前重组当中审计师难以认定创始人拥有一贯的控制权，从而难以连续计算业绩。当一个比例很小的投资人还有否决权时，对其他投资人来讲可能是个灾难，这样的投资人在决策的时候可能会赌性大增，甚至需要额外的利益来摆平。因此，适当限制否决权对投资人整体而言不见得是坏事。

2. 公司的董事席次会如何安排？如何安排没有委派董事权利的投资人？

为了获得对公司重要事项的话语权，投资人通常会要求在董事会委派董事(通常一个投资人要求委派1名董事)。而股权占比较小的投资人可以要求委派1名董事观察员参加董事会。尽管观察员无投票权，但通过委派观察员，投资人可以及时知晓公司重大事项及其决策过程。

随着目标公司的后续融资，要求董事会席位的投资人增多，同时受限于相关法律对公司董事人数的限制，如在《公司法》下有限责任公司董事人数不得超过13人，目标公司可能提出限制投资人的董事会席位。这种洗牌通常发生在新一轮融资时。比如，如果投资人的持股低于一定比例(比如5%)或投资人向第三方转让其所持的公司股权的一定比例(比如20%)则丧失董事席位。在丧失董事会席位的情况下，投资人应尽量确保获得委派董事会观察员的权利。

3. 如投资人对公司管理层股东设定非竞争义务，一般如何规定？

公司可通过合约约定要求管理层股东在工作期间不得从事竞争行为，签署《不竞争承诺合约》。如果管理层股东终止在公司工作，可以约定在工作结束后的2年内不得从事竞争行为；但是公司需要提供相应补偿，补偿金额视各地竞业限制补偿金规定约定。所以，投资人与管理层股东应就公司业务范围作出明确约定。

对于持有公司股权的管理层(特别是创始人)，不竞争义务通常适用于其持有公司股权期间及不再持有股权后 2—3 年。根据《劳动合同法》及相关劳动监管要求规定,要求员工在离职后履行不竞争义务的,需约定并实际支付不竞争补偿金,金额可由雇主和员工约定,未约定的则参照当地规定的比例,幅度一般为此前工资的 20%—60%(视各地不同的规定)。

创始人如果同时持有其他公司股权,或为其他公司工作,即便不构成竞争,投资人通常会让创始人完整披露这些情况,承诺把所有时间投入本公司,并关注和限制不同公司之间的关联交易。

4. 股东知情权/信息权及检查权指什么?公司如何应对?

《公司法》第 33、97 条规定,有限公司的股东有权查阅、复制公司章程、股东会会议记录、董事会会议决议、监事会会议决议和财务会计报告,股东可以要求查阅公司会计账簿;股份公司的股东有权查阅公司章程、股东名册、公司债券存根、股东大会会议记录、董事会会议决议、监事会会议决议、财务会计报告,对公司的经营提出建议或者质询。

除法定权利外,投资人通常还会要求约定其他信息权,如要求查阅公司其他内控制度及管理制度、复制会议记录/决议及议案、查阅财务会计报告、会计账簿对应的原始会计凭证、合同等。

公司可与投资人协商合理的信息披露频次、时间要求及通知时限,避免影响公司正常经营;并可以要求投资人履行严格的保密义务,此外还可以通过约定前提条件及具体程序避免投资人滥用该等权利,如部分国资投资人要求专项审计,应当由其负担成本、聘用中介机构并提前较长时间通知,且每年不超过一次等。

第三节 私募股权投融资的常见问题

一、除投资人特殊股东权利外的其他常见权利义务安排

1. 如果在交割前公司业务经营需要资金支持,公司可以要求投资人做什么?

在实际的股权融资交易中,从签署最初的 Term Sheet 到交易最终正式交割,结合交易文件的谈判进展、投资人数量及沟通成本以及交易文件中约定的交割先决条件等因素,时常需要几个月的时间,如果公司在交割前因为业务经营急需资金支持,可以选择和投资人商谈先取得一笔过桥贷款,以解公司的燃眉之急。

过桥贷款一般是由投资人或其指定的关联方作为贷款人,向拟投资的目标公司或其关联主体(有时也可能是创始人)提供借款。投资人往往会要求过桥借款只能用于公司的主营业务经营。同时,投资人也很可能要求将过桥资金转

化为公司的股权。

在与投资人商谈过桥贷款协议时,需注意以下几个要点:(1)提前还款。从投资人角度出发,给予拟投资的目标公司过桥贷款一般是为了锁定交易,因而会要求其有权在借款期限届满时将过桥贷款转换为公司的股权,如果公司有权提前还款,则实际上享有了阻止投资人将贷款转换为公司股权的权利。但也正是由于上述原因,投资人往往难以同意公司享有提前还款的权利。(2)贷款利息。过桥贷款一般为无息贷款,或者在一定条件下可以由投资人豁免利息,但如果投资交易未达成或者发生其他违约情形时,投资人可能会要求相比一般资金成本更高的罚息。(3)担保措施。如果由公司作为过桥贷款的借款人,投资人为保障资金安全,往往会要求创始人或者投资交易文件项下定义的承诺人/保证人作为担保人,以其持有的公司股权进行相应的质押。创始人应尽量避免以个人资产进行相应的担保,同时可参考交易律师的意见对用来担保的股权在文本表述层面进行争取。

2. 排他期是指什么?

排他期条款是股权融资交易的 Term Sheet 中的常见条款之一,其可能在文本上体现为创始人和公司需遵守的义务,亦可能体现为创始人和公司授予特定潜在投资人的一项权利,实质为公司方在一定期限内不会与其他潜在投资人就公司的当次融资进行接洽或讨论。

排他期条款的关注要点主要在于排他期限。排他期限的长度视当次融资的节奏安排及公司对潜在投资人的认可程度等因素而确定,一般为自 Term Sheet 签署之日起算的 30 天到 90 天不等。在排他期内,公司及创始人不应直接或间接地与其他潜在投资人就当次融资或公司的其他出售、合并、其他处置或投资安排进行讨论或谈判,或提供相关的公司信息,亦不得与其他潜在投资人订立任何与前述交易相关的、有法律约束力或没有法律约束力的协议或文件。

实践中,如果投资项目本身属于明星项目,或者有多个投资人参与投资,亦可以不在 Term Sheet 中约定排他期条款。

除 Term Sheet 外,部分投资人亦会在正式的投资交易文件中约定,在正式交割前,公司及创始人也需要遵守排他期限制。

3. 提交市场监督管理部门的文件中是否要写股东之间的权利义务?

在股权融资交易中,交易各方一般会在投资协议或股东协议中对股东之间的权利义务(包含投资人享有的特殊股东权利)进行详细的约定,而作为股权融资交易的先决交割条件或者交割后义务(视投资人是否为外资主体以及交易各方的协商情况等因素而定)，需要对公司的股权融资进行工商变更登记，并相应向市场监督管理部门提交工商登记文件。实践中，向市场监督管理部门进行工商登记并不需要提交详版的投资协议或股东协议，仅需提交公司章程及简版的投资协议等，那么在向市场监督管理部门提交的文件中是否要写股东之间的权利义务？

公司章程是公司的纲领性组织文件，且经工商登记公示后的公司章程具有对抗善意第三人的效力，因此如可能，交易中一般会尽量将投资协议和股东协议完整且一致地约定到公司章程中。但由于实践中在进行工商登记时，各地的市场监督管理部门可能要求公司使用制式的公司章程文本或限制对公司章程修改，或者部分市场监督管理部门基于种种原因，不允许公司章程中约定回购权、优先清算权、领售权等投资人享有的特殊股东权利，公司章程往往无法将交易文件中的约定完整体现，甚至会存在不一致。为尽量避免这种原因导致各股东之间的约定在效力上存在瑕疵或者争议，一般会在公司章程中约定，如公司章程中未约定，或者与股东们另行约定不一致，以股东们的另行约定为准。同时，在股东协议等交易文件中亦应作出相应的呼应性约定。

4. 投资人一般会作出哪些陈述与保证？

为了对拟投资企业的实际情况进行确认并保障自身利益，投资人一般会要求目标公司及创始人团队在正式的交易文件中作出详尽的陈述与保证。相对应地，除了对潜在投资人进行专门的反向尽职调查之外，目标公司亦可以要求投资人在一些特定的方面作出陈述与保证。

面向投资人的陈述与保证一般包含：(1)投资主体依法设立、有效存续且状况良好；(2)投资主体拥有签署交易文件的全部权利与授权；(3)交易文件一经签署构成对投资主体合法、有效、有约束力且可执行的权利和义务；(4)投资人用于投资的资金为自有资金，且资金来源合法合规等。

如果公司临近上市，或已在筹划上市相关工作，那么可以在交易文件中进一步要求投资人在投资主体的投资架构的合法合规性、权益持有人的适格性、配合公司上市安排提供相关资料或进行架构重组等交易安排、终止特殊股东权利等更多的方面作出陈述以保证。

5. 公司及创始人一般需要作出哪些陈述与保证？如无法做到条款的要求，如何处理？

如本部分“4. 投资人一般会作出哪些陈述与保证？”所述，公司及创始人在股权融资的交易文件中一般需要作出以下陈述与保证：(1)公司状态良好、有效设立、证照齐全,创始人为具有完全民事行为能力的自然人;(2)公司股权清晰稳定,不存在股权方面的争议或纠纷,没有权利负担;(3)不存在其他影响当次交易的协议安排,不存在交叉违约;(4)公司合法经营,不存在处罚、诉讼等;(5)公司财务状况良好,所有账目均根据相关会计准则制定并可真实反映公司的财务及经营状况;(6)不存在未披露债务,不存在未告知投资人的特定情况;(7)税务、环保、劳动人事等方面符合相关法律法规要求;(8)对核心资产(含知识产权)具有所有或使用权且资产无瑕疵;(9)关联交易和同业竞争方面符合相关要求等。除前述实际的陈述与保证内容外,投资人一般会要求公司及创始人对陈述与保证作出连带的保证,同时需要对所有集团公司(公司及其全资、控股子公司及其他可实际控制的主体)的情况进行陈述与保证。

如公司及创始人认为投资人列出的陈述与保证条款过于苛刻无法做到,或相关条款约定不符合公司的实际情况,可以通过出具披露函的方式将相关特殊情况列示出来并作为陈述与保证的例外,同时可参考交易律师的意见对具体条款在文本表述层面进行调整。

6. 特殊损害赔偿条款是什么?公司如何应对?

在投资人对拟投资的目标公司进行了尽职调查后,可能会在正式的交易文件中约定,如发生以下情形,公司和创始人应连带地向投资人就其因此遭受的损失承担特殊损害赔偿责任,如公司在股权融资交割之前的税务责任、历史沿革瑕疵、诉讼或行政处罚责任、未按法律法规规定缴纳五险一金、其他投资人通过尽职调查发现的公司在交割之前存在的种种问题。

在上述情况下,公司及创始人可以通过以下方式尽可能地限制特殊损害赔偿条款对自身的影响,如为公司和创始人承担的特殊损害赔偿责任金额设定一个上限,又如要求触发特殊损害赔偿责任条款应以相应损失达到一个下限为前提。其中,前者在实践中更为常见。

具体而言,为尽量避免以个人资产来承担责任,创始人承担特殊损害赔偿责任金额的上限可以是创始人持有的公司股权或公司股权的公允价值,也可以是投资人本次投资的投资款金额(或包含一定水平的利息作为资金成本)。如以创始人持有的公司股权为限,则创始人在特殊损害赔偿条款被触发后可以通过向投资人转让相应股权等方式来履行赔偿责任;如以创始人及其他承诺方/保证方持有的公司股权的公允价值为限,则实际上是设定了一个赔偿金额的上限,即届时需要以第三方评估机构(评估机构的选定一般需投资人和公司方共同认可)对创始人持有的公司股权的价值进行评估,创始人以评估价格为上限来履行赔偿责任。

7. 公司可以对投资人提出不竞争的要求吗?

投资人为保证创始人将足够的精力投入其投资的企业中,往往会对创始人及其他公司核心人员承担不竞争义务。相应地,公司也可以对投资人提出一定程度的不竞争要求。

公司可以要求投资人不得向公司的竞争对手直接或间接地转让投资人持有的公司股权,这一方式目前在实践中亦较多被投资企业采用。为降低投资人顾虑,一般由公司方结合实际业务情况在投资交割时出具公司竞争对手的清单,投资人就以这份名单为准来遵守不竞争的义务。为更好地匹配和适应公司发展情况,公司一般有权定期(如半年或一年)更新竞争对手清单。

但对于专注于某一个或者某几个行业赛道的投资人(这往往也是实际情况)而言,要求其不得投资任何公司的竞争对手有的时候并不具有很高的可操作性。作为替代方式,公司可以转而选择约定在投资人对公司的持股比例低于一定比例(如3%或5%)时,削弱投资人对公司在公司治理方面的影响,如取消董事或董事会观察员席位,或不再向投资人披露公司业务的关键信息。

8. 公司引入国有投资人,应该注意哪些事项?

目前国有成分投资人,尤其在一些制造业、高科技行业/赛道,在行业的融资与发展方面扮演着不可或缺的角色。那么,如果公司基于战略发展、业务协同等需要,或者仅仅为进行一轮普通的融资而引入国有成分投资人[暂不考虑未被认定为《企业国有资产交易监督管理办法》(以下简称32号令)项下的国有企业的国有成分投资人],需注意哪些事项?

首先,在国有成分投资人进行投资时,往往需要根据32号令或其他适用的国资监管规定履行内部审批、资产评估、国资备案等程序。相较一般的投资交易,前述程序耗时更长,亦需要公司方更加配合提供文件和/或履行特定程序。此外,投资人入股后公司发生后续融资并导致国有成分投资人持股比例发生变化时,国有成分投资人往往也需要履行资产评估或审计程序。而当后续投资人发现公司存在国有成分投资人,往往会在交易文件中将公司国有股东已完成相关国资流程作为交割先决条件,由于国资流程一般耗时较长,这一约定可能会拉长后续融资的战线,延缓公司进行后续融资的节奏。

其次,在交易文件谈判阶段,基于国有资产保值增值的监管要求,国有成分投资人往往会要求享有一些不那么市场化的股东权利,这些权利更多地体现在回购权、优先清算权、公司治理安排、信息权、投资人转股限制等方面。同时,国有成分投资人往往要求将这些权利写入股东协议或公司章程,不轻易接受签署附属协议,这就对公司平衡国有成分投资人和其他市场化投资人之间的权利水平提出了一定要求。

最后,在国有成分投资人以股权转让等方式退出公司时,一般需要根据32号令在产权交易所进行进场交易。

二、融资架构及员工激励

1. 初创公司在选择融资架构时需要考虑哪些因素?

在创业之初,如何设计公司的股权结构和融资架构往往是每个创始人都需要面对和关心的核心问题。

创始人需要考虑自身的持股方式。直接以自然人身份持股还是搭建一个持股平台间接持股,如果是通过持股平台间接持有公司股权,是每个创始人单独设立一个持股平台还是创始人设立一个持股平台、其他联合创始人或核心员工共同设立一个持股平台,这些安排需要结合公司的实际情况进行具体考量和选择。

创始人需要考虑是否在公司设立初期就为员工激励计划预留好份额。在医疗医药行业,研发人员和核心技术人员对公司的意义不言而喻,因此创始人往往在公司设立之初就会为员工激励计划预留好相应的份额,如公司股权的10%—20%不等,一般由创始人或其指定员工作为普通合伙人和有限合伙人,设立有限合伙企业作为公司股东,并在后续公司正式启动员工激励计划后将相应的合伙份额转让给被激励员工。

创始人需要考虑选择何种类型的投资人和融资结构。关于国有成分投资人的相关介绍,请见本节第一部分“8. 公司引入国有投资人,应该注意哪些事项?”。在美元基金和人民币基金之间,则往往和公司从事的行业领域有关联,如公司从事外资限制或禁止的行业,又希望获得美元基金等外资投资人的投资,那么结合境内目前的监管要求,其需要在融资时或未来搭建红筹结构,公司需要在融资时就将这一点考虑清楚,合理规划公司的融资安排和步骤,而不是选择先只拿眼前的钱而不考虑整体的架构安排。

2. 员工激励计划是什么?需要什么时候制订和实施?

在私募投融资的语境下,员工激励计划一般可以理解为初创公司有条件地给予激励对象部分股东权益,将其利益与企业利益部分绑定,从而实现企业的长期发展目标。

实践中,为了让核心的员工更快更早地与公司形成利益共同体,越来越多的初创公司和创始人在公司设立初期就未雨绸缪，为员工激励计划预留了期权池或一定的限制性股权，一般这个比例为10%—20%。随着公司的不断发展，员工激励计划所占的公司股权数量会不断增加，但持股比例总体上会逐渐变小。因此，为合理控制和规划公司的员工激励计划，一般需由公司董事会聘请专业的律师团队或顾问团队，制订专门的员工激励计划。公司进行融资时，投资人往往也很重视公司的员工激励安排，会要求由董事会或者股东会对公司员工激励计划的制订、修改和终止进行审批后方可进行。

3. 员工激励计划有哪些形式？分别有什么特点？

较常见的员工激励计划一般分为两种，即限制性股权和期权。限制性股权是指在授予的时候就由激励对象直接持有公司股权或间接持有对应公司股权的合伙份额，公司在一定情形下可以将限制性股权无偿收回。由于激励对象直接持有相应公司股权，其在取得限制性股权之后就负有或在未来一定期限内负有缴付出资的义务。期权是指在一些特定条件达成时，激励对象可以以事先约定好的价格购买一定数量的公司股权或合伙份额。对于激励对象而言，激励对象可以选择到期不行权，期权更多的是一种选择。

需要提及的是，从税务角度来看，限制性股权和期权也存在区别。如果激励对象以低于公允价值的价格获得员工激励，价差部分相当于员工的个人所得，激励对象需要以"工资、薪金所得"缴纳个人所得税。限制性股权在公司授予时即确认所得，但期权则是在行权时确认。限制性股权项下员工纳税的时间点会相对更早。

4. 搭建可变利益实利（VIE）架构的主要步骤是什么？

VIE架构是指境外上市实体与境内的业务运营实体相分离，境外的上市实体通过协议的方式控制境内的业务实体的架构。目前实践中搭建VIE架构的主流步骤如下：

（1）创始人在中国境内设立内资公司作为未来的VIE主体；

（2）创始人在英属维尔京群岛（B. V. I.）设立BVI公司等境外主体作为持股公司（创始人持股主体）；

（3）创始人持股主体设立开曼公司（亦可能是香港公司、百慕大公司等）作为未来进行境外融资的平台公司；

（4）开曼公司设立香港公司，设立香港公司的目的主要是税收上的便利和优惠；

（5）创始人办理国家外汇管理局《关于境内居民通过特殊目的公司境外投

融资及返程投资外汇管理有关问题的通知》(以下简称37号文)登记;

(6)香港公司在境内设立外商独资企业(Wholly Foreign Owned Enterprise, WFOE);

(7)WFOE与VIE主体签署一系列VIE控制协议(VIE协议一般包括独家业务合作协议、业务经营协议、独家购买权协议、股权质押协议、授权委托书和配偶同意函等)。

5. 境内架构重组为VIE架构应该注意什么?

如果境内架构的公司希望未来境外上市,或者接受美元基金的投资,希望从境内架构切换到VIE架构,由于此时往往公司已经进行了多次融资,投资人众多,如何进行架构重组相比早期直接搭建VIE架构而言更为复杂。

对于创始人而言,如果其持有境内公司股权并且境内公司股东满足相关要求,可以直接在BVI等地设立创始人持股主体并办理37号文登记。

对于已经在境内公司持股的境内投资人而言,如果不打算套现退出,则面临切换到境外架构中的融资平台继续持股。如果境内投资人是自然人,则其外翻的方式与创始股东一致。如果是机构投资人,最为便捷的外翻方式是办理对外直接投资(ODI)手续后,在境内退出,并以境内退出的对价购汇出境并在境外融资平台持股。但这一过程中需要公司注意和考虑的细节很多,如机构投资人以什么方式从境内公司退出、退出对价的资源来源如何、以什么样的价格退出能够最小程度的损失税基成本等。

从境内架构切换到VIE架构的同时,公司可以进行新一轮融资,但应注意协调重组与新一轮融资的进展。新投资人可能希望看到公司VIE架构已经搭建完成再交割付款,而公司和原股东则更可能希望签署VIE协议当天或之前完成融资,然后再进行清理境内股东的重组工作。

境内架构重组为VIE架构的工作较为复杂,我们建议公司创始人一事一议地与律师或交易顾问进行具体沟通。

第二章　上　市

第一节　医疗医药企业[①]上市的主要方式

近年来，医疗医药为资本市场的热点行业，医疗医药企业已成为A股、港股和美股市场上市的主力军。仅2021年一年就有共计97家医疗医药企业在A股、港股和美股市场完成上市融资，其中A股医疗医药上市企业数量达到58家，在该年度A股全部上市企业中占比超过11%，募集资金874.02亿元，A股全部上市企业中募资额度占比超过16%；港股医疗医药上市企业有33家，在该年度港股全部上市企业中占比超过34%；募集资金784.21亿港元，在该年度港股全部上市企业中募资额度占比超过24%；美股医疗医药的中概股上市企业有6家，在该年度赴美上市中概股企业中占比超过17%；募集资金6.01亿美元，在该年度赴美上市中概股企业中募资额度占比超过7%。[②]

随着主要资本市场之间对于争取优质企业的竞争愈加激烈，医疗医药企业纷纷选择相关上市规则更创新更包容的资本市场。从新股数量来看，A股科创板是最受新股青睐的资本平台，联交所次之。根据同花顺数据，2021年97家新上市的医疗医药企业中，A股占58家，港股占33家。其中，选择科创板上市的企业就有37家，同样占A股医药新股的6成以上。

在此大背景下，境内境外资本市场的互联互通日益密切，

---

① 医疗医药企业参考GICS行业统计标准，细分为制药、医疗保健设备与服务、生物科技和生命科学。

② 资料来源：同花顺iFind，统计公司范围，首发上市日期介于2021年1月1日至12月31日，最后访问时间：2023年1月3日。

制度基础也愈加完善,相应地,二次上市、多地上市、各种形式的分拆上市、红筹架构直接境内上市等模式已频繁出现。不同架构的企业可以选择在不同资本市场或不同板块上市,这充分说明了中国资本市场正在向全面制度型开放转变,以充分发挥国内国际两大资本市场的叠加优势。

在上述框架下,本章旨在对医疗医药企业首次公开发行股票并上市(以下简称首发上市)的近期概况、资本市场板块选择及考量因素以及资本市场板块审核关注要点等,进行梳理、甄别归类及分析。在总结过往经验的基础上,力求为医疗医药企业上市融资提供清晰且全面的路径展示。

一、医疗医药企业境内上市的主要方式

1. 境内直接上市的主要方式有哪些?

我国医疗医药企业境内上市路径主要分为境内直接上市和境内间接上市两种。境内直接上市主要指境内首发上市,即发行人(一家依据我国公司法设立并存续的股份有限公司)向中国境内投资者公开发行人民币普通股股票,该股票在中国境内证券交易场所上市交易。上海证券交易所(以下简称上交所)、深圳证券交易所(以下简称深交所)是目前A股最主要的上市交易平台。作为经国务院批准设立的我国第一家公司制证券交易所,北京证券交易所(以下简称北交所)受理的上市企业主要为专精特新的企业,包括新能源、新材料及生物医药等多个新兴领域。

境内直接上市的主要方式具体如下:

医疗医药企业境内上市主要路径

上市路径	上市企业数量	上市企业名称
上市路径1:直接主板/科创板/创业板	133家	百济神州[1]、康希诺、凯赛生物、百克生物、圣湘生物、纳微科技、威高骨科、爱美客、华熙生物、微芯生物、甘李药业、诺唯赞、义翘神州、三生国健、神州细胞、华兰疫苗、复旦张江、国邦医药、亚辉龙、爱博医疗、百奥泰、荣昌生物、昊海生科、成都先导、泽璟制药、东方生物、艾力斯、惠泰医疗、汇宇制药、迪哲医药、申联生物、科前生物、易瑞生物、特宝生物、悦康药业、可孚医疗、赛科希德、百普赛斯、艾迪药业、奥精医疗、博瑞医药、诚达药业、奕瑞科技、心脉医疗、诺禾致源、前沿生物、福元医药、亚虹医药、迈威生物、海尔生物、阳光诺和、春立医疗、奥泰生物、中金辐照、南新制药、赛诺医疗、亨迪药业、吉贝尔、

续表

上市路径	上市企业数量	上市企业名称
		普门科技、博拓生物、科兴制药、药康生物、康众医疗、三友医疗、金迪克、康龙化成、翔宇医疗、凯因科技、华兰股份、回盛生物、采纳股份、奥美医疗、共同药业、维康药业、仙乐健康、康华生物、何氏眼科、睿昂基因、嘉和美康、安必平、万泰生物、安旭生物、康拓医疗、粤万年青、圣诺生物、上海谊众、澳华内镜、东亚药业、华纳药厂、华康医疗、奥锐特、首药控股、迈普医学、西点药业、热景生物、美迪西、祥生医疗、浩欧博、百合股份、天益医疗、拱东医疗、多瑞医药、佰仁医疗、天臣医疗、硕世生物、葫芦娃、海创药业、仁度生物、合富中国、蔚蓝生物、艾隆科技、川宁生物、新天地、华厦眼科、怡和嘉业、康为世纪、美好医疗、毕得医药、近岸蛋白、诺诚健华、恩威医药、华大智造、奥浦迈、宣泰医药、联影医疗、麦澜德、盟科药业、诺思格、英诺特、益方生物、天新药业、五洲医疗、普瑞眼科
上市路径2:新三板基础层/创新层→主板/科创板/创业板	36家	普蕊斯、泰恩康、富士莱、和元生物、赛伦生物、优宁维、南模生物、百诚医药、成大生物、拓新药业、兰卫医学、爱威科技、皓元医药、欧林生物、诺泰生物、中农联合、海泰新光、之江生物、泰坦科技、阿拉丁、苑东生物、康泰医学、伟思医疗、君实生物、天智航、新产业、贵州三力、洁特生物、泰林生物、迈得医疗、广电计量、南微医学、山外山、东星医疗、泓博医药、电生理
上市路径3:新三板基础层→创新层→北交所	12家	锦好医疗、梓橦宫、三元基因、诺思兰德、大唐药业、永顺生物、康比特、欧康医药、辰光医疗、倍益康、中科美菱、新芝生物
上市路径4:新三板创新层→北交所	4家	德源药业、森萱医药、鹿得医疗、生物谷
上市路径5:直接新三板(未进行转板)	43家	嘉乐威、阅微基因、阿为特、恒伦医疗、吉春制药、湖南康复、捷工智气、万隆制药、森爱驰、华联医疗、银狐医疗、南方数控、西格医学、橙博生物、金丝利、盛泉养老、家红齿科、龙开河、天马国药、龙门医药、中玒口腔、华齿口腔、奔月生物、康源堂、誉邦科技、新赣江、达晖生物、紫杉药业、安邦制药、杰西科技、柏维力、宇能制药、华鸿科技、普祺医药、华世通、迪尔生物、奥普生物、恒道医药、祥瑞生物、金泰5、华科泰、帕科医疗、弘森药业

[1]百济神州于2021年12月15日在上交所科创板上市,系红筹架构直接境内上市。

基于上表,2019年至2022年,医疗医药企业过半数于科创板上市,其次系创业板和新三板,其中,部分企业为自新三板创新层转板至主板/科创板/北交所上市的情形。截至2022年,尚未有医疗医药企业从北交所转板至主板/科创板/创业板上市的情形。

从时间分布来看,2021年和2020年医疗医药企业境内上市过会数量均保持高位,2022年仅上半年的过会数量已快赶超2019年全年水平,且2022年医疗医药企业境内A股首发募集资金净额合计约780.72亿元,占2022年全部A股新上市企业境内首发募集资金额约13%(全部A股首发募集资金总金额为5868.12亿元),足见医疗医药行业在上市领域的热门。从细分行业分布来看,2019年至2022年,境内A股上市的医疗医药企业主要以制药行业企业居多,约占同期全部境内上市的医疗医药企业的42%,其他细分行业医疗保健设备与服务企业、生物科技和生命科学企业分别约占34%、24%。①

2. 境内间接上市的主要方式有哪些?

医疗医药企业境内间接上市主要指借壳上市,即未上市的公司通过收购、资产置换等方式取得已上市公司的控制权,通过取得上市公司的控制权,该公司即可以上市公司增发股票的方式进行融资,从而实现上市的目的。根据同花顺iFind数据,2019年至2022年,医疗医药行业通过借壳成功上市的公司共有3家,分别是2019年1月上市的奥赛康(002755)、2020年3月上市的万邦德(002082)和2020年4月上市的罗欣药业(002793),上述三家公司均在深交所主板上市。

由此可以看出,我国医疗医药企业在境内上市路径的选择上,更倾向于选择境内直接上市。

二、医疗医药企业境外上市的主要方式

1. 境外直接上市的主要方式有哪些?

我国医疗医药企业境外上市路径主要分为境外直接上市和境外间接上市两种。境外直接上市主要系境外首发上市,指企业向境外投资者发行境外股票市场的股票并上市交易,主要包括港股上市及美股中概股上市。

根据同花顺iFind数据,2019年至2022年,医疗医药企业在中国香港地区上市密集,且均上市于港股主板,这其中的一个重要原因是联交所18A章的推

---

① 据同花顺iFind数据,2019—2022年A股医疗医药企业总计上市数量为185家,其中制药行业78家,医疗保健设备与服务行业63家,生物科技和生命科学行业44家。

出,为医疗医药企业的港股上市提供了更加便捷高效的通道。从时间分布上看,与境内上市情况相似,2021 年港股及美股中概股上市企业数量最多,共 39 家。港股上市医疗医药企业中,有 9 家同时在 A 股上市,至此,“A+H”医疗医药企业已达 19 家,其中百济神州同时还在美股 NASDAQ 上市,具体如下。

序号	公司全称	A 股简称及代码	A 股首发上市日期	港股简称及代码	港股首发上市日期	美股简称及代码	美股首发上市日期
1	诺诚健华医药有限公司(红筹股)	诺诚健华 688428. SH	2022-09-21	诺诚健华-B 9969. HK	2020-03-23	—	—
2	荣昌生物制药(烟台)股份有限公司	荣昌生物 688331. SH	2022-03-31	荣昌生物 9995. HK	2020-11-09	—	—
3	北京市春立正达医疗器械股份有限公司	春立医疗 688236. SH	2021-12-30	春立医疗 1858. HK	2015-03-11	—	—
4	百济神州有限公司(红筹股)	百济神州 688235. SH	2021-12-15	百济神州 6160. HK	2018-08-08	百济神州 BGNE. O	2016-06-03
5	康希诺生物股份公司	康希诺 688185. SH	2020-08-13	康希诺生物-B 6185. HK	2019-03-28	—	—
6	上海君实生物医药科技股份有限公司	君实生物 688180. SH	2020-07-15	君实生物 1877. HK	2018-12-24	—	—
7	上海复旦张江生物医药股份有限公司	复旦张江 688505. SH	2020-06-19	复旦张江 1349. HK	2002-08-13	—	—

续表

序号	公司全称	A股简称及代码	A股首发上市日期	港股简称及代码	港股首发上市日期	美股简称及代码	美股首发上市日期
8	上海昊海生物科技股份有限公司	昊海生科 688366. SH	2019-10-30	昊海生物科技 6826. HK	2015-04-30	—	—
9	康龙化成(北京)新药技术股份有限公司	康龙化成 300759. SZ	2019-01-28	康龙化成 3759. HK	2019-11-28	—	—
10	无锡药明康德新药开发股份有限公司	药明康德 603259. SH	2018-05-08	药明康德 2359. HK	2018-12-13	—	—
11	北京昭衍新药研究中心股份有限公司	昭衍新药 603127. SH	2017-08-25	昭衍新药 6127. HK	2021-02-26	—	—
12	凯莱英医药集团(天津)股份有限公司	凯莱英 002821. SZ	2016-11-18	凯莱英 6821. HK	2021-12-10	—	—
13	杭州泰格医药科技股份有限公司	泰格医药 300347. SZ	2012-08-17	泰格医药 3347. HK	2020-08-07	—	—
14	深圳市海普瑞药业集团股份有限公司	海普瑞 002399. SZ	2010-05-06	海普瑞 9989. HK	2020-07-08	—	—
15	广州白云山医药集团股份有限公司	白云山 600332. SH	2001-02-06	白云山 0874. HK	1997-10-30	—	—

续表

序号	公司全称	A 股简称及代码	A 股首发上市日期	港股简称及代码	港股首发上市日期	美股简称及代码	美股首发上市日期
16	上海复星医药(集团)股份有限公司	复星医药 600196. SH	1998-08-07	复星医药 2196. HK	2012-10-30	—	—
17	山东新华制药股份有限公司	新华制药 000756. SZ	1997-08-06	山东新华制药股份 0719. HK	1996-12-31	—	—
18	上海医药集团股份有限公司	上海医药 601607. SH	1994-03-24	上海医药 2607. HK	2011-05-20	—	—
19	丽珠医药集团股份有限公司	丽珠集团 000513. SZ	1993-10-28	丽珠医药 1513. HK	2014-01-16	—	—

2. 境外间接上市的主要方式有哪些?

我国医疗医药企业境外间接上市主要系借壳上市,与境内借壳上市一样,在取得境外上市公司的控制权后,该公司即可以境外上市公司在境外证券市场增发股票的方式进行融资。根据同花顺数据,2019 年至 2022 年,港股并无借壳成功上市的医疗医药企业。从过往港股借壳上市情况看,主要集中在 2007 年至 2009 年,共 5 家,涉及的细分领域包括医疗信息、医院、医疗设备、生物科技及中药等。

第二节　医疗医药企业境内外上市概览

一、医疗医药企业境内上市情况

1. 行业细分

2019 年至 2022 年,境内上市的医疗医药企业主要以制药行业居多。

2. 上市板块

2019 年至 2022 年,境内上市的医疗医药企业近半数在科创板完成上市,其次在创业板和新三板完成上市。

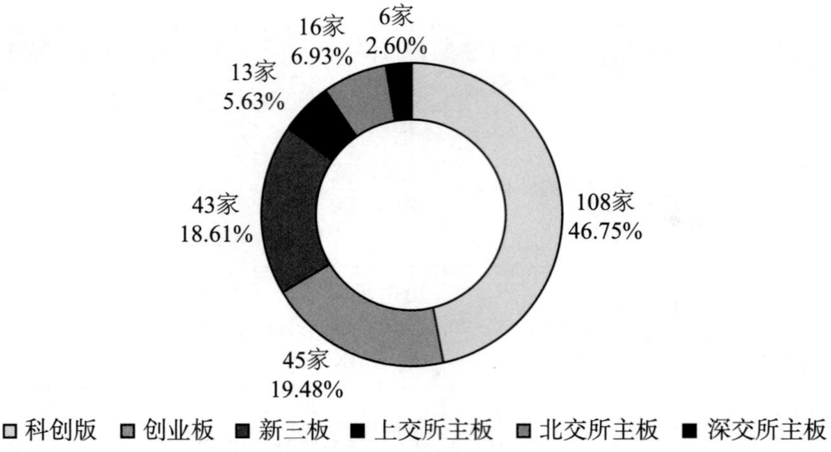

医疗医药行业境内上市公司上市板块分布

资料来源:同花顺 iFind(截至2022年12月31日)。

3. 首发募集金额

2019年至2022年,除借壳上市企业外,境内上市的医疗医药企业首发募集总金额达2478.975亿元,平均募集金额约13.3998亿元,首发募集金额最大的百济神州(688235)达221.5964亿元。

细分行业	募集金额区间(亿元)	平均首发募集金额(亿元)	首发募集总金额(亿元)
制药	[0.3586—221.5964]	14.2440	1111.0287
医疗保健设备与服务	[0.9000—109.8800]	12.2081	769.1132
生物科技和生命科学	[1.6392—55.6062]	13.6098	598.8331

4. 市盈率

2019年至2022年,境内上市的医疗医药企业市盈率最高的前三家均为制药行业,其中,市盈率最高的艾力斯(688578)达496.4276。佰仁医疗(688198)与和元生物(688238)分别为医疗保健设备与服务行业、生物科技和生命科学行业市盈率之冠。

细分行业	市盈率最低	市盈率最高	平均市盈率
制药	-2728.6895(上海谊众)	496.4276(艾力斯)	8.6854

续表

细分行业	市盈率最低	市盈率最高	平均市盈率
医疗保健设备与服务	-1073.7029(微电生理)	333.4165(佰仁医疗)	37.2489
生物科技和生命科学	-153.5136(艾迪药业)	183.7052(和元生物)	37.3187

5. 首发市值与最新市值

2019年至2022年,境内上市的医疗医药企业中,制药行业上市首日平均市值相对较高,达152.3991亿元。从2022年12月31日市值表现情况看,医疗医药各行业平均市值均有不同程度缩水。

细分行业	上市首日市值总值(亿元)	上市首日市值平均值(亿元)	截至2022年12月31日市值总值(亿元)	截至2022年12月31日市值平均值(亿元)
制药	11,887.1303	152.3991	10,670.8293	136.8055
医疗保健设备与服务	8251.3805	130.9743	7901.4641	125.4201
生物科技和生命科学	6088.3496	138.3716	3758.0897	85.4111

6. 分拆上市

虽然分拆上市在境外资本市场是常见的经济行为,但在我国经历了探索、监管、窗口指导谨慎实践和监管更规范四个阶段。2004年7月21日,中国证券监督管理委员会首次发布《关于规范境内上市公司所属企业到境外上市有关问题的通知》(证监发〔2004〕67号)(已失效),允许符合一定条件①的境内上市公司所属企业分拆到境外上市。2019年12月12日,中国证券监督管理委员会又发

① 所属企业申请到境外上市,上市公司应当符合下列条件:(1)上市公司在最近三年连续盈利。(2)上市公司最近三个会计年度内发行股份及募集资金投向的业务和资产不得作为对所属企业的出资申请境外上市。(3)上市公司最近一个会计年度合并报表中按权益享有的所属企业的净利润不得超过上市公司合并报表净利润的50%。(4)上市公司最近一个会计年度合并报表中按权益享有的所属企业净资产不得超过上市公司合并报表净资产的30%。(5)上市公司与所属企业不存在同业竞争,且资产、财务独立,经理人员不存在交叉任职。(6)上市公司及所属企业董事、高级管理人员及其关联人员持有所属企业的股份,不得超过所属企业到境外上市前总股本的10%。(7)上市公司不存在资金、资产被具有实际控制权的个人、法人或其他组织及其关联人占用的情形,或其他损害公司利益的重大关联交易。(8)上市公司最近三年无重大违法违规行为[中国证券监督管理委员会《关于规范境内上市公司所属企业到境外上市有关问题的通知》(证监发〔2004〕67号)第2条]。

布《上市公司分拆所属子公司境内上市试点若干规定》(中国证券监督管理委员会公告〔2019〕27号)(已失效),允许符合条件①的境内上市公司分拆其直接或间接控制的子公司于境内证券市场上市。2022年1月5日,中国证券监督管理委员会再次发布《上市公司分拆规则(试行)》(中国证券监督管理委员会公告〔2022〕5号),就分拆上市程序、信息披露等作出详细规定,表述也更加规范。

相较于境内对分拆上市的严格规制,联交所、纳斯达克对于分拆上市的监管规则较为宽容。如联交所,一直以来都允许符合一定条件的香港上市公司进行分拆上市,具体规定在PN15②中。根据PN15的要求,香港上市公司需要就分拆上市向联交所递交书面申请,取得上市委员会的批复。结合巨潮资讯网及联交所公示的上市公司公告数据,截至2022年年底,医疗医药企业分拆上市的具体情况如下所示:

证券代码	证券简称	拟拆分企业	分拆后拟上市地点	目前进展
00460. HK	四环医药	轩竹生物	科创板	已问询
00853. HK	微创医疗	微创脑科学	联交所主板	已完成分拆上市

① “……上市公司分拆原则上应当同时满足以下条件:(一)上市公司股票境内上市已满3年。(二)上市公司最近3个会计年度连续盈利,且最近3个会计年度扣除按权益享有的拟分拆所属子公司的净利润后,归属于上市公司股东的净利润累计不低于6亿元人民币(本规定所称净利润以扣除非经常性损益前后孰低值计算)。(三)上市公司最近1个会计年度合并报表中按权益享有的拟分拆所属子公司的净利润不得超过归属于上市公司股东的净利润的50%;上市公司最近1个会计年度合并报表中按权益享有的拟分拆所属子公司净资产不得超过归属于上市公司股东的净资产的30%。(四)上市公司不存在资金、资产被控股股东、实际控制人及其关联方占用的情形,或其他损害公司利益的重大关联交易。上市公司及其控股股东、实际控制人最近36个月内未受到过中国证券监督管理委员会的行政处罚;上市公司及其控股股东、实际控制人最近12个月内未受到过证券交易所的公开谴责。上市公司最近一年及一期财务会计报告被注册会计师出具无保留意见审计报告。(五)上市公司最近3个会计年度内发行股份及募集资金投向的业务和资产,不得作为拟分拆所属子公司的主要业务和资产,但拟分拆所属子公司最近3个会计年度使用募集资金合计不超过其净资产10%的除外;上市公司最近3个会计年度内通过重大资产重组购买的业务和资产,不得作为拟分拆所属子公司的主要业务和资产。所属子公司主要从事金融业务的,上市公司不得分拆该子公司上市。(六)上市公司董事、高级管理人员及其关联方持有拟分拆所属子公司的股份,合计不得超过所属子公司分拆上市前总股本的10%;上市公司拟分拆所属子公司董事、高级管理人员及其关联方持有拟分拆所属子公司的股份,合计不得超过所属子公司分拆上市前总股本的30%。(七)上市公司应当充分披露并说明:本次分拆有利于上市公司突出主业、增强独立性。本次分拆后,上市公司与拟分拆所属子公司均符合中国证券监督管理委员会、证券交易所关于同业竞争、关联交易的监管要求,且资产、财务、机构方面相互独立,高级管理人员、财务人员不存在交叉任职,独立性方面不存在其他严重缺陷。”《上市公司分拆所属子公司境内上市试点若干规定》(中国证券监督管理委员会公告〔2019〕27号)(已失效)第1条规定。

② PN15指《香港联合交易所有限公司证券上市规则》之《第15项应用指引》。

续表

证券代码	证券简称	拟拆分企业	分拆后拟上市地点	目前进展
00853. HK	微创医疗	心通医疗-B	联交所主板	已完成分拆上市
00853. HK	微创医疗	微创机器人-B	联交所主板	已完成分拆上市
02005. HK	石四药集团	江苏博生	新三板	独立挂牌
00874. HK	白云山	广州医药	境外	中止分拆
02186. HK	绿叶制药	博安生物	联交所主板	已完成分拆上市
01066. HK	威高股份	威高骨科	科创板	已完成分拆上市
00950. HK	李氏大药厂	兆科眼科	联交所主板	已完成分拆上市
02633. HK	雅各臣科研制药	健倍苗苗	联交所主板	已完成分拆上市
02196. HK	复星医药	Gland Pharma	孟买、印度交易所	已完成分拆上市
01513. HK	丽珠医药	丽珠试剂	创业板	未完成
01530. HK	三生制药	三生国健	科创板	已完成分拆上市
01548. HK	金斯瑞生物科技	传奇生物	美股纳斯达克全球	已完成分拆上市
01093. HK	石药集团	新诺威	创业板	已完成分拆上市
000661. SZ	长春高新	百克生物	科创板	已完成分拆上市
688739. SH	辽宁成大	成大生物	科创板	已完成分拆上市
002007. SZ	华兰生物	华兰疫苗	创业板	已完成分拆上市
300244. SZ	迪安诊断	观合医药	境内上市	公告披露分拆计划
002422. SZ	科伦药业	川宁生物	创业板	已完成分拆上市
603259. SH	药明康德	药明康德	联交所主板	已完成分拆上市
600535. SH	天士力	天士力生物	科创板	终止
600196. SH	复星医药	复宏汉霖	联交所主板	已完成分拆上市

二、医疗医药企业境外上市[①]情况

1. 行业细分

2019 年至 2022 年，港股上市的医疗医药企业以医疗保健设备与服务企业居多（占比约 47.4%），美股中概股上市的医疗医药企业主要以制药行业居多

① 本部分境外上市数据统计仅包含港股与美股中概股情况。

(占比约为64.3%)。

2. 上市板块

2019年至2022年,港股和美股中概股上市的医疗医药企业中,87%以上于港股上市。

3. 首发募集金额

(1)港股

2019年至2022年,港股上市的医疗医药企业首发募集金额平均为20.1958亿港元,首发募集金额最大的泰格医药(03347)达123.1248亿港元。

细分行业	募集金额区间(亿港元)	平均首发募集金额(亿港元)	首发募集总金额(亿港元)
制药	[0.5362—90.4044]	23.9679	838.8785
医疗保健设备与服务	[1.0221—48.4556]	14.2137	653.8304
生物科技和生命科学	[2.1531—123.1248]	29.1429	466.2876

(2)美股中概股

2019年至2022年,美股中概股上市的医疗医药企业的首发募集金额平均为0.9133亿美元,首发募集金额最大的泛生子(GTH.O)达2.3808亿美元。

细分行业	募集金额区间(亿美元)	平均首发募集金额(亿美元)	首发募集总金额(亿美元)
制药	[0.1012—1.9437]	0.8324	6.6594
医疗保健设备与服务	[0.2790—0.3330]	0.3060	0.6120
生物科技和生命科学	[0.1488—2.3808]	1.5337	4.6011

4. 市盈率

2019年至2022年,港股和美股中概股上市的医疗医药企业中市盈率最高的前三家分别为医疗保健设备与服务行业的微创脑科学(02172)、生物科技和生命科学行业的荣昌生物(09995),以及医疗保健设备与服务行业的健倍苗苗(02161)。

细分行业	市盈率最低	市盈率最高	平均市盈率
制药	-321.0075(诺诚健华-B)	38.3573(健倍苗苗)	-10.1080

续表

细分行业	市盈率最低	市盈率最高	平均市盈率
医疗保健设备与服务	-205.9016(业聚医疗)	450.8311(微创脑科学)	7.0441
生物科技和生命科学	-15.2153(百奥赛图-B)	96.294(荣昌生物)	13.6246

5. 首发市值与最新市值

(1)港股

2019年至2022年,港股上市的医疗医药企业中,制药行业上市首日平均市值相对较高,达215.0117亿港元。

细分行业	上市首日市值总值(亿港元)	上市首日市值平均值(亿港元)	截至2022年12月31日市值总值(亿港元)	截至2022年12月31日市值平均值(亿港元)
制药	7310.3981	215.0117	5249.4161	149.9833
医疗保健设备与服务	6339.0227	137.8048	3350.6826	72.8409
生物科技和生命科学	3155.9713	197.2482	3042.2569	190.1411

(2)美股中概股

2019年至2022年,美股中概股上市的医疗医药企业中,生物科技和生命科学行业上市首日平均市值相对较高,达13.4888亿美元。

细分行业	上市首日市值总值(亿美元)	上市首日市值平均值(亿美元)	截至2022年12月31日市值总值(亿美元)	截至2022年12月31日市值平均值(亿美元)
制药	53.9357	5.9929	6.9417	0.7713
医疗保健设备与服务	5.4175	2.7088	2.3872	1.1936
生物科技和生命科学	40.4664	13.4888	3.4825	1.1608

第三节　资本市场板块选择及考量因素

一、医疗医药企业境内外上市主要上市条件比较

	A股(以科创板为例)	港股(以香港主板为例)	美股(以纳斯达克为例)
主体资格	符合国家科技创新战略、拥有关键核心技术等先进技术、科技创新能力突出、科技成果转化能力突出、行业地位突出或者市场认可度高、依据《公司法》设立并存续的科技创新股份有限公司	发行人必须依据其注册或成立所在地的法例正式注册或成立,并须遵守该等法例及其公司章程大纲及细则或同等文件的规定。如发行人是一家香港公司,则不得是《公司条例》第11条所指的私人公司[1]	美国1933年证券法和美国证监会规则对上市主体资格作明确的规定[2]
科创属性	4项常规指标[3]: (1)最近3年累计研发投入占最近3年累计营业收入比例5%以上,或者最近3年研发投入金额累计在6000万元以上,其中,软件企业最近3年累计研发投入占最近3年累计营业收入比例10%以上; (2)研发人员占当年员工总数的比例不低于10%; (3)形成主营业务收入的发明专利(含国防专利)5项以上,软件企业除外; (4)最近3年营业收入复合增长率达到20%,或者最近一年营业收入金额达到3亿元。 5项例外指标[4]: (1)拥有的核心技术经国家主管部门认定具有国际领先、引领作用或者对于国家战略具有重大意义; (2)作为主要参与单位或者核心技术人员作为主要参与人员,获得国家自然科学奖、国家科技进步奖、国家技术发明奖,并将相关技术运用于主营业务; (3)独立或者牵头承担与主营业务和核心技术相关的国家重大科技专项项目; (4)依靠核心技术形成的主要产品(服务),属于国家鼓励、支持和推动的关键设备、关键产品、关键零部件、关键材料等,并实现了进口替代; (5)形成核心技术和应用于主营业务收入相关的发明专利(含国防专利)合计50项以上	仅限于生物科技公司,即主要从事生物科技产品研发、应用或商业化发展的公司。如制药、生物科技及生命科学、医疗设备及用品、医疗技术公司等	立足于服务科技型、创新反传统商业模式的新兴企业

续表

	A股(以科创板为例)	港股(以香港主板为例)	美股(以纳斯达克为例)
市值/财务指标	需满足以下任一套标准: (1)预计市值不低于人民币10亿元,最近两年净利润均为正且累计净利润不低于人民币5000万元,或者预计市值不低于人民币10亿元,最近一年净利润为正且营业收入不低于人民币1亿元; (2)预计市值不低于人民币15亿元,最近一年营业收入不低于人民币2亿元,且最近三年累计研发投入占最近三年累计营业收入的比例不低于15%; (3)预计市值不低于人民币20亿元,最近一年营业收入不低于人民币3亿元,且最近三年经营活动产生的现金流量净额累计不低于人民币1亿元; (4)预计市值不低于人民币30亿元,且最近一年营业收入不低于人民币3亿元; (5)预计市值不低于人民币40亿元,主要业务或产品需经国家有关部门批准,市场空间大,目前已取得阶段性成果[5]。 已境外上市的红筹企业需满足以下任一标准: (1)市值不低于2000亿元人民币; (2)市值200亿元人民币以上,且拥有自主研发、国际领先技术,科技创新能力较强,同行业竞争中处于相对优势地位。 营业收入快速增长,拥有自主研发、国际领先技术,同行业竞争中处于相对优势地位的尚未在境外上市红筹企业,需符合以下任一标准: (1)预计市值不低于人民币100亿元; (2)预计市值不低于人民币50亿元,且最近一年营业收入不低于人民币5亿元	一般情况下,需满足以下任一套标准: 标准1(盈利测试):在不少于3个会计年度的营业记录期间,最近一年的股东应占盈利不得低于3500万港元,及其前两年累计的股东应占盈利亦不得低于4500万港元,2022年1月1日生效。 标准2(市值/收益/现金流测试):上市时市值至少为20亿港元;经审计的最近一个会计年度的收益至少为5亿港元;新申请人或其集团的拟上市的业务于前3个会计年度的现金流入合计至少为1亿港元。 标准3(市值/收益测试):上市时市值至少为40亿港元,经审计的最近一个会计年度的收益至少为5亿港元。 针对未盈利的生物科技公司(《主板上市规则》第十八A章): 上市时市值应不低于15亿港元;且发行人应有充足的营运资金(含上市募集资金)足可应付上市后12个月所需开支的至少125%	需满足以下任一套标准: 标准1(净利润标准):最近三个会计年度合计净利润不低于1100万美元并且各年净利润均大于0,最近两个会计年度的年均净利润不低于220万美元。 标准2(市值+收入+现金流标准):最近三个会计年度合计现金流不低于2750万美元并且各年均大于0;最近12个月的市值不低于55,000万美元;最近一个会计年度的收入不低于1100万美元。 标准3(市值+收入标准):最近12个月的市值不低于85,000万美元;最近一个会计年度的收入不低于900万美元。 标准4(市值+总资产+股东权益标准):市值不低于16,000万美元;总资产不低于8000万美元;股东权益不低于5500万美元
控制权及经营稳定性	发行人主营业务、控制权、管理团队和核心技术人员稳定,最近2年内主营业务和董事、高级管理人员及核心技术人员均没有发生重大不利变化;控股股东和受控股股东、实际控制人支配的股东所持发行人的股份权属清晰,最近2年实际控制人没有发生变更,不存在导致控制权可能变更的重大权属纠纷	至少3个会计年度保证管理层的连续性;至少经审计的最近1个会计年度的拥有权和控制权维持不变。 申请人至少有两年执行董事通常居住于中国香港特区。董事会应包括至少三名非独立董事,其中一名须具有适当的专业资格或适当的会计或相关财务管理专长	无特殊要求

续表

	A股(以科创板为例)	港股(以香港主板为例)	美股(以纳斯达克为例)
核心产品要求	医药企业: 需至少有一项核心产品获准开展二期临床试验,其他符合科创板定位的企业需具备明显的技术优势并满足相应条件[6]。 医疗器械企业: (1)核心技术产品应当属于国家医疗器械科技创新战略和相关产业政策鼓励支持的范畴,主要包括先进的检验检测、诊断、治疗、监护、生命支持、中医诊疗、植入介入、健康康复设备产品及其关键零部件、元器件、配套件和基础材料等。 (2)核心技术产品研发应当取得阶段性成果,至少有一项核心技术产品已按照医疗器械相关法律法规要求完成产品检验和临床评价且结果满足要求,或已满足申报医疗器械注册的其他要求,不存在影响产品申报注册和注册上市的重大不利事项[7]	申请人必须至少有一项核心产品已通过概念阶段。以下情形将被联交所视为"已通过概念阶段"。 (a)药剂(小分子药物)/生物制剂: (i)申请人必须证明该产品已经通过第一阶段临床试验,且有关主管当局并不反对其开展第二阶段(或其后阶段)的临床试验。 (ii)申请人必须证明该产品已经至少通过一次人体临床试验,且有关主管当局并不反对其开展第二阶段(或其后阶段)的临床试验。 (b)医疗器械(包括诊断器材) 申请人必须证明该产品已至少通过一次人体临床试验,主管当局或认可机构同意或并无反对申请人开展进一步临床试验	对医疗医药企业未做特殊要求
存续时间	持续经营3年以上	一般来说,3年以上,特殊情况下接受较短的营业记录	没有3年经营期的要求(采用权益标准需有两年经营历史),但通常要求上市主体在招股书中披露近3年经审计的财务报表
关联交易和同业竞争	不存在对发行人构成重大不利影响的同业竞争,不存在严重影响独立性或者显失公平的关联交易	不完全禁止同业竞争,但也是一项重要的审核条件。对于发行人的控股股东、董事在发行人以外存在同业竞争情况的,要求发行人在上市文件和上市后的年度报告的显眼位置进行充分披露。 除非关联交易的金额很小,否则必须获上市公司独立股东的批准及/或作适当的披露	公司审计委员会应持续关注关联交易及相关的同业竞争情况

续表

	A股(以科创板为例)	港股(以香港主板为例)	美股(以纳斯达克为例)
锁定期及减持限制	对上市时未盈利的公司的锁定期及减持限制包括: (1)公司实现盈利前,控股股东、实际控制人自公司股票上市之日起3个完整会计年度内,不得减持首发前股份;自公司股票上市之日起第4个会计年度和第5个会计年度内,每年减持的首发前股份不得超过公司股份总数的2%,并应当符合《上海证券交易所上市公司股东及董事、监事、高级管理人员减持股份实施细则》的相关规定。 (2)公司实现盈利前,董事、监事、高级管理人员及核心技术人员自公司股票上市之日起3个完整会计年度内,不得减持首发前股份;在前述期间内离职的,应当继续遵守这一要求。 (3)公司实现盈利后,前两类股东可以自当年年度报告披露后次日起减持首发前股份,但应当遵守有关减持的其他规定。 科创板对机构投资者的锁定期及减持限制:机构投资者持有的上市公司股份通常限售期为上市之日起不少于12个月,之后减持适用上海证券交易所的相关减持规则	控股股东在上市后的6个月内不得出售首发前股份,并在其后的6个月内不得出售首发股份以致失去控股股东地位。 基石投资者上市时认购股份6个月内不得出售。 港股公司股东持有的上市前股份在上市后1年内不得出售。 除上述锁定期限制外,对其他上市前已入股的机构投资者有锁定期的要求	没有明确规定,但市场惯例是所有股东签署180日的锁定协议,作为承销协议签署的前提条件。 美国1933年证券法第144条对持有上市公司股份超过5%的大股东、公司高管、董事等关联方以及从关联方处获取股份的人士的减持行为作出了详细规定,要求上述人士在卖出限制性证券时必须严格遵循减持比例和减持总市值,并遵守披露程序

[1]《香港联合交易所有限公司证券上市规则》第8.02、8.03条。

[2]在美国一般上市主体是股份有限公司,但证券化产品中,许多美国的有限责任公司(LLC)是发行主体,此外信托(trust)也都可以公开发行证券。

[3]《上海证券交易所科创板企业发行上市申报及推荐暂行规定(2021年4月修订)》第5条。根据该条规定,同时具备4项常规指标的医疗医药企业可申请科创板上市。

[4]《上海证券交易所科创板企业发行上市申报及推荐暂行规定(2021年4月修订)》第6条。根据该条规定,医疗医药企业虽未达到上述4项常规指标,但符合5项例外指标之一的,也可申请科创板上市。

[5]为了细化明确第五套上市标准的适用情形,支持尚未形成一定收入规模的"硬科技"医疗器械企业在科创板发行上市,上交所于2022年6月10日专门发布了《上海证券交易所科创板发行上市审核规则适用指引第7号——医疗器械企业适用第五套上市标准》。

[6]《上海证券交易所科创板股票上市规则(2020年12月第二次修订)》第2.1.2条。

[7]《上海证券交易所科创板发行上市审核规则适用指引第7号——医疗器械企业适用第五套上市标准》第3、4条。

二、上市地选择的考量因素及建议

第一,财务指标要求上,多数未盈利医疗医药企业无法满足科创板的高市值要求,港股和美股对市值要求相对宽松,医疗医药企业可根据自身市值及核心产品研发进展选择上市地。

科创板第五套标准要求未盈利医药企业的预计市值不低于人民币40亿元,至少一项核心产品获准开展二期临床试验,适合估值较高或盈利能力较强的医疗医药企业;医疗器械企业核心技术产品研发应当取得阶段性成果,至少有一项核心技术产品已按照医疗器械相关法律法规要求完成产品检验和临床评价且结果满足要求,或已满足申报医疗器械注册的其他要求,不存在影响产品申报注册和注册上市的重大不利事项。实践中,大多数医疗医药企业仅经历天使轮、A轮,很难达到科创板的上述市值要求。而联交所对未盈利医疗医药企业的市值要求仅为15亿港元,核心产品已经通过第一阶段临床试验,适合达到一定市值并且临床进入二期试验的医疗医药企业;纳斯达克证券市场对市值的要求最低,市值达到7500万美元(或股东权益达到3000万美元)即可,对于临床阶段没有特殊要求,适合研发处于较初期阶段或者市值较低的医疗医药企业。

从市值要求上看,科创板更倾向于成长期、趋向成熟发展阶段的医疗医药企业,而港股及美股市场更倾向给予初创期的企业融资机会。对于那些尚未盈利、市值较低而又有迫切融资需求的医疗医药企业,可以选择先通过搭建红筹架构在境外上市,待时机成熟后回归A股。

第二,从重组成本角度上,红筹境外上市①需要搭建红筹架构,重组所需资金及时间要求高于港股上市,但审核程序快捷,便利全球资产配置及再融资,满足条件可回归科创板。

港股(此处指H股)上市需要拟上市主体为境内股份有限公司。医疗医药企业若选择港股上市需进行股份制改制,从重组成本上看,要低于红筹上市。2019年11月14日,中国证券监督管理委员会发布《H股公司境内未上市股份申请"全流通"业务指引》,全面推开H股"全流通"改革,医疗医药企业若选择港股上市可以向中国证券监督管理委员会申请全流通。

红筹上市可选择股权红筹架构和VIE红筹架构。如果涉及外资准入鼓励

---

① 本文所述的红筹上市为小红筹上市。目前境内企业境外上市的法律路径有二:一是直接境外上市,即境内企业经中国证券监督管理委员会核准直接向境外投资人发行的股票,在境外公开的证券交易场所流通转让,如H股、N股、S股。二是间接境外上市。间接境外上市又称为红筹上市。红筹上市又具体划分为大红筹上市和小红筹上市。大红筹主要指国资背景的境内企业间接境外上市,该种上市方式早在20世纪90年代即被纳入强监管范畴。小红筹主要指民营背景的境内企业间接境外上市。该种上市方式经历了"无异议函""取消无异议函""10号令"等监管演进过程。截至目前,红筹上市方式不属于中国证券监督管理委员会行政许可事项。

或允许类行业，例如集成电路、软件开发、制造业、线下贸易等，一般会采取股权红筹架构；但如果涉及外资准入限制类或禁止类行业，例如 TMT 行业等，一般都采用 VIE 红筹架构。自 2003 年中国证券监督管理委员会取消对红筹上市的境内审查程序后，截至目前，红筹上市无须获得中国证券监督管理委员会审核批准。2023 年 2 月 17 日，中国证监会发布《境内企业境外发行证券和上市管理试行办法》（中国证券监督管理委员会公告〔2023〕43 号，自 2023 年 3 月 31 日起实施），明确规定境内企业境外发行上市（含红筹中概股赴美、港或其他上市地上市）均需向中国证监会履行备案程序。

医疗医药企业若选择红筹上市需要进行境内外重组，通常由其股东在开曼群岛等离岸注册地设立控股公司，通过股权控制或 VIE 模式，将中国境内企业的资产或权益注入境外控股公司，以境外控股公司为上市主体，在境外证券交易所公开发行股票并上市。如果医疗医药企业为内资企业，从节税、合规的角度需要考虑重组中涉及的所得税缴纳、境外注册公司的费用、办理 ODI 或 37 号文登记的审批流程、重组架构搭建耗时等因素。同时，境外架构在向境内股东收购境内公司股权时，如果净资产或股东的股本投入已达到一定规模，还将涉及资金筹措问题。

医疗医药企业在境外上市后若想要回归科创板上市，根据《上海证券交易所股票上市规则》（2023 年 2 月修订），已在境外红筹上市的医疗医药企业无须拆除红筹架构可在境内上市，但需满足或市值不低于 2000 亿元；或市值 200 亿元以上，且拥有自主研发、国际领先技术，科技创新能力较强，在同行业竞争中处于相对优势地位的条件。而港股上市公司无限制要求。

第三，从项目周期上看，科创板较其他 A 股上市板块而言，上市审核周期大幅缩短；在境外交易所挂牌通常需要半年到一年不等。

科创板上市涉及交易所审核和证监会注册两个阶段。科创板将上市审核周期大幅缩短为 4 个月内，即“5 个工作日内上交所作出是否受理决定+3 个月内上交所作出是否同意股票公开发行并上市的审核意见+20 个工作日内证监会作出是否同意注册决定”。正常情况下，科创板上市项目周期最短可控制在一年之内。

港股上市联交所一般会在收到 A1 申报文件后 4—6 周对拟上市公司进行第一轮问询，后续所需审核时间主要取决于公司回复问询的时间及质量。随后拟上市公司将会接受联交所上市委员会的聆讯。聆讯通过之后，大约 1 个月可以开始挂牌交易。一般而言，从项目启动、中介组织尽调、准备文件到正式挂牌交易需要6—12个月。

美股纳斯达克上市一般需要4—6周的时间来处理上市申请。拟上市公司提交首轮申报材料之后,美国证监会提供首轮反馈的时间一般不超过提交注册报告后的30日。实践中,整个上市周期从项目启动到注册生效需要6—9个月的时间。

第四,限售期是PE进行投资的重要考量因素,科创板要求的限售期最长。

纳斯达克上市按市场惯例限售期只有180日,联交所主板上市限售期为6个月。科创板对限售期的要求相对严格,尚未盈利的企业在重组上市后首次实现盈利前,控股股东、实际控制人自本次交易所取得的股份登记之日起36个月内,不得减持该部分股份;机构投资者持有的上市公司股份通常限售期为上市之日起不少于12个月,之后减持适用上海证券交易所的相关减持规则。

PE投资收益的核心,一方面在于投资优秀的项目带来的收益回报;另一方面在于有效的退出机制。被投企业上市后,需遵守企业上市地的限售期等限制。因此,企业上市地的选择不同,对投资机构也存在一定的影响。

除了上述因素之外,境内外上市地的信息披露要求、上市费用、市场环境等,都是拟上市公司需要考虑的因素。拟上市公司可结合公司经营状况、预期市值、核心产品研发进展、公司治理结构等综合考量。另外,两地上市也是目前上市的趋势,医疗医药企业也可结合自身情况进行选择。

第四节　资本市场板块审核关注要点

随着上市审核透明度的增加,中国证券监督管理委员会于2015年4月开始公开在审企业的反馈意见全文。以科创板为例,我们不完全统计了近两年能够公开查询到的科创板上市医疗医药企业收到的反馈意见及回复情况(包括未通过发审会以及取消审核)。可以看出,对于一些常规法律、财务问题,反馈问题均有提及。下文我们整理了医疗医药行业特殊性问题及反馈高频问题,供投资人及医疗医药企业参考。

一、核心技术与知识产权

1. 发行人核心产品的先进程度如何?核心技术所处的地位如何?

申报企业是否符合科创板定位、是否具有核心技术等核心问题进行了详细的说明,考虑因素包括:所处行业及其技术发展趋势与国家战略的匹配;企业拥有的核心技术在境内与境外发展水平中所处的位置;核心竞争力及其科技创新水平的具体表征,如获得的专业资质和重要奖项、核心技术人员的科研能力、科研资金的投入情况、取得的研发进展及其成果等;保持技术不断创新的机制、技术储备及技术创新的具体安排;依靠核心技术开展生产经营的实际情况等。此外,中国证券监督管理委员会发布的《科创属性评价指引(试行)》及相关修改决定,列明了鼓励科创板上市的企业属性,并形成了"4+5"评价指标。在判断企业是否具备上述要求,企业需要结合上述规定及要求进行逐一评估。在上市审核问询中交易所会直接要求发行人在申报文件中说明其技术优势、在市场中的技术地位、是否具有技术门槛等事项。

核心技术包括知识产权、专有技术、特许经营权等形式,在对核心技术进行核查时应当注意各个技术形式的特点。发行人的核心技术领先性应当作为关键关注内容,必要时可聘请专业的专家技术团队,对于企业进行针对性更强的技术尽调,尤其关注标的企业的核心技术取得方式、相关专利、技术秘密的质量及数量、研发投入占营业收入的比例、研发人员的数量及实力、核心技术获奖情况等相关指标,从而得出可靠判断。

以荣昌生物(688331.SH、09995.HK)为例,荣昌生物系以抗体和融合蛋白平台、抗体药物偶联物(ADC)平台和双功能抗体平台为核心的生物大分子新药技术平台,其核心产品及核心技术均具有行业领先竞争力。首先,核心产品行业领先。荣昌生物在肿瘤、自身免疫、眼科等重大疾病领域开发了20余款候选生物药产品,其中有10余款候选生物药产品处于商业化、临床研究或IND准备阶段,已进入临床试验阶段的7款产品正在开展用于治疗20余种适应症的临床试验,其核心产品之一泰它西普(RC18)是全球首款、同类首创的B淋巴细胞刺激因子(BLyS)/增殖诱导配体(APRIL)双靶点的创新融合蛋白产品,用于治疗系统性红斑狼疮;另一核心产品维迪西妥单抗(RC48)是中国首款自主研发的ADC创新药、目前唯一一款获得美国FDA授予突破性疗法认定的中国ADC产品,用于治疗晚期胃癌、尿路上皮癌,该两大创新药的三类适应症已于2021年年底获批上市,不仅临床数据全球领先且双双挺进国家医保目录,具备较强的市场竞争力与差异化优势。其次,核心技术储备深厚。荣昌生物已获授权的核心技术平台相关专利共65项,其中包括36项抗体和融合蛋白平台的相关专利、29项抗体药物偶联物(ADC)平台的相关专利。最后,拥有高水平的研发团队。荣昌生物的研究团队由享誉中外的留美科学家房健民博士带领,形成了一支包括成熟企业家、优秀科学家以及顶级临床注册、生产和质量管理等领域专家国际化团队,带领荣昌生物获得了多项国家级重大奖项。基于上述,具备雄厚的研发实力,掌握多个核心技术平台及数十款在研甚至已商业化的产品,覆盖多种适应症及靶点,也是荣昌生物能成功登陆港股及 A 股科创板,并赢得全球众多投资机构的青睐的重要因素之一。

2. 核心技术的来源与权属是否清晰?知识产权是否存在瑕疵和纠纷?

核心技术的来源可以是自主研发,原始取得;也可以来源于主要股东、董监高及第三方的转让,继受取得。但如通过继受方式取得,则需要关注转让程序、对价合理性及支付情况。核心技术的独立性属于发行人上市过程中关键的问题之一,若不独立,容易使监管机构对发行人业务稳定性产生质疑。

核心技术若为非专利技术的,需关注非专利技术的保护措施,未申请专利的原因及合理性。另外,还需重点关注核心技术是否涉及职务发明、合作研发,核心技术人员对原单位是否存在保密义务或竞业禁止义务,是否存在纠纷或潜在纠纷。

此外,涉及核心技术的知识产权争议或潜在争议,一向是审核的关注重点并可能成为申报企业的致命伤。审核过程中一般会要求申报企业补充披露和说明案件的主要进展情况,所涉及专利是否属于发行人的核心专利,是否涉及主要产品,在发行人生产经营中的作用,败诉或者专利无效对发行人持续经营的影响,相关竞争对手使用该等技术对发行人的具体影响,经营环境是否会因此发生重大变化,进而影响发行人的持续经营能力。

针对知识产权纠纷问题,我们建议:(1)对企业的核心技术进行知识产权保护的全面布局,进行多种形式交叉的知识产权保护。(2)完善 IP 管理体系建设,主要包括知识产权制度建设、研发团队知识产权架构设计、研发平台梳理等,从而形成覆盖 IP 产生、获取、维护和运营全过程的管理体系。(3)尽早开展 IP 资产的审计能够在较早阶段发现并解决问题,相关工作主要包括核查企业知识产权的当前法律状态、权属,提示过期知识产权、待缴费知识产权、非企业独立控制的知识产权;核查企业与其他方签署的知识产权许可协议,了解重要 IP 的许可期限、许可范围及许可条件,评估其对企业未来业务的影响;排查因职务发明、委托开发、合作开发等可能引起的专利权属纠纷问题;对主要竞争对手已申请专利特别是已经授权的专利进行尽调,分析和判断。(4)积极应诉或向专利局申诉,审视该等纠纷是否涉及申报企业的核心技术、涉诉知识产权的重要性。(5)聘请专业律师对被控侵权产品进行拆解,客观分析是否实际落入涉案专利的保护范围,出具详细的不侵权比对法律意见书。

因知识产权权属不清晰,可能存在瑕疵或纠纷问题,导致医疗医药企业上市折戟的案例已发生多起,如西点药业第一次上市申报时因核心药品所涉专利源自其他方授权而无正式的专利实施许可合同导致未能通过。又如“康恩贝牌肠炎宁”的生产商江西天施康中药股份有限公司上市失败原因之一就是对股东“康恩贝”商标的使用依赖。

3. 发行人研发的前瞻性如何?研发机制是否具备持续创新能力?

根据《上海证券交易所科创板企业发行上市申报及推荐暂行规定(2021 年 4 月修订)》(已失效),科技创新能力重点关注是否掌握具有自主知识产权的核心技术,核心技术是否权属清晰、是否国内或国际领先、是否成熟或者存在快速迭代的风险;是否拥有高效的研发体系,是否具备持续创新能力,是否具备突破关键核心技术的基础和潜力,包括但不限于研发管理情况、研发人员数量、研发团队构成及核心研发人员背景情况、研发投入情况、研发设备情况、技术储备情况;是否拥有市场认可的研发成果,包括但不限于与主营业务相关的发明专利、软件著作权及新药批件情况,独立或牵头承担重大科研项目情况,主持或参与制定国家标准、行业标准情况,获得国家科学技术奖项及行业权威奖项情况;是否具有相对竞争优势,包括但不限于所处行业市场空间和技术壁垒情况,行业地位及主要竞争对手情况,技术优势及可持续性情况,核心经营团队和技术团队竞争力情况;是否具备技术成果有效转化为经营成果的条件,是否形成有利于企业持续经营的商业模式,是否依靠核心技术形成较强成长性,包括但不限于技术应用情况、市场拓展情况、主要客户构成情况、营业收入规模及增长情况、产品或服务盈利情况;是否服务于经济高质量发展,是否服务于创新驱动发展战略、可持续发展战略、军民融合发展战略等国家战略,是否服务于供给侧结构性改革。

从多起披露的终止审核及被否公告中可以看到,监管层对未掌握自主知识产权的核心技术,产品研发不具备前瞻性以及具有较高的技术壁垒等问题进行过多次质疑。例如,科创板上市委员会认为,吉凯基因没有充分披露其核心技术是否具有先进性、相关业务的成长性和潜在市场空间,可能对其持续经营能力产生影响;对于海和药物,科创板上市委员会认为,其已开展二期以上临床试验的核心产品均源自授权引进或合作研发,报告期内持续委托合作方参与核心产品的外包研发服务,其核心产品并未独立自主进行过实质性改进,对合作方构成技术依赖。可以看出,比起盈利能力,科创板上市委更担忧的是企业的研发的前瞻性和持续创新能力。在强调“硬科技”的背景下,医疗医药企业需要在自身的科研能力上不断突破,完善高效的研发体系,注重研发团队的建设,提升公司的核心竞争力。

二、业务资质及业务开展模式

1. 发行人是否已取得与生产经营所必需的相关许可、资质、认证?

上市审核的关注重点在于医疗医药企业是否具备医药或医疗器械的研发、生产、销售,网络销售的资质证照及认证,是否存在超越许可范围从事生产经营的情形,是否存在受到行政处罚的法律风险,该等资质、许可、认证的续期是否存在障碍等。几乎所有申报上市企业均被问询到资质证照相关问题,这是上市审核关注的普遍性问题,亦是核心问题。如果发行人存在境外经营情形,还应当满足其他国家和地区的注册、审批要求。没有一家存在严重资质缺陷的企业能够上市,医疗医药企业对于资质证照的问题应当尤为关注。

以赛隆药业为例,其是一家医药研发、生产和销售企业,医药生产和销售是该企业的核心经营环节。赛隆药业申请生产批件需要将药品落到通过 GMP 认证的生产线上,但由于赛隆药业没有生产线,其找到了具有这个资质的生产企业合作生产,由赛隆药业帮助该生产企业申请生产批件。在合作生产模式下,赛隆药业指定原材料供应商以及产品价格,生产企业根据指定采购原材料并根据约定收取加工费,后生产企业将全部产品销售给赛隆药业,由赛隆药业对外独立销售。赛隆药业最大的问题,也是监管机构重点关注的问题在于,赛隆药业生产经营需要的部分资质以及最主要的生产环节未在上市主体内。赛隆药业在反馈回复中重点从其与生产企业合作生产的原因以及合作历史,与合作方具体业务合作流程和操作方式,合作生产模式下其与合作方的核心资质取得情况,如何保证双方合作的稳定性,以及双方合作利益分享的机制,是否存在发行人通过生产方调节业绩的情形等方面进行解释。

2. 发行人是否采取经销商模式?经销商具体业务模式及采取经销商模式的必要性是什么?

医疗医药行业的进入门槛较高,为实现商品向各地各级医院的顺利流通,有必要依托当地具备渠道优势和资源优势的经销商。因此,医疗医药行业的销售多采用经销商模式。2016 年深化医药卫生体制改革重点推行"两票制",对医药企业经销商模式产生一定冲击,但经销商模式仍然在医药企业发展过程中占据重要地位。审核关注的重点包括:(1)经销商具体业务模式及采取经销商模式的必要性及其稳定性;(2)经销商选取标准、日常管理、定价机制(包括营销、运输费用承担和补贴等)、物流(是否直接发货给终端客户)、退换货机制、销售存货信息系统等方面的内控是否健全并有效执行；(3)经销商与企业之间是否存在关联关系(包括经销商的历次股权变动及其对发行人的影响等考量因素)；(4)经销商经营合规性，该等合规性包括业务资质是否齐全，是否存在商业贿赂等；(5)经销商模式下收入的真实性等。

目前已经在A股上市的康辰药业(603590)、大博医疗(002901)、赛隆药业(002898)、麦澜德(688273)、华纳药厂(688799)等均以经销商作为主要的销售渠道。以华纳药厂为例，根据招股说明书，公司主要产品分布于消化、呼吸、抗感染等领域。监管机构要求华纳药厂对经销商模式的必要性发表明确意见。华纳药厂从行业惯例及其经销模式的运作方式角度提及了医药行业生产高度集中而使用高度分散的行业特点，需充分利用药品流通企业的商业配送渠道和终端客户服务能力，成为行业普遍采用经销商模式的主要原因之一。经销商的参与亦能够帮助公司合理控制运营成本，保证经营效率，实现公司产品高效地覆盖更大范围的终端客户，这也使采取经销模式具有必要性。另外，从经销商的合规控制角度，华纳药厂与经销商签署了《经销协议》、约定了产品风险报酬转移时点、运输方式、运费承担方式、退换货政策等条款。

三、同业竞争

1. 同业竞争的认定标准是什么？如何从实质重于形式角度判断是否存在同业竞争？

随着注册制审核理念的进一步深化，同业竞争的审核标准和思路也在不断调整。关于同业竞争问题，核心来讲主要是两个方面的问题，一是同业竞争的核查范围；二是同业竞争应该把握的标准。关于同业竞争的范围，现在审核标准基本明确：(1)控股股东、实际控制人以及控制的相关企业，这里不仅要强调控股股东或实际控制人，也要强调“控制”，如果只是参股的企业不对其构成控制，也不构成同业竞争；(2)针对控股股东和实际控制人的关联自然人，要重点关注控股股东或实际控制人的配偶以及直系亲属(配偶、父母、子女)以及控制的企业是否与发行人构成同业竞争。目前的审核标准，我们可以严格按照这样的认定标准去判断发行人是否存在同业竞争的情形。同业竞争的核查标准，为“不存在重大不利影响同业竞争情形”的标准，具体来说就是：(1)发行人需要从实质重于形式的角度去判断是否存在同业竞争；(2)不能从客户结构、销售区域、细分技术等方面去解释尽管同业但是不竞争的情形；(3)发行人存在同业竞争的情形，就算是收入和毛利占比没有超过30%，现在也没有通过审核的案例；(4)同业竞争唯一的例外就是关于大型国有企业因为资产整合、业务布局等因素,在保证发行人业务独立的情况下可以存在同业竞争的情形。

同业竞争问题在分拆上市项目中尤为重要,如果不能处理好母子公司之间的同业竞争问题,即便子公司的独立性处理得再好,也仅仅是形式上的独立。我们以因同业竞争问题撤回科创板上市申请的,典型的分拆上市案例乐普医疗为例(乐普医疗分拆所属子公司乐普诊断至科创板上市)。乐普诊断主要经营体外诊断试剂及仪器的研发、生产和销售业务,分拆上市之后,乐普诊断将成为乐普医疗独立的体外诊断业务上市平台。除了乐普诊断外,乐普医疗还拥有三家体外诊断业务的公司,所涉同业竞争关系受到了监管机构的重点关注。乐普诊断从产品类型、技术、用途、采购和销售渠道独立等方面分析了三家体外诊断公司与乐普诊断产品的不同之处,并说明了竞争的解决及处理方式。但不可否认的是,三家体外诊断公司涉及的产品和业务,与乐普诊断一样,都属于体外诊断行业,而且都处于产业链中游,在供应商和客户重合的情况下,不同产品类型(技术、原理、用途)之间的壁垒和门槛到底有多高,是否对不同产品的进行对比分析及详细说明就能证明同业竞争及潜在同业竞争不存在?另外,根据招股说明书,三家体外诊断业务的公司还通过承诺不再销售、不再代理相关产品的方式来进一步解决同业竞争。但是,从监管机构的角度来看,单方让渡商业机会,对产业链及产业发展趋势而言并不合适,未来依然存在潜在同业竞争的可能性。

2. 若存在同业竞争问题,应如何解决?

针对已经形成的同业竞争,控股股东、实际控制人及相关方应承诺在一定期限内,综合运用资产重组、业务调整、委托管理等多种方式,有效、积极地解决同业竞争。实践中,常用的解决方法有以下几种。(1)资产重组:通过重组将同业资产置入拟上市主体,注入方式可归结为两大类,正向收购(并购重组等)和反向收购(整体上市等),两者的本质都是通过将同业资产注入拟上市公司,是同业竞争最彻底的解决方式。(2)停业或者注销:直接注销同业竞争方,或者竞争方改变经营范围,放弃竞争业务。鉴于注销企业的代价与成本较大,其涉及企业清算、债权债务处理、人员安置、税务处理等诸多方面,一般适用于竞争企业业务量不大或已无实际经营业务,直接注销不会造成过多损失的情形。(3)租赁与托管:以签订合约的方式将大股东拥有的竞争性业务集中到拟上市公司经营和管理,具体形式有出租和托管两种,两者区别在于出租是拟上市公司作为承租人对资产进行整体租赁,要按约定支付租金并享有租物的生产经营权和收益分配权,但也对其亏损承担责任。然而,托管只需由拟上市公司与委托方签订托管协议,拟上市公司对资产和业务仅承担经营管理义务,并按适当比例收取对大股东竞争性资产的管理费,相比出租更为简单易行。(4)做出合理的安排:签订市场分割协议,合理划分各自的市场区域,或对产品品种进行划分,也可对产品的不同生产或销售阶段进行划分。

以三生国健(688226)为例,同业竞争是三生国健问询反馈中贯彻始终的问题。三生国健是一家主要从事抗体药物的研发、生产和销售的医疗医药公司。监管机构对于公司同业竞争问题的关注点集中在实控人控制的几个从事医药相关业务的平台,主要包括沈阳三生、浙江万晟、深圳赛保尔、辽宁三生、广东赛保尔、香港三生、Sirton Pharmaceuticals S. PA。其中:(1)沈阳三生、浙江万晟、深圳赛保尔为三生制药下属的医药平台,从事药物的研发、生产与销售业务;(2)辽宁三生、广东赛保尔与香港三生为三生制药下属药品销售或贸易主体,不直接从事药品的研发与生产业务;(3)Sirton Pharmaceuticals S. PA 系三生制药于 2014 年 12 月收购而来的,主要在意大利当地进行药品委托研发生产业务。首轮回复中,公司通过医药细分领域不同、适应症不存在重合来论述医药相关主体与公司之间不存在同业竞争,但在销售渠道、原材料供应商、人员任职等方面,仍然存在不同程度的重叠。在第二轮回复中,公司又详细从经营地域、产品定位、业务划分、相似收入占比等角度进行补充论述,通过了上市委的审核。

四、产品质量与生产安全

1. 质量控制制度是否健全并有效实施?是否存在产品质量问题?是否存在因质量问题引发的纠纷或诉讼?

医药产品作为直接影响消费者健康及生命安全的特殊产品,我国食药监部门一直以来对医药企业的产品质量进行严格监管。《药品管理法》、药品 GMP 等相关法律法规在医药产品的质量方面作出了明确规定。拟上市医药企业需严格遵守药品生产经营规范,确保生产和经营持续合规,否则可能在上市过程中受到监管机构的重点关注及问询,甚至会实质影响上市进程。就产品质量控制问题,监管机构主要关注的问题包括:(1)发行人产品质量内控制度是否存在重大缺陷,相关制度是否健全并得到有效执行;(2)产品是否发生质量问题;(3)是否因产品质量问题受到有关药品监管部门的处罚及媒体报道、消费者关注等;(4)是否存在因产品质量问题引发的纠纷或诉讼等。申请上市的医药医疗企业,如果在报告期内因产品质量问题遭到处罚,抑或被媒体曝光,其上市申请过会时则会被发审委重点关注,并可能因此而遭受否决。

实践中多家被否企业均被质询其产品质量问题,或因质量问题被媒体屡屡曝光。例如,润弘制药的产品有2次被行政处罚,15次被食药监部门查处和曝光,其中有5次涉及润弘制药的主导产品长春西汀注射液;最近一次为2016年,硝酸甘油注射液因含量测定问题被吉林食药监局和新疆维吾尔自治区食药监局曝光。然而,在润弘制药申请上市提交的资料中,这些问题只字未提,发审委要求其对隐瞒产品质量问题进行进一步回答,并询问相关内控制度是否存在重大缺陷。南京圣和药业则在2016年8月被举报,其将违规提取的过期中间体用于药品生产,江苏省食药监局接报后立即查封圣和药业尚未出厂的"健胃愈疡制剂"和过期中间体。与此同时,南京市食药监部门发布的抽检报告显示,圣和药业主打产品奥硝唑葡萄糖注射液(批号201602151)的"有关物质"检测不符合规定。据业内人士介绍,"有关物质"是决定一个药物是否安全有效的关键要素,是注射剂产品引发重大事故的风险源之一,也是国家食品药品监督管理总局在审评审批药品时关注的风险点。

2. 生产安全管理制度是否有效执行?生产安全事故如何进行整改?是否影响发行人稳定经营?

根据目前的审核趋势,情节严重的涉及生产安全的重大违法行为仍是审核红线,若发行人历史上发生过生产安全事故,监管机构也会结合安全事故的发生原因、处理结果进行问询。监管部门针对生产安全的关注要点主要为:(1)发行人生产安全制度等规定是否得到有效执行,生产安全管理是否存在重大漏洞,生产安全设施是否有效运行;(2)发行人或相关主体发生生产安全事故的原因、经过、结果,相关事故是否属于重大事故,发行人是否存在重大违法违规行为,有关部门对于事故的认定及后续处理情况;(3)发行人历史上,特别是报告期内,有无因违反生产安全规定发生安全事故受到行政处罚的情形;(4)发行人针对生产安全事故的整改措施及整改后是否符合有关规定,是否仍存在安全隐患;(5)生产安全事故对于发行人生产的影响,是否影响发行人稳定经营等。针对生产安全管理制度的执行情况,关注企业安全生产工作的落实环节,各岗位的安全管理职责,安全生产管理部门设置和运营情况,定期安全生产逐级检查及事故隐患排查情况,以及对涉及安全整改、安全设备检修及添置等投入情况。针对安全事故,应当还原事故的真实情况,分析事故产生原因,披露行政处罚内容以及履行情况等。

称为"扶贫概念股"的宏源药业在开启上市进程近一年后决定撤回上市申请,其撤回上市申请的主要原因之一系其历史上发生的多起安全事故。据招股说明书披露，宏源药业主营业务为甲硝唑原料药及医药中间体、有机化学原料。因原料药生产排污量大，公司在报告期内发生了多起安全生产和环境保护事故。其中包括2015年4月，该公司仓库因电器线路短路引起火灾，2016年9月一起安全生产事故造成一人死亡、三人受伤，另外还有多起环保行政处罚等。

五、行业政策与医疗改革

1. 医疗医药企业依赖程度较高的医改政策具体指什么？

医疗医药行业对政策的依赖程度很高，目前对行业影响较大的医改政策主要是两票制和带量采购制度。“两票制”是指生产企业到流通企业开一次发票，流通企业到医疗机构开一次发票，两票制的推行旨在规范行业购销秩序，减少流通环节，缩减销售渠道，建立价格追溯机制，达到逐步降低医药价格的医改政策目标。“带量采购”是指根据公立医疗机构年度药品总用量的60%—70%估算采购总量，进行带量采购，量价挂钩、以量换价，形成药品集中采购价格，试点城市公立医疗机构或其代表，根据上述采购价格与生产企业签订带量购销合同，以达到降低医药价格的医改目标。上述政策的出台，给医疗医药企业带来了重大影响，包括招商代理模式，合同营销组织（CSO）模式等均产生了很大的改变。上市申报审核过程中，监管机构会关注公司在推行两票制、带量采购制度后的生产经营情况、销售模式、财务波动情况，公司在选择主要服务商及其团队、服务内容、计费标准等方面是否发生重大变化，公司的内部控制体系是否发生相应变化。如果公司认为政策出台后对公司的整体影响较小，需要定性说明理由；如果公司认为企业受到的影响较大，则需要定量计算对销售单价、收入、成本、利润、销售费用、毛利率等指标的具体影响及其与同业上市公司的对比，以及公司的应对策略。在分析财务指标波动时也需要分析报告期以前年度的数据，并需剔除该部分影响因素等。

以昂利康为例，发审会上要求发行人说明两票制对发行人业务模式及收入的影响。两票制下，公司将继续负责生产，但产品销售不经由经销商流通，而是由公司直接销售给配送商，由配送商销售至医院。在此过程中，区域渠道开拓、市场和学术推广活动由原经销商或公司筛选的专业医药咨询公司（推广公司）承担。经销商的收入模式从过去赚取公司和最终客户之间的药品购销差价，改变为通过向公司提供专业化的销售推广服务赚取推广服务费，医疗医药企业首先要保证推广服务费的金额和变动趋势在一个可控的范围内，至于这些推广公司提供的服务是否真实且合理，则需要进一步结合上市审核标准重点核查。上述经营模式及业务模式的重要变化也会导致公司的毛利率和销售费用率大幅提高。显然,在两票制下的经营模式及业务模式的变化无论是从实践操作上看,还是从上市审核上看,对医疗医药企业都是一个非常大的挑战。

2. 医改政策对发行人商业模式和生产经营持续能力有哪些影响?

随着我国医药改革的深化,医改政策对医疗医药企业的经营模式及持续经营能力产生了重要影响,这也是上市审核关注的重点问题。据统计,90%医药企业反馈问题中均要求发行人说明相关领域医药改革政策对企业后续生产经营是否会有重大不利影响。虽然单独因为医改问题被否的企业尚不多见,但不可否认这是所有医疗医药企业都要面对的一个考验。以反馈问题中被问及最多的医改政策"两票制"为例,两票制对医药企业而言,改变了以往低价模式的营销策略。尤其是针对以经销模式为主的企业,如果企业不具备营销体系和议价能力,则会使该制药企业的收入在短期内受到影响,资金周转压力增大,这也是证监会关注两票制对拟上市企业影响的重要原因。针对该问题,医药企业需要关注其对经销商的销售行为属于两票制中的第一票,是否符合两票制的政策要求;两票制的实施对发行人销售模式变化等方面的影响,对销售规模、销售渠道、销售单价、销售费用率、毛利率、应收账款管理的影响,是否对经营业绩产生重大影响,是否已经充分披露相关经营风险等。

以成都苑东为例,两票制对其商业模式及持续经营能力的影响是其止步科创板的主要原因之一。成都苑东在两票制实施之前采取的是推广经销商的销售合作模式,经销商既负责推广也负责配送,两票制实施之后,成都苑东改变了商业模式,由"推广经销商"变更为"配送经销商"+"市场推广服务公司",且销售毛利率及销售费用率显著上升。针对上述情况,成都苑东解释称大部分推广经销商在两票制实施后,主动放弃了配送功能,转身开展市场推广服务业务。显然这样的回复达不到合规要求,监管层出台两票制也不希望最终结果是"换汤不换药"。另外,成都苑东并未对市场推广服务公司的推广合法性建立相应的内控措施,亦无法对推广服务公司向第三方支付的费用进行凭证核查,同时无法对其销售毛利率、销售费用率显著上升给予合理解释。

六、研发投入的财务处理

1. 研发费用的资本化时点如何选择?如何进行会计处理?

医疗医药企业在上市历程中,研发投入是非常重要的审核要点,加之医疗医药企业研发具有投入大、风险高、周期长的特点,使得研发费用资本化的问题更为突出。研发投入费用化一次性计入当期损益会降低当期利润,若研发投入资本化最终形成无形资产,则在后续期间分期摊销提升了当期利润。研发费用资本化的会计处理在初始确认和计量时,应结合研发支出资本化相关内控制度的健全性和有效性,对照会计准则规定的相关条件,逐条具体分析进行资本化的开发支出是否同时满足上述条件。在后续计量时,相关无形资产的预计使用寿命和摊销方法应符合会计准则规定,按规定进行减值测试并足额计提减值准备。监管机构会重点关注发行人研究阶段和开发阶段的划分是否合理,是否与研发活动的流程相联系,是否遵循了正常研发活动的周期及行业惯例,并一贯运用;研发支出资本化的条件是否均已满足,是否具有内外部证据支持。研发支出的成本费用归集范围是否恰当,研发支出的发生是否真实,是否与相关研发活动切实相关,是否存在为申请高新技术企业认定及企业所得税费用加计扣除目的虚增研发支出的情形;研发支出资本化的会计处理与可比公司是否存在重大差异等。医疗医药企业在选择资本化时点时需结合自己拥有的技术、财务资源、市场资源、竞品和技术迭代情况,谨慎选择研发费用资本化时点并在资产负债日进行减值测试。

大部分医疗医药企业以取得三期临床批件并进入临床实验开始至取得生产批文为止作为新药研发的开发阶段,对研发费用资本化。例如,三生国健(688336)的资本化时点为药品上市前取得最后一次临床试验批件,终点为研发项目达到预定用途,比如取得新药证书或生产批件等。个别企业研发费用资本化时点比较谨慎。例如,君实生物(688180),以研发药品取得正式药品注册批件作为研发费用资本化的起点,以药品正式上市并销售作为公司研发费用资本化的终点。还有部分企业基于财务、市场和其他资源的原因将研发费用全部费用化,例如百奥泰(688177)、华熙生物(688363)、吉贝尔(688566)等。

2. 研发费用的归集与核算情况如何？相关的内控制度是否健全有效？

研发投入通常包括研发人员工资费用、直接投入费用、折旧费用与长期待摊费用、设计费用、装备调试费、无形资产摊销费用、委托外部研究开发费用、其他费用等。研发投入包括费用化的研发费用与资本化的开发支出。发行人应制定并严格执行研发相关内控制度,明确研发支出的开支范围、标准、审批程序以及研发支出资本化的起始时点、依据、内部控制流程。同时,应按照研发项目设立台账归集核算研发支出。监管机构会重点关注报告期内发行人的研发投入归集是否准确、相关数据来源及计算是否合规,研发支出的发生是否真实,是否与相关研发活动切实相关,是否存在为申请高新技术企业认定及企业所得税费用加计扣除目的虚增研发支出的情形;发行人研发相关内控制度是否健全且被有效执行等。

以特宝生物(688278)为例,针对研发相关内控制度及其执行情况,公司建立了《项目管理规定》《科研成果及技术资料保密管理制度》《内控手册-第六章研发管理》等研发相关的内控制度,规范公司研发管理的内部控制,并在上述制度中明确制定了岗位责任制,在研发项目立项与审批、研发项目的验收与审核、研发成果的形成与管理、费用报销的申请与审批、费用报销的会计记录与支付等环节明确了各自的权责及相互制约要求与措施。同时,公司建立了研发项目的跟踪管理系统,有效监控、记录各研发项目的进展情况。针对研发费用的确认依据、核算方法,公司明确了研发费用支出的核算范围,并建立与研发项目相对应的人财物管理机制,由研发部门及财务部门逐级对各项研发费用进行审核,由财务部门设立和更新研发项目台账并进行相应的账务处理。公司在研发项目立项后按照项目分别设置辅助明细,记录各个项目的研发支出情况等。

七、医疗医药企业反商业贿赂问题

由于医疗医药企业所处的行业特点,企业的合规性长期处于薄弱环节。商业贿赂现象比较严重。因此,对于医药拟企业首发上市审核,商业贿赂一直是审核重点关注的问题。例如,根据中国证券监督管理委员会第十八届发审委2021年第56次会议审核结果公告,苏州林华医疗器械股份有限公司(以下简称林华医疗)(首发)未获通过。发审委会议提出询问的主要问题显示,报告期内,林华医疗的销售费用率分别为29.25%、29.56%、30.53%,远高于行业可比公司。发审委会议要求林华医疗说明,销售人员人均工资远高于发行人平均职工薪酬的原因及合理性,是否存在商业贿赂,是否存在变向通过经销商资金回转实现销售等情况。报告期内业务宣传费、业务活动费的主要支付内容,林华医疗及关联方是否与支付对象存在关联关系,是否存在通过业务宣传费、业务活动费进行商业贿赂或不当利益输送的情况。林华医疗实控人大额现金收支的合理性,是否存在直接、间接与林华医疗、林华医疗经销商、供应商、终端医院及其他关联方存在交易或往来的情形,是否存在商业贿赂行为。又如,科创板上市委2021年第71次审议会议审议公告,上海吉凯基因医学科技股份有限公司(首发):不符合发行条件、上市条件和信息披露要求。上市委现场问询的问题包括报告期各期公司销售费用率远高于同行业公司的原因及合理性,报告期第三方回款占营业收入比例在50%以上的原因及合理性等。大量案例显示,审核机构就医疗医药企业首发上市是否存在商业贿赂事宜，主要关注学术研讨会的详情，学术推广费用的构成，报销的方式，销售费用持续增加的原因及合理性，有关商业贿赂的内控制度的制定及执行情况。与此同时，中介机构也要特别关注医疗医药企业有关反商业贿赂的具体内控制度，与代理商、经销商等签署的有关反商业贿赂的书面文件。无论“学术推广”还是“业务宣传”，抑或是其他类似名目，均应当审慎核查。

八、新《证券法》实施后的证券诉讼问题

新《证券法》作为资本市场的根本法，于 2019 年 12 月 29 日正式公布，并于 2020 年 3 月 1 日施行。此次修订专门增设“投资者保护”章节，明确提出代表人诉讼机制，创设性地提出了具有中国特色的集体诉讼法律制度在证券纠纷中应用问题。与此同时，最高人民法院、中国证券监督管理委员会、中证中小投资者服务中心分别发布最高人民法院《关于证券纠纷代表人诉讼若干问题的规定》（法释〔2020〕5 号）、《关于做好投资者保护机构参加证券纠纷特别代表人诉讼相关工作的通知》（证监发〔2020〕67 号）、《中证中小投资者服务中心特别代表人诉讼业务规则（试行）》，与新《证券法》相关内容共同形成了证券纠纷特别代表人诉讼制度体系。另外，新《证券法》以及 2021 年修订的《上市公司信息披露管理办法》等亦对信息披露义务人范围、信息披露基本要求、董监高异议制度、“看门人”责任等方面进行了修订和完善，同时完善了违反信息披露的民事责任，大幅提高了行政和刑事责任，从强化事后追责角度倒逼信息披露义务人事前遵守信息披露的法律法规。

根据公开信息查询，近年来，至少有 40 家上市公司被提起证券虚假陈述诉讼，包括中国首例特别代表人诉讼“康美药业”案，中国首例人数不确定的普通代表人诉讼“飞乐音响”案，以及中国首例实质取消中介机构前置程序的“中安科”案等。以“康美药业”案为例，一审法院对各被告共判赔约 24.59 亿元。判决结果公布后，引发了社会的广泛关注。首先，在诉讼程序上，该案特别代表人诉讼程序的实施标准、规范，具有示范性作用。其次，在上市公司责任的认定上，确认该案涉及虚假陈述侵权行为，以最早实施虚假陈述行为的日期作为实施日，以法院查明的自媒体质疑康美药业财务造假的日期作为揭露日，以该揭露日为基础确定基准日和基准价，采取“个体相对比例法”确定系统风险剔除范围，采取“移动加权平均法”作为损失计算方法的方式对上市公司虚假陈述民事责任的认定相对较为适当。再次，在涉案中介机构责任的认定上，会计师事务所以及

在揭露日前(可索赔区间内)出具报告,负直接责任的签字会计师承担100%连带责任。最后,在涉案董监高责任的认定上,上市公司普通董监高、外部独立董事承担证券虚假陈述连带赔偿责任,适用过错推定责任,按过错程度承担相适应的赔偿责任,不存在因果关系的,不承担赔偿责任。该案作为中国首例证券纠纷特别代表人诉讼案,标志着我国资本市场证券纠纷特别代表人诉讼制度的成功实施,对切实维护投资者合法权益具有里程碑意义。

第四编

医药合规

第一章　医药行业合规管理体系建设

第一节　合规管理体系建设

一、合规管理体系概念

1. 合规管理体系包括哪些基本要素？

合规管理体系（Compliance Management Systems，CMS）是企业开展内部管理的方式之一，通过持续改进管理措施、不断完善管理方式的动态循环过程，即“了解现状—识别风险—应对风险—效果检验和持续改进”，逐步形成一个可以帮助企业预防风险、落实义务的完整管理系统，以不断提高企业合规管理水平，促使企业安全、有效、合规运营。

受医药企业所在的行业领域、市场环境、业务模式、企业文化及经营规模等的影响，不同企业的合规管理体系内容、复杂程度、管理重点等会有所不同，但基本要素是一致的。结合国际标准化组织（International Organization for Standardization，ISO）在 2021 年更新发布的 ISO 37301-2021《合规管理体系　要求及使用指南》以及我国《中央企业合规管理办法》《中央企业合规管理指引（试行）》等文件的规定，合规管理体系包括以下基本要素。

组织职责：包括理解组织及其环境，理解利益相关方的需求和期望，确定合规管理体系的范围，合规管理体系，合规义务，合规风险评估等组织环境要素；领导作用和承诺，合规方针，岗位、职责和权限等领导作用要素。

制度建设：包括风险与机会的应对措施，合规目标和达到目标的策划，变更计划等建设方案要素；合规管理基本制度，合规管理制度体系,重点领域专项指南等制度建设要素。

运行机制:包括风险识别评估预警机制,合规审查,合规风险应对与报告,违规问题整改机制,违规举报机制,违规行为追责及纠正机制,合规管理有效性评价,考核评价等要素。

保障改进:包括合规文化,信息化建设,持续改进,不符合与纠正措施等要素。

2. 什么是有效的合规管理体系?

有效的合规管理体系的前提是具备企业合规管理所必需的措施、条件。简言之,企业的合规管理体系至少应该包含上述合规管理体系的基本要素,通过该等要素的配合,确保企业能够实现合规管理目标。

从风险控制的角度来看,企业判断合规管理体系是否有效,应该看该体系是否能够帮助企业识别、预防、监控和应对合规风险。从管理及发展的角度来看,有效的合规管理体系应该确保企业可以准确制订符合自身需求的合规计划,并通过各部门、人员的配合促使该计划得到落实,通过反馈、监督、回顾等措施不断改进和完善合规计划和具体措施,最终培养企业和员工的合规理念。

为了实现上述效果,开展合规管理体系建设的关键点通常包括:管理层提供保障支持、风险识别及应对、制度建设、合规培训、考核、调查处理、违规问责等内容,即有效的合规管理体系,至少应当具备较为完备的合规管理机构设置与职责配置、合规风险识别评估及应对机制、合规风险监控机制、合规风险应对有效、合规管理改进优化能力、合规理念及文化建设等。

关于如何判断合规管理体系是否有效,医药企业可以根据合规管理体系的运行情况和合规管理绩效评估及考核结果,对于合规管理体系进行有效性的分析。对重大或反复出现的合规风险和部门及个人的违规问题,企业可以查找分析问题和风险的根源,调查违规事件的产生原因,从而完善和修改相应的制度流程,堵塞管理漏洞,强化合规管理流程和对合规管理过程的管控,持续完善合规管理体系。

二、合规管理体系建设

1. 合规管理体系建设的主要依据是什么?

国内外现在已出台了众多与合规管理体系相关的政策、法律、标准等,以及各合规细分领域相关的政策、法律、标准等。根据企业的性质(如是否国有)、行业(是否涉及金融)、涉及领域(如是否涉外)等因素,合规管理体系建设的主要依据会有所差别。但是通常而言，企业在建立合规管理体系时可以参考的依据主要包括：

合规管理体系建设包括《中央企业合规管理办法》《中央企业合规管理指引（试行）》《企业境外投资管理办法》《企业境外经营合规管理指引》，ISO 37301-2021《合规管理体系　要求及使用指南》及其国内对应的 GB/T 35770-2022《合规管理体系　要求及使用指南》，《医药行业合规管理规范》等文件。

重要领域合规管理包括与产品推广、集中采购、税务与财务、出口管制、反商业贿赂（对应 ISO 37001 标准）、质量管理（对应 ISO 9001 标准）、环境管理（对应 ISO 14001 标准）、健康安全管理（对应 ISO 45001 标准）、信息安全管理（对应 ISO/IEC 27001 标准）、隐私信息管理（对应 ISO/IEC 27701 标准）等重要领域的合规管理相关的政策、法律、标准及行业规范等。

2. 合规管理体系的建设路径是怎样的？

正常运行中的企业，通常已经有一定的内部管理体系、管理措施。因此，建立合规管理体系并非“从无到有”重新搭建，而是需要在评估企业现状的基础上，充分利用现有的资源，思考如何将合规管理体系的要素、要求等与企业现有的管理措施有效融合，形成符合企业管理习惯、管理目标的综合型体系。

具体而言，合规管理体系的建设路径，可以分为：分析与利用现有资源、建立组织制度架构、开展风险评估、确定重点领域、提供保障措施、运行及改进体系、培育企业合规文化等核心步骤。

分析与利用现有资源：梳理企业目前已有的机构、人员、经费、技术等资源条件，结合企业现有的组织、制度、运行及保障机制等情况，分析企业建立或完善合规管理体系的建设方案。

建立组织制度架构：结合最新法律法规标准要求以及企业的实际情况，建立符合企业情况的组织管理体系、制度管理体系等。

开展风险评估：基于风险识别评估的背景、目的、依据和原则，结合企业的主要业务和重要领域情况，初步筛查企业的合规风险，形成合规风险库；通过访谈、调研、文件审阅等方式，了解各业务环节针对相关合规风险点的现有管控措施、管控措施的有效性以及可行的改进措施，在合规风险库的基础上形成合规风险清单，评估各合规风险发生的可能性和影响程度。

确定重点领域：结合可能对企业合规管理产生重大影响的内部及外部因素，企业关联方、合作方的合规要求，企业业务发展方向及内部管理需求等确定企业合规管理的重点领域，如安全生产、环境保护、知识产权、税务、网络安全与数据保护、海关与出口贸易、产品质量、市场交易、反腐败与反贿赂等。

提供保障措施:企业可通过加强合规考核评价、强化合规管理信息化建设、建立专业化和高素质的合规管理队伍等方式,为合规管理体系建设提供保障措施。

运行及改进体系:制定全员普遍遵守的合规行为规范与重点领域专项合规官管理制度,建立合规审查机制,建立风险识别预警和应对机制,强化违规问责与纠正机制,开展合规管理评估,定期对合规管理体系的有效性进行分析,持续改进和提升合规管理体系。

培育企业合规文化:将合规管理纳入党委(党组)法治专题学习,建立常态化合规培训机制,加强合规宣传教育,引导全体员工自觉践行合规理念,培育具有企业特色的合规文化。

就落实到具体的工作计划及工作内容来说,医药企业可以参考以下流程搭建合规管理体系。

启动阶段:包括明确合规管理体系的建设范围和目标,组建合规管理体系工作小组,完成与合规管理体系建设有关的环境扫描,全面深入开展合规审查工作并出具合规审查报告,最终形成合规管理体系建设的实施方案。

体系建立阶段:包括建立合规管理组织体系及岗位职责,建立健全合规管理制度体系,建立支持合规管理体系落地的运行体系与保障体系。

运行保障阶段:包括建立体系化的合规培训方案并实施,完善合规文化建设,合规考核、评价与责任追究工作务实推进,合规管理手册的制定,根据企业自身情况,科学设定合规管理计划,保证合规报告制度的建立与实施。

回顾与改进阶段:包括开展合规管理评估,定期开展合规管理体系有效性评价,针对重点业务合规管理情况适时开展专项评价,强化评价结果运用,对重大或反复出现的合规风险和违规问题,深入查找根源,完善相关制度,堵塞管理漏洞,强化过程管控,持续改进提升。

第二节　合规不起诉

一、合规不起诉机制

合规不起诉机制,在我国又被称为涉罪企业合规考察制度,指的是在企业涉嫌犯罪案件审查起诉过程中,设立考察期,在考察期内检察机关会同行政监管机关,指导涉罪企业制订合规计划,通过健全管理规章制度,规范生产经营方式,完善企业治理结构。在考察期结束后,检察机关将综合考虑犯罪事实、犯罪情节、合规计划完成情况、行政机关意见等因素,决定是否提起公诉的制度。

1.合规不起诉的适用范围

在案件类型上,合规不起诉机制主要适用于企业在生产经营活动中涉及的经济犯罪、职务犯罪等案件,既包括单位犯罪,也包括实际控制人、经营管理人员、关键技术人员等实施的与生产经营活动密切相关的个人犯罪。

适用合规不起诉机制的犯罪案件类型,包括但不限于:商业贿赂、扰乱市场秩序犯罪,生产、销售伪劣产品罪,税收犯罪,地方金融组织犯罪,银行保险企业犯罪,污染环境罪,破坏自然资源罪,走私犯罪等。而涉嫌危害国家安全犯罪、恐怖活动犯罪、毒品犯罪、虚开发票和骗取出口退税犯罪、涉黑涉恶犯罪等案件,则不适用合规不起诉机制。

不适用合规不起诉机制的案件一般包括以下情况:未经国家或省金融监管部门批准,擅自从事金融业务或金融活动,给群众造成重大损失的案件;造成人员伤亡的案件;社会负面影响大、群众反映强烈的案件;涉罪企业以犯罪所得作为主要收入和利润来源的案件等。

在罪行轻重上,主要适用于涉案企业负责人可能判处3年以下刑罚的案件。对于重大疑难复杂案件则由省检统一把关、逐案核实。合规不起诉机制一般适用于企业责任人员可能被判处3年以下有期徒刑、拘役、管制或单处罚金的案件。而对于可能判处3年以上10年以下有期徒刑的案件,若直接负责的主管人员和其他直接责任人员依法具有自首情节或者在共同犯罪中系从犯,或者直接负责的主管人员、其他直接责任人员具有立功表现的,同样可以适用。依法应当被判处10年以上有期徒刑、无期徒刑、死刑的案件不适用合规不起诉机制。

适用合规不起诉机制的企业一般需具备一定的前提条件,包括认罪认罚,能够正常生产经营,承诺建立或者完善企业合规制度,自愿适用等。此外,还包括企业在依法纳税、吸纳就业人口、带动当地经济发展等方面发挥一定作用,拥有自主知识产权、商誉、专有技术或商业秘密,符合现行产业政策或未来产业发展趋势,其经营状况影响所在行业、上下游产业链及区域竞争力等任一条件。对于为进行违法犯罪活动而设立企业,企业设立后以实施犯罪为主要活动,企业人员盗用单位名义实施犯罪,涉嫌危害国家安全犯罪、恐怖活动犯罪等的则为除外情形,不适用合规不起诉机制。

2.合规不起诉通常会经历哪些程序?

合规不起诉通常会经历涉罪企业申请适用合规不起诉机制,检察机关同意并启动合规不起诉机制,设置合规考察期,启动合规监管,签订合规协议与承诺,提交合规建设计划,报送合规报告,审查处理决定作出等程序。

启动阶段:可以由检察机关主动审查是否符合适用条件,也可以由涉案企业、个人向检察机关申请适用。一般而言,合规不起诉机制由涉案企业、个人及其辩护人、诉讼代理人及其他相关单位人员提出申请后,由检察机关受理、审查,若符合条件,则检察机关提请第三方机制管委会启动第三方监督评估机制。由第三方机制管委会抽取人员组成第三方组织,向社会公示,经公示无异议或异议不成立的,第三方名单报送检察机关备案,检察机关未提出不同意见的则由管委会宣告第三方组织成立。

计划阶段:第三方组织调研企业涉案情况、犯罪原因、合规问题,并对涉案企业设置提交合规计划及限期承诺完成具体要求,要求涉案企业限期提交专项、多项合规计划。第三方组织审查合规计划后,向检察机关出具书面审查意见、征求意见,向企业提出修改意见并确定合规考察期。

考察阶段:涉案企业在合规考察期内,应当严格执行合规计划,并以书面形式定期向检察机关报告合规计划的执行情况,同时可以将执行情况抄送至相关的监督机关。由第三方监管检查、评估计划履行情况,指导、纠正企业的执行错误,并向检察院报告企业的情况。

考核阶段:合规考察期届满后,第三方组织会对企业进行全面检查、评估和考核,确认企业合规计划的完成情况并制作合规考察书面报告,报送负责选任第三方组织的第三方机制管委会和负责办理案件的检察机关。审查评判企业合规计划的执行包括两个层面:一是合规计划是否得到有效执行;二是涉案企业在合规整改完成后,现有合规体系是否能有效识别涉案法律风险并能及时展开自查自纠。

决定阶段:管委会、检察机关审查书面报告后,检察机关会提出检察建议和检察意见,作出起诉或不起诉的决定。在此过程中,检察机关会结合涉案企业的合规计划完成情况及第三方组织提交的考察报告,并进行公开听证。在充分听取意见后,检察机关将进行审查并结合具体犯罪情况审慎作出处理决定。如涉罪企业按要求完成合规建设,在考察期内没有发生违反合规监管协议要求的情形下,检察机关一般会对涉案企业及直接负责的主管人员或其他直接责任人员作出不起诉决定;对确需提起公诉的,会建议法院对其从轻、减轻处罚。检察机关在作出不起诉决定后,如认为需要对涉案企业给予行政处罚的,也可以提出宽大处理的建议。

回访阶段:检察机关作出最终起诉或不起诉决定后,并非就此结案处理,部分试点单位在实践中后续仍有定期回访涉案企业,对合规建设企业持续跟踪管理,促进企业内控机制持续发挥作用①。因此,企业应持续合规、保持合规管理体系的有效运行。

二、医药企业合规不起诉

1. 常见的刑事合规不起诉涉及的问题有哪些?

对于医药医疗企业而言,在研发、生产销售、经营管理等不同环节,可能涉及的刑事罪名不同,所引发的问题也各不相同。医药企业应根据不同阶段容易涉及的不同刑事罪名,制定相应的合规管理措施以防范风险。

研发阶段:主要涉及提供虚假证明文件罪,侵犯商业秘密罪等。

生产销售环节:主要涉及生产、销售假药、劣药罪,生产、销售不符合标准的医用器材罪,妨害药品管理罪,假冒注册商标罪,虚开增值税专用发票罪,虚开发票罪,污染环境罪等。

经营管理环节:主要涉及行贿罪,单位行贿罪,对非国家工作人员行贿罪,虚假广告罪,串通投标罪,非法经营罪等。

2022 年 1 月,国家药监局要求,针对药品、医疗器械、化妆品领域,严厉打击制售假药劣药、违法生产中药饮片、网络非法销售,严防严管严控质量安全风险,强化行刑衔接、行纪衔接,压实监管责任和企业主体责任。广东、江苏、湖南、浙江、辽宁、贵州等全国各地药监部门纷纷跟进,依法查处了一批违法违规案件,其中,仅 2022 年第一季度,贵州各级药监部门便累计查处 471 件"两品一械"(药品、医疗器械、化妆品)案件,查处案件数量同比增长 134%。2022 年 4 月,国家药监局发布 5 起典型案例,涉及药品、医疗器械的生产、经营、使用各环节,部分涉案企业的法定代表人被处以终身禁止从事药品生产经营活动的行政处罚。

而 2021 年 4 月,财政部通报了 77 家医药企业会计信息质量检查的结果,并对其检查的 19 家医药企业作出行政处罚,该检查反映出医药企业在财税领域的突出问题包括使用虚假发票、票据套取资金体外使用,虚构业务事项或利用医药推广公司套取资金,账簿设置不规范等。此类案件反映出的问题包括涉税刑案从税务立案稽查到刑事判决下达周期长,前期应对至关重要;医药生产企业涉农产品进项税额核实难、虚开农产品收购发票风险大,应关注发票进项比率,注重

---

① 参考自庄伟、刘美娟:《合规不起诉专题(三)丨梳理企业合规不起诉的适用、流程及操作实践》,发表日期 2022 年 7 月 29 日,网址链接 https://mp.weixin.qq.com/s/BFoQ5R7tv7a2q0Q9MdXZ3A。

采购、领用、销售等环节的资料留存等。

2. 涉案医药企业如何通过完善合规体系建设落实整改措施?

对于尚未涉及刑事风险的医药企业,应当参照行业标准,积极开始合规体系建设以防患于未然,包括但不限于以下几种。

跨国医药企业主要适用《RDPAC 行业行为准则(2022 年修订)》,着重规范与 HCP(医疗卫生专业人士:医疗、牙科、药剂或护理领域中的专业人员,或其他任何在其专业活动中可能开具药品处方或推荐、采购、供应药品或将药品用于病人的人员)、HCO(医疗卫生专业机构:是指由医疗卫生专业人士组成的机构,或提供医疗服务、和/或进行医疗研究的机构)之间的互动、推广行为。

国内医药企业主要参照《医药行业合规管理规范》,参照目前已出台的反商业贿赂、反垄断、产品推广领域的规范完善合规管理体系。同时,应积极关注正在起草中的财务与税务,集中采购,环境、健康和安全,不良反应报告,数据合规及网络安全领域等领域的规范,及时参照并完善自身的合规管理体系。

对于已经涉及刑事风险的医药企业,则应尽快、及时申请适用涉案企业合规监督考察程序。目前涉案企业合规监督考察制度可依职权或依申请启动,启动环节已从审查起诉阶段前移至侦查环节。涉案医药企业,应当及时寻求专业律师的协助,对案情尽早进行研判,并由专业律师协助企业制订有针对性的合规计划并确保计划落地实施。

医药企业通过完善合规体系建设落实整改措施方面,可以重点采取以下措施。

完善企业合规规章制度,并组织学习,通过制度化、常态化的医药合规培训,增强员工的合规意识;并通过定期考察,检验合规培训的效果并调整培训内容、频率和对象。

改造公司治理结构,建立合规组织体系,并明确各部门合规职责。

建立医药合规风险识别评估机制,对企业的全部经营管理和业务开展定期合规法律风险调查,使企业内部对企业的法律风险有全面的认知,并且清楚药企所具有的特殊法律风险点,如商业贿赂、制售假药等,必要时,可以启动专项合规整改。

建立医药合规监控和应对机制。针对医药企业日常运营过程中,企业内部可能存在或发生的违法违规情形,建立监控体系进行举报、监督,建立及时有效的应对体系,第一时间进行调查及处理,防止企业涉及刑事犯罪。

第三节　医药行业合规体系建设的重点问题

一、重点管理领域

1. 如何确定重点领域?

企业确定重点领域,一般需考虑如下因素。

了解可能对合规管理产生重大影响的内部及外部因素:内部因素即考虑企业的主要业务领域、业务模式以及业务流程、在日常经营活动中需要遵守的各项监管要求以及企业自身的商业道德文化等;外部因素则包括所面临的日常监管及执法要求、同行业常见风险事件、行业惯例、社会道德标准、经济发展状况等。

识别梳理关联方、合作方的合规要求:关联方既包括与企业有业务关系的客户、供应商等,也包括监管部门、执法部门、行业协会等对企业有监管职责的机构或组织。

业务发展方向及内部管理需求:包括企业主营业务、重点发展业务所对应的合规管理需求,内部管理重点调整、管理方式升级等所需要的建立及完善的合规管理措施。

2. 医药行业需要关注哪些重点领域?

一般而言,医药行业需关注的重点领域包括但不限于反腐败与反商业贿赂,反垄断,产品推广,财务与税务,集中采购,环境、健康和安全,不良反应报告,数据合规及网络安全等。前述领域中,常见的合规管理重点主要包括以下几种。

反腐败与商业贿赂:包括产品销售、发票接受及核验、人事聘用、与政府官员的互动交流、与 HCP 和 HCO 的互动交流、招待与礼品、费用报销、第三方管控等。

反垄断:包括反垄断合规制度设计、反垄断合规制度执行、与竞争者的日常沟通、投标招标、联合销售和联合采购、与上下游企业的业务往来、经营者集中申报等。

产品推广:包括广告申请人、上市许可前的信息交流、超适应症推广、一般广告、药品广告、医疗器械广告、推广活动、推广与知识产权、医药代表推广等。

财务与税务:包括纳税申报、出口退免税管理、税务登记、关联交易申报、发票管理、税费款缴纳、税控器具管理、财簿与凭证管理、境外税务合规风险等。

环境、健康和安全:包括环境影响评估、排污许可、大气/固废/土壤/噪声污染、设备管理、危险化学品及危险废物处理、事故隐患排查、突发事件应急与应对、信息公开披露等。

数据合规及网络安全:包括数据合规部门及人员、数据分类分级、告知同意机制、跨境传输、数据存储与删除、安全措施、敏感个人信息处理、个人信息权利保障等。

二、重点管理对象

1. 合规管理的重点人员有哪些?

一般而言,合规管理的重点人员包括管理人员、重要风险岗位人员、海外人员以及其他需要重点关注的人员。

管理人员:一般包括董事会、监事会、高级管理层的人员,如董事长、总经理,也包括实际控制人等。一般而言,管理人员应切实提高合规意识,带头依法依规开展经营管理活动,认真履行承担的合规管理职责,强化考核与监督问责。

重要风险岗位人员:一般需要根据合规风险评估情况,根据该岗位产生合规风险的可能性和影响程度,以及对公司业务的重要程度、公司管控措施的有效性来明确界定重要风险岗位。医药行业的重点风险岗位人员,一般包括采购、制药、销售岗位相关的核心人员,如研发人员、医药代表、财务人员等。对于重要风险岗位人员,有针对性地加大培训力度,使重要风险岗位人员熟悉并严格遵守业务涉及的各项规定,加强监督检查和违规行为追责。

海外人员:一般而言,对于海外人员,需将合规培训作为海外人员任职、上岗的必备条件,确保遵守我国和所在国法律法规等相关规定。此外,海外人员还具有一些特殊合规问题,例如海外人员劳动关系的合规性和海外聘用人员用工关系的合规性,以及境外中资机构人员的安全管理、应急处理等问题。

其他需要重点关注的人员:除上述重点人员以外,企业应当根据自身的情况和实际的需求,确定是否还有其他需要重点予以关注的人员,并确定相应的制度进行重点管理,确保合规管理工作的顺利开展。

2. 对合作伙伴可以采取哪些合规管理措施?

对于合作伙伴的合规管理措施,一般包括选择阶段的尽职调查、签订含有合规管理要求的合同条款、设置第三方准入名单,开展合规培训,合作阶段建立持续监控体系,包括交易风险审查系统(尽职调查)、支付前审核与交易后审核、内部审计和第三方审计、定期评估等,在违约处理阶段,设置针对合作伙伴违规的内部调查机制、合规奖惩体系、黑名单及观察名单等。其中,重点可包括以下几种。

精细化设计尽职调查内容。合规尽职调查是管理合作伙伴的重要手段,企业应在与第三方合作伙伴签订合作协议前对第三方的资信能力进行尽职调查。为了更准确地定位合作伙伴的风险等级并标记风险,在前期设计尽职调查内容时应根据行业和企业的具体情况做到精细化。

将合规流程"镶嵌"在业务流程前端。对于有可能合作的第三方合作伙伴,业务人员在接触的第一时间就应当借助一些平台或系统进行数据查询,并在业务交流中收集必要的资料。

完善与第三合作伙伴方之间的交易文件。企业应与第三方合作伙伴签订合规条款等,确保第三方理解并承诺遵守在合作过程中的合规要求,接受合理的合规管理(如定期的审计等)、及时披露和报告可能使企业受到影响的合规风险以及违反约定的违约责任等。

警示提醒的实时化。通过一些先进的合规管理工具或平台,结合及时获取的第三方商业数据,合规管理者应当持续关注第三方合作伙伴在商业方面的风险及声誉变化。

完善内部风险控制制度。在内部制度中明确规定应当对第三方合作伙伴进行尽职调查;对于娱乐支出、差旅费用、报销项目等高敏感高风险活动确保透明性;各项内部制度应当满足财务账簿记录的法定要求;全程监督与第三方合作伙伴之间的资金走向。

对第三方合作伙伴进行培训。为确保第三方合作伙伴切实遵守合规条款,公司应监督促使第三方确保其所有与履行交易合同相关的全体员工遵守合规条款,包括基层员工和劳务工。

第四节 医药行业的 ESG 治理

一、ESG 报告

1. 报告通常有哪些内容?

一般而言,ESG 报告需要包含报告编制参照标准、实质性议题分析等内容。

报告编制参照标准一般包括全球报告倡议组织(Global Reporting Initiative, GRI)发布的《GRI 可持续发展报告标准》,联合国可持续发展目标(SDGs),国际标准化组织《ISO26000:社会责任指南(2010)》,香港联交所《环境、社会及管治报告指引》,中国社科院《中国企业社会责任报告编写指南》(CASS-ESG 5.0),国家标准《社会责任报告编写指南》(GB/T 36001-2015),团体标准《企业 ESG

披露指南》(T/CERDS 2-2022),以及上交所、深交所有关社会责任报告编制、环境信息披露、上市公司规范运作的指引,社会责任报告编写指南编制指引等。

ESG报告的实质性议题通常包括以下内容。

环境(E):包括资源能源管理,碳达峰、碳中和,生态环境保护,全产业链绿色发展,资源回收利用,突发环境事件及其他环保事件的应对及处理,环保管理等。

社会(S):包括员工权益保护(如平等就业与反歧视、禁止使用童工、禁止强迫劳动、职业健康与安全生产、职业培训与教育、员工薪酬与福利等),利益相关者权益(如供应链管理、消费者权益保护等),产品质量与安全,公益慈善事业,信息与数据安全等。

治理(G):包括公司治理(如股东治理、组织架构、董监高治理、党建工作),风险管理与内部控制,商业道德与反腐败,信息披露等。

2. 医药行业ESG报告的披露重点是什么?

医药行业ESG报告的披露内容,主要围绕药品研发、生产、销售等环节的实验伦理、知识产权管理、产品质量与安全、供应链管理、包装物管理、负责任营销、有害排放物与废弃物、医疗可及性、商业道德与反腐败、劳动用工、公司治理等关键议题方面的表现。对于不同的细分行业,披露重点也会有所不同。

制药类和生物科技类:披露重点包括医疗可及性、公司治理、产品质量与安全、商业道德与反腐败、劳动用工、有害排放物与废弃物等。

医疗保健设备与用品:披露重点一般包括公司治理、商业道德与反腐败、劳动用工、产品质量与安全、碳排放等。

医疗保健提供商与服务:披露重点一般包括公司治理、商业道德与反腐败、产品质量与安全、碳排放、信息与数据安全、劳动用工等。

其中,医疗可及性是医药行业的特有议题,医药企业一般通过披露其在药品和医疗服务的创新研发、保证药物供应、公平合理定价、促进疾病防治等方面所做的努力,回应这一关键议题。而产品质量与安全、有害排放物与废弃物(碳排放)、商业道德与反腐败、劳动用工等同样是医药行业的重要议题,建议重点披露。

上述议题为医药行业ESG实践中常见的建议披露内容。而对于强制要求披露的具体内容,则主要体现在各大交易所对上市医药企业的披露要求细则中,包括但不限于《上市公司行业信息披露指引第一号——一般规定》(已失效)、《上市公司行业信息披露指引第七号——医药制造(2020年修订)》、《深圳证券交易所创业板行业信息披露指引第2号——上市公司从事药品、生物制品业务》(已失效)等文件。根据这些文件的要求,从事药品、生物制品业务的上市公司应当详细披露药品和生物制品项目的研发、生产及销售情况,药品的注册、许可情况,以及对公司生产经营有重大影响的情形。

对于生物医药行业公司而言,根据深交所的要求,还应当披露产品质量管理体系、售后服务体系,以及产品召回制度建设及执行情况,说明公司报告期内是否发生产品质量重大责任事故、造成的影响及损害、采取的应对措施和改进办法。此外,根据深交所对于上市公司社会责任报告的披露要求,制药行业的公司均属于重污染企业,应当披露污染物排放是否达到国家或地方规定的标准、环保设施投入及运转情况、雇员职业病防治情况,说明公司报告期内是否发生重大环保事故、造成的影响及损害、采取的应对措施和改进办法。①

需特别说明的是,上述深交所提出的重污染企业信息披露要求,与环境保护领域认定企业是否属于"重点排污单位"属于不同的维度。针对环境保护领域认定的重点排污单位的强制性环境信息公开要求,请参考本编第九章"环保合规"第二节"医药生产企业常见环境违法行为识别"的具体论述。

二、医药行业ESG的关注重点

1. 医药行业ESG披露中需要关注哪些重点风险?

医药行业应持续跟踪ESG信息披露政策,尤其是上市的医药公司,应当遵守证监会、上交所、深交所制定的各类管理办法、监管指引及行业规范对上市公司信息披露义务的要求。一般而言,ESG披露要求一般包括企业信息披露的组织、制度、程序、责任,信息披露的内容、渠道;信息披露的质量,如及时性、真实准确性、充分完整性;有无因违反信息披露规定而受到处罚的案件等内容。

医药行业应按照上述ESG披露要求,真实、准确、完整、及时地开展信息披露工作,主动披露所有可能对股东和其他利益相关者决策产生实质性影响的信息,并保证利益相关方有平等的机会获得信息。在ESG披露中,需要重点关注信息披露的质量,避免报告内容空洞无实质性、数据有误等问题,充分防范以下风险。

披露不及时:医药行业尤其是上市的医药公司,信息披露的时间有相关要求。医药行业公司应构建高效的数据收集与报送系统并定期向内外部披露相关

---

① 《深圳证券交易所上市公司自律监管指南第1号——业务办理(2023年修订)》附件1《上市公司社会责任报告披露要求》第4条第1、2点。

信息,确保ESG报告信息披露的及时有效。

披露不充分完整:完整性即指未涵盖全部经营实体,用总部及优秀子公司信息替代全面管理,也包括在数据披露时选择性缺失,或回避实质性议题。医药行业应根据自身行业特点,锁定影响企业ESG评级的重要披露指标,同时,应当综合考量指标数据的可得性、可追踪、可计量等多方面因素,逐步加强对定量指标的披露。可以向专业第三方机构咨询,避免披露信息范围选择不当造成的风险。

披露不真实准确:披露的信息不真实,存在虚假内容、数据有误、夸大性描述等情况。对此,应当在披露之前充分进行事前审查,核实所披露的信息的真实性和准确性。

2. 如何完成从合规体系建设到ESG治理的升级?

合规管理体系建设与ESG治理存在相通之处。合规管理体系建设中所关注的合规管理组织体系、制度体系与重点领域合规管理、合作伙伴管理,与ESG治理的E(环境)中的环境保护要求,S(社会)中的员工管理、利益相关方治理、产品质量、安全生产等,G(公司治理)所关注的组织架构、董监高治理、党建工作、风险管理与内部控制、反腐败与反贿赂等实质性议题,所对应的合规要求存在大量重合。

要实现合规体系建设到ESG治理的升级,一方面,需在合规管理体系的建设过程中,充分融入医药行业的ESG实质性议题,如通过将医药行业的ESG实质性议题转化为合规管理体系建设中的组织体系建设要点、重点领域,进而开展有针对性的合规管理体系建设。另一方面,可通过合规管理体系的风险识别评估机制,充分识别医药行业ESG实质性议题的合规风险,并实施对应的风险管控措施,从而实现ESG治理。

第二章　数　据

让“数据说话”是医疗实践询证的必要条件,数据质量的高低将直接影响医疗试验数据证据的强度。一定程度上可以说,数据是医疗实践临床试验的产品,而医疗实践的临床试验是产生数据的过程,因此对医疗试验数据的管理涉及管理高质量临床证据,医疗数据的保护涉及相关受试者、医务人员及其他临床试验参与人员的个人信息安全和实验成果的安全。本章从医疗实践临床试验数据采集的源起、数据使用、数据存储直至数据删除的全流程初步归纳实践医疗数据管理的合规要求。

第一节　医疗数据的分类

一、医疗行业视角下的数据分类

医疗数据,是指个人在接受健康医学诊疗过程中产生的数据,相较于其他行业,医疗行业产生的数据来源更加多样,数据呈现方式也更加丰富。在行业视角下,医疗行业数据主要分为三个类别:患者用药、检验结果等结构化数据;病历、检查报告等半结构化数据;医学影像、视频及文献等非结构化数据。结合法律行业实践医疗数据可以大致分为如下几类。

(1)个人健康信息:个人健康信息是指可以反映健康情况的数据。个人健康信息和具有个人属性的个人信息结合之后可以反映一个人的健康情况。

(2)人口健康信息:人口健康信息是指依据国家法律法规和工作职责,各级各类医疗卫生计生服务机构在服务和管理过程中产生的人口基本信息、医疗卫生服务信息等人口健康信息。

(3)遗传资源信息:遗传资源信息是指利用包含基因等遗传物质的器官、组织、细胞等遗传材料产生的数据信息。遗传资源信息包括临床实验数据、基因数据、代谢数据等。

(4)病历/电子病历信息:病历是指医务人员在医疗活动过程中形成的文字、符号、图表、影像、切片等资料的总和,包括门(急)诊病历和住院病历。电子病历是指医务人员在医疗活动过程中,使用信息系统生成的文字、符号、图表、图形、数字、影像等数字化信息,并能实现存储、管理、传输和重现的医疗记录,是病历的一种记录形式,包括门(急)诊病历和住院病历。

(5)健康医疗数据:个人健康医疗数据以及由个人健康医疗数据加工处理后得到的健康医疗相关电子数据。个人健康医疗数据是指单独或者与其他信息结合后能够识别特定自然人或者反映特定自然人生理或者心理健康的相关电子数据。

(6)医疗健康大数据:作为大数据在医疗行业的一个分支,医疗健康大数据是指所有和医疗健康相关的,可数字化供分析的数据。医疗健康大数据具有数据规模大、数据形态多样、数据价值宝贵等特点,可以在发挥大数据在监测分析、病毒溯源、物资调配等方面发挥重要的作用。

(7)医疗支付记录:医疗支付记录具有健康医疗数据与金融数据的双重属性,包括医疗交易信息、医疗保险的理赔信息等。

(8)卫生资源数据:此类数据与个人信息无关,而主要反映医院的基本数据及运营数据。

(9)公共卫生数据:公共卫生数据是指关系到国家或地区大众健康的公共事业相关数据。公共卫生数据由于涉及众多个人健康数据的整合,而可能会被归入健康医疗领域的重要数据,甚至特定情况下会构成国家核心数据。

基于以上,不难看出,人口健康信息、遗传资源信息、医疗健康大数据、公共卫生数据具有集合性质,并非边界绝对清晰的单一法律概念,因而涉及不同的法律规则体系;同时,上述医疗数据的外延可能随着社会生活现状的变化尤其是在应急状态下而具有一定的弹性。在此前提下,同样可以清楚判断的是,带有集合性质的医疗数据具有极高的价值和敏感性,在日常生活和特殊时期均能发挥重要的作用,但这些价值与作用的发挥,尤为依赖对医疗数据进行合理的流转和调配。而在现行法律体系下,为兼顾个人信息等基本权益,集合性医疗数据的共享往往受到较为严格的限制,这也相应为掌握各类医疗数据的机构、企业和组织提出了很高的合规要求,以确保法律规则与价值发挥之间的平衡点。

二、《网络安全法》《数据安全法》《个人信息保护法》视角下的数据分类

（1）个人信息：根据《个人信息保护法》，个人信息是指以电子或者其他方式记录的与已识别或者可识别的自然人有关的各种信息，包括匿名化处理后的信息。医疗机构在提供医疗服务过程中收集的患者姓名、年龄、性别等属于个人信息。

（2）敏感个人信息：根据《个人信息保护法》，敏感个人信息包括生物识别、宗教信仰、特定身份、医疗健康、金融账户、行踪轨迹等信息，以及不满 14 周岁未成年人的个人信息。医疗机构在提供医疗服务过程中采集的个人基因、指纹、虹膜、声纹、掌纹、耳廓、面部识别特征等显然都属于个人敏感信息。

（3）重要数据：重要数据是指一旦泄露可能直接影响国家安全、经济安全、社会稳定、公共健康和安全的数据。《信息安全技术-数据出境安全评估指南》中列出了各行业重要数据的范围，在人口健康领域，重要数据涵盖了各类诊疗、健康数据信息，个人遗传信息等。

（4）核心数据：根据《数据安全法》，关系国家安全、国民经济命脉、重要民生、重大公共利益等的数据属于国家核心数据。医疗机构和健康服务机构在进行临床试验、科研活动中收集和处理的基因信息、遗传信息等都对国家安全的安全战略有至关重要的影响，因而会构成核心数据。除此之外，可以反映国民、地区居民健康状况的公共卫生大数据也属于核心数据。

第二节 医疗数据的收集

一、收集医疗数据的合规要求

企业收集医疗数据应承担哪些义务？

企业在收集医疗数据时，既要关注网络安全和数据安全法规层面的规定，也要关注针对具体医疗数据类型的监管规则。以下是不同监管规则对企业收集医疗数据时提出的义务要求。

(1)收集医疗数据应履行告知同意义务

医疗场景下的数据类型	义务	具体规定
个人信息	公开收集规则、明示收集目的,取得个人信息主体同意	《网络安全法》第41条第1款　网络运营者收集、使用个人信息,应当遵循合法、正当、必要的原则,公开收集、使用规则,明示收集、使用信息的目的、方式和范围,并经被收集者同意。 《个人信息保护法》第17条　个人信息处理者在处理个人信息前,应当以显著方式、清晰易懂的语言真实、准确、完整地向个人告知下列事项: (一)个人信息处理者的名称或者姓名和联系方式; (二)个人信息的处理目的、处理方式,处理的个人信息种类、保存期限; (三)个人行使本法规定权利的方式和程序; (四)法律、行政法规规定应当告知的其他事项。 前款规定事项发生变更的,应当将变更部分告知个人。 个人信息处理者通过制定个人信息处理规则的方式告知第一款规定事项的,处理规则应当公开,并且便于查阅和保存
敏感个人信息	敏感信息应说明处理的必要性并向个人信息主体说明处理的必要性及对其个人权益的影响,且取得个人信息主体单独同意	《个人信息保护法》第29条　处理敏感个人信息应当取得个人的单独同意;法律、行政法规规定处理敏感个人信息应当取得书面同意的,从其规定。 《个人信息保护法》第30条　个人信息处理者处理敏感个人信息的,除本法第十七条第一款规定的事项外,还应当向个人告知处理敏感个人信息的必要性以及对个人权益的影响;依照本法规定可以不向个人告知的除外
健康医疗大数据	医疗大数据采集应符合国家和行业相关标准	《国家健康医疗大数据标准、安全和服务管理办法(试行)》第29条　责任单位采集健康医疗大数据,应当严格执行国家和行业相关标准和程序,符合业务应用技术标准和管理规范,做到标准统一、术语规范、内容准确,保证服务和管理对象在本单位信息系统中身份标识唯一、基本数据项一致,所采集的信息应当严格实行信息复核终审程序,做好数据质量管理

续表

医疗场景下的数据类型	义务	具体规定
人类遗传资源	采集前应告知采集目的、用途、健康影响和隐私保护措施	《人类遗传资源管理条例》第12条第1款 采集我国人类遗传资源,应当事先告知人类遗传资源提供者采集目的、采集用途、对健康可能产生的影响、个人隐私保护措施及其享有的自愿参与和随时无条件退出的权利,征得人类遗传资源提供者书面同意

(2)收集医疗数据应遵循最小必要性原则

医疗数据无论是人口健康信息、人类遗传资源信息还是其他医疗数据,只要能够识别或者可识别到特定自然人则属于《个人信息保护法》所保护的个人信息,在收集时除了告知同意义务外,企业还应遵循最小必要性原则,仅收集处理目的所必需的最小、必要的个人信息,不得超出最小必要性原则收集个人信息。

医疗场景下的数据类型	具体规定
个人信息	《个人信息保护法》第6条 处理个人信息应当具有明确、合理的目的,并应当与处理目的直接相关,采取对个人权益影响最小的方式。 收集个人信息,应当限于实现处理目的的最小范围,不得过度收集个人信息
人口健康信息	《人口健康信息管理办法(试行)》第8条 责任单位应当按照"一数一源、最少够用"的原则采集人口健康信息,所采集的信息应当符合业务应用和管理要求,保证服务和管理对象在本单位信息系统中身份标识的唯一性,基本数据项的一致性,所采集的信息应当严格实行信息复核程序,避免重复采集、多头采集

(3)收集特定医疗数据应具备相应的主体条件

针对特殊类型的医疗数据,法律、行政法规可能对企业施加额外的主体资格限制,要求企业只有在具备一定条件时才能采集特殊类型的医疗数据。

医疗场景下的数据类型	具体规定
个人信息	《个人信息保护法》第6条 处理个人信息应当具有明确、合理的目的,并应当与处理目的直接相关,采取对个人权益影响最小的方式。 收集个人信息,应当限于实现处理目的的最小范围,不得过度收集个人信息

续表

医疗场景下的数据类型	具体规定
人口健康信息	《人口健康信息管理办法(试行)》第8条　责任单位应当按照“一数一源、最少够用”的原则采集人口健康信息,所采集的信息应当符合业务应用和管理要求,保证服务和管理对象在本单位信息系统中身份标识的唯一性,基本数据项的一致性,所采集的信息应当严格实行信息复核程序,避免重复采集、多头采集

(4)企业间接收集医疗数据时的合规义务

此外,当企业并非从信息主体处直接采集医疗数据,而是从第三方处间接采集时,监管部门也为企业施加了一定的合规义务。

根据《信息安全技术　个人信息安全规范》第5.4条第e)款规定,企业应要求个人信息提供方说明个人信息来源,并对其个人信息来源的合法性进行确认;应了解个人信息提供方已获得的个人信息处理的授权同意范围,包括使用目的,个人信息主体是否授权同意转让、共享、公开披露、删除等;如开展业务所需进行的个人信息处理活动超出已获得的授权同意范围,应在获取个人信息后的合理期限内或处理个人信息前,征得个人信息主体的明示同意,或通过个人信息提供方征得个人信息主体的明示同意。

二、收集医疗数据的潜在合规风险点

1. 企业收集医疗数据可能存在哪些主要的合规风险点?

企业在收集医疗数据时,可能未向信息主体说明个人信息的收集目的、处理方式等基本情况;企业收集的个人信息涉及病症、住院志、医嘱单等属于敏感个人信息的医疗数据时,可能未向信息主体说明处理其敏感个人信息的必要性以及对其个人权益的影响;企业收集人类遗传资源信息时,可能未向信息主体特别说明对个人健康的影响。

此外,如企业直接从信息主体处收集医疗数据时可能未获得信息主体的同意。具体而言,企业收集病症、住院志、医嘱单、检验报告等敏感个人信息时,可能未取得信息主体的单独同意而直接收集使用其相关信息。同时,根据《个人信息保护法》第29条的规定,法律、行政法规规定处理敏感个人信息需要取得书面同意的,从其规定。《人类遗传资源管理条例》第12条则明确规定,采集人类遗传资源信息需要征得人类遗传资源信息提供者即信息主体的书面同意,因此,企业可能因未取得人类遗传资源信息提供者的书面同意而承担未全面履行同意义务的风险。当企业从公开渠道、第三方间接收集医疗数据时,可能未对数据来源的合法合规性进行审核，没有确保数据来源具备合法性；也可能在数据处理活动超出原有授权范围后未重新征得信息主体的明示同意。

企业也可能在不具体采集特定医疗数据资格时采集相应数据。例如，企业采集人类遗传资源信息需经过国务院科学技术行政部门批准，但企业并未获得批准。再如，企业采集临床试验数据需具有临床试验机构的执业资格，但企业在未取得执业资格时便直接开展临床试验活动并收集相关数据。

企业收集医疗数据可能违反最小必要性原则，采集与开展业务无关或者并非开展业务所必需的医疗数据。

2. 企业应如何应对在收集医疗数据时的合规风险？

就企业从信息主体处直接收集医疗数据的告知同意义务层面而言，企业宜单独设置隐私政策或者承诺函等文件对医疗数据的收集使用情况进行完整披露，详细地说明与敏感个人信息有关的内容，并通过信息主体主动点击同意、签字盖章的方式获得信息主体的同意甚至单独同意和书面同意。为了全面履行敏感个人信息的单独同意义务，避免争议，企业通过隐私政策方式告知信息主体有关医疗数据的收集使用情况时，企业在实际收集症状、病历等敏感个人信息时宜在收集页面设置弹窗提示，再次说明收集敏感个人信息的目的、处理方式以及对个人权益可能造成的影响，并通过勾选同意的方式获得信息主体的单独同意，避免"一揽子"授权，部分场景法律法规确有规定的除外。

就企业从第三方处间接收集医疗数据的合规义务层面而言，企业宜修订与第三方的数据采购/数据产品交易协议，或者通过签订补充协议、承诺函等方式，要求第三方对数据来源的合法合规性作出承诺，同时企业可以保留对第三方进行个人信息安全审计的权利以及随时检查数据来源初始材料的权利，以最大限度确保数据来源的合法合规性。此外，在前述基础上，企业还可以制定公司内部的数据采购管理制度，设置数据提供方的"黑名单"或者"白名单"，对第三方的数据安全管理能力进行审核，以最大限度确保与具有高度合规体系、合法数据来源的数据提供方进行合作。

就企业采集医疗数据应遵循的最小必要性原则而言，由于大部分医疗数据极可能构成敏感个人信息，且可能对个人权益产生重要影响，企业开展业务时如果欲收集医疗数据，宜首先开展个人信息影响评估或者内部审批活动，一方面论证收集敏感个人信息的必要性；另一方面说明收集活动对个人权益的影响及安全风险，所采取的保护措施是否合法、有效并与风险程度相适应等。通过个人信息影响评估或者内部审批活动，既可以说明收集医疗数据的行为符合最小必要性原则,又可以证明企业已经过适当评估,确保对医疗数据的收集风险可控。

第三节　医疗数据的使用

一、使用医疗数据的合规性要求

企业使用医疗数据应承担哪些义务?

(1)使用范围限制

企业在使用医疗数据时,首先面临的合规要求即在收集所处的范围内使用医疗数据,不得超出前述目的处理医疗数据。目的限制包括法律、行政法规规定的医疗数据仅能适用的范围,也包括仅限于企业在收集医疗数据时向个人信息主体披露的使用范围。

医疗场景下的数据类型	具体规定
个人信息	《个人信息保护法》第14条第2款　个人信息的处理目的、处理方式和处理的个人信息种类发生变更的,应当重新取得个人同意。 《信息安全技术　个人信息安全规范》第5.4条第e)款第3)项　如开展业务所需进行的个人信息处理活动超出已获得的授权同意范围的,应在获取个人信息后的合理期限内或处理个人信息前,征得个人信息主体的明示同意,或通过个人信息提供方征得个人信息主体的明示同意
病历信息	《医疗机构病历管理规定(2013年版)》第6条　医疗机构及其医务人员应当严格保护患者隐私,禁止以非医疗、教学、研究目的泄露患者的病历资料
人口健康信息	《人口健康信息管理办法(试行)》第13条第2款　人口健康信息的利用应当以提高医学研究、科学决策和便民服务水平为目的。 《人口健康信息管理办法(试行)》第14条　责任单位应当建立人口健康信息综合利用工作制度,授权利用有关信息。 利用单位或者个人不得超出授权范围利用和发布人口健康信息责任
健康医疗大数据	《国家健康医疗大数据标准、安全和服务管理规定(试行)》第22条　责任单位应当按照《中华人民共和国网络安全法》的要求,严格规范不同等级用户的数据接入和使用权限,并确保数据在授权范围内使用。任何单位和个人不得擅自利用和发布未经授权或超出授权范围的健康医疗大数据,不得使用非法手段获取数据

(2)使用主体限制

由于医疗数据的重要程度或敏感程度较高,对个人或社会公共利益、国家利益的影响可能较大,因此法律、行政法规可能会要求仅有符合特定条件的企业才能使用特定类型的医疗数据,在不满足条件时使用相关数据则构成违法。

医疗场景下的数据类型	具体规定
病历信息	《医疗机构病历管理规定(2013年版)》第15条　除为患者提供诊疗服务的医务人员,以及经卫生计生行政部门、中医药管理部门或者医疗机构授权的负责病案管理、医疗管理的部门或者人员外,其他任何机构和个人不得擅自查阅患者病历。 《医疗机构病历管理规定(2013年版)》第16条　其他医疗机构及医务人员因科研、教学需要查阅、借阅病历的,应当向患者就诊医疗机构提出申请,经同意并办理相应手续后方可查阅、借阅。查阅后应当立即归还,借阅病历应当在3个工作日内归还。查阅的病历资料不得带离患者就诊医疗机构
电子病历信息	《电子病历应用管理规范(试行)》第6条　医疗机构应用电子病历应当具备以下条件: (一)具有专门的技术支持部门和人员,负责电子病历相关信息系统建设、运行和维护等工作;具有专门的管理部门和人员,负责电子病历的业务监管等工作; (二)建立、健全电子病历使用的相关制度和规程; (三)具备电子病历的安全管理体系和安全保障机制; (四)具备对电子病历创建、修改、归档等操作的追溯能力; (五)其他有关法律、法规、规范性文件及省级卫生计生行政部门规定的条件
人类遗传资源信息	《人类遗传资源管理条例》第21条　外国组织及外国组织、个人设立或者实际控制的机构(以下称外方单位)需要利用我国人类遗传资源开展科学研究活动的,应当遵守我国法律、行政法规和国家有关规定,并采取与我国科研机构、高等学校、医疗机构、企业(以下称中方单位)合作的方式进行。 《人类遗传资源管理条例》第22条第1款　利用我国人类遗传资源开展国际合作科学研究的,应当符合下列条件,并由合作双方共同提出申请,经国务院科学技术行政部门批准: (一)对我国公众健康、国家安全和社会公共利益没有危害; (二)合作双方为具有法人资格的中方单位、外方单位,并具有开展相关工作的基础和能力; (三)合作研究目的和内容明确、合法,期限合理; (四)合作研究方案合理; (五)拟使用的人类遗传资源来源合法,种类、数量与研究内容相符; (六)通过合作双方各自所在国(地区)的伦理审查; (七)研究成果归属明确,有合理明确的利益分配方案

(3)访问权限限制

针对个人信息,我国《个人信息保护法》要求个人信息处理者设置访问权限管控等制度以履行合规义务,确保仅为业务目的或法律目的所必需的人员能够访问相关数据。针对特殊领域的医疗数据,由于其对个人、社会公共利益乃至国家利益均可能产生重大影响,我国法律、行政法规可能也会特别说明对相关类型医疗数据的访问权限控制要求,使得只有最小必要范围内的人员可以访问、接触相关数据。

医疗场景下的数据类型	具体规定
个人信息	《个人信息保护法》第51条　个人信息处理者应当根据个人信息的处理目的、处理方式、个人信息的种类以及对个人权益的影响、可能存在的安全风险等,采取下列措施确保个人信息处理活动符合法律、行政法规的规定,并防止未经授权的访问以及个人信息泄露、篡改、丢失: (一)制定内部管理制度和操作规程; …… (三)采取相应的加密、去标识化等安全技术措施……
人口健康信息	《人口健康信息管理办法(试行)》第18条　责任单位应当建立痕迹管理制度,任何建立、修改和访问人口健康信息的用户,都应当通过严格的实名身份鉴别和授权控制,做到其行为可管理、可控制、可追溯。 《电子病历应用管理规范(试行)》第14条　电子病历系统应当对操作人员进行身份识别,并保存历次操作印痕,标记操作时间和操作人员信息,并保证历次操作印痕、标记操作时间和操作人员信息可查询、可追溯。 《电子病历应用管理规范(试行)》第16条　电子病历系统应当设置医务人员书写、审阅、修改的权限和时限。实习医务人员、试用期医务人员记录的病历,应当由具有本医疗机构执业资格的上级医务人员审阅、修改并予确认。上级医务人员审阅、修改、确认电子病历内容时,电子病历系统应当进行身份识别、保存历次操作痕迹、标记准确的操作时间和操作人信息

二、使用医疗数据的潜在合规风险点

1. 企业使用医疗数据可能存在哪些主要的合规风险点?

(1)企业可能超出医疗数据的使用范围而利用相关医疗数据。

一方面,企业从信息主体处直接医疗数据时向信息主体披露了相关信息的收集、使用目的和处理方式，如果企业超出原定范围使用相关信息并且未重新征得信息主体的同意，则可能面临信息使用行为没有获得主体授权的合规风险。另一方面，法律、行政法规等规范性文件可能限制特定类型的医疗数据的使用范围，如果企业超出法律、行政法规规定的范围使用相关信息，则也可能面临一定的合规风险。例如，按规定，人口健康信息的利用应当以提高医学研究、科学决策和便民服务水平为目的；如果企业仅为了谋求自身的商业利益而对合法持有的人口健康信息进行数据分析，形成商业化的数据产品并标价出售，则违反《人口健康信息管理办法（试行）》的规定，应承担相应的法律责任。

（2）企业可能在不具有使用特定类型医疗数据的情况下利用相关医疗数据。

法律、行政法规对病历信息以及电子病历信息的使用主体进行了规定，以电子病历为例，医疗机构仅有在符合特定条件时才能够应用电子病历。但实践中，企业为了谋求自身的商业利益或者出于其他考量因素，可能在不具有健全的电子病历使用的相关制度和规程时就自行建立电子病历库，此举存在相当的合规风险。

（3）企业可能未设置公司整体层面的权限访问管控制度。

一方面，企业本身有义务基于个人信息的种类、对个人权益的影响等因素设定合理的权限访问制度；另一方面，《人口健康信息管理办法（试行）》等专门规定也会要求企业设置授权访问机制。当企业未履行访问权限管控义务时，可能会同时违反多部法律、行政法规的规定。

2. 企业应如何应对在使用医疗数据时的合规风险？

首先，企业应建立医疗数据使用范围审查制度。为了确保数据使用的范围仅限于法律、行政法规规定的目的或者仅限于向个人信息主体所披露的目的及使用范围，企业宜定期或不定期检查实际业务开展过程中的医疗数据使用情况。在没有法律、行政法规的禁止性规定的情况下，如果企业认为相关医疗数据有利于其他业务的开展，但在向信息主体处收集信息时又并未说明，此时企业应及时征得信息主体对新业务目的的授权同意。此外，企业也可以定期或者不定期的开展个人信息审计活动，并留存相关记录，以作为自身仅在法律或者约定所述的范围内使用相关医疗数据的证明。

其次，企业在使用医疗数据之前，应依据相关医疗数据的具体类型，判断是否需具备一定的条件。如需取得行政许可或审批资质后方可使用相关数据，企业在未取得审批资质前不得对相关数据实施任何处理行为。

最后,企业应建立健全完善的访问权限管控制度。一方面,企业宜设置公司整体层面的权限管控制度,对企业合法持有的全部数据进行分类分级并依据分类分级的结果设置相应的访问权限。另一方面,如果企业经初步判断可能持有人类遗传资源信息、人口健康信息等敏感级和重要级较高的医疗数据,宜针对前述特定类别的医疗数据制定专门的权限访问制度,实现对特殊医疗数据的全面保护。

第四节　医疗数据的共享

一、共享医疗数据的合规要求

企业与第三方共享医疗数据应符合哪些合法性基础?

根据《信息安全技术　个人信息安全规范》的规定,个人信息数据共享是指个人信息控制者向其他控制者提供个人信息,且双方分别对个人信息拥有独立控制权的过程。因此医疗背景下,我们可以作通俗理解,如企业将其在运营过程中掌握的个人信息提供(包括有偿或无偿)给其合作方、关联方、主管部门等第三方的过程。然而统筹医疗数据是医学发展关键,每一个完整的医疗产品的上市都离不开医疗试验数据资源的合理共享与调配。

医疗健康领域涉及大量个人敏感信息,需要执行严格的隐私保护。为了卫生防疫、医疗科研、药物研发等公共管理、学习研究或商业目的,都需要海量医疗健康数据作为支撑,对于数据融合共享的迫切需求自然不言而喻。随着医疗模式的发展,不同类别的医疗数据基于学术研究、商业、社会公共利益等原因作为被共享与调配的主角,相关数据共享问题日益常态化。常见的数据共享场景包括检测检验支持、处方共享、诊疗机构与康复机构的数据共享、连锁医疗机构的内部共享等。基于第一节医疗数据的分类,根据不同类别医疗数据的属性企业数据共享的要求存在一定的差异具体如下。

涉及人类遗传资源数据,例如:含有人体基因组、基因等遗传物质的器官、组织、细胞等遗传材料以及利用人类遗传资源材料产生的数据,数据控制者应按照《人类遗传资源管理条例》的规定执行,该条例第三章分别就境内机构、外方单位利用人类遗传资源开展研究开发活动作了原则性规定,包括利用我国人类遗传资源开展国际合作科学研究的,应当经国务院科学技术行政部门批准。

涉及个人信息的医疗数据根据《个人信息保护法》的要求,其共享合法性基础有以下几点。

(1)取得个人的同意。根据《个人信息保护法》第23条的规定,个人信息处理者向其他个人信息处理者提供其处理的个人信息的,应当向个人告知接收方的名称或者姓名、联系方式、处理目的、处理方式和个人信息的种类,并取得个人的单独同意。因此如将医疗数据如共享给其他数据处理者,应当告知个人信息主体其个人信息共享的数据接收方信息并取得个人的单独同意。所谓单独同意,区别于概括式同意,其是针对特定事项的同意。

(2)个人同意的豁免。根据《关于医疗卫生机构科研用人类生物样本管理暂行办法(征求意见稿)》第13条的规定,非特定科研活动的生物样本和非特定科研活动的人类生物样本可以采取广泛知情同意;第28条规定研究风险较低,经伦理审查委员会审批同意,并签署广泛知情同意书的,可免除征询知情同意,使用生物样本。

(3)履行法定职责或者法定义务所必需。法定职责中的"法"是广义的法,既包括全国人大及其常委会颁布的法律,也包括行政法规、地方性法规、部门规章和地方政府规章等规范性法律文件。法定义务不同于法定职责,前者则限于普通的民事主体即自然人、法人和非法人组织,后者仅指公权力机关即国家机关以及法律法规授权的具有管理公共事务职能的组织。例如,医院间的电子病历共享,如系相关主管部门以规范性文件规定,则医院共享电子病历系履行法定职责行为,无须取得个人同意。

(4)应对突发公共卫生事件或者紧急情况所必需。在发生公共卫生事件的特殊情况下,根据《国家突发公共卫生事件应急预案》的规定,未发生突发公共卫生事件的地区应根据其他地区发生事件的性质、特点、发生区域和发展趋势,分析本地区受波及的可能性和程度,须重点做好工作之一为密切保持与事件发生地区的联系、及时获取相关信息。该种情形下,相关个人信息的共享也无须取得个人同意。

对于匿名化处理后的医疗个人信息,即个人信息经过处理无法识别特定自然人且不能复原的数据。因其未落入《个人信息保护法》对个人信息的定义范围之内,因此对其进行共享无须考虑《个人信息保护法》的规定内容。通常而言,公共卫生数据,例如环境卫生数据、传染病疫情数据、疾病监测数据、疾病预防数据、出生死亡数据等即属于匿名化数据。根据《全国卫生统计工作管理办法》(1999年版)第25条规定:"……卫生行政部门、卫生事业单位内其他机构公布业务统计数字,必须经本部门、本单位统计机构或综合统计工作所在机构审核。"因此,匿名化的个人信息共享的合法性基础主要是基于各个负责行政部门单位内部的审批,由数据控制机构根据具体情况判断是否可以共享。

除上述匿名化的例外,《信息安全技术　个人信息安全规范》还规定了其他事先征得信息主体授权同意的例外情形,包括与个人信息控制者履行法律法规规定的义务相关的;与国家安全、国防安全直接相关的;与公共安全、公共卫生、重大公共利益直接相关的;与刑事侦查、起诉、审判和判决执行等直接相关的;出于维护个人信息主体或其他个人的生命、财产等重大合法权益但又很难得到本人授权同意的;个人信息主体自行向社会公众公开的个人信息;以及从合法公开披露的信息中收集个人信息的,如合法的新闻报道、政府信息公开等渠道。

二、共享医疗数据的潜在合规风险应对方案

企业应如何应对医疗数据共享时的合规风险?

由于医疗数据所涉及的个人信息包括个人信息和敏感个人信息,匿名化处理的个人信息和人类遗传资源数据等分类。因此企业在实施医疗数据共享前可能需要利用一定的手段对收集、存储的个人信息进行分类,将不同类别、性质的数据进行隔离,同时不同类型信息设置对应的共享规则。

此外,在发生具体共享业务场景时,须识别是否属于上述法规政策规定的例外情形,即不需要获得事先授权与同意。如不满足事先征得信息主体授权同意的例外情形,但又需要共享的医疗数据,遵循《个人信息保护法》所规定的"合法、正当、必要"原则的理解并采取相应的风险防范措施。上述"合法、正当、必要"原则应从个人信息处理者,即企业自身,与医疗数据共享接收方的共享目的、范围、个人信息处理者内部控制机制、共享过程中的风险防范等综合采取应对措施,步骤如下。

订立相关数据传输、共享书面协议,与数据接收方明确约定共享目的、范围、风险防范及应对措施、违约责任等权责。

建立包括数据权限分级管理、防火墙隔离设置等内部控制机制,并落实实施,保证相关内控措施及数据安全保护措施可以达到保护目的。

采取去标识化技术措施对共享数据进行处理,并实施监测接收方是否违约违规记性可逆化操作。

发生风险事件应及时协调处理并视情况采取终止合作并要求接收方删除数据等处理措施。

第五节　医疗数据的出境

一、医疗数据出境的合规要求

医疗数据出境活动中不同角色的数据处理者应承担哪些义务？

为规范医疗机构医疗数据的出境行为，除《人类遗传资源管理条例》作出专门的合规规定外，我国网络安全、数据安全及个人信息保护的基本法律法规，包括《网络安全法》《数据安全法》《个人信息保护法》《数据出境安全评估办法》《信息安全技术数据出境安全评估指南》等分别从网络安全、个人信息保护和数据安全的维度对数据出境合规要求作出了规定。

数据出境活动具体包括：数据处理者将在境内运营中收集和产生的数据传输、存储至境外；以及数据处理者收集和产生的数据存储在境内，境外的机构、组织或者个人可以访问或者调用。因此医疗数据出境可能涉及的场景，包括使用中国大陆境外服务器处理中国大陆境内收集的医疗数据、中国大陆境外个人信息从处理者对中国大陆境内存储的医疗数据具备访问权限、中国大陆境内医疗数据处理者出于业务确需向中国大陆境外医疗数据处理者传输相关医疗数据等。对于落入上述数据出境活动范围的医疗数据处理者应遵循《个人信息保护法》，并实施以下措施。

向个人信息主体进行充分告知，并取得单独同意。告知内容包括境外接收方名称/姓名、联系方式、处理目的和方式、个人信息种类以及个人向境外接收方行使权利的方式和程序等事项。此外，因涉及敏感个人信息，需要额外告知“处理敏感个人信息的必要性以及对个人权益的影响”。《个人信息保护法》第 13 条第 1 款规定了处理个人信息可以豁免同意的几种情形。如个人信息出境场景落入豁免同意的情形，则无须取得个人单独同意。

进行个人信息保护影响评估。个人信息保护影响评估具体包括：个人信息的处理目的、处理方式是否合法、正当、必要；对个人权益的影响及安全风险；所采取的保护措施是否合法、有效并与风险程度相适应。个人信息保护影响评估报告和处理情况应当至少保存 3 年。

确认具备数据出境的合法性条件，并确保境外接收方处理活动达到规定的保护标准。法定必要条件包括：通过国家网信部门组织的安全评估，如前提是个人信息处理者被认定为关键信息基础设施运营者，处理重要数据或处理的个人信息达到网信办规定数量时；按照国家网信部门的规定，经专业机构进行个人信息保护认证;按照国家网信部门制定的标准合同与境外接收方订立合同,约定双方的权利和义务。

针对健康医疗数据,根据《信息安全技术　健康医疗数据安全指南》第7条的披露原则,控制者因为学术研讨需要,需要向境外提供相应数据的,在进行必要的去标识化处理后,经过数据安全委员会讨论审批同意,数量在250条以内的非涉密非重要数据可以提供,否则宜提请相关部门审批。

二、医疗数据出境的潜在合规风险应对方案

企业应如何应对在医疗数据出境活动中潜在合规风险?

基于前述网络安全、数据安全和个人信息保护法律法规项下有关医疗数据出境合规要求的梳理,医疗领域企业在医疗数据出境过程中普遍面临既要保护个人权益及数据安全,又需兼顾药品、医疗器械创新研发效率的难题,因此根据我们的行业实践,医疗企业可以考虑从如下三个方面控制合规风险。

(1)合规基础建设并构建医疗企业合规体系。

合规基础建设层面,按照我国目前法律法规要求进行数据的分类分级,单独划分可能涉及/禁止出境的数据,并通过数据去标识化技术、数据加密技术和匿名化限制发布技术等隐私计算等技术手段,处理法律法规明确规定不能传输的数据,来协助达到合规要求。

企业内部建设就医疗数据保护事宜形成具备决策层、管理层、执行层、监督层及协同层构成的组织结构;制定并完善系统的数据合规管理机制,包括重要数据处理活动风险自评机制、网络安全等级保护机制、关键信息基础设施安全保护机制以及非关键信息基础设施运营者个人信息保护影响自评估机制。

(2)履行法律规定的数据出境前各项合规义务。

制订医疗数据出境计划和方案,包括明确医疗数据收集、使用、传输发送和接收方,以及为此提供服务的第三方、医疗数据内容与属性、数据存储地等。

建立、完善自身的数据相关安全评估机制,在申报相关部门安全评估之前先对涉及数据安全的行为进行自评估并履行数据出境的安全评估义务,例如:数据出境安全自评估。

了解医疗数据境外接收方所在国家或者地区的数据安全保护法规政策及网络安全环境对出境数据安全的影响。如经初步判断,的确属于安全评估的范围,则需注意评估跨境传输目的国家/地区的数据安全保护情况;调查、评审境外接收方在数据保护方面的能力和状况、资质,并在与境外接收方订立的合同起草和

商谈中，按照《数据出境安全评估办法》第9条的规定约定数据处理目的、方式和采取的安全措施以及数据安全保护责任义务，以规避数据跨境传输风险。

(3)实施医疗数据出境过程中和出境后的跟踪管理。

确保医疗数据出境活动按照数据出境安全评估的内容开展，包括按照评估材料中已经确定的处理目的、范围、方式等各项内容实践执行；关注数据出境的目的、范围、方式或数据接收方所在地的法律法规要求发生的任何变化，如有可能，要求数据接收方对数据出境接收方所在地法律环境的变更负有告知义务及承担相应违约责任。

第六节 医疗数据的存储与删除

一、存储与删除医疗数据的合规要求

医疗数据存储与删除的合规要求有哪些？

医疗数据的存储和删除的合规要求，主要可以从三个维度进行解析，即医疗数据存储的时间、范围及安全措施。

根据《个人信息保护法》，企业对于其收集的医疗数据包括个人信息的保存期限应为实现个人信息主体同意其使用的目的所必需的最短时间，法律另行规定或者个人信息主体另行同意的情况除外。若超出上述“最短”存储期限，企业将丧失存储个人健康医疗数据的依据。因此，相关企业应对生产经营过程收集、处理、存储的个人信息进行删除、销毁或匿名化处理。

根据《网络安全法》，企业收集、使用个人信息，应当遵循合法、正当、必要的原则，公开收集、使用规则，明示收集、使用信息的目的、方式和范围，并经被收集者同意；不得收集与其提供的服务无关的个人信息，不得违反法律、行政法规的规定和双方的约定收集、使用个人信息，并应当依照法律、行政法规的规定和与用户的约定，处理其保存的个人信息。因此存储个人信息，应当遵循必要性原则。

针对人类遗传资源数据，涉及人类遗传资源采集的企业或组织，在开展相关行为前，需获取国务院科学技术行政部门批准。采集时需事先告知提供者采集目的、采集用途、对健康可能产生的影响、个人隐私保护措施及其享有资源参与和随时无条件退出的权利，并征得其书面同意。保藏应制定应急预案及保藏记录。

对人口健康信息而言，如企业业务实践涉及人口健康信息，应确保具备符合

有关规定要求的数据存储、容灾备份和管理条件。同时,责任单位应实施痕迹管理制度,建立、修改和访问人口健康信息的用户,均应通过严格的实名身份鉴别和授权控制,做到行为可管理、可控制、可追溯。

根据《国家健康医疗大数据标准、安全和服务管理办法(试行)》的相关规定,针对健康医疗大数据的存储,医疗机构及相关企事业单位应采取数据分类、重要数据备份、加密认证等措施,并同时施行电子实名认证和数据访问控制措施,严格规范不同等级用户的数据接入和使用权限,并确保相关数据在授权范围内使用。

除上述对于医疗数据的总体要求外,针对医疗行业不同业务实践场景下的医疗数据也具备如下具体存储条件和期限的要求。

就病历数据而言,《电子病历应用管理规范(试行)》则明确要求,电子病历数据所依赖的电子病历系统应对操作人员进行身份识别,并确保操作记录可查询、可追溯,同时应设置医务人员书写、查阅、修改的权限和时限。根据《医疗机构病历管理规定(2013年版)》,门(急)诊病历原则上由患者负责保管,经患者或者其法定代理人同意,也可以由医疗机构负责保管,保存时间自患者最后一次就诊之日起不少于15年。住院病历由医疗机构负责保管,保存时间自患者最后一次住院出院之日起不少于30年。

就处方数据而言,《处方管理办法》(中华人民共和国卫生部令第53号)规定普通处方、急诊处方、儿科处方保存期限为1年,医疗用毒性药品、第二类精神药品处方保存期限为2年,麻醉药品和第一类精神药品处方保存期限为3年。

就药品上市市场销售所涉及的数据而言,《网络药品经营监督管理办法(征求意见稿)》提出,针对药品经营所产生的数据采取纸质记录的,应明确记录收集时间、归档方式、存放地点、保存期限与管理人员,并采取适当的保存、备份、销毁措施。对于电子记录,应匹配相应稳定可靠的信息安全平台,保证记录真实性、准确性和一致性,并实现操作权限及用户登陆管理。供货企业资质证明文件、购销记录、电子订单、在线药学服务等记录留存应当完整,并保存5年以上。

二、存储与删除医疗数据的潜在合规风险点

1. 企业可以采取何种措施来保障医疗数据存储的安全?

涉及个人信息的可采技术手段进行去标识化处理。企业在收集涉及个人信息的医疗数据后,可以通过去标识化手段进行脱敏处理,同时将可用于恢复识别个人的信息与去标识化后的信息分开存储,减小相关个人信息传输、处理过程可

能对个人信息主体带来的影响,降低数据安全事件发生的风险。

可以采取加密手段进行加密。鉴于医疗数据的敏感性和高度私密性,存储时,除了对相关个人信息可以采用去标识化处理的保护措施,企业还可通过技术和管理手段进行加密,如对存储设备的加密以及对接触这些敏感数据的渠道进行加密。

针对原始个人生物识别信息,例如,个人生物识别信息的样本、图像。根据适用法律的规定,原则上不得存储原始个人生物识别信息,但如因业务性质确有存储个人生物识别信息之需的,境内子公司须采取额外的安全措施,包括以下几种。

(1)仅存储个人生物识别信息的摘要信息,以及在使用该等个人生物识别信息实现识别或认证等功能后,相关数据处理者可以立即删除可提取个人生物识别信息的原始图像。

(2)当企业因任何原因停止实现收集相关个人信息之目的而采取数据处理活动时,对于已经收集并存储的医疗数据包括个人信息,应及时停止所有的收集和存储数据的行为;并对已经存储的个人健康医疗信息进行删除、销毁或匿名化处理。

2. 企业应如何落实医疗数据合规存储的要求?

制定书面的医疗数据存储策略。企业应该制定书面医疗数据存储策略,首先对不同类型的医疗数据指定适当的安全级别,其次针对不同的安全级别设置不同的安全等级保护制度,适用不同的安全存储方案,相应技术部门需要有适当的安全模型、技术指标、技术工具来实施。

定期开展数据储存安全评估。根据法律要求,在重要数据、敏感个人信息、个人信息储存前做好安全评估工作,并做好评估报告的留存和上报工作。评估报告应当包括处理的重要数据的种类、数量,开展数据处理活动的情况,面临的数据安全风险及其应对措施等。

构建数据存储安全管理制度。例如,可以建立医疗数据访问制度,建立基于角色的访问控制,在某些情况下,可以采取多因素认证等技术手段。

数据存储设备加密系统部署预防数据安全事件,确保数据在传输过程中以及在存储系统中静止时都应该加密,并且部署数据防护解决方案,以帮助应对和阻止正在进行的任何攻击,以确保数据的安全。

构建数据删除制度。企业应当关注不完整的数据删除带来的风险,对于达到数据存储期限的医疗数据,应当有健全的删除手段和删除程序,把好数据处理活动的最终环节。

存储系统需具备相适应的数据安全保护措施,例如防火墙、反恶意软件防护、安全网关、入侵检测系统,以及可能的高级分析和基于机器学习的安全解决方案。这些措施可以防止大多数网络攻击者获得对存储设备的访问权限。

构建数据备份和恢复制度。考虑到医疗行业数据的特殊性,部分医疗数据在实践中涉及追溯性的实际需要,因此建议企业存储管理人员需要确保其医疗数据备份系统和流程所针对的事件以及灾难恢复的目的,并且应当采取措施对数据备份及恢复系统权限进行限制,以防被非法利用,并确保备份系统与主系统具有相同的数据安全级别。

建立人员培训机制,伴随着云存储以及更加丰富的存储环境和存储条件,存储人员应当不断接受培训,学习新的工具,安装新的程序,确保数据得到充分保护,对突发事件作出积极反应。

第三章 反垄断

第一节 概述

一、反垄断法律体系

1. 中国反垄断法律体系是如何构成的?

《反垄断法》、国务院《关于经营者集中申报标准的规定》、国务院反垄断委员会颁布的相关指南,以及国家市场监督管理总局(以下简称市场监管总局)出台的反垄断相关部门规章及指南构成了我国反垄断法律体系。

《反垄断法》于 2007 年 8 月 30 日公布,自 2008 年 8 月 1 日起实施。经过 14 年的发展,2022 年 6 月 24 日,第十三届全国人民代表大会常务委员会第三十五次会议正式通过《关于修改〈中华人民共和国反垄断法〉的决定》,并明确《反垄断法》(以下称为《反垄断法(2022)》)于 2022 年 8 月 1 日起施行。至此,我国《反垄断法》自 2008 年实施后完成首次大修。2022 年 6 月 27 日,与《反垄断法(2022)》相关的 6 部配套规定随即在市场监管总局官网上公布并公开向社会征求意见。[①] 截至本书定稿,其中 4 部配套规定正式公布,并于 2023 年 4 月 15 日

---

① 市场监管总局关于公开征求《经营者集中审查规定(征求意见稿)》意见的公告;市场监管总局关于公开征求国务院《关于经营者集中申报标准的规定(修订草案征求意见稿)》意见的公告;市场监管总局关于公开征求《禁止滥用市场支配地位行为规定(征求意见稿)》意见的通知;市场监管总局关于公开征求《禁止垄断协议规定(征求意见稿)》意见的通知;市场监管总局关于公开征求《禁止滥用知识产权排除、限制竞争行为规定(征求意见稿)》意见的通知;市场监管总局关于公开征求《制止滥用行政权力排除、限制竞争行为规定(征求意见稿)》意见的通知,参见 https://www.samr.gov.cn/fldes/tzgg/zqyjgg/。

起施行。①

2. 反垄断法规制的是哪些行为？相应的法律责任是什么？

《反垄断法(2022)》主要规制三大类行为，即垄断协议、滥用市场支配地位以及经营者集中。不同的违法行为将承担不同的法律责任，具体如下表。

<table>
<tr><th>违法行为</th><th>法律责任</th><th>法律规定</th></tr>
<tr><td colspan="3">垄断协议</td></tr>
<tr><td rowspan="3">达成并实施垄断协议</td><td>停止违法行为</td><td rowspan="4">《反垄断法(2022)》第56条</td></tr>
<tr><td>没收违法所得，并处上一年度销售额1%以上10%以下的罚款；上一年度没有销售额的，处500万元以下的罚款</td></tr>
<tr><td>经营者的法定代表人、主要负责人和直接责任人员对达成垄断协议负有个人责任的，可以处100万元以下的罚款</td></tr>
<tr><td>达成但尚未实施的垄断协议</td><td>可以处300万元以下的罚款；法定代表人、主要负责人和直接责任人员对达成垄断协议负有个人责任的，可以处100万元以下的罚款</td></tr>
<tr><td colspan="3">滥用市场支配地位</td></tr>
<tr><td rowspan="2">滥用市场支配地位</td><td>停止违法行为</td><td rowspan="2">《反垄断法(2022)》第57条</td></tr>
<tr><td>没收违法所得，并处上一年度销售额1%以上10%以下的罚款</td></tr>
<tr><td colspan="3">经营者集中</td></tr>
<tr><td rowspan="3">违反规定实施经营者集中且具有或可能具有排除、限制竞争效果的</td><td>停止实施集中</td><td rowspan="4">《反垄断法(2022)》第58条</td></tr>
<tr><td>限期处分股份或者资产、限期转让营业以及采取其他必要措施恢复到集中前的状态</td></tr>
<tr><td>处上一年度销售额10%以下的罚款</td></tr>
<tr><td>违反规定实施经营者集中但不具有排除、限制竞争效果的</td><td>处500万元以下的罚款</td></tr>
</table>

① 包括《经营者集中审查规定》《禁止垄断协议规定》《禁止滥用市场支配地位行为规定》《制止滥用行政权力排除、限制竞争行为规定》。

续表

<table>
<tr><th>违法行为</th><th>法律责任</th><th>法律规定</th></tr>
<tr><td colspan="3">审查或调查程序</td></tr>
<tr><td rowspan="3">对反垄断执法机构依法实施的审查和调查，拒绝提供有关材料、信息，或者提供虚假材料、信息，或者隐匿、销毁、转移证据，或者有其他拒绝、阻碍调查行为</td><td>责令改正</td><td rowspan="3">《反垄断法(2022)》第 62 条</td></tr>
<tr><td>对单位处上一年度销售额 1%以下的罚款，上一年度没有销售额或者销售额难以计算的，处 500 万元以下的罚款</td></tr>
<tr><td>对个人处 50 万元以下的罚款</td></tr>
</table>

除上述以外，《反垄断法(2022)》第 63 条额外规定，如若违法行为情节特别严重、影响特别恶劣、造成特别严重后果的，国务院反垄断执法机构可以在上述第 56 条、第 57 条、第 58 条、第 62 条规定的罚款数额的 2 倍以上 5 倍以下确定具体罚款数额。

3.《反垄断法(2022)》有哪些主要亮点？

《反垄断法(2022)》中针对纵向垄断协议，在原先"原则禁止+例外豁免"的立法原则上，新增有关市场份额的"安全港"规则。若经营者能够证明其在相关市场的市场份额低于国务院反垄断执法机构规定的标准，并符合国务院反垄断执法机构规定的其他条件的，则不予禁止。

此外，《反垄断法(2022)》针对经营者集中审查新增"停表"制度，规定如下："有下列情形之一的，国务院反垄断执法机构可以决定中止计算经营者集中的审查期限，并书面通知经营者：(一)经营者未按照规定提交文件、资料，导致审查工作无法进行；(二)出现对经营者集中审查具有重大影响的新情况、新事实，不经核实将导致审查工作无法进行；(三)需要对经营者集中附加的限制性条件进一步评估，且经营者提出中止请求。"具体实操过程中，"停表"制度可减少流程性因素对于审查时间的挤占，避免不必要的重复撤回再申报，同时也有利于提升经营者提交申报材料的完整性和效率。

最后，《反垄断法(2022)》大幅提高了相关违法行为的处罚力度，并首次增加了对达成垄断协议负有个人责任的经营者的法定代表人、主要负责人和直接责任人员的处罚规定，以及信用惩戒的规定，具体请见上述法律责任部分。

二、反垄断执法与司法

1. 反垄断执法机构包括哪些？职权是如何划分的？

在 2018 年以前，国家商务部(反垄断局)、国家发展和改革委员会(价格监督检查与反垄断局)与原工商总局(反垄断与反不正当竞争执法局)各自承担不同的反垄断执法职能,“三驾马车”并驾齐驱,各司其职。2018年3月,根据国务院机构改革方案,市场监管总局成立,承担反垄断统一的执法职能,由此开启了中国反垄断统一执法的新征程。2021年11月,市场监管总局进一步加挂“国家反垄断局”牌子,设立竞争政策协调司、反垄断执法一司、反垄断执法二司,并组建竞争政策与大数据中心,强化理论研究和技术支撑。

竞争政策协调司主要负责统筹推进竞争政策实施,负责反垄断综合协调工作,牵头拟订反垄断制度措施和指南,组织实施公平竞争审查制度,督促指导各部门和地方开展公平竞争审查工作等。反垄断执法一司主要负责垄断协议、滥用市场支配地位以及滥用知识产权排除、限制竞争等反垄断执法工作。反垄断执法二司主要负责依法对经营者集中行为进行反垄断审查,包括未依法实施的经营者集中案件以及未达申报标准但可能排除、限制竞争的经营者集中案件,监督执行经营者集中附加限制性条件等工作。

2. 反垄断民事诉讼有哪些特殊规则?

《反垄断法(2022)》第60条为反垄断民事诉讼提供了直接法律依据。根据该法第60条的规定,经营者实施垄断行为,给他人造成损失的,依法承担民事责任。

为了应对日益增长的反垄断民事诉讼,最高人民法院早在2012年5月3日就颁布了反垄断法司法解释,该司法解释于2020年进行修正,即最高人民法院《关于审理因垄断行为引发的民事纠纷案件应用法律若干问题的规定》(以下简称《反垄断司法解释》),用以指导审理《反垄断法》下引发的民事纠纷①。修正后的司法解释共计16条,包括适用范围、原告主体资格、管辖、举证责任分配、法律责任、诉讼时效等的规定。

根据《反垄断司法解释》,被告实施垄断行为,给原告造成损失的,根据原告的诉讼请求和查明的事实,人民法院可以依法判令被告承担停止侵害、赔偿损失等民事责任。根据原告的请求,人民法院可以将原告因调查、制止垄断行为所支付的合理开支计入损失赔偿范围。

值得注意的是,根据《反垄断司法解释》第7条的规定,被诉反垄断行为属于《反垄断法》第13条第1款第1项至第5项规定的垄断协议的(现为《反垄断法(2022)》第17条第1项至第5项),被告应对该协议不具有排除、限制竞争的

① 2022年11月18日,最高人民法院发布《关于审理垄断民事纠纷案件适用法律若干问题的规定(公开征求意见稿)》,向社会公开征求意见。截至本书出版之日,该征求意见稿尚未生效。

效果承担举证责任。一般来说民事诉讼的举证原则是"谁主张,谁举证",既然原告主张被告的行为排除限制竞争,则应由原告来从正面举证。《反垄断司法解释》规定被告负有前述举证责任,属于举证责任的倒置。然而,因为《反垄断司法解释》中并没有对纵向垄断协议作出特殊规定,纵向垄断协议仍然适用一般的举证责任规则,即"谁主张,谁举证"。

此外,被诉垄断行为属于《反垄断法》第17条第1款规定的滥用市场支配地位的(现为《反垄断法(2022)》第22条第1款),原告应当对被告在相关市场内具有支配地位和其滥用市场支配地位承担举证责任。除《反垄断司法解释》以外,有关反垄断民事诉讼的程序性问题,应按照《民事诉讼法》的相关法律规定执行。

3. 反垄断公益诉讼的法律依据是什么？在中国司法实践中的前景如何？

《反垄断法(2022)》第60条第2款是新增的有关公益诉讼的规定,具体而言,经营者实施垄断行为,损害社会公共利益的,设区的市级以上人民检察院可以依法向人民法院提起民事公益诉讼。2022年8月,最高人民检察院印发《关于贯彻执行〈中华人民共和国反垄断法〉积极稳妥开展反垄断领域公益诉讼检察工作的通知》。该通知规定,要突出监督办案重点,对照国务院反垄断委员会有关反垄断指南、指引,重点针对法律明令禁止的垄断行为、涉及国计民生的重要领域、关系市场竞争规则的关键环节、严重侵害众多消费者权益的公益损害的突出问题,重点关注互联网、公共事业、医药等民生保障领域,精准开展反垄断公益诉讼检察工作。

未来涉及国计民生的公用领域、蓬勃发展的互联网领域将可能是公益诉讼的重点领域,这也与近年来反垄断问题不断突出的行业领域相呼应。

第二节　经营者集中

一、经营者集中的申报

1. 什么是经营者集中？

根据《反垄断法(2022)》第四章"经营者集中"第25条的规定,经营者集中是指经营者合并;经营者通过取得股权或者资产的方式取得对其他经营者的控制权;经营者通过合同等方式取得对其他经营者的控制权或者能够对其他经营者施加决定性影响。简言之,经营者集中可以理解为通过不同交易方式取得对交易标的的控制权或交易后可对交易标的施加决定性影响。

针对新设合营企业交易,如果至少有两个经营者共同控制该合营企业,则构成经营者集中;如果仅有一个经营者单独控制该合营企业,其他的经营者没有控制权,则不构成集中①。

2. 什么情况下需要进行经营者集中申报?

经营者集中达到国务院规定的申报标准的,经营者应当事先向国务院反垄断执法机构申报,未申报的不得实施集中②。由此,经营者集中申报需同时满足两个条件,一是构成经营者集中,二是满足国务院规定的申报标准,也即常说的营业额标准。

根据国务院《关于经营者集中申报标准的规定》第3条的规定,经营者集中达到下列标准之一的,经营者应当事先向国务院反垄断执法机构申报③:

(1)参与集中的所有经营者上一会计年度在全球范围内的营业额合计超过100亿元,并且其中至少两个经营者上一会计年度在中国境内的营业额均超过4亿元;

(2)参与集中的所有经营者上一会计年度在中国境内的营业额合计超过20亿元,并且其中至少两个经营者上一会计年度在中国境内的营业额均超过4亿元。

2022年6月27日,市场监管总局发布《国务院关于经营者集中申报标准的规定(修订草案征求意见稿)》,首次提高了经营者集中申报的营业额标准,具体而言:单个经营者的营业额标准从4亿元提高到8亿元,所有参与集中的经营者的合计营业额从中国境内的20亿元提高到40亿元,全球范围的100亿元提高到120亿元。

除了上述通用的申报标准,针对大型集团收购营业额较低但市场价值较高的企业,出台了新的申报标准。具体而言,当交易中一方经营者上一会计年度中国境内营业额超过1000亿元,而合并方或目标公司的市值/估值不低于8亿元,且其上一会计年度中国境内营业额占全球营业额1/3以上时,该交易也需要进行经营者集中申报。

此外,未到达前述申报标准,但有证据证明该经营者集中具有或者可能具有排除、限制竞争效果的,国务院反垄断执法机构可以要求经营者申报。但截至本

---

① 国家市场监管总局反垄断局《关于经营者集中申报的指导意见》(2018年修订)第4条。

② 《反垄断法(2022)》第26条。

③ 银行业金融机构、证券公司、期货公司、基金管理公司和保险公司等金融业经营者集中申报营业额的计算需参照《金融业经营者集中申报营业额计算办法》。

书出版之日，上述申报标准的规定还未正式出台。

3. 经营者集中应当由谁申报？向谁申报？

申报义务人根据交易方式的不同有所不同，通过合并方式实施的经营者集中，合并各方均为申报义务人；通过收购股权、资产、协议等方式实施的经营者集中，取得控制权或者能够施加决定性影响的经营者为申报义务人，其他经营者予以配合；新设合营企业实施集中且满足营业额标准的，具有控制权的合营各方均为申报义务人。

同一项经营者集中有多个申报义务人的，可以委托一个申报义务人申报，其他方予以配合。如被委托的申报义务人未申报的，其他申报义务人不能免除申报义务。另外，申报义务人未履行申报义务的，其他参与集中的经营者可以提出申报。

目前，市场监管总局反垄断执法二司负责依法对经营者集中行为进行反垄断审查，此外一并负责"查处违法实施的经营者集中案件，查处未达申报标准但可能排除、限制竞争的经营者集中案件；开展数字经济领域经营者集中反垄断审查；监督执行经营者集中附加限制性条件；以及指导企业在国外的反垄断应诉和合规工作"。

4. 经营者集中申报普通程序和简易程序的适用标准是什么？

从2008年《反垄断法》生效直至2014年，审查程序并未区分普通、简易程序，实际上所有案件均以普通程序申报。从2014年4月起，符合一定条件的经营者集中案件可以按照简易程序申报。根据《经营者集中审查规定》第19条，符合如下情形的可以适用简易申报程序：

(1)在同一相关市场，参与集中的经营者所占的市场份额之和小于15%；在上下游市场，参与集中的经营者所占的份额均小于25%；不在同一相关市场也不存在上下游关系的参与集中的经营者，在与交易有关的每个市场所占的份额均小于25%。

(2)参与集中的经营者在中国境外设立合营企业，合营企业不在中国境内从事经济活动的。

(3)参与集中的经营者收购境外企业股权或者资产，该境外企业不在中国境内从事经济活动的。

(4)由两个以上经营者共同控制的合营企业，通过集中被其中一个或一个以上经营者控制的。

上述适用条件存在一定的例外，例如涉及相关市场难以界定的、对市场进入,技术进步可能产生不利影响的、对消费者或其他有关经营者可能产生不利影响的、或是反垄断执法机构认为可能对市场竞争产生不利影响的等[①]。虽然存在这些例外情况,但从目前审查公布的案例数量来看,绝大部分案件均可以成功适用简易申报程序。

5. 医药领域中未依法申报违法实施经营者集中的案例有哪些?

截至2023年3月31日,已公开的医药领域(含医疗领域)未依法申报案件具体如下:

上海某医药产业发展有限公司收购苏州某制药有限公司股权未依法申报案(见商法函〔2015〕669号行政处罚决定书)

某医药控股有限公司收购吉林某制药有限公司股权未依法申报案(见商法函〔2016〕173号行政处罚决定书)

某医药有限公司收购河南某医药连锁有限公司股权未依法申报案(见国市监处〔2018〕20号行政处罚决定书)

苏州某药房连锁有限公司收购苏州某医药连锁有限公司股权未依法申报案(见国市监处〔2019〕44号行政处罚决定书)

江西某医药产业投资有限公司收购南京某制药有限公司股权未依法申报案(见国市监处〔2020〕11号行政处罚决定书)

某互联网公司、某管理咨询有限公司收购北京某医疗科技有限公司股权未依法申报案(见国市监处罚〔2021〕82号行政处罚决定书)

某互联网公司收购某医疗公司股权未依法申报案(见国市监处罚〔2021〕100号行政处罚决定书)

某互联网健康科技公司收购贵州某连锁药业有限公司股权未依法申报案(见国市监处罚〔2021〕104号行政处罚决定书)

宁波某健康投资有限公司与江苏某投资管理有限公司设立合营企业未依法申报案(见国市监处罚〔2021〕122号行政处罚决定书)

某健康医疗科技有限公司与某股份有限公司设立合营企业未依法申报案(见国市监处罚〔2022〕17号行政处罚决定书)

二、经营者集中的审查

1. 经营者集中审查主要有哪些步骤?

经营者集中审查分为普通程序和简易程序,其中普通程序的具体审查步骤

---

① 《经营者集中审查规定》第20条。

如下表。

审查阶段	审查时限	法律规定
立案前预审查阶段	自首次申报提交至正式立案前阶段为预审查阶段。该阶段市场监管总局将针对提交的申报材料进行实质性审查,且大部分案件均会要求提交补充材料。此外,预审查阶段没有法定审查时限	—
立案后初步审查阶段	国务院反垄断执法机构自收到经营者提交的符合规定的文件、资料之日起30日内,对申报的经营者集中进行初步审查,作出是否实施进一步审查的决定,并书面通知经营者。国务院反垄断执法机构作出决定前,经营者不得实施集中。国务院反垄断执法机构作出不实施进一步审查的决定或者逾期未作出决定的,经营者可以实施集中	《反垄断法(2022)》第30条
进一步审查阶段	国务院反垄断执法机构决定实施进一步审查的,应当自决定之日起90日内审查完毕,作出是否禁止经营者集中的决定,并书面通知经营者	《反垄断法(2022)》第31条第1款
延长审查阶段	经营者同意延长审查期限的;经营者提交的文件、资料不准确,需要进一步核实的;经营者申报后有关情况发生重大变化的,国务院反垄断执法机构经书面通知经营者,可以延长进一步审查阶段的审查期限,但最长不得超过60日	《反垄断法(2022)》第31条第2款

就简易程序而言,目前《反垄断法(2022)》没有就简易程序单独规定审查步骤及审查时限,理论上简易程序同样适用上述普通程序所需的审查步骤及审查时限。但实践操作中,简易程序通常会在立案后初步审查阶段就完成审批。与普通程序有所不同的是,简易程序在立案后初步审查阶段的前10日为公示期,申报方需要额外准备简易案件公示表用于挂网公示。

审查期间,经营者不得实施集中,否则构成"抢跑",不但案件审查时间会就此延长,而且最终还会面临行政处罚,即《反垄断法(2022)》第58条规定的法律责任。

2. 经营者集中委托审查制度的条件以及流程是什么?

2022年7月8日,市场监管总局公布《关于试点委托开展部分经营者集中案件反垄断审查的公告》,正式公告试点委托北京、上海、广东、重庆、陕西5个省(直辖市)市场监督管理部门(以下简称试点省级市场监管部门)实施部分经营者集中案件反垄断审查事项。试点省级市场监管部门及相关区域如下表。

序号	省级市场监管部门	负责区域
1	北京市市场监督管理局	北京、天津、河北、山西、内蒙古自治区、辽宁、吉林、黑龙江
2	上海市市场监督管理局	上海、江苏、浙江、安徽、福建、江西、山东
3	广东省市场监督管理局	广东、广西壮族自治区、海南
4	重庆市市场监督管理局	河南、湖北、湖南、重庆、四川、贵州、云南、西藏
5	陕西省市场监督管理局	陕西、甘肃、青海、宁夏回族自治区、新疆维吾尔自治区

此外,依据上述公告,市场监管总局将根据工作需要,将部分符合下列标准之一的适用经营者集中简易程序的案件委托试点省级市场监管部门负责审查,包括:

(1)至少一个申报人住所地在该部门受委托联系的相关区域的;

(2)经营者通过收购股权、资产或者合同等其他方式取得其他经营者的控制权,其他经营者的住所地在相关区域的;

(3)经营者新设合营企业,合营企业住所地在相关区域的;

(4)经营者集中相关地域市场为区域性市场,且该相关地域市场全部或主要位于相关区域的;

(5)市场监管总局委托的其他案件。

基于上述规定,只要符合上述任一标准,市场监管总局即可将相关案件委托对应的省级市场监管部门负责审查。但是,实际操作中很有可能同一案件同时存在上述规定的管辖情形。根据目前处理的案件来看,市场监管总局在最终实际委托审查时或将考量各试点省级市场监管部门工作负荷、各委托标准与相关区域的紧密性等要素综合确定。

最后就委托审查流程而言,简要梳理如下:

①申报和商谈

·申报人向市场监管总局申报

·既可以在向市场监管总局申请申报前商谈,也可以在向试点省级市场监管部门申请申报前商谈

②材料审核和立案

·市场监管总局将申报材料转试点省级市场监管部门办理,市场监管总局

和试点省级市场监管部门及时联系申报人

·试点省级市场监管部门负责审核、立案,书面通知申报人

·立案信息将在试点省级市场监管部门公示、市场监管总局官网将发布立案链接

③案件审查与审查决定

·试点省级市场监管部门负责被委托案件审查,并向市场监管总局报送审查报告,提出审查意见

·市场监管总局在试点省级市场监管部门审查报告和审查意见基础上作出审查决定,并定期在官方网站公示无条件批准案件

④文书送达

·试点省级市场监管部门送达审查文书

·审查决定书加盖市场监管总局反垄断专用印章,其他审查文书加盖试点省级市场监管部门印章,并在文书中注明“受国家市场监督管理总局委托”

3. 经营者集中审查会考虑哪些因素?

根据《反垄断法(2022)》第33条的规定,审查经营者集中,应当考虑以下因素:

(1)参与集中的经营者在相关市场的市场份额及其对市场的控制力。

(2)相关市场的市场集中度。

(3)经营者集中对市场进入、技术进步的影响。

(4)经营者集中对消费者和其他有关经营者的影响。

(5)经营者集中对国民经济发展的影响。

(6)国务院反垄断执法机构认为应当考虑的影响市场竞争的其他因素。

市场份额可直接反映相关市场结构、经营者及其竞争者在相关市场中的地位。因此,市场份额通常被视为是分析相关市场结构、经营者及其竞争者在相关市场中地位的重要因素。就市场集中度而言,如果市场集中度过高,竞争者数量有限,可能会引发严重的反竞争效果。反垄断执法机构通常采用赫芬达尔-赫希曼指数(HHI指数,以下简称赫氏指数或市场集中度指数)或行业前N家企业联合市场份额(CRn指数/行业集中度指数)来衡量合并对市场集中度的影响。

此外,为了对相关市场的竞争状况进行全面的评估,反垄断执法机构还会考虑新进入市场主体的潜在竞争力。经营者集中可能提高相关市场的进入壁垒,集中后经营者可行使其通过集中而取得或增强的市场控制力,借助控制生产要素、销售渠道、技术优势、关键设施等方式,使其他经营者进入市场更加困难,产

生排除、限制竞争的效果。除上述因素外,反垄断执法机构还可能会综合考虑其他因素,如集中对公共利益的影响;集中对经济效率的影响;参与集中的经营者是否为濒临破产的企业;是否存在抵销性买方力量等。

4. 附加限制性条件有哪些类型?

根据《反垄断法(2022)》第34条和第35条的规定,经营者集中具有或者可能具有排除、限制竞争效果的,国务院反垄断执法机构应当作出禁止经营者集中的决定。对于不予禁止的经营者集中,国务院反垄断执法机构可以决定附加减少集中对竞争产生不利影响的限制性条件。根据《经营者集中审查规定》第40条的规定,限制性条件包括如下种类:

(1)剥离有形资产、知识产权、数据等无形资产或者相关权益等结构性条件。

(2)开放其网络或者平台等基础设施,许可关键技术(包括专利、专有技术或者其他知识产权)、终止排他性或者独占性协议、保持独立运营、修改平台规则或者算法、承诺兼容或者不降低互操作性水平等行为性条件。

(3)结构性条件或行为性条件相结合的综合性条件。

结构性条件属于一次性救济措施,旨在恢复相关市场的竞争结构,常见的结构性条件包括但不限于剥离参与集中的经营者的部分资产或业务。被剥离的资产或业务应当具有在相关市场开展有效竞争所需要的所有要素,包括有形资产、无形资产、股权、关键人员以及客户协议或者供应协议等权益。

行为性条件旨在修正或限制参与并购的当事方的某些行为,从而保持或恢复有效竞争,其往往属于持续性救济。针对部分情况复杂的经营者集中案件,只采取结构性救济措施或者只采取行为性的救济措施可能都不足以抵销集中对市场竞争产生的不利影响。在这种情况下,申报方可能会提出结构性条件和行为性条件相结合的综合性条件,以确保能够通过审查。

5. 医药领域附加限制性条件的案件有哪些?

截至2023年3月31日,共计公布了57起附条件批准的经营者集中案例和3起被禁止的经营者集中案例。其中,涉及医药行业的案例有7起。

【案例】辉瑞/惠氏案(中华人民共和国商务部公告2009年第77号)

本案中,相关产品市场界定为人类药品和动物保健品。交易双方在中国境内市场存在的重合产品:一是人类药品,具体包括JIC(广谱青霉素)和N6A(抗抑郁和情绪稳定剂);二是动物保健产品,具体包括猪支原体肺炎疫苗,猪伪狂犬病疫苗以及犬用联苗。相关地域市场界定为中国境内市场[指中国内地(大陆),不包括香港、澳门及台湾地区]。经过调查,反垄断执法机构认为在猪支原体肺炎疫苗市场,辉瑞和惠氏合并后市场竞争结构发生实质性改变,将产生限制或排除竞争的效果。因而,要求结构性剥离在中国境内辉瑞旗下品牌为瑞倍适及瑞倍适-旺的猪支原体肺炎疫苗业务。

【案例】诺华/爱尔康案(中华人民共和国商务部公告2010年第53号)

本案中,相关产品市场界定为眼科抗炎/抗感染化合物,以及关于隐形眼镜护理产品。在眼科抗炎/抗感染化合物市场,交易双方集中后在全球的市场份额超过55%,在中国的市场份额超过60%。但是,合并前相关市场的市场份额几乎全部集中在爱尔康公司,诺华在中国市场的份额不足1%。虽然诺华的市场份额有限,而且诺华决定策略性地退出了全球和中国市场;但是,反垄断执法机构认为如果诺华仅是为本次交易做出的策略性退出,在交易后诺华有能力重新加大该产品在中国的投放,达到一定程度后,可能会在中国范围内产生排除、限制竞争的影响。鉴于此,商务部决定对诺华附加不得在5年内将相关产品投放中国市场的行为性限制条件。

在隐形眼镜护理产品市场,交易双方集中后在全球的市场份额接近60%,远高于其他竞争对手。在中国境内双方的市场份额接近20%,合并后的企业将成为中国相关市场上第二大企业。并且,诺华的全资子公司上海视康与中国市场中第一大生产和销售企业——海昌,签署有《销售和分销协议》。该协议可能导致集中后的企业和海昌在销售时,对隐形眼镜护理产品的产品价格、数量、销售区域等方面进行协调,从而可能具有排除、限制竞争的效果。基于以上考虑,反垄断执法机构要求在决定生效之日起12个月内,诺华终止上海视康与海昌隐形眼镜公司之间的协议。

【案例】百特/金宝案(中华人民共和国商务部公告2013年第58号)

本案在相关产品市场的界定上,反垄断执法机构从需求替代的角度考虑的因素包括商品的价格,治疗的侧重点,及使用的对象等;从供应替代的角度考虑的因素包括商品的技术特征、商品提供所需知识产权及转产的难易程度等,最终认定持续肾脏替代治疗商品(以下简称CRRT系列商品)和血液透析系列商品分别构成独立的系列相关商品市场,其中重点审查了CRRT系列商品中的CRRT检测仪市场、CRRT透析器市场和CRRT血路管市场,以及血透透析器市场。另外,在地域市场的分析上,反垄断执法机构考察了CRRT系列商品和血透系列商品在关税、运输成本、进出口情况及贸易现状等方面的因素,认为需要从全球范围分析本项交易对市场竞争的影响。

此外,反垄断执法机构调查认为,CRRT系列商品和血液透析系列商品市场进入存在一定障碍。该障碍来自三个方面:一是进入相关市场的较高生产、研发资本投入和构建销售网络成本;二是进入该市场并保持生存对拥有相应的专利和知识产权的要求;三是行政审批的限制,即在中国境内从事相关业务需获得国家食品药品监督管理总局批准。只有达到一定的技术质量标准的商品才能获得相应资质。综合以上,商务部决定剥离百特全球CRRT业务,并要求百特终止在中国境内与尼普洛代工生产协议。

【案例】赛默飞世尔/立菲技术(中华人民共和国商务部公告2014年第3号)

据审查,交易双方在生物科技行业的分子生物学、蛋白质生物学、细胞培养技术等领域的59种产品横向重叠,并展开直接竞争。从需求替代和供给替代的角度分析,该59种产品之间不存在相互替代性,各自构成该案中独立的相关商品市场。反垄断执法机构按照赫氏指数对59种相关商品市场进行梳理,发现13种相关商品市场集中后HHI值大于1500且由集中引起的HHI变动值大于100,说明该13种市场集中度较高且由集中引起的集中度变量较大,需作进一步调查。调查结果进一步表明,其中3类共计8种产品市场(细胞培养产品、SSP试剂盒、SDS-PAGE蛋白质标准品和siRNA试剂)市场份额较高,可能具有排除、限制竞争效果。最终,赛默飞世尔按照审查决定剥离其全球细胞培养业务和全球基因调整业务,出售其所持有的位于中国境内的兰州民海生物工程有限公司51%股权,承诺未来10年中以每年1%的幅度降低SSP试剂盒和SDS-PAGE蛋白质标准品的中国市场目录价,同时不降低给予中国经销商的折扣,以及未来10年中依据第三方的选择以代工协议方式向第三方供应SSP试剂盒和SDS-PAGE蛋白质标准品或以非排他性的方式进行许可。

【案例】雅培/圣犹达医疗(中华人民共和国商务部公告2016年第88号)

在审核雅培和圣犹达在中国市场所销售的全部产品后,反垄断执法机构发现雅培和圣犹达在中国市场唯一存在横向重叠的产品为小腔血管闭合器,双方交易后的合并市场份额超过95%,其他竞争对手的市场份额合计不足5%;交易前的市场集中度指数(HHI)为5678,交易后为9086,市场集中度指数增量(△HHI)为3408。交易前相关市场已高度集中,本交易将导致市场集中度进一步提高,雅培的市场控制力进一步增强,竞争对手的市场力量很小,无法对其形成有效竞争约束,且市场进入门槛较高。

鉴于此项经营者集中对中国小腔血管闭合器市场具有排除、限制竞争的效果,因而最终决定剥离圣犹达的小腔血管闭合器业务。

【案例】贝克顿-迪金森/巴德（中华人民共和国商务部公告2017年第92号）

该案中，经过分析审查，反垄断执法机构认为双方在中国粗针穿刺活体组织检查器械市场存在横向重叠。但类似于雅培/圣犹达医疗案，交易前中国粗针穿刺活检器械市场集中度已较高，市场参与者较少，交易前市场集中度指数（HHI）为2508，交易完成后为2778，市场集中度指数增量（ΔHHI）为270。本次交易将进一步巩固双方在中国市场的领先地位，控制力将进一步增强，且市场进入壁垒较高，短期内很难出现新的有效进入者与之展开紧密竞争。遂最终要求剥离贝克顿-迪金森在全球范围的软组织粗针穿刺活体组织检查产品线及其软组织粗针穿刺活体组织检查研发产品，包括研发产品A以及与贝克顿-迪金森的软组织粗针穿刺活体组织检查产品线相关的有形和无形资产。

【案例】丹纳赫公司/通用电气医疗生命科学生物制药（市场监管总局公告2020）

经审查，丹纳赫公司和通用电气生命科学生物制药在25个市场存在横向重叠，进一步分析后认为对全球微载体、中空纤维切向流过滤器、一次性低压液相层析系统、中试/生产规模常规低压液相层析柱、非蛋白A亲和性介质、离子交换介质、混合模式介质、中试/生产规模常规低压液相层析系统、连续层析系统、非标记检测市场，具有或可能具有排除、限制竞争效果。前述市场中，双方合并市场份额偏高，市场集中度进一步提高，竞争明显被削弱。由此可见，反垄断执法机构要求剥离丹纳赫的微载体和PVS业务、层析介质剥离业务（包括离子交换介质、混合模式介质、非蛋白A亲和性介质）、层析硬件剥离业务（包括中试/生产规模常规低压液相层析柱、中试/生产规模常规低压液相层析系统、一次性低压液相层析系统、连续层析系统）、富迪生物剥离业务（包括非标记检测），包括所有相关的有形和无形资产，协议、租约、承诺和客户订单，相关员工等。

第三节　垄断协议

一、垄断协议的相关概念

1. 什么是垄断协议？

《反垄断法（2022）》第16条规定的垄断协议是指排除、限制竞争的协议、决定或者其他协同行为。其中，协议或者决定可以是书面、口头等形式，其他协同行为则是经营者之间虽未明确订立协议或者决定，但实质上存在协调一致的行为，有关经营者基于独立意思表示所作出的价格跟随等平行行为除外。

根据《禁止垄断协议规定》,认定其他协同行为应当考虑的因素包括:经营者的市场行为是否具有一致性;经营者之间是否进行过意思联络或者信息交流;经营者能否对行为的一致性作出合理解释;相关市场的市场结构、竞争状况、市场变化等情况。

2. 横向垄断协议有哪些类型?

横向垄断协议是指位于供应链同一环节的具有竞争关系的两个或两个以上经营者之间达成的排除、限制竞争的垄断协议。《反垄断法(2022)》第17条规定的横向垄断协议包括:(1)固定或者变更商品价格;(2)限制商品的生产数量或者销售数量;(3)分割销售市场或者原材料采购市场;(4)限制购买新技术、新设备或者限制开发新技术、新产品;(5)联合抵制交易;(6)国务院反垄断执法机构认定的其他垄断协议。

在原料药领域,根据《关于原料药领域的反垄断指南》的相关规定,联合生产、联合采购、联合销售等协议安排,以及与其他经营者达成不生产或者不销售并给予补偿的协议,也可能构成横向垄断协议。

3. 纵向垄断协议有哪些类型?

纵向垄断协议是指经营者与交易相对人之间达成的排除、限制竞争的协议。《反垄断法(2022)》第18条第1款规定,纵向垄断协议,即经营者与交易相对人之间达成的垄断协议,包括:(1)固定向第三人转售商品的价格;(2)限定向第三人转售商品的最低价格;(3)国务院反垄断执法机构认定的其他垄断协议。该款第1项和第2项通常称为纵向价格限制或转售价格维持(RPM),第3项通常称为纵向非价格限制。

纵向价格限制所称的价格包括价格变动幅度和区间、利润率、计算公式、以及折扣、手续费、返佣、信贷条款等其他价格因素,其形式包括合同协议、口头约定、书面函件、电子邮件、调价通知等。纵向非价格限制通常包括独家销售、独家购买、地域限制和客户限制等。目前,我国反垄断执法机构并未将纵向非价格限制作为执法重点,但《关于原料药领域的反垄断指南》特别提及,原料药经营者实施地域限制或客户限制,也可能构成纵向垄断协议。

4. 轴辐协议的构成要件是什么?

《反垄断法(2022)》第19条规定了轴辐协议的情形,即经营者不得组织其他经营者达成垄断协议或者为其他经营者达成垄断协议提供实质性帮助。

根据《禁止垄断协议规定》的规定,组织是指:(1)经营者不属于垄断协议的协议方,在垄断协议达成或者实施过程中,对协议的主体范围、主要内容、履行条件等具有决定性或者主导作用;(2)经营者与多个交易相对人签订协议,使具有竞争关系的交易相对人之间通过该经营者进行意思联络或者信息交流,达成横向垄断协议的;(3)通过其他方式组织其他经营者达成垄断协议。实质性帮助,是指提供必要的支持、创造关键性的便利条件,或者其他重要帮助。

二、医药领域典型垄断协议案例(已查处并公布的案例)

1. 医药领域"固定或者变更商品价格"的具体表现是什么?

固定或者变更商品价格属于典型的横向垄断协议,其构成要件的前提是当事人属于竞争者。例如,在"冰醋酸原料药垄断案"中,执法机构认为,从成分、性能、用途等因素来看,三方当事人生产销售的冰醋酸原料药具有明显可替代性,且当事人均为三个独立的市场主体,属于具有竞争关系的经营者。进一步而言,三方当事人之间通过电话沟通交流市场行情、交换产销量信息,提出共同提价,随后经当面交流、召开会议等方式,达成提高冰醋酸原料药销售价格的垄断协议。

2. 医药领域"分割销售市场"的具体表现是什么?

在"别嘌醇片垄断案"中,当事人通过召开市场运行会议,协商划分销售区域,并在后续会议上继续强调遵循市场划分范围,并补充约定当事人必须在划定区域内招投标,不得到其他区域投标或议价。后续当事人基本实施分割销售市场的垄断协议,对于其他当事人超出划定区域销售别嘌醇片的行为,在公司层面进行协调处理。

3. 医药领域"联合抵制交易"的具体表现是什么?

在"艾司唑仑垄断案"中,三方当事人约定其生产的艾司唑仑原料药仅供本公司生产片剂使用,不再对外销售。在联合抵制交易协议实施以来,下游其他片剂企业因缺少关键投入被迫退出市场,由此扩大三方当事人在片剂市场的份额,并使在片剂市场实施联合涨价成为可能。执法机构特别指出,企业出于自身经营战略考虑,在不构成滥用市场支配地位拒绝交易的前提下,独立做出减少或者停止供货决定本身并不违法,问题在于当事人就不对外供货的决定与竞争对手进行沟通并达成了一致不对外供货的垄断协议。

4. 反向支付协议(Pay-for-Delay)会有什么反垄断风险?

反向支付又称有偿延迟,指药品专利权利人承诺给予仿制药申请人利益补偿,仿制药申请人承诺不挑战该药品相关专利权的有效性或者延迟进入该专利药品相关市场。通常而言,反向支付协议构成横向垄断协议的风险已在包括美国和欧盟在内的司法辖区得到关注,但我国目前反垄断执法尚未触及,不过最高人民法院在2022年公布的裁判文书中首次对反向支付协议进行反垄断审查。法院首先审查仿制药申请人未撤回其无效宣告请求的情况下药品相关专利权因该无效宣告请求归于无效的可能性,一般专利权人无正当理由给予高额利益补偿可作为重要考虑因素;此外法院进一步审查相关协议是否会产生竞争损害,主要考察专利权利人是否实质延长市场独占时间、是否实质延缓或者排除了实际的和潜在的仿制药申请人市场进入等。

5. 医药领域"转售价格维持(RPM)"的具体表现是什么?

2021年和2022年,反垄断执法机构相继查处Y药业集团有限公司垄断案、YS药业有限公司垄断案以及S医疗器械贸易有限公司案,前两案均为成品药领域的RPM案件,后一案为医疗器械领域的RPM案件。以"Y药业集团有限公司垄断案"为例,该案中当事人通过签署合作协议、下发调价函、口头通知等方式达成RPM,并通过制定规则、强化考核监督、惩罚乱价经销商、委托中介机构维价等措施实施RPM。当事人具有强烈的固定和限定价格目的,相关行为严重排除、限制竞争,并显著提高产品价格,损害消费者合法权益和社会公共利益。

值得一提的是,在"S医疗器械贸易有限公司案"中,执法机构在论证涉案垄断协议排除、限制了市场竞争时颇为详细地论证涉案商品市场份额的影响,具体而言:通过梳理近5年北京地区不同类型口腔机构多个种植体品牌的使用量数据,涉案商品的用量一直排名靠前,在部分口腔机构的用量占比高达80%以上;与行业内主要竞品相比,涉案商品在全国市场的销售量、销售额均处于前列,市场份额较高。综合以上因素,涉案商品具有一定市场优势,用户对其依赖程度较高。

6. 医药领域"纵向非价格限制"的具体表现是什么?

目前反垄断执法机构并未单独针对纵向非价格限制予以处罚,但在一些RPM的案件中,执法机构认为当事人同时施加纵向非价格限制增强了RPM的违法性。在"YS药业有限公司垄断案"中,当事人通过限制销售区域、严禁不同区域窜货等措施加强了RPM的条款的强制性和惩罚性;在"M医疗器械公司垄断案"中,当事人通过限制销售对象、销售区域、禁止销售竞争性产品等措施强化了RPM的效果。

三、垄断协议的抗辩

1. 垄断协议安全港规则的适用标准是什么?

《反垄断法》在修订过程中,曾一度规定所有垄断协议均设置安全港规则,但是经过审议讨论后出台的《反垄断法(2022)》最终将安全港规则限定适用于纵向垄断协议，而排除了严重限制竞争的横向垄断协议。根据《反垄断法(2022)》第18条第3款的规定，经营者能够证明其在相关市场的市场份额低于国务院反垄断执法机构规定的标准，并符合国务院反垄断执法机构规定的其他条件的，不予禁止。《禁止垄断协议规定(征求意见稿)》规定的标准为市场份额低于15%，且无相反证据其排除、限制竞争，但是最终颁布的《禁止垄断协议规定》未能保留该市场份额标准，回归了《反垄断法(2022)》中的原则性表述。此外，针对RPM协议，《反垄断法(2022)》第18条第2款同时规定，经营者能够证明其不具有排除、限制竞争效果的，不予禁止。

2. 什么样的垄断协议可以得到反垄断法的豁免？

《反垄断法(2022)》第20条规定的垄断协议适用豁免的情形包括：(1)为改进技术、研究开发新产品的；(2)为提高产品质量、降低成本、增进效率，统一产品规格、标准或者实行专业化分工的；(3)为提高中小经营者经营效率，增强中小经营者竞争力的；(4)为实现节约能源、保护环境、救灾救助等社会公共利益的；(5)因经济不景气，为缓解销售量严重下降或者生产明显过剩的；(6)为保障对外贸易和对外经济合作中的正当利益的；(7)法律和国务院规定的其他情形。对于第1项至第5项情形，经营者还应当证明所达成的协议不会严重限制相关市场的竞争，并且能够使消费者分享由此产生的利益。截至目前，公开的包括医药领域的反垄断执法案例中，尚未有当事人通过前述豁免情形成功抗辩。

3. 垄断协议的相对方应满足哪些条件才能适用宽大制度？

《反垄断法(2022)》第56条第3款规定，经营者主动向反垄断执法机构报告达成垄断协议的有关情况并提供重要证据的，反垄断执法机构可以酌情减轻或者免除对该经营者的处罚(宽大制度)。国务院反垄断委员会《横向垄断协议案件宽大制度适用指南》规定宽大制度适用于横向垄断协议，同时进一步明确申请宽大的时间、申请免除或减轻处罚应当提交的材料、申请宽大的形式以及罚款金额的设置等。此外，根据《禁止垄断协议规定》，组织或者帮助达成垄断协议的经营者以及对垄断协议负有个人责任的人员也可以申请依法减轻或者免除处罚。

4. 垄断协议的中止/终止调查程序的适用条件是什么？

《反垄断法(2022)》第53条规定了垄断行为的中止/终止调查程序，具体到垄断协议，《禁止垄断协议规定》指出，经营者可以提出中止调查申请，列明：(1)涉嫌垄断协议的事实；(2)承诺采取消除行为后果的具体措施；(3)履行承诺的时限；(4)需要承诺的其他内容。执法机构在考虑行为的性质、持续时间、后果、社会影响、经营者承诺的措施及其预期效果等后决定是否中止调查。决定中止调查的,制作中止调查决定书。执法机构应当监督经营者履行承诺的情况,且经营者应当向执法机构汇报承诺履行情况。执法机构确定经营者已经履行承诺的,可以决定终止调查,并制作终止调查决定书。

第四节 滥用市场支配地位

一、滥用市场支配地位的相关概念

1. 认定市场支配地位需考虑哪些要素?

《反垄断法(2022)》第22条第3款对市场支配地位进行了界定,即指经营者在相关市场内具有能够控制商品价格、数量或其他交易条件,或者能够阻碍、影响其他经营者进入相关市场能力的市场地位。《反垄断法(2022)》第23条进一步规定认定具有市场支配地位应当依据下列因素:该经营者在相关市场的市场份额,以及相关市场的竞争状况;该经营者控制销售市场或者原材料采购市场的能力;该经营者的财力和技术条件;其他经营者对该经营者在交易上的依赖程度;其他经营者进入相关市场的难易程度;与认定该经营者市场支配地位有关的其他因素。关于市场支配地位概念的具体内涵以及认定市场支配地位具体需要考虑的因素,可以参见《禁止滥用市场支配地位行为规定》第6条至第12条。

此外,《反垄断法(2022)》第24条规定了市场支配地位的推定方法,即一个经营者在相关市场的市场份额达到二分之一的,或两个经营者在相关市场的市场份额合计达到三分之二的,或三个经营者在相关市场的市场份额合计达到四分之三的,可推定经营者具有市场支配地位。但是,如果经营者市场份额不足十分之一的,不应当推定其具有市场支配地位;被推定具有市场支配地位的经营者,有证据证明其不具有市场支配地位的,则不应当认定其具有市场支配地位。

2. 认定共同市场支配地位需满足哪些条件?

认定共同市场支配地位,除前述条件外,《禁止滥用市场支配地位行为规定》第13条同时规定,还应当考虑经营者行为一致性、市场结构、相关市场透明度、相关商品同质化程度等因素。此外,在原料药领域,根据国务院反垄断委员会《关于原料药领域的反垄断指南》第22条规定,两个以上的原料药经营者分工负责、相互配合实施垄断行为,可能构成共同滥用支配地位行为。在"扑尔敏原料药垄断案"中,执法机构首次使用"共同支配"的表述认定涉案两当事人具有共同支配地位。

3. 滥用市场支配地位具体表现为哪些行为？

根据《反垄断法(2022)》第22条的规定，具有市场支配地位的经营者禁止从事以下滥用市场支配地位的行为：以不公平的高价销售商品或者以不公平的低价购买商品；没有正当理由，以低于成本的价格销售商品；没有正当理由，拒绝与交易相对人进行交易；没有正当理由，限定交易相对人只能与其进行交易或者只能与其指定的经营者进行交易；没有正当理由搭售商品，或者在交易时附加其他不合理的交易条件；没有正当理由，对条件相同的交易相对人在交易价格等交易条件上实行差别待遇；国务院反垄断执法机构认定的其他滥用市场支配地位的行为。有关各滥用行为的具体认定因素和正当理由，可以参见《禁止滥用市场支配地位行为规定》第14条至第22条。

二、医药领域典型滥用行为案例(已查处并公布的案例)

1. 医药领域“不公平高价”的具体表现是什么？

在“葡萄糖酸钙原料药垄断案”中，当事人滥用其在中国注射用葡萄糖酸钙原料药销售市场上的支配地位，实施了以不公平的高价销售商品的滥用行为。具体而言，与购进成本相比，当事人购进原料药后以超过成本价数倍的价格对外销售(提价达9.5倍至27.3倍)；与历史价格相比，2017年的价格较2014年上涨19倍至54.6倍；当事人内部层层加价，通过内部流转过票的方式提高销售价格。

2. 医药领域“拒绝交易”的具体表现是什么？

在“巴曲酶原料药垄断案”中，当事人在取得中国巴曲酶原料药销售市场的支配地位后，下游制剂企业多次向当事人询价希望购买原料药，当事人则以各种理由始终不予报价。下游制剂企业法定代表人多次与当事人负责人面谈，当事人提出希望进行股权收购，并将原料药供应作为股权谈判的一部分。此后，当事人一直未向下游制剂企业报价和供应原料药，导致下游制剂企业停产，曲酶注射液不能稳定供应，此举排除了巴曲酶注射液市场的竞争，损害了消费者利益。

3. 医药领域“搭售”的具体表现是什么？

在“扑尔敏原料药垄断案”中，当事人湖南某公司和河南某公司利用在中国扑尔敏原料药市场的支配地位，没有正当理由搭售淀粉胶囊、药用蔗糖等药用辅料。具体操作为：在下游药品厂商购买扑尔敏原料药时，必须与湖南某公司签订辅料购买合同并付款，后河南某公司根据湖南某公司的指示签订扑尔敏原料药销售合同并供货。该案中，所搭售的药用辅料与扑尔敏原料药在产品属性和主要用途上无直接关系,属不同商品,且下游经营者通常根据需求分别采购,市场上经营者主体分别单独供应,因此,该搭售行为违背交易惯例和消费习惯,剥夺了下游药品生产商的选择权,将当事人在扑尔敏原料药市场的支配地位延伸至药用辅料市场,排除限制了市场竞争。

4. 医药领域"附加不合理交易条件"的具体表现是什么?

在"盐酸溴已新原料药垄断案"中,当事人利用在中国盐酸溴已新原料药市场的支配地位,要求药品生产企业将生产的注射用盐酸溴已新药品全部交由当事人销售,不得自行销售、赠与任何第三方或授权任何第三方销售,严重剥夺了药品生产企业自主决定经销企业的权利,构成附加不合理交易条件,排除限制了相关药品市场的竞争。

三、滥用行为的抗辩

1. 医药行业的特点是否可以为涉嫌构成滥用的行为提供正当理由?

截至目前公开的执法案例,并未有当事人以医药行业的特点作为正当理由而成功抗辩,但是在认定经营者是否滥用其市场支配地位排除限制竞争的过程中需要界定相关市场,在确认经营者提供的证据是否构成正当理由的时候往往需要结合行业内特有的现实情况,例如行业惯例、用户需求和习惯等,所以行业本身的特点肯定是考虑的因素之一。

在欧美法下,除适用本身违法原则的行为(如固定价格或分割市场的协议)外,法院会对医药行业的具体特点给予关注,因为个案中的竞争分析通常应当考虑相关市场的特点及现实情况。欧美医药行业的具体特点包括:创新性高、需求方构成比较复杂(包括病患、医生及国家监管机构)、供应需要得到充分保证等。考虑到前述行业特点,如果经营者的行为可以提高药品安全性或改良药效,或者使得药品更易于病患服用,法院都会将前述行为效果作为考虑因素之一。

2. 滥用行为的中止/终止调查程序的适用条件是什么?

滥用行为的中止/终止调查程序的适用条件与垄断协议并无不同,具体可以参见《禁止滥用市场支配地位行为规定》第32条至第36条的相关规定。

第四章　医药行业反商业贿赂合规现状

第一节　医药行业反商业贿赂合规现状

一、医药行业反商业贿赂立法日趋严格

1.《药品管理法》反商业贿赂条款，对医药行业提出哪些新要求？

2019 年 12 月 1 日，新修订的《药品管理法》正式施行。此次修订工作历时较长、力度较大，很多规定经过前期试点、反复论证等多个环节，最终以法律形式予以固定。

医药行业的反商业贿赂条款是《药品管理法》修订的一大亮点，特别是增加了资格罚，严格落实处罚到人的要求。《药品管理法》第 141 条第 2 款规定，药品上市许可持有人、药品生产企业、药品经营企业在药品研制、生产、经营中向国家工作人员行贿的，对法定代表人、主要负责人、直接负责的主管人员和其他责任人员终身禁止从事药品生产经营活动；该法第 142 条第 1 款规定，药品上市许可持有人、药品生产企业、药品经营企业的负责人、采购人员等有关人员在药品购销中受贿情节严重的，5 年内禁止从事药品生产经营活动。这可以说是对医药行业商业贿赂行为的精确打击。

与《反不正当竞争法》相比，《药品管理法》还有以下特点：

第一，《药品管理法》未将“交易相对方”排除在受贿对象之外。《反不正当竞争法》第 7 条第 1 款明确规定的受贿对象主要为交易相对方的工作人员、受交易相对方委托办理相关事务的单位或者个人，以及利用职权或者影响力影响交易的单位或者个人。“交易相对方”是否属于《反不正当竞争法》项下的

受贿对象存在一定争议。而《药品管理法》第88条关于商业贿赂的相关规定，明确规定了三个"禁止"，其对象包括了单位(药品机构与医疗机构)及相关单位中的有关工作人员，明确规定了严禁药品机构与医疗机构作为交易相对方之间的行贿、受贿行为。

第二，《药品管理法》对行贿人的处罚力度更大。《反不正当竞争法》第19条规定："经营者违反本法第七条规定贿赂他人的，由监督检查部门没收违法所得，处十万元以上三百万元以下的罚款。情节严重的，吊销营业执照。"《药品管理法》第141条规定："药品上市许可持有人、药品生产企业、药品经营企业或者医疗机构在药品购销中给予、收受回扣或者其他不正当利益的，药品上市许可持有人、药品生产企业、药品经营企业或者代理人给予使用其药品的医疗机构的负责人、药品采购人员、医师、药师等有关人员财物或者其他不正当利益的，由市场监督管理部门没收违法所得，并处三十万元以上三百万元以下的罚款；情节严重的，吊销药品上市许可持有人、药品生产企业、药品经营企业营业执照，并由药品监督管理部门吊销药品批准证明文件、药品生产许可证、药品经营许可证。"对比发现，《药品管理法》对行贿人的处罚力度明显大于《反不正当竞争法》：罚款金额的起罚点由10万元调整为30万元；同时，监管部门不仅有权吊销从业者的营业执照，亦有权吊销其药品相关许可证；此外，还明确规定了向国家工作人员行贿的有关责任人员终身禁止从事药品生产经营活动。

第三，《药品管理法》明确了对受贿人的处罚。《药品管理法》明确规定药品上市许可持有人、药品生产企业、药品经营企业或者医疗机构在药品购销中收受回扣或者其他不正当利益的，由市场监管部门依据该法第141条第1款规定处罚；药品上市许可持有人、药品生产企业、药品经营企业的负责人、采购人员等有关人员在药品购销中收受财物或者其他不正当利益的，依据该法第142条第1款规定处罚；医疗机构有关人员负责人、药品采购人员、医师、药师等有关人员，由卫生健康主管部门或者本单位依据第142条第2款给予处分、处罚。

2. "黑名单"制度持续发力，医药行业面临何种合规挑战？

2020年8月28日，国家医疗保障局(以下简称国家医保局)发布了《关于建立医药价格和招采信用评价制度的指导意见》。

(1)《关于建立医药价格和招采信用评价制度的指导意见》试图依托药品和医用耗材招标采购平台，基于医药企业的主动承诺，建立守信承诺、信用评级、分级处置、信用修复的闭环机制，打出一套惩治行业顽疾的"组合拳"。

《关于建立医药价格和招采信用评价制度的指导意见》将首次建立"信用评

价目录清单”,要求医药企业参加或委托参加药品和医用耗材集中采购、平台挂网,以及参加公立医疗机构和医保定点的非公立医疗机构(以下简称医疗机构)开展的备案采购时,必须向药品和医用耗材集中采购机构(以下简称集中采购机构)承诺不实施“信用评价目录清单”中列明的6种违法违规,有悖诚信和公平竞争的行为,包括医药商业贿赂、实施垄断行为、不正当价格行为等,并提交承诺书。否则,集中采购机构将拒绝其药品或医用耗材挂网、投标,或以其他方式向医疗机构销售,使其直接丧失相应的销售竞争机会。

在此基础上,集中采购机构将针对医药企业的失信违规行为建立“医药企业价格招采失信信息库”,并据此开展信用评级和分级处置。根据《关于建立医药价格和招采信用评价制度的指导意见》的规定,医药企业的失信行为将被评定为一般、中等、严重、特别严重四个等级,每季度动态更新,并给予相应的惩治。轻则给予书面提醒告诫,向采购方提示风险信息,重则将给予限制或中止相关药品或医用耗材挂网、限制或中止采购相关药品或医用耗材、披露失信信息等处置措施,使企业在一段时间内面临市场禁入的最严厉的惩治,给企业带来巨大的影响和强大的震慑。

另外,考虑到建立信用评价制度的最终目的是引导行业良性发展,而非简单地一“罚”了之,《关于建立医药价格和招采信用评价制度的指导意见》还建立了信用修复机制。明确失信行为超过一定时间,以及相关司法判决、行政处罚决定被依法撤销或改变的,保留记录但不再计入信用评级范围。同时,鼓励医药企业主动修复信用,在处置措施生效前提醒告知医药企业,并视情形给予一定的整改期,接受其在整改期内采取切实措施修复信用,包括终止相关失信行为,提交合规整改报告,公开发布致歉声明消除不良影响,剔除涉案药品或医用耗材价格中的虚高空间,退回不合理收益等。

(2)《关于建立医药价格和招采信用评价制度的指导意见》将医药企业、药企员工及医药企业委托代理人三者的信用捆绑,对医药企业的合规管理提出了更高的要求。

根据《关于建立医药价格和招采信用评价制度的指导意见》的规定,医药企业向集中采购机构做出承诺时,不仅要承诺自己不实施“信用评价目录清单”中的失信违规行为,还要承诺对其员工、委托代理人所做的与其药品有关的失信违规行为承担失信违约责任,并接受相应的惩戒措施。如此一来,医药企业、药企员工及医药企业委托代理人的信用便被捆绑在一起,这使医药企业不能再像往常一样,一旦被发现存在违规行为,便切割与员工或委托代理人的关系,谋求“断臂求生”,而是倒逼医药企业加强对企业员工的合规监管,提高对委托代理人的合规要求及监督力度,以避免企业员工及委托代理人的失信违规行为殃及医药企业,使医药企业遭受失信违规惩戒。

此外,《关于建立医药价格和招采信用评价制度的指导意见》除了将已被法院判决或执法部门处罚的商业贿赂、操纵市场等违法违规行为纳入“信用评价目录清单”,还将因“不正当价格行为”被医疗保障部门函询、调查、约谈、告诫、检查,医药企业推诿、拒绝配合,不能充分说明原因或作出虚假承诺等有悖诚信和公平竞争的行为也纳入“信用评价目录清单”中,进一步扩大了可被惩治的失信违规行为的范围,对医药企业的合规管理提出了更高的要求。

(3)医药企业应抓住医药价格和招采信用评价制度出台前的窗口期,抓紧落实合规管理建设。

不难发现,医药价格和招采信用评价制度建立后,国家医保局对于医药企业提出的合规要求已不再局限于商业贿赂领域,而是扩展到滥用市场支配地位、操纵市场价格、违反合同约定、扰乱采购秩序等多个领域,给医药企业带来更大的合规挑战。

在此情形下,医药企业若想平稳、可持续发展,必须利用制度出台前的窗口期,抓紧自查自纠,建立完善的合规管理体系,从合规角度加强对委托代理人的入库尽职调查,在库动态监管,及时解除与有失信违规记录的委托代理人的合作,并加强对员工及拟合作的委托代理人的合规培训,严禁实施商业贿赂、滥用市场支配地位、操纵市场价格等“信用评价目录清单”中的失信违规行为。医药企业只有行动起来,尽快建立健全合规管理体系,不断提升合规管理能力,才能为迎接即将到来的合规挑战做好充分准备。

二、国家对医药行业保持高压执法,商业贿赂违法必究

1.财政部的会计信息质量检查工作释放出哪些医药行业反商业贿赂合规信号?

2019年6月4日,财政部官网发布《财政部开展2019年度医药行业会计信息质量检查工作》,决定组织部分监督管理局和地方财政厅(局)于2019年6月至7月,开展医药行业会计信息质量检查工作。

根据财政部信息,按照“双随机、一公开”的要求(随机抽取检查对象、随机选派执法检查人员,并及时公开抽查情况及查处结果),2019年5月14日,财政部监督评价局会同国家医疗保障局基金监管司,共同随机抽取了77户医药企业

检查名单。这 77 家医药企业涉及恒瑞医药、复星医药、上海医药、步长制药等 29 家 A 股上市公司、上市公司全资子公司、上市公司控股公司或参股公司,另外还有一家药企是港股上市公司石药集团的子公司。

这次会计检查,剑指药企销售费用真实性问题。而市场也给出了相当敏感的反应。据统计,6 月 4 日当天收盘,申万医药生物指数下跌 1.56%,截至 2022 年年底生物医药行业总市值超 3.5 万亿元,也就意味着一天时间这一板块市值就下跌了超过 500 亿元,多只个股跌幅超过 3%以上。

2021 年 3 月,财政部正式发布《会计信息质量检查公告》,经查,部分医药企业存在以下问题使用虚假发票、票据套取资金体外使用;虚构业务事项或利用医药推广公司套取资金等问题,并依法对 19 家医药企业做出行政处罚。

这次审计行动,不仅扯下药企销售费用畸高的"遮羞布",也反映我国监管机构惩治医药企业药价虚高、带金销售等顽疾的决心,给医药企业敲响了反商业贿赂的警钟。

2. 医药医疗行业专项整治行动关注哪些反商业贿赂问题?

2017 年,原国家卫计委、国家发改委等九部委局发布了《关于印发医用耗材专项整治活动方案的通知》,强调要严厉查处非法使用发票、过票、走票、倒票等问题,加强对发票违法问题的案件移送和联合查处工作,深入挖掘发票违法行为背后隐藏的商业贿赂和不正之风,严肃查处假借租赁、捐赠、投放设备等形式,捆绑耗材和配套设备销售等涉嫌商业贿赂的不正当竞争行为。该通知更是罕见地使用了"下重手、出重拳、动真格"的严厉措辞,可谓是一次不折不扣的执法风暴。

2018 年,市场监管总局重磅发布《关于进一步加强反不正当竞争执法工作的意见》(国市监竞争〔2018〕48 号)。《关于进一步加强反不正当竞争执法工作的意见》明确指出为进一步推进《反不正当竞争法》实施,建设统一开放、竞争有序的市场体系,将对当前广受关注的不正当竞争行为,尤其是医药、教育等领域内的商业贿赂行为进行重点查处,进一步加大办案执法力度。《关于进一步加强反不正当竞争执法工作的意见》明确规定,自 2018 年 5 月至 10 月,在全国范围内开展反不正当竞争执法重点行动,重点查处医药、教育领域内,医院、学校等具有公共管理和服务职能的主体违法收受财物或者其他利益的商业贿赂行为。《关于进一步加强反不正当竞争执法工作的意见》指出,经营者假借租赁、捐赠、投放设备等形式,贿赂利用职权或者影响力影响交易的医疗机构,捆绑耗材和配套设备销售等损害竞争秩序的行为属于重点查处行为。

2015 年至 2022 年,国家卫健委等九部委局连年印发关于"纠正医药购销领域和医疗服务中不正之风工作要点”的通知,而打击商业贿赂是历年的执法重点。2020年的通知中,针对“两票制”落地后大量出现的合同营销组织(CSO),更是专门强调“严厉打击医药企业与合同营销组织(CSO)企业串通,虚构费用套现以支付非法营销费用的违法行为”“严厉打击假借学术会议、科研协作、学术支持、捐赠资助进行利益输送的不当行为”。2021年该系列通知更是明确提出保持打击“回扣”行为高压态势,加大对利益输送、商业贿赂、虚开发票等不正之风案件的联合惩戒力度。

历年的整治和打击行动,均紧跟政策要求,针对医药行业商业贿赂的新形态、新问题进行精准打击。几近常态化的专项行动,极大整肃了行业乱象。

三、各项配套制度全面压缩商业贿赂空间

1.“两票制”落地,部分地区试水“一票制”,释放出哪些医药合规信号?

2016年12月26日,原国务院医改办、原国家卫生计生委、原国家食品药品监管总局向全国印发了《关于在公立医疗机构药品采购中推行“两票制”的实施意见(试行)》(国医改办发〔2016〕4号),正式在全国实施“两票制”。“两票制”是指药品、医用耗材从生产企业销售到经销商企业开一次发票,经销商企业销售到医院再开一次发票。其法律实质是只允许发生两次药品所有权的转移,即药品所有权从生产企业转移到流通企业,再从流通企业转移到医疗机构。

在此基础上,部分地区已进一步试水“一票制”。例如,福建省人民政府办公厅《关于进一步改革完善药品生产流通使用政策的实施意见》(闽政办〔2017〕99号)提出,在全省全面推行药品采购“两票制”,鼓励实行“一票制”,实行“招生产企业,实行统一配送”的模式,推行集团化配送;广东省药品交易中心发布《关于进一步做好我省医疗机构药品交易“两票制”票据上传工作和公示第一批认定为一票情形审核结果的通知》,对第一批认定为一票情形的审核结果予以公示。

从上述制度要求来看,无论“两票制”还是“一票制”,目的都是规范药品流通秩序、压缩流通环节;同时净化流通环境、打击“过票洗钱”、强化医药市场的监督管理。“两票制”或“一票制”实施前,流通企业可以通过多开票以增加企业成本的方法向医生支付药品回扣;实施后,对企业严格规范票据管理,要求其所销售药品应当按照《药品经营质量管理规范》(药品GSP)附符合规定的随货同行单,发票的购、销方名称应当与随货同行单、付款流向一致、金额一致,同时在到货验收时,验明发票、供货方随货同行单与实际购进药品的品种、规格、数量,核对一致并建立购进药品验收记录。通过票据管理,有效压缩商业贿赂空间,预

防商业贿赂。

2. 医药代表备案制,对医药医疗行业产生哪些重大影响?

2017年2月9日,国务院办公厅发布《关于进一步改革完善药品生产流通使用政策的若干意见》(国办发〔2017〕13号),对提高药品质量、改革药品流通秩序等方面提出了新的政策。其中,关于医药代表,该意见专门提出了"人员备案""学术推广与销售分流""违规推广与个人信用记录联动"三项规范要求。此次《关于进一步改革完善药品生产流通使用政策的若干意见》的出台,既是对医药代表在医药信息传递与教育方面的作用进行再次确认,为其正名;也为医药代表回归"初心"提出要求。

2020年12月1日,国家药监局正式施行《医药代表备案管理办法(试行)》的规定,明确规定药品上市许可持有人应当与医药代表签订劳动合同或者授权书,并在国家药品监督管理局指定的备案平台备案医药代表信息,同时禁止医药代表承担药品销售任务,实施收款和处理购销票据等销售行为。

为了进一步推进医药代表备案制的实施,2022年7月27日,湖北省药监局下发《关于进一步加强药品购销领域不正之风治理工作的通知》,明确要求湖北省内各涉药单位应履行对医药代表的备案和管理职责,在2022年9月30日前,将相关人员信息上报"国家医药代表备案平台"并及时维护更改信息,否则不得在医疗机构进行药品推广活动,这足见推广落实医药代表备案制的决心。

医药代表是从事药品信息传递、沟通、反馈的专业人员,主要的从业活动应当是学术推广,技术咨询,协助医务人员合理用药,收集、反馈药品临床使用情况和药品不良反应信息等。基于医药代表的工作性质,必然要求医药代表提高自身的业务能力,真正了解药理药效方面的专业知识,以向医务人员提供准确的药品信息。因此,医药代表们需要根据自身职业发展需求,进行职业定位,是转型为具备专业知识技能的医药代表,还是主攻药品销售的医药销售。医药代表备案的相关制度要求,是对医药代表职能定位的"正本清源",这也宣告"带金销售"的职业道路已经越走越窄。

第二节　医药行业反商业贿赂典型案例及合规提示

一、医药企业赞助学术活动行为的合规要点

"赞助",是一种常见的商业行为和商业惯例。近年来,我国执法机关相继查处大量与医药企业赞助有关的工商行政违法案件,上海一地市场监督管理局

就曾在2017年年底接连对4家药企开出罚单,究其原因,无外乎药企常用的赞助形式都被执法机关认定为涉嫌商业贿赂。这些处罚案例的出现,使企业正常的赞助行为与商业贿赂之间的区别变得越发模糊。到底哪些行为是合法赞助,哪些行为是商业贿赂?如何在合法合规的基础上赞助学术活动?这些都是药企要深思和重点关注的热点问题。

上海KN医疗器械有限公司(以下简称KN公司)是某大学附属医院(以下简称附属医院)骨科手术医用耗材经销商。2011年10月11—13日,该附属医院在苏州体育馆举办"骨科业务运动医学关节外科培训班"。参加培训的人员主要是该院骨科医生及该大学骨科系在校生。KN公司协办并参加了此次培训,负责会务服务。在该附属医院骨科医生的安排下,KN公司以现金方式支付场地租赁费6000元给苏州体育馆。苏州体育馆开具了以该附属医院为抬头的发票。

上海市工商行政管理局青浦分局认为,KN公司为了销售其产品而替相关业务科室支付培训会场地租赁费的行为构成商业贿赂,罚款5万元。因6000元的场地租赁费未指向双方之间的某笔特定业务,故无法计算违法所得。

1. 合法赞助行为有哪些基本特征?

结合前述案例,我们理解,合法的企业赞助行为应至少符合以下基本特征:

第一,企业有权通过赞助行为,获得一定范围内的宣传推广机会。这种宣传推广机会不同于广告发布,企业获得的不是借助一定的媒介发布产品广告的权利,而是发布广告之外的对活动进行冠名、布置展台及分发宣传资料等宣传推广机会。

第二,企业赞助行为具有明显的商业目的。这种商业目的通常是指企业借助宣传推广提高自身的知名度或美誉度,并以此影响商品销量。企业赞助的商业目的应以正当合法为前提,亦即赞助的目的在于获得公开市场上的知名度或好评度,而不是在私下谋求不当商业机会或非法竞争优势。这也是企业赞助行为与商业贿赂违法行为的本质区别。

第三,给付的赞助费与宣传推广机会之间存在一定的对价关系。赞助方与被赞助方一般会签订赞助合同,约定具体的赞助事项和赞助金额。赞助协议及相关发票等票据有助于增强和证明企业赞助行为的公开性、真实性、合法性,有助于令监管机关合理相信,赞助商进行该赞助活动本身即准备公开化的意图,不存在私下商业贿赂的任何可能性。

2. 医药企业对外赞助有哪些商业贿赂风险?

根据《反不正当竞争法》第7条的规定,经营者不得采用财物或者其他手段贿赂相关单位或个人以谋取交易机会或竞争优势。企业在赞助的过程中,如果不能很好把握赞助的本质特征,向相关单位或个人提供财物或给付利益的行为即便被冠以“赞助”之名,也会被认定为涉嫌商业贿赂。

我们根据赞助对象的不同,区分为对个人的赞助和对单位的赞助。

(1)对个人的赞助

对个人的赞助,一般表现为赞助官员等国家工作人员或交易相对方领导或普通员工出国考察、旅游、参加培训、会议或继续教育。这些活动的赞助费用通常包括会议注册费、食宿费、差旅费、培训费等。有的企业会直接将赞助费交给官员或交易相对方员工自行支配。有的企业则选择向提供会议注册、食宿、差旅的第三方直接支付费用,使官员或交易相对方员工免费享受上述服务。我们认为,无论是上述哪种操作方式,企业直接赞助个人的合规风险都比较高。

第一,官员一般具有国家工作人员身份,具有一定的管理公共事务的职权。很容易被认定为“利用职权影响交易的个人”。“利用职权影响交易的个人”与“交易相对方员工”都是《反不正当竞争法》规定的商业贿赂的受贿主体。

第二,向官员或交易相对方员工直接给付赞助费的行为属于向其给付财物。给官员或交易相对方员工免费参加会议、培训、旅游的机会是给予其财物以外的其他利益,属于以财物以外的其他手段进行贿赂。无论哪种做法都属于《反不正当竞争法》规定的商业贿赂手段。

第三,官员或交易相对方员工作为企业的监管主体或实际交易主体,并不秉承为企业进行宣传推广的义务。因此,“赞助”官员或交易相对方员工很难被认定为是提高企业的知名度或美誉度,反而很容易被认定为是谋取交易机会或竞争优势。这类赞助行为一旦被认定为是谋取交易机会或竞争优势,便符合《反不正当竞争法》对商业贿赂主观目的的规定。

目前,实务中已经出现将企业赞助医生个人外出参加培训的行为认定为商业贿赂的案例。例如,上海黄浦区市场监督管理局认为上海某齿科制作有限公司直接向培训公司支付培训费6000元,赞助上海某区中心医院口腔科医生外出培训的行为属于商业贿赂。因此,建议企业尽量避免以官员或交易相对方员工为对象的各类赞助。

(2)对单位的赞助

根据赞助方与受赞助方之间是否存在交易关系,可将对单位的赞助进一步分为对交易相对方的赞助和对其他第三方的赞助。

对交易相对方的赞助,可以表现为赞助交易相对方的“开业庆典”“周年庆典”,或者赞助交易相对方主办的会议、论坛或者培训等活动。

企业赞助交易相对方的“开业庆典”“周年庆典”通常是单方面的给付行为。受赞助的交易相对方一般不会与企业签订赞助协议,也不会向企业开具发票抑或提供简单收据。对于此类赞助是否涉嫌商业贿赂,实务界有不同的认识。我们认为,此类赞助等同于在没有任何商业对价的情况下直接向交易相对方给付财物,且不能如实入账,故存在较高法律风险。

与赞助“开业庆典”“周年庆典”不同,企业赞助交易相对方主办的会议、论坛或培训等活动,通常会与交易相对方签订赞助协议。有些赞助协议还会嵌入宣传推广条款,给予企业对被赞助活动的冠名权,允许企业设置展台,分发宣传资料和品牌提示物。对于赞助费用的支付,有些交易相对方会要求企业将赞助费直接交由其自行支配,有些交易相对方则会在需要付款时,要求企业派员陪同前往缴费处,由企业直接向收费方付款。前文 KN 公司员工陪同某大学附属医院医生前往苏州体育馆并直接结算 6000 元场地租赁费的做法便属于以陪同付款的方式给付赞助费。

我们理解,无论是将赞助费交由交易相对方自行支配还是按交易相对方的要求陪同付款,企业赞助交易相对方主办的活动都存在一定的商业贿赂风险。而且,在赞助协议中嵌入宣传推广条款,也不会显著降低此类赞助的法律风险。因为从赞助的宣传推广属性来讲,交易相对方应该是企业宣传推广的目标受众,而非为企业提供宣传推广机会的主体。此类赞助显然不符合合法赞助的基本特征。

如果企业希望对交易相对方主办的学术类会议、培训或者论坛提供资金支持,可以考虑通过公益捐赠的方式开展。

对其他第三方的赞助有多种表现形式,赞助高校等科研院所、第三方协会、学会举办的会议或者论坛是其中较为常见的形式。例如,很多医药企会赞助中华医学会等组织举办的各类行业峰会或研讨会。参加此类会议的嘉宾通常为行业内的医务人员,赞助企业通常可以获得活动冠名权、卫星会举办权或者在活动场地布置展台、分发宣传资料及品牌提示物等宣传推广机会,向参会嘉宾进行宣传推广。我们理解,这种赞助的法律风险较低,原因有以下几个方面。

第一,第三方协会、学会被认定为商业贿赂主体的可能性较小。《反不正当竞争法》第 7 条第 1 款规定,交易相对方的工作人员,受交易相对方委托办理相关事务的单位或个人,利用职权或影响力交易的单位或个人是商业贿赂的受贿主体。

很显然,第三方协会、学会不是企业的交易相对方,也不是受其委托办理相关事务的单位。而且此类学会、协会多为社会团体,不具公共管理职能。如果企业开展赞助不以"第三方学会、协会应承诺利用其影响力协助企业增加销量"为前提,则第三方学会、协会被认定为是利用职权或影响力影响交易的单位的可能性也较小。

第二,企业支付的赞助费用与其获得的面向潜在客户的宣传推广机会存在合理的对价关系。而且企业在开展此类赞助时通常会与第三方学会、协会签订赞助协议,约定赞助事项和赞助费用,取得合法票据。签订赞助协议,取得合法票据这种"公对公"交易的模式,有利于证明企业支付赞助费是基于合理的商业目的,并非为争取交易机会或竞争优势而进行的不当利益给付。

综上,在赞助相关法律法规尚不健全、完备,《反不正当竞争法》实施细则尚未出台的情况下,企业开展以赞助为名的商业活动仍然存在较高合规风险,建议企业尽量避免以各种形式开展的对个人及交易相对方的赞助。如果确实想以赞助方式进行宣传推广,建议企业选取与自己没有直接交易关系的第三方作为赞助对象。

二、设备捆绑耗材销售模式的合规要点

2017 年 7 月 11 日,卫计委、发改委、市场监督管理总局等九部委,联合下发了《医用耗材专项整治活动方案》,要求继续加强对医用耗材及其配套设备的采购行为的监督检查,严肃查处假借租赁、捐赠、投放设备等形式,捆绑耗材和配套设备销售等涉嫌商业贿赂的不正当竞争行为。

2017 年 8 月 21 日,原国家工商总局竞争执法局也下发了《关于进一步加强医药领域不正当竞争案件查处工作的通知》,再次明确严肃查处假借租赁、捐赠、投放设备等形式,捆绑耗材和配套设备销售等涉嫌商业贿赂的不正当竞争行为。

《反不正当竞争法》对商业贿赂的认定标准和法律责任都作了较大幅度的调整与修改。交易相对方是否成为商业贿赂主体?设备捆绑耗材的销售模式是否仍然会被认定为商业贿赂?对此,社会各界有不同的认识和看法。我们在此做一些初步探讨。

上海 JZ 医疗器械公司(以下简称 JZ 公司)系医疗器械销售企业,主要从事比利时爱克发(AGFA)品牌的干式胶片打印机及胶片的销售业务。

自2015年6月至2018年3月案发,JZ公司在业务开展过程中,为获取交易机会,向江苏地区相关医院免费提供爱克发干式胶片打印机10台,并通过上述手段向医院配套销售爱克发胶片792,411张,对应销售金额12,878,091.94元,扣除成本、税费和其他合理费用,获利620,431.81元。

上海市市场监督管理局认为JZ公司的上述行为,排挤了竞争对手,损害了市场公平竞争的秩序,侵害了患者的利益,违反了《反不正当竞争法》(2017年版)第7条第1款第3项"经营者不得采用财物或者其他手段贿赂下列单位或者个人,以谋取交易机会或者竞争优势:……利用职权或者影响力影响交易的单位或者个人"之规定,构成商业贿赂行为。上海市市场监督管理局于2019年7月对该公司作出了罚款10万元及没收违法所得的行政处罚决定。

1. 向交易相对方支付回扣是否构成《反不正当竞争法》下的商业贿赂?

《反不正当竞争法》中涉及商业贿赂的条款为第7条和第19条。第7条第1款规定:"经营者不得采用财物或者其他手段贿赂下列单位或者个人,以谋取交易机会或者竞争优势:(一)交易相对方的工作人员;(二)受交易相对方委托办理相关事务的单位或者个人;(三)利用职权或者影响力影响交易的单位或者个人。"第7条第1款体现了对市场行为审慎监管的立法态度,一定程度上遏制了执法过程中出现的"泛商业贿赂化"的问题,凸显对新型交易模式和市场创新的保护。

但同时,第7条第2款规定:"经营者在交易活动中,可以以明示方式向交易相对方支付折扣,或者向中间人支付佣金。经营者向交易相对方支付折扣、向中间人支付佣金的,应当如实入账。接受折扣、佣金的经营者也应当如实入账。"

据此,有观点认为,《反不正当竞争法》第7条将交易相对方排除在商业贿赂的主体之外,即使经营者账外暗中给予交易相对方好处,也不应按照商业贿赂查处。医院作为耗材交易的相对方,接受捆绑销售的设备也不构成商业贿赂。对此我们有不同的看法。

第一,我国《反不正当竞争法》第7条是界定商业贿赂行为的专门条款。如果交易相对方不再是商业贿赂的主体,向交易相对方支付回扣就不构成商业贿赂。那么,《反不正当竞争法》第7条第2款规定向交易相对方支付折扣应当如实入账的意义何在?如果账外暗中支付回扣的行为仅仅违反其他法律(例如税法或企业会计准则),而不涉及商业贿赂的话,立法者完全可以通过其他法律予以规范,似乎不必在《反不正当竞争法》第7条中保留关于如实入账的规定。

第二,《反不正当竞争法》第19条规定:"经营者违反本法第七条规定贿赂他人的,由监督检查部门没收违法所得,处十万元以上三百万元以下的罚款。情节严重的,吊销营业执照。”从文字表述上看,第 19 条针对的是违反第 7 条的行为,而不是仅仅针对违反第 7 条第 1 款的行为。因此,如果经营者违反了《反不正当竞争法》第 7 条第 2 款关于如实入账的规定,也有可能会依据该法第 19 条承担法律责任。参考美国的《反海外腐败法》(FCPA)就会发现,《反海外腐败法》不仅有贿赂条款,也有会计条款。即使企业没有违反贿赂条款,但违反了会计条款,美国司法部或证券交易委员会仍然会按照《反海外腐败法》进行查处。

第三,向交易相对方支付回扣是否属于商业贿赂,还涉及《反不正当竞争法》《刑法》《药品管理法》等法律的衔接问题。根据《刑法》第 391 条的规定,在经济往来中,违反国家规定,给予国家机关、国有公司、企业、事业单位、人民团体各种名义的回扣、手续费的,构成对单位行贿罪;第 387 条规定,国家机关、国有公司、企业、事业单位、人民团体在经济往来中,在账外暗中收受各种名义的回扣、手续费的,构成单位受贿罪。《药品管理法》也明确禁止药品的生产企业、经营企业和医疗机构在药品购销中账外暗中给予、收受回扣或者其他利益。因此,将回扣纳入商业贿赂的范畴,更利于《反不正当竞争法》《刑法》《药品管理法》等法律的统一和衔接。

究竟如何解读和理解《反不正当竞争法》规定的商业贿赂主体,以及回扣是否构成商业贿赂,最终还有待市场监督管理总局出台相应的实施细则,或通过各级市场监督管理部门的执法实践来进一步验证。

2. 设备捆绑销售存在哪些合规难点?

除了满足明示和如实入账的法律要求外,合法的折扣一般有两种处理形式:(1)支付价款时对价款总额按一定比例即时予以扣除,即售前折扣;(2)支付价款总额后再按一定比例予以退还,即售后返利。从实务经验上看,以合法折扣的方式处理设备捆绑耗材销售存在诸多财务难点。

首先,捆绑销售的医疗设备价值高、使用周期长。投放设备的医疗器械经营企业往往要求医院在数年内的耗材采购量达到约定的金额后,才将设备所有权转交医院。在这种情况下,财务上按照售前折扣的方式进行处理存在障碍。

其次,完成每一笔耗材销售后,医疗器械经营企业均会向医院出具耗材的增值税专用发票。医院完成约定的采购金额后,医疗器械经营企业应当按照国家税务总局《关于纳税人折扣折让行为开具红字增值税专用发票问题的通知》开具红字增值税专用发票(红字发票)。但是,开具红字发票需要医院首先向主管税务机关提出申请。实践中,很少有医院能做到先行提出申请。因此,将捆绑销售的设备按照售后返利的方式进行财务处理同样存在障碍。

如果财务处理不能符合合法折扣的要求,设备捆绑耗材销售的模式可能被认定为回扣,从而构成商业贿赂。

现阶段,我国有关中央行政机关尚未对《反不正当竞争法》出台相关实施细则。业界对于如何理解《反不正当竞争法》规定的商业贿赂主体,以及回扣是否仍然构成商业贿赂的观点不统一。在这样的前提下,我们建议,采用设备捆绑耗材销售模式的企业应审慎分析这种业务模式的潜在风险,必要时与合规领域的专业律师开展合作,对相关商业模式做系统、全面的风险评估,并积极谋求商业模式的转型或升级,将合规风险降至最低。

三、建立合规管理制度对区分单位责任与个人责任的重要性

在执法机关查处的各类商业贿赂案件中,绝大部分贿赂行为是由企业员工而非以公司名义直接实施的。由于企业员工行为与企业运营之间存在千丝万缕的密切联系,所以如何区分员工责任与企业责任是企业合规监管调查实务中常常遇到的问题。

除《刑法》上有个人犯罪与单位犯罪的划分以外,《反不正当竞争法》第7条第3款也区分了商业贿赂的员工责任和企业责任。经营者有证据证明工作人员的贿赂行为与为经营者谋取交易机会或者竞争优势无关的,经营者不承担责任。

本文谨以奶粉生产企业员工贿赂医院护士推销婴儿奶粉一案为例,分析合规管理制度在区分厘清员工责任与企业责任中的重要作用。

郑某、杨某曾担任某奶粉公司西北区婴儿营养部事务经理、兰州分公司婴儿营养部甘肃区域经理。2011年至2013年9月,郑某、杨某为了抢占奶粉市场份额,授意其下属杨某某、李某某、杜某某、孙某通过拉关系、支付好处费等手段,从兰州多家医院的妇产科护士手中非法获取孕产妇及新生儿的个人信息。

王某某、丁某某、杨某甲系兰州市三家医院的妇产科护士。王某某非法提供公民个人信息2074条,收取好处费13,610元。丁某某非法提供公民个人信息996条,收取好处费4250元。杨某甲非法提供公民个人信息724条,收取好处费6995元。

一审法院认定本案被告人构成侵犯公民个人信息罪。二审过程中,部分被告人提出其获取公民个人信息并支付好处费的行为是奶粉公司的单位行为,构成单位犯罪。但二审法院认定其不构成单位犯罪,维持原判。

1. 司法实践中,认定单位犯罪会考量哪些因素?

因为涉案金额未达到贿赂犯罪的起刑点等多方面原因,本案最终以侵犯公民个人信息罪定案量刑。但从上述案件事实中不难发现,本案还涉及向医院护士行贿的问题。

二审过程中的争议焦点之一是,奶粉公司员工向医院护士行贿并获取公民个人信息究竟是个人犯罪还是单位犯罪。一方面,多名被告人声称奶粉公司定期将年度任务指标分配给西北区,然后再层层分配给各业务经理和业务代表。被告人为了完成公司分配的任务,通过支付好处费的方式收集新生儿及其父母的个人信息,上述好处费从奶粉公司总部给的事务运作费用中支取。另一方面,奶粉公司出具的情况说明、员工培训教材、员工合规在线测试问卷、公司高管的证人证言均被提交为本案证据。这些证据表明,奶粉公司禁止员工以非法方式收集个人信息,禁止员工为此目的向医务人员提供资金。奶粉公司要求所有营养专员接受培训并签署承诺函。曾为奶粉公司员工的被告人均参加过关于禁止向医务人员支付费用或获取公民信息的培训和测试。公司高管的证言也提到兰州营养专员获取公民个人信息及获取方式,公司不知情。

根据最高人民法院于2001年颁布的《全国法院审理金融犯罪案件工作座谈会纪要》及司法实践经验,法院认定单位犯罪时通常会考虑以下两个因素。

(1)犯罪行为是否体现单位意志,是不是以单位的名义实施的。如果是由单位集体研究决定或者单位的主管人员决定,则通常会被认定为体现了单位意志。

(2)违法所得是否归单位所有。如果是自然人盗用单位的名义实施违法行为,违法所得归个人所有的,则不构成单位犯罪。

结合被告人的供述、证人证言及其他证据材料,证明被告人的行为不体现奶粉公司意志的证据相对充分一些。奶粉公司不仅制定了禁止员工非法收集个人信息、禁止向医务人员行贿的合规政策,还要求员工参加合规培训、签署合规承诺函、填写合规测试问卷,并保留了相关的书面记录。

因此,二审法院在阐述本案不构成单位犯罪时指出,单位犯罪是为本单位谋取非法利益之目的,在客观上实施了由本单位集体决定或者由负责人决定的行为。奶粉公司政策、员工行为规范等证据证实,奶粉公司禁止员工从事侵犯公民个人信息的违法犯罪行为,各上诉人向医务人员支付费用以获取公民个人信息的行为违反了公司的管理规定,是为提升个人业绩而实施犯罪的个人行为,不体现单位意志,不构成单位犯罪。各上诉人违反公司管理规定,为提升个人业绩而实施犯罪为个人行为。

2. 医药企业区分单位责任与个人责任对企业而言有哪些重要意义?

上述案件给企业合规专业人士带来的启示是:企业合规管理制度的建立与相关证据保存对企业免责具有重要意义。

第一,我国的反贿赂司法实践已经开始逐渐承认建立合规管理制度对区分员工个人责任与企业责任的重要作用。《反不正当竞争法》颁布后,原市场监督管理总局反垄断与反不正当竞争执法局局长接受记者采访时也曾表示,经营者已经制定合法、合规、合理的措施,采取有效措施进行监管,不放纵或变相放纵员工实施贿赂行为的,经营者可以免除责任。

第二,经营者主张企业免责时,应当对合规制度的建立及有效性承担举证责任。如果该奶粉公司在本案中未能提供关于合规制度、合规培训及合规承诺的充分证据,本案很可能会出现另一种处理和认定方式。《反不正当竞争法》第7条第3款也明确规定,经营者必须对"工作人员的行为与为经营者谋取交易机会或者竞争优势无关"承担证明责任。因此,企业制定合规制度、开展合规管理时一定要保存好相关的书面记录及证据,从而实现明确与违法人员的个人行为进行泾渭分明的责任切割。

第五章　广　告

第一节　广告合规概述

一、广告的基本概念

1. 广告的基本要素和特征有哪些？

什么样的内容和形式属于“广告”，需要参照我国现行法律法规中对“广告”的基本定义。根据《广告法（2021 年修正）》（以下简称《广告法》）第 2 条的规定，广告是指在中华人民共和国境内，商品经营者或者服务提供者通过一定媒介和形式直接或者间接地介绍自己所推销的商品或者服务的商业广告活动；根据《互联网广告管理办法》第 2 条的规定，互联网广告是指利用网站、网页、互联网应用程序等互联网媒介，以文字、图片、音频、视频或者其他形式，直接或者间接地推销商品或者服务的商业广告活动。

根据上述法律规定，我国法律法规层面认定“广告”的关键特征在于：出于“推销”目的，对经营者自身以及其产品或服务进行“介绍”。如果经营者发布的推广信息符合上述特征，则不论通过何种形式发布，不论是直接或是间接向受众传递信息，均可能构成法律层面的“广告”。

根据《广告法》的相关规定，广告通常涉及广告主、广告经营者、广告发布者、广告代言人等主体。其中，广告主是指为推销商品或者服务，自行或者委托他人设计、制作、发布广告的自然人、法人或者其他组织；广告经营者是指接受委托提供广告设计、制作、代理服务的自然人、法人或者其他组织；广告发布者是指为广告主或者广告主委托的广告经营者发布广告的自然人、法人或者其他组织;广告代言人是指广告主以外的,在广告中以自己的名义或者形象对商品、服务作推荐、证明的自然人、法人或者其他组织。

2. 广告形式的多样性

传统意义上的广告,主要包括电视广告、报纸广告等,国务院 1987 年发布的《广告管理条例》第 2 条中对当时常见的广告形式进行了列举,主要包括报刊、广播、电视、电影、路牌、橱窗、印刷品、霓虹灯等媒介或者形式。

随着科技的发展与商业模式的不断多样化,一些新兴的、非典型的广告形式开始出现,我们将在下文中对几种常见的新兴广告形式进行介绍。

(1)软文

与直接对产品或服务进行介绍的“硬广告”相比,软文是以文字(图片)的形式,通过灵活多样的表达方式,使文章内容与广告完美融合,在不使受众主观感知到广告宣传的情况下,达到广告宣传的客观效果。常见的软文形式包括聘请博主、大 V 在其社交账号中,通过介绍某种产品或服务,分享其使用某种产品、享受某种服务的体验和经历并发表评价的方式,起到推销产品或服务的效果。一些知识科普类的“软文”也是常见的软文形式之一。

由于“软文”往往都存在间接指向特定厂商的产品或服务的情形,符合“间接介绍商品或服务”这一广告的基本特征,因此存在被认定为广告的可能性。

(2)直播营销

直播营销也是近年兴起的一类互联网推广手段,是指通过网站、应用程序、小程序等,以视频直播、音频直播、图文直播或多种直播相结合等形式开展的营销场景。由于 2021 年,国家网信办、市场监管总局、广电总局等七部门联合发布的《网络直播营销管理办法(试行)》中已明确规定:“直播间运营者、直播营销人员发布的直播内容构成商业广告的,应当履行广告发布者、广告经营者或者广告代言人的责任和义务。”因此通过直播营销的方式推广产品或服务在构成广告这一问题上几乎不存在疑问。

(3)社交平台推广

利用微信(包括通过群聊、朋友圈、公众号、视频号)、微博、抖音等社交平台作为媒介,以文字、图片、视频或网页链接等多种形式,向公众宣传、推荐产品或服务,本质上也属于通过一定媒介和形式直接或者间接地介绍自己所推销的商品或服务,符合广告的法律定义。因此,在社交平台推广这一营销场景下也需要遵守广告的监管要求。实践中也存在很多通过社交平台推广宣传产品或服务不符合广告合规要求被处罚的案例,包括在群聊、朋友圈中发布产品介绍,或在微信视频号上发布宣传视频,被认定为构成广告,存在广告违法的情形。

(4)学术推广

学术推广是医药行业特有的推广营销方式。既包括医药代表在医疗机构当面与医务人员、药师人员沟通交流、传递医药产品的相关资料,也包括医药厂商通过线上线下举办各类学术会议、研讨会、论坛、讲座等方式,发布、介绍、宣传医药产品。在学术推广的营销场景下,会涉及各类对产品或其作用机理、功能、涉及的疾病治疗领域等进行介绍、说明、宣传的"推广资料",其表现形式包括纸质印刷品、易拉宝、PPT、图片视频等。这些推广资料存在被认定为广告的可能性。典型案例在 2021 年,上海的某家医药公司在一家酒店举办了一场学术推广会,会议期间该公司在酒店大堂等多地放置了 6 个易拉宝,上面印有产品 logo、产品名称,以及宣传语,被认定为构成药品广告,由于该公司事先未申请广告审查并取得批准文号,被处以罚款 20 万元。此外还有另一家上海的医疗器械公司,为其产品印制了相关纸质资料,在学术会议中用作专业医护人员的参考资料,也被认定为构成医疗器械广告,因未经广告审查被处以罚款 33 万元。

二、广告合规基本要求

1. 法律法规体系

经过多年的发展,我国广告监管制度建设工作不断完善,目前已初步形成了"多层级、多角度"的广告监管制度体系。主要包括:

(1)广告专门规范

此类规范主要包括《广告法》《互联网广告管理办法》《广告管理条例》等。该等法律规范作为广告宣传领域最基本、最通用的规范,规定了商业广告活动的一般要求,是广告监管制度体系的基础。

(2)涉及广告相关要求的其他规范

此类规范主要包括 2019 年修正的《反不正当竞争法》(禁止混淆、虚假宣传、损害竞争对手商业声誉等不正当竞争修为)、2013 年修正的《消费者权益保护法》(明确虚假广告、虚假宣传等侵害消费者权益行为的法律责任)以及 2019 年修正的《商标法》、2020 年修正的《著作权法》、2020 年修正的《专利法》(规定商业广告活动中的知识产权事项)等法律法规。

(3)医药医疗广告专门规范

此类规范主要包括《医疗广告管理办法》《医疗器械广告管理办法》《药品、医疗器械、保健食品、特殊医学用途配方食品广告审查管理暂行办法》等。该等规范针对医药医疗广告在广告监管中的特殊要求作出了专门规定,应当是医药企业、医疗机构梳理广告宣传领域违规风险与合规义务的工作重点。

(4)涉及广告相关要求的其他医药领域规范

此类规范主要包括2019年修订的《药品管理法》、2021年修订的《医疗器械监督管理条例》、2021年修订的《食品安全法》等。尽管不直接针对医药医疗广告,但此类规定中仍然规定了医药医疗广告监管方面的关键要求。

2. 广告发布的基本要求

任何广告都需要遵守法律法规对于广告活动的基本要求。根据《广告法》《互联网广告管理办法》的相关规定,广告发布行为的一般要求可以归纳为以下三点:

(1)广告应当具有可识别性

根据《广告法》第14条的规定,广告应当具有可识别性,能够使消费者辨明其为广告;大众传播媒介不得以新闻报道形式变相发布广告;通过大众传播媒介发布的广告应当显著标明"广告",与其他非广告信息相区别,不得使消费者产生误解。《互联网广告管理办法》第9条同样规定,互联网广告应当具有可识别性,能够使消费者辨明其为广告;对于竞价排名的商品或者服务,广告发布者应当显著标明"广告",与自然搜索结果明显区分;除法律、行政法规禁止发布或者变相发布广告的情形外,通过知识介绍、体验分享、消费测评等形式推销商品或者服务,并附加购物链接等购买方式的,广告发布者应当显著标明"广告"。

(2)尊重受众

发布广告应当尊重受众的主观感受,广告宣传行为不能给受众的正常生活造成不便,也是《广告法》对广告发布行为的原则性要求。具体而言,未经当事人同意或者请求,不得向其住宅、交通工具等发送广告,也不得以电子信息方式向其发送广告;以电子信息方式发送广告的,应当明示发送者的真实身份和联系方式,并向接收者提供拒绝继续接收的方式。利用互联网发布、发送广告,不得影响用户正常使用网络。在互联网页面以弹出等形式发布的广告,应当显著标明关闭标志,确保一键关闭。

(3)保护未成年人

由于未成年人的心智尚未成熟,对广告宣传的识别能力以及判断能力不及成年人,因此,发布广告需要考虑对未成年人受众的影响,广告不得损害未成年人的身心健康。

根据《广告法》第39条的规定,不得在中小学校、幼儿园内开展广告活动,不得利用中小学生和幼儿的教材、教辅材料、练习册、文具、教具、校服、校车等发布或者变相发布广告,但公益广告除外。《广告法》第40条还专门规定,在针对未成年人的大众传播媒介上不得发布医疗、药品、保健食品、医疗器械、化妆品、酒类、美容广告,以及不利于未成年人身心健康的网络游戏广告。实践中较为常见的违规情形包括:经营者与中小学校、幼儿园工作人员联系后,假借"口腔健康检查""视力健康测试"等公益活动目的,进入校园变相开展广告活动,并向中小学校学生发放宣传材料等。经营者应当在发布广告前检查开展商业广告推广及发布商业广告的渠道是否涉及中小学校、幼儿园以及中小学生和幼儿的教材教辅、文具、校服、校车等。

3. 广告内容的基本要求

除发布行为应当遵守法律要求外,《广告法》等法律法规对广告的内容也存在较为严格和具体的合规要求。

分类	合规要求
产品介绍及宣传用语	不得标示不具有权威性的引证内容
	不得以虚假或者引人误解的内容欺骗、误导消费者
	对产品性能、产地、生产者等信息的表示应准确、清楚、明白
	不得使用可能与其他产品产生混淆的标识、名称,构成混淆行为
	广告内容中不得包含禁止性内容
	广告内容涉及行政许可的应符合行政许可内容
	涉及专利宣传的内容应真实有效
	不得贬低其他生产经营者或产品的内容
	非医疗、药品、医疗器械广告不得包含或暗示了疾病治疗等功能
	针对不满14周岁未成年人的商品广告,不得含有劝诱及引发不安全模仿行为的内容
	广告中使用的图片、字体、音乐等作品应获得著作权人的许可
	广告使用他人名义或形象的应获得书面同意
	规范使用广告代言人

续表

分类	合规要求
广告中商标及标志的使用	广告中使用的商标应获得注册或许可
	所使用的商标中应含有禁止使用的内容
	不得将“驰名商标”字样用于广告宣传
	使用地理标志的应获得合法授权
	使用特殊标志的应获得合法授权并处于有效期内

我们在上表中列举了《广告法》对于广告内容的各项合规要求。下文将选取与医药医疗广告关联性较强的值得关注的几项广告内容合规要点进行分析。

(1)以虚假或者引人误解的内容欺骗、误导消费者

根据《广告法》第4条的规定,广告不得含有虚假或者引人误解的内容,不得欺骗、误导消费者;广告主应当对广告内容的真实性负责。《反不正当竞争法》第8条也规定,经营者不得对其商品的性能、功能、质量、销售状况、用户评价、曾获荣誉等作虚假或者引人误解的商业宣传,欺骗、误导消费者。虚假广告历来是医药医疗广告违规行为的“重灾区”,值得企业重点关注。

(2)标示不具有权威性的引证内容

根据《广告法》第11条的规定,广告使用数据、统计资料、调查结果、文摘、引用语等引证内容的,应当真实、准确,并表明出处;引证内容有适用范围和有效期限的,应当明确表示。如果广告中存在引证内容,经营者应重点审查:①引用的内容是否真实、准确;②该等引述内容是否可验证;③是否清晰注明引证内容的出处;④根据引证内容的上下文确定引证内容的适用范围、有效期等是否清晰地在广告中说明,是否会造成令人误解的信息。

(3)绝对化用语

广告中不得出现的绝对化用语主要包括夸大性词意、绝对化词意、诱导性内容和保证性内容,例如“神效”“第一”“免费赠送”“无效退款”等应该避免出现。经营者应当主动了解常见的广告禁止性内容,并在广告发布前对相关内容进行审查。

(4)贬损同业

根据《广告法》第13条的规定,广告不得贬低其他生产经营者的商品或者服务。经营者应当关注广告内容中是否存在对其他生产经营者的商品或者服务的描述,比如将广告产品与其他品牌、产品进行比较,并做出其他产品不如广告

产品的表述等。

4. 广告活动涉及的法律责任

与广告相关的法律责任涵盖了民事责任、行政责任、刑事责任全部三种责任。

(1)民事责任

现行法律下,广告违规涉及的民事责任主要是由于侵权所致。例如:发布虚假广告,欺骗、误导消费者,使购买商品或者接受服务的消费者的合法权益受到损害的,由广告主依法承担民事责任,广告经营者、广告发布者不能提供广告主的真实名称、地址和有效联系方式的,消费者可以要求广告经营者、广告发布者先行赔偿;关系消费者生命健康的商品或者服务的虚假广告,造成消费者损害的,其广告经营者、广告发布者、广告代言人应当与广告主承担连带责任;关系消费者生命健康的商品或者服务以外的商品或者服务的虚假广告,造成消费者损害的,其广告经营者、广告发布者、广告代言人明知或者应知广告虚假仍设计、制作、代理、发布或者作推荐、证明的,应当与广告主承担连带责任。

(2)行政责任

《广告法》等法律法规明确规定了违法发布广告的法律责任,因此,违法发布广告的,相关主体可能面临行政处罚,承担行政责任。

(3)刑事责任

除行政责任外,广告(特别是医药医疗广告)违规行为严重的,还可能触犯《刑法》中的多类罪名。例如:"虚假广告罪""生产、销售假药/劣药罪""生产、销售不符合标准的医用器材罪";此外,侵犯他人知识产权是常见的违规广告行为类型,因此医药广告违规还可能触犯《刑法》中规定的知识产权犯罪;如果广告内容捏造并散布虚伪事实,损害他人的商业信誉、商品声誉,给他人造成重大损失或者有其他严重情节的,还可能触犯"损害商业信誉、商品声誉罪"。

第二节 药品、医疗器械、医疗广告的特殊合规要求

一、药品、医疗器械、医疗广告的审查要求

1. 相对于一般广告而言,药品、医疗器械、医疗广告有何特殊审批要求?

首先,药品、医疗器械、医疗广告发布前,企业应将该等广告内容提交广告审查机关进行审查并取得相应批准文号,未经审查不得发布。

与一般广告相比,除了需要遵守《广告法》《互联网广告管理办法》及国家有

关广告管理的其他规定外，药品、医疗器械、医疗机构及医疗服务广告审查还需遵守《药品管理法》及其实施条例、《药品、医疗器械、保健食品、特殊医学用途配方食品广告审查管理暂行办法》、《医疗器械监督管理条例》、《医疗广告管理办法》中的相关规定。

下表总结了申请人在申请药品、医疗器械、医疗广告审查过程中涉及的常规事项，包括审查机关、广告内容、必须标注的项目等内容，供读者参阅。

<table>
<tr><th>类别</th><th>药品广告</th><th>医疗器械广告</th><th>医疗广告</th></tr>
<tr><td>审查机关</td><td>药品监督管理部门</td><td>药品监督管理部门</td><td>卫生行政部门/
中医药管理部门</td></tr>
<tr><td>提交材料</td><td colspan="2">(1)依法提交广告审查表、与发布内容一致的广告样件；
(2)申请人的主体资格相关材料，或者合法有效的登记文件(涉及经营企业的需要提供经营许可证)；
(3)产品注册证明文件或者备案凭证(注册证明文件中的附件，如产品技术要求，也需要提供)；
(4)产品注册证明文件注册或者备案的产品标签；
(5)产品说明书；
(6)生产或经营许可文件；
(7)广告中涉及的知识产权相关有效证明材料；
(8)经授权同意作为申请人的生产、经营企业，还应当提交合法的授权文件；委托代理人进行申请的，还应当提交委托书和代理人的主体资格相关材料</td><td>(1)《医疗广告审查申请表》；
(2)《医疗机构执业许可证》副本原件和复印件，复印件应当加盖核发其《医疗机构执业许可证》的卫生行政部门公章；
(3)医疗广告成品样件，电视、广播广告可以先提交镜头脚本和广播文稿</td></tr>
<tr><td>广告内容</td><td>药品广告的内容应当以国务院药品监督管理部门核准的说明书为准。药品广告涉及药品名称、药品适应症或者功能主治、药理作用等内容的，不得超出说明书范围</td><td>医疗器械广告的内容应当以药品监督管理部门批准的注册证书或者备案凭证、注册或者备案的产品说明书内容为准。医疗器械广告涉及医疗器械名称、适用范围、作用机理或者结构及组成等内容的，不得超出注册证书或者备案凭证、注册或者备案的产品说明书范围</td><td>医疗机构应当按照《医疗广告审查证明》核准的广告成品样件内容与媒体类别发布医疗广告</td></tr>
</table>

续表

类别	药品广告	医疗器械广告	医疗广告
必须标注的项目	(1)显著标明禁忌、不良反应。 (2)处方药广告还应当显著标明“本广告仅供医学药学专业人士阅读”,非处方药广告应当显著标明非处方药标识(OTC)和“请按药品说明书或者在药师指导下购买和使用”。 (3)显著标明广告批准文号:(简称)药广审(视、声、文)第×××号	(1)推荐给个人自用的医疗器械的广告,应当显著标明“请仔细阅读产品说明书或者在医务人员的指导下购买和使用”。 (2)医疗器械产品注册证书中有禁忌内容、注意事项的,广告应当显著标明“禁忌内容或者注意事项详见说明书”。 (3)显著标明广告批准文号:(简称)械广审(视、声、文)第×××号	(1)标注医疗机构第一名称和《医疗广告审查证明》文号。 (2)医疗广告内容需要改动或者医疗机构的执业情况发生变化,与经审查的医疗广告成品样件内容不符的,医疗机构应当重新提出审查申请
批准文号有效期	药品、医疗器械广告批准文号的有效期与产品注册证明文件、备案凭证或者生产许可文件最短的有效期一致。 产品注册证明文件、备案凭证或者生产许可文件未规定有效期的,广告批准文号有效期为2年		《医疗广告审查证明》的有效期为1年。到期后仍需继续发布医疗广告的,应重新提出审查申请

2. 利用直播等新兴媒介发布的药品、医疗器械、医疗广告如何申请广告审查(含案例)?

市场监管总局《关于加强网络直播营销活动监管的指导意见》规定:“在网络直播营销活动中发布法律、行政法规规定应进行发布前审查的广告,应严格遵守广告审查有关规定。未经审查不得发布医疗、药品、医疗器械、农药、兽药、保健食品和特殊医学用途配方食品等法律、行政法规规定应当进行发布前审查的广告。”因此,利用新兴媒介发布的内容如果构成药品、医疗器械、医疗广告,则应当依法申请广告审查。实践中,医药企业和药械厂商审核部门在利用直播等信息媒介宣传产品前,应判断营销方案是否构成广告、产品呈现方式是否需要前置审查、相关内容审核申请能否在实操中获得审批等诸多问题,否则稍有不慎企业便会面临处罚。

下列整理了部分近期企业因违规发布互联网药械广告而受到行政处罚的典型案例:

拜耳医药保健有限公司通过天猫平台宝直播账号发布未经审查的药品、保健食品广告,以消费者名义、医生名义作药品、保健食品推荐的广告,误导消费者的广告。广州市黄埔区市场监督管理局责令其停止发布广告并在相应范围内消除影响,责令罚款13万元。①

江苏西宏生物医药有限公司与武汉药联众科技有限公司签订联众网络宣传协议,通过药联众在药直播第46期介绍推广了其润娩自然腔道润滑剂医疗器械产品。然而以上医疗器械广告发布未经有关部门审查,且在推广页面具有说明治愈率或者有效率的内容。江苏省市场监督管理局责令其在相应范围内消除影响并处以近15万元的罚款。②

重庆盖勒普霍斯医药有限公司使用知名主持人、著名影视演员和知名脱口秀演员作为广告代言人推荐、证明药品,通过口播、植入的方式发布药品广告,却未提交广告审查部门进行药品广告审查且广告内容与说明书不一致。上海市市场监督管理局责令其停止发布违法广告并在相应范围内消除影响,同时处以罚款90万元。③

二、药品、医疗器械、医疗广告的投放及内容

1. 在确定药品、医疗器械、医疗广告的投放渠道和方式方面应重点关注哪些内容?

随着科技发展与商业模式的多样化,我们生活中可以看到各类非典型的医药医疗广告情形开始出现,比如软文推广、直播营销、社交媒体推广等。无论最终选择何种平台、何种模式发布药品、医疗器械、医疗广告,企业在确定其投放渠道和方式时,均需尤其注意以下合规要求。

(1)广告的可识别性

根据《广告法》的相关规定,广告应当具有可识别性,能够使消费者辨明其为广告。通过大众传播媒介发布的广告应当显著标明"广告",与其他非广告信息相区别,不得使消费者产生误解。

对于医药广告,广告不具有可识别性的常见情形主要集中在报纸、电视等传统广告中,广告的内容形式与新闻报道或是电视节目、报刊专栏等内容高度相似,从而误导消费者。经营者应当检查广告的内容是否存在对于广告性质含混不清,容易让消费者误解为非广告内容的风险。如确实存在误解的风险,则应当在广告素材中显著标明"广告"字样,以便消费者正确理解。

---

① 穗黄市监处字〔2021〕496号。

② 苏市监处罚〔2021〕00011号。

③ 沪工商案处字〔2019〕第320201910046号。

(2)广告投放渠道不应涉及中小学校、幼儿园及其教材和周边等

根据《广告法》的相关规定,不得在中小学校、幼儿园内开展广告活动,不得利用中小学生和幼儿的教材、教辅材料、练习册、文具、教具、校服、校车等发布或者变相发布广告,但公益广告除外。在针对未成年人的大众传播媒介上不得发布医疗、药品、保健食品、医疗器械、化妆品、酒类、美容广告。

实践中较为常见的违规情形包括:经营者与中小学校、幼儿园工作人员联系后,假借"口腔健康检查""视力健康测试"等公益活动目的,进入校园变相开展广告活动,并向中小学校学生发放宣传材料等。经营者应当在发布广告前检查开展商业广告推广及发布商业广告的渠道是否涉及中小学校、幼儿园、中小学生和幼儿的教材教辅、文具、校服、校车等。

2. 在对药品、医疗器械、医疗广告内容进行审查时应重点关注哪些问题?

(1)药品、医疗器械、医疗广告内容审查要点

a. 药品广告

首先,部分药品完全禁止广告。根据相关规定,麻醉药品、精神药品、医疗用毒性药品、放射性药品等特殊药品,药品类易制毒化学品,以及戒毒治疗的药品;军队特需药品、军队医疗机构配制的制剂、医疗机构配制的制剂,以及依法停止或者禁止生产、销售或者使用的药品,均不得发布广告。

其次,处方药和非处方药的广告要求不同。针对处方药,处方药只能在国务院卫生行政部门和国务院药品监督管理部门共同指定的医学、药学专业刊物上作广告,并且处方药广告还应当显著标明"本广告仅供医学药学专业人士阅读"。非处方药则相对宽松,可以按照药品广告的相关规定在一切大众传媒上发布广告,但是需要显著表明非处方药标识(OTC)和"请按药品说明书或者在药师指导下购买和使用"。

最后,所有的药品广告的内容均不得与国务院药品监督管理部门批准的说明书不一致,并应当显著标明禁忌、不良反应。

b. 医疗器械广告

首先,部分医疗器械完全禁止广告。根据相关规定,戒毒治疗的医疗器械,以及依法停止或者禁止生产、销售或者使用的医疗器械,不得发布广告。

其次,医疗器械范畴广、种类繁多,适用范围广,既包括日常使用的医疗器械诸如创口贴、棉签等,也包括复杂的医用设备,例如,医用X射线设备、医用核磁共振设备等。对于推荐给个人自用的医疗器械的广告,应显著标明"请仔细阅读产品说明书或者在医务人员的指导下购买和使用"。

此外,所有的医疗器械广告的内容都应当以药品监督管理部门批准的注册

证书或者备案凭证、注册或备案的产品说明书内容为准,不得超出注册证书或备案凭证、注册或备案的产品说明书范围。医疗器械产品注册证书中有禁忌内容、注意事项的,广告应当显著标明“禁忌内容或者注意事项详见说明书”。

c. 医疗广告

首先,非医疗机构不得发布医疗广告,医疗机构不得以内部科室名义发布医疗广告。

其次,相较于药品、医疗器械广告,医疗广告特殊性在于其不仅要遵循广告法项下通用的禁止性规定,而且内容只能包含以下项目:①医疗机构第一名称;②医疗机构地址;③所有制形式;④医疗机构类别;⑤诊疗科目;⑥床位数;⑦接诊电话;⑧联系电话。同时,前述第①至⑥项的内容必须与卫生行政部门、中医药管理部门核发的《医疗机构执业许可证》或其副本载明的内容一致。

(2)药品、医疗器械、医疗广告广告内容负面清单

下表总结了药品、医疗器械广告,医疗广告广告内容的负面清单,供读者参阅。

药品广告	医疗器械广告	医疗广告
药品广告不得含有下列内容:表示功效、安全性的断言或者保证;说明治愈率或者有效率;与其他药品、特殊医学用途配方食品的功效和安全性比较;利用广告代言人作推荐、证明	医疗器械广告不得含有下列内容:表示功效、安全性的断言或者保证;说明治愈率或者有效率;与其他药品、特殊医学用途配方食品的功效和安全性比较;利用广告代言人作推荐、证明	医疗广告不得含有下列内容:表示功效、安全性的断言或者保证;说明治愈率或者有效率;与其他医疗机构比较;利用广告代言人作推荐、证明
不得违反药品广告应当显著标明广告批准文号的规定	不得违反医疗器械广告应当显著标明广告批准文号的规定	禁止利用新闻、医疗资讯服务类专题节(栏)目发布或者变相发布医疗广告
不得使用或者变相使用国家机关、国家机关工作人员、军队单位或者军队人员的名义或者形象,或者利用军队装备、设施等从事广告宣传	不得使用或者变相使用国家机关、国家机关工作人员、军队单位或者军队人员的名义或者形象,或者利用军队装备、设施等从事广告宣传	医疗广告的表现形式不得含有下列情形:涉及医疗技术、诊疗方法、疾病名称、药物的;保证治愈或者隐含保证治愈的;宣传治愈率、有效率等诊疗效果的;淫秽、迷信、荒诞的;贬低他人的;利用患者、卫生技术人员、医学教育科研机构及人员以及其他社会社团、组织的名义、形象作证明的;使用解放军和武警部队名义的

续表

药品广告	医疗器械广告	医疗广告
不得使用科研单位、学术机构、行业协会或者专家、学者、医师、药师、临床营养师、患者等的名义或者形象作推荐、证明	不得使用科研单位、学术机构、行业协会或者专家、学者、医师、药师、临床营养师、患者等的名义或者形象作推荐、证明	不得违反发布医疗广告应当标注医疗机构第一名称和《医疗广告审查证明》文号的规定
不得含有违反科学规律，明示或者暗示可以治疗所有疾病、适应所有症状、适应所有人群，或者正常生活和治疗病症所必需等内容	不得含有违反科学规律，明示或者暗示可以治疗所有疾病、适应所有症状、适应所有人群，或者正常生活和治疗病症所必需等内容	有关医疗机构的人物专访、专题报道等宣传内容不得出现有关医疗机构的地址、联系方式等医疗广告内容；不得在同一媒介的同一时间或者版面发布该医疗机构的广告
不得含有引起公众对所处健康状况和所患疾病产生不必要的担忧和恐惧，或者使公众误解不使用该产品会患某种疾病或者加重病情的内容	不得含有引起公众对所处健康状况和所患疾病产生不必要的担忧和恐惧，或者使公众误解不使用该产品会患某种疾病或者加重病情的内容	法律、行政法规规定禁止的其他内容或情形
不得含有“安全”“安全无毒副作用”“毒副作用小”；明示或者暗示成分为“天然”，因而安全性有保证等内容	不得含有“安全”“安全无毒副作用”“毒副作用小”；明示或者暗示成分为“天然”，因而安全性有保证等内容	—
不得含有“热销、抢购、试用”“家庭必备、免费治疗、免费赠送”等诱导性内容，“评比、排序、推荐、指定、选用、获奖”等综合性评价内容，“无效退款、保险公司保险”等保证性内容，怂恿消费者任意、过量使用药品的内容	不得含有“热销、抢购、试用”“家庭必备、免费治疗、免费赠送”等诱导性内容，“评比、排序、推荐、指定、选用、获奖”等综合性评价内容，“无效退款、保险公司保险”等保证性内容	—
不得含有医疗机构的名称、地址、联系方式、诊疗项目、诊疗方法以及有关义诊、医疗咨询电话、开设特约门诊等医疗服务的内容	不得含有医疗机构的名称、地址、联系方式、诊疗项目、诊疗方法以及有关义诊、医疗咨询电话、开设特约门诊等医疗服务的内容	—

第六章　医药行业人力资源管理合规

第一节　员工入职环节

一、员工招聘

1. 医药企业在招聘和录用阶段应当注意哪些方面?

首先,在招聘录用环节,医药企业应避免就业歧视,否则劳动者可直接向人民法院提起诉讼。企业的招聘广告中应避免出现涉嫌就业歧视的内容,如在性别、婚姻状况、民族等方面设置不合理的限制。①

其次,企业还应在招聘广告中尽量明确所招聘岗位的录用条件,以便将来在员工试用期不符合录用条件的情况下,企业可以依法行使单方解除劳动合同的权利。

再次,为保持核心技术的创新性与领先性,医药企业在吸纳核心技术人员时需注意竞业限制问题。一方面,需注意拟入职员工是否对前雇主负有竞业限制义务;另一方面,在入职阶段,医药企业可以与技术人才签订竞业限制协议和保密协议等文件。

---

① 《劳动法》第12条规定:"劳动者就业,不因民族、种族、性别、宗教信仰不同而受歧视。"

《劳动法》第13条规定:"妇女享有与男子平等的就业权利。在录用职工时,除国家规定的不适合妇女的工种或者岗位外,不得以性别为由拒绝录用妇女或者提高对妇女的录用标准。"

《妇女权益保障法》第43条规定:"用人单位在招录(聘)过程中,除国家另有规定外,不得实施下列行为:(一)限定为男性或者规定男性优先;(二)除个人基本信息外,进一步询问或者调查女性求职者的婚育情况;(三)将妊娠测试作为入职体检项目;(四)将限制结婚、生育或者婚姻、生育状况作为录(聘)用条件;(五)其他以性别为由拒绝录(聘)用妇女或者差别化地提高对妇女录(聘)用标准的行为。"

最后,企业还应注意在必需范围、合理限度内依法收集、处理应聘者和新入职员工的个人信息。[①] 为确保合规,企业应在应聘和入职环节明确告知应聘者和新入职员工,企业将收集哪些个人信息、将如何处理这些个人信息等事项,并取得对方同意。

2. 医药企业应当如何管理外籍员工在中国的就业?

医药企业外籍员工在中国就业,需注意以下几点:

第一,外籍员工在中国就业,企业应为其办理《外国人就业证》(或称《外国人工作许可证》)。外籍员工在取得《外国人就业证》和外国人居留证件后方可在中国境内就业。企业不得在未办理许可证书的情况下擅自聘用外籍员工。[②]

第二,企业在与外籍员工订立劳动合同时应注意,劳动合同的期限最长不得超过五年。[③]

第三,被聘用的外籍员工与企业的劳动合同解除后,企业应及时报告劳动、公安部门,交还该外国人的就业证和居留证件,并到公安机关办理出境手续。[④]

第四,外籍员工在华就业,企业有义务为该外籍员工办理社会保险登记并依法为其缴纳社会保险费用。[⑤] 实践中,部分地区还要求企业为外籍员工缴存住房公积金,因此企业应提前咨询了解当地具体要求。

二、书面劳动合同的签署

1. 医药企业与员工签订书面劳动合同应当注意哪些方面?

首先,企业应自用工之日起一个月内与员工订立书面劳动合同。否则,可能

---

① 《个人信息保护法》第13条规定:"符合下列情形之一的,个人信息处理者方可处理个人信息:(一)取得个人的同意;(二)为订立、履行个人作为一方当事人的合同所必需,或者按照依法制定的劳动规章制度和依法签订的集体合同实施人力资源管理所必需;(三)为履行法定职责或者法定义务所必需……依照本法其他有关规定,处理个人信息应当取得个人同意,但是有前款第二项至第七项规定情形的,不需取得个人同意。"

② 《外国人在中国就业管理规定》第8条第1款规定:"在中国就业的外国人应持Z字签证入境(有互免签证协议的,按协议办理),入境后取得《外国人就业证》(以下简称就业证)和外国人居留证件,方可在中国境内就业。"

③ 《外国人在中国就业管理规定》第17条规定:"用人单位与被聘用的外国人应依法订立劳动合同。劳动合同的期限最长不得超过五年。劳动合同期限届满即行终止,但按本规定第十九条的规定履行审批手续后可以续订。"

④ 《外国人在中国就业管理规定》第20条规定:"被聘用的外国人与用人单位的劳动合同被解除后,该用人单位应及时报告劳动、公安部门,交还该外国人的就业证和居留证件,并到公安机关办理出境手续。"

⑤ 《在中国境内就业的外国人参加社会保险暂行办法》第4条第1款规定:"用人单位招用外国人的,应当自办理就业证件之日起30日内为其办理社会保险登记。"

需要承担未签订书面劳动合同双倍工资,甚至与员工签订无固定期限劳动合同的风险。[①] 因此,为避免相关法律风险,建议企业在员工入职当日即与其订立书面劳动合同,最晚也应当在一个月内订立。

其次,劳动合同应当包含法律规定的必备条款,如劳动合同期限、工作内容、工作地点、工作时间、休息休假和劳动报酬等。[②]

再次,劳动合同的条款不能违反法律法规的强制性规定,否则存在被认定为无效的风险。例如,在服务期和竞业限制以外的情形下约定违约金、限制女性员工生育权、约定双方不缴纳社会保险等。

最后,如果企业与员工签署的是固定期限劳动合同,在劳动合同期满前,企业应当对员工在劳动合同期限内的工作表现进行综合考察和评估,以慎重决定是否与其续订劳动合同,并书面通知员工。在续订劳动合同的情形下,企业还应注意员工是否存在依法应签订无固定期限劳动合同的情形。[③]

2. 员工拒绝签署书面劳动合同应当如何处理?

实践中,企业一般会在入职第一天即与员工签署书面劳动合同。如员工未签署书面劳动合同的,企业应及时书面通知员工与企业签订书面劳动合同。若员工拖延或拒签,导致自用工之日起一个月内仍未签订劳动合同,企业应书面通知员工终止劳动关系,但仍应向其支付实际工作时间的工资报酬。[④]

在劳动合同到期前,双方若希望继续保持劳动关系的,企业也应当依法及时续签劳动合同。

为避免员工主张自己并未实际收到签署书面劳动合同的通知,企业应审慎

---

① 《劳动合同法》第82条第1款规定:"用人单位自用工之日起超过一个月不满一年未与劳动者订立书面劳动合同的,应当向劳动者每月支付二倍的工资。"

② 《劳动合同法》第17条第1款规定:"劳动合同应当具备以下条款:(一)用人单位的名称、住所和法定代表人或者主要负责人;(二)劳动者的姓名、住址和居民身份证或者其他有效身份证件号码;(三)劳动合同期限;(四)工作内容和工作地点;(五)工作时间和休息休假;(六)劳动报酬;(七)社会保险;(八)劳动保护、劳动条件和职业危害防护;(九)法律、法规规定应当纳入劳动合同的其他事项。"

③ 《劳动合同法》第14条第2款规定:"用人单位与劳动者协商一致,可以订立无固定期限劳动合同。有下列情形之一,劳动者提出或者同意续订、订立劳动合同的,除劳动者提出订立固定期限劳动合同外,应当订立无固定期限劳动合同:(一)劳动者在该用人单位连续工作满十年的;(二)用人单位初次实行劳动合同制度或者国有企业改制重新订立劳动合同时,劳动者在该用人单位连续工作满十年且距法定退休年龄不足十年的;(三)连续订立二次固定期限劳动合同,且劳动者没有本法第三十九条和第四十条第一项、第二项规定的情形,续订劳动合同的。"

④ 《劳动合同法实施条例》第5条规定:"自用工之日起一个月内,经用人单位书面通知后,劳动者不与用人单位订立书面劳动合同的,用人单位应当书面通知劳动者终止劳动关系,无需向劳动者支付经济补偿,但是应当依法向劳动者支付其实际工作时间的劳动报酬。"

选择适当的方式向员工作出上述书面通知(如当面签收、电子邮件送达、邮寄送达、短信通知、微信通知等),并保留好通知送达的记录和凭证。

第二节 员工日常管理环节

一、医药企业内部规章制度

1. 在制定医药企业纪律处分条款时应当注意哪些方面?

企业预防和处理员工的违纪行为,关键在于制定合理、有效的内部规章制度并严格执行。企业可以在《员工手册》或其他规章制度中明确合理地设定违纪行为及相应的后果(包括但不限于书面警告、单方解除劳动关系等纪律处分)。针对医药行业特点,在制定纪律处分条款时,需加强反商业贿赂、利益冲突及涉及患者等第三人个人信息收集等重点领域的规制。

医药企业在规定反商业贿赂相关条款时,不仅需要有一般企业关于员工不得实施或接受商业贿赂的规定,还需要结合医药行业的特点、交易场景、企业自身特点和历史经验,以及法律专业意见和司法实践,细化商业贿赂行为的具体表现形式。

医药企业也应对利益冲突的情形进行明确规定,及时审查员工与上下游单位、合作企业、客户之间是否存在利益冲突,并建立利益冲突员工主动申报制度,从而查处利益冲突相关违纪行为。

医药企业在生产经营中可能会处理很多个人信息,其中不乏受试者个人医疗健康信息等敏感个人信息。因此,医药企业应要求员工在实际工作过程中严格执行企业的个人信息及数据安全相关管理制度。在此基础上,建议企业将员工违反个人信息及数据安全相关管理制度的行为规定为应当受到纪律处分的行为。

2. 制定内部规章制度的程序要求

根据《劳动合同法》第 4 条规定,对于关系到员工切身利益的企业规章制度,企业在制定和发布时应当履行特定的程序,即“民主程序和公示程序”。未履行民主和公示程序的企业规章制度很可能被裁审机关认定为无效,从而无法适用。

民主程序是指企业在制定、修改或者决定直接涉及劳动者切身利益的规章制度或者重大事项时,应当经职工代表大会或者全体职工讨论,提出方案和意见,与工会或者职工代表平等协商确定。在企业与工会或职工代表意见不一致的情况下,应如何确定规章制度的内容,目前法律没有明确规定。主流观点认为,企业可在充分听取职工代表意见的前提下,单方确定最终的规章制度内容。公示程序是指用人单位将经过民主程序的内部规章制度予以公示或者告知劳动者。实践中,企业可以让员工在纸质的确认函上签收,也可以选择公示栏公告、企业内网发布,或通过电子邮件将规章制度发送给全体员工。部分企业还会同时采取内部培训学习的方式,以达到公示的目的。

从当前的司法实践来看,裁审机关对企业是否履行民主和公示程序的审查日益严格,企业需要对此进行举证。

3. 如何根据内部规章制度进行纪律处分?

若企业不能就员工违纪处分形成完整证据链,企业可能需要承担举证不能的法律后果,裁审机关可能认定企业的纪律处分违法。因此,根据企业依法制定的内部规章制度对员工进行纪律处分,需注意以下三点:(1)当发现员工存在违纪行为时,企业应当及时进行调查取证并固定证据,对关键电子证据进行公证,进行必要的鉴定,请求相关企业出具符合证据要求的情况说明文件,落实证人证言,与违纪员工进行面谈并获得其陈述等。(2)当确定员工存在违纪行为时,企业应依据内部规章制度规定的程序予以处理,送达并要求员工签收相关文件。(3)企业应当在合理期限内予以处理。若企业未能在合理期间处理,裁审机关可能会质疑纪律处分的合理性。

另外,为了便于调查员工(特别是高管)的违纪行为,企业可以安排"花园休假"(Garden Leave)。在"花园休假"期间,企业可以向员工支付工资,但不允许其进入办公场所和企业内部系统,不允许其在未经许可的情况下与其他员工或(及)客户进行联系沟通等,从而帮助企业度过员工调查的"尴尬期"。需要注意的是,我国法律对"花园休假"并没有明确规定,具体实施时,企业不得侵害劳动者合法权益,应审慎决定是否采取单方面降薪、调岗等措施。

4.【案例】对于已获审批的报销费用医药企业能否事后主张员工虚假报销?

案情简介

孙某于 2005 年入职某制药公司,从事药品销售工作。2018 年 2 月,该制药公司接到举报后对孙某涉嫌虚假报销进行调查。而后,该制药公司依据内部调查报告,认为孙某在 2016 年至 2017 年存在多笔虚假报销情形,包括在医院产品推广会议、医学教育活动等相关活动的报销申请中伪造支持文件,冒充未实际到场参与会议的他人的签到等。该制药公司以孙某存在《员工手册》中规定的严重违纪行为为由解除了双方劳动关系。孙某对此不予认可,遂发生争议。本案经仲裁、一审、二审，最终认定该制药公司解除违法。

本案二审法院认为：首先，该制药公司未能举证证明孙某存在虚假报销的事实，包括未提供证据证明相关活动照片等报销支持文件系由孙某提供，也未能证明照片存在造假，因此，该制药公司应承担举证不能的法律后果。其次，报销材料已经该制药公司相关部门审核通过，且报销款项已发放，现该制药公司仅以单方出具的调查报告证明孙某在会议签到表上冒充他人签名，依据不足。最终，法院认定，由于该制药公司未提供充分证据证明孙某存在严重违纪行为，构成违法解除，应支付员工违法解除赔偿金。

案例分析

报销费用已获审批的确是法院审理虚假报销解除案件的一个考量因素，但归根结底，企业需要对员工存在虚假报销的事实进行充分举证并形成证据链，例如，报销材料存在伪造、篡改、不实等情况且该等材料确为该员工所提供。

二、员工工资及福利

1. 如何制定和实施对医药企业销售人员的奖金制度？

医药企业在制定奖金制度时，需要结合医药行业和企业自身的特点，明确规定奖金的审批流程、考核因素、计算方式、发放方式、支付周期等内容，还需要依法制定与奖金相关的其他制度，如绩效考核制度等。

由于奖金属于涉及员工切身利益的重大事项，奖金制度应当经过民主程序和公示程序，[①]详见本章第二节“制定内部规章制度的程序要求”。

企业还可以在奖金制度中加入奖励申请时限要求，离职员工奖励如何发放，以及在员工违纪和失职情况下的奖金处理机制等，促使企业奖金发放的要求和标准更加清晰。

在实施奖金制度的过程中，为了证明企业按照奖金制度为员工计算并足额发放了奖金，企业应妥善留存用以计算员工奖金的员工业绩考核数据、奖金计算表，以及员工对奖金制度的签收确认函等。

---

① 《劳动合同法》第 4 条第 2 款规定：“用人单位在制定、修改或者决定有关劳动报酬、工作时间、休息休假、劳动安全卫生、保险福利、职工培训、劳动纪律以及劳动定额管理等直接涉及劳动者切身利益的规章制度或者重大事项时，应当经职工代表大会或者全体职工讨论，提出方案和意见，与工会或者职工代表平等协商确定。”

《劳动合同法》第 4 条第 4 款规定：“用人单位应当将直接涉及劳动者切身利益的规章制度和重大事项决定公示，或者告知劳动者。”

2. 医药企业在向员工发放年终奖时应当注意哪些方面?

年终奖通常与员工的年度绩效考核相关。企业在向员工发放年终奖时,应当按照企业的绩效考核制度对员工进行考核,进而依据奖金制度和劳动合同确定年终奖数额。企业还应当注意留存员工的绩效考核过程文件、奖金计算文件等。

实践中,部分企业在奖金制度中规定"员工在奖金发放前离职则无权享有奖金"。根据最高人民法院发布的第183号指导案例,就员工在当年年终奖发放前离职是否有权获得年终奖,应当结合员工的离职原因、离职时间、工作表现以及对企业的贡献程度等因素进行综合考量,而不是"一刀切"地认为员工离职即无权享有年终奖。因此,离职员工无权享有年终奖等类似条款仅在特定情况下具有一定效力。同时,企业在离职管理流程中,最好能够获得员工对年终奖不存在争议的书面承诺。

3. 医药企业研发人员的职务发明创造被授予专利权的,企业应如何给予奖励报酬?

创新是医药企业发展的重要推动力。因此,医药企业往往通过各种奖励方式鼓励研发人员进行科研,并有可能将科研成果转化为专利技术,从而争取在行业中的领先位置。

首先,为鼓励科研和专利申请,医药企业可以在相关制度中规定,在专利权被授予前的特定节点(如专利被受理或初审)给予研发人员一定奖励。

其次,在被正式授予专利权的情况下,医药企业依法应当向研发人员给予奖励;在专利实施后,医药企业应当依据专利推广应用的范围和取得的经济利益,向研发人员发放合理的报酬。① 对于前述奖励、报酬的方式和数额,医药企业可以与研发人员进行约定,也可以在内部规章制度中进行规定。② 若双方未就奖励报酬进行约定且未在内部规章制度中规定,则应当适用法定标准给予研发人

---

① 《专利法》第15条第1款规定:"被授予专利权的单位应当对职务发明创造的发明人或者设计人给予奖励;发明创造专利实施后,根据其推广应用的范围和取得的经济效益,对发明人或者设计人给予合理的报酬。"

② 《专利法实施细则》第76条规定:"被授予专利权的单位可以与发明人、设计人约定或者在其依法制定的规章制度中规定专利法第十六条规定的奖励、报酬的方式和数额。企业、事业单位给予发明人或者设计人的奖励、报酬,按照国家有关财务、会计制度的规定进行处理。"

员相应数额的奖励报酬。[①]

医药企业需要注意区分员工的工资与职务发明的奖励、报酬。当然,医药企业也可以通过规章制度的设计,将职务发明与研发人员的绩效考核相关联;此时,职务发明成果不仅关系到职务发明的奖励报酬,也将关系到员工的绩效工资。

4. 外地销售人员如何缴纳社保?

企业依法应当在企业所在地为员工缴纳社保。[②] 因此,委托第三方进行社保异地代缴属于违反法律规定的行为,企业不仅存在被行政处罚的风险,也存在为员工补缴社保的风险。

针对为外地员工在实际工作地缴纳社保的问题,通常有在当地设立企业分支机构、劳务派遣、劳务外包等处理方式。相比之下,设立企业分支机构是实践中劳动关系转移难度较低、法律限制较少、争议风险相对较低的方式。因此,如有外地员工需在实际工作地缴纳社保,企业可以在当地设立分公司或子公司,由分公司或子公司与销售人员签订劳动合同,并为销售人员在当地缴纳社保。

三、员工工作时间

1. 员工工作时间制度类型及要求有哪些?

我国劳动法规定了三种工时制度:标准工时工作制、不定时工作制,以及综合计算工时工作制。

标准工时工作制是最为常见的工时制度,是指员工每日工作时间不超过八

---

① 《专利法实施细则》第77条规定:"被授予专利权的单位未与发明人、设计人约定也未在其依法制定的规章制度中规定专利法第十六条规定的奖励的方式和数额的,应当自专利权公告之日起3个月内发给发明人或者设计人奖金。一项发明专利的奖金最低不少于3000元;一项实用新型专利或者外观设计专利的奖金最低不少于1000元。由于发明人或者设计人的建议被其所属单位采纳而完成的发明创造,被授予专利权的单位应当从优发给奖金。"

《专利法实施细则》第78条规定:"被授予专利权的单位未与发明人、设计人约定也未在其依法制定的规章制度中规定专利法第十六条规定的报酬的方式和数额的,在专利权有效期限内,实施发明创造专利后,每年应当从实施该项发明或者实用新型专利的营业利润中提取不低于2%或者从实施该项外观设计专利的营业利润中提取不低于0.2%,作为报酬给予发明人或者设计人,或者参照上述比例,给予发明人或者设计人一次性报酬;被授予专利权的单位许可其他单位或者个人实施其专利的,应当从收取的使用费中提取不低于10%,作为报酬给予发明人或者设计人。"

② 《社会保险法》第57条第1款规定:"用人单位应当自成立之日起三十日内凭营业执照、登记证书或者单位印章,向当地社会保险经办机构申请办理社会保险登记。社会保险经办机构应当自收到申请之日起十五日内予以审核,发给社会保险登记证件。"

《社会保险法》第58条第1款规定:"用人单位应当自用工之日起三十日内为其职工向社会保险经办机构申请办理社会保险登记。未办理社会保险登记的,由社会保险经办机构核定其应当缴纳的社会保险费。"

小时,每周工作时间不超过四十小时的工时制度。如果用人单位安排员工在标准工作时间之外工作的,则有可能被认定为加班,用人单位需依法支付加班费或安排补休。

不定时工作制是指没有固定的上下班时间限制的工作时间制度,是针对因生产特点、工作特殊需要或职责范围的关系,无法按标准工作时间衡量或者需要机动作业的劳动者所采取的一种工时制度。一般而言,经劳动行政部门批准实行不定时工作制的员工,不存在加班的问题。但也有个别地方规定,实行不定时工作制的员工在法定节假日加班的仍然享有加班费。

综合计算工时工作制是指员工的工作时间将在一定的周期内综合计算,但平均日工作时间和平均周工作时间不超过法定标准工作时间的工作制度,超出法定标准工作时间的工作有可能被认定为加班。一般认为,企业适用综合计算工时工作制度的,需要得到劳动行政部门的批准。

2. 医药企业从业人员工作时间制度的特殊性有哪些?

医药企业的人员构成具有自身特点。通常情况下,医药企业除行政、人事、财务等支持性岗位的员工之外,还存在大量的医药代表等销售人员。由于医药代表岗位和工作内容的特殊性,其工作时间往往比较灵活。比如:他们通常无须"朝九晚五"地到办公室打卡考勤,但需要定期到其所分管的医院进行拜访、协访或进行产品售后跟踪。而且有些医药代表分管的医院可能分散于不同的城市,经常需要出差。因此,一般建议医药企业为医药代表岗位的员工申请不定时工作制,一是有效解决医药代表考勤难的客观情况,二是降低产生加班工资争议的风险。

但凡事均有利弊,一旦为医药代表申请了不定时工时制,意味着企业将很难以"迟到、早退或旷工"为由对医药代表作出纪律处分。一方面,不定时工作制的本质决定他们不用"朝九晚五"地出勤及记录考勤,而可以根据实际需要灵活安排工作时间;另一方面,企业对医药代表是否按时到达了指定医院拜访、协访等实际情况难以考察,在采集和固定证据上也存在一定的困难。尽管如此,企业可以通过对医药代表的绩效成果进行更为细致、严格的考核,从而督促医药代表努力开展工作,积极、高效地完成工作任务。

3. 如何有效管理医药企业员工的工作时间?

总体而言,医药企业可以从以下三个方面有效地管理员工的工作时间。

第一,应针对不同岗位的员工,选择适用不同的工时制度。对于工作时间不固定、无法按照标准工作时间管理或者需要机动作业的医药代表等员工,医药企业可以向当地的劳动行政部门申请对这些岗位实行不定时工作制，从而降低产生加班费争议的风险。

第二，对于实行标准工时制的员工，用人单位可以建立并落实加班审批制度，即在规章制度或劳动合同中规定，员工因工作需要加班加点的，应当事先取得上级的书面批准，否则该等超时工作不视为加班。

第三，用人单位应建立健全考勤管理制度，对于员工的上下班时间进行记录。一般而言，在建立了健全、有效的考勤管理制度的情况下，结合加班审批制度，用人单位能够对员工的工作时间进行有效的管理，进而有效降低加班费相关争议的风险。

四、特定员工保护

1. 如何防治职场性骚扰？

《民法典》将性骚扰的保护对象范围由女职工扩展到了全体劳动者，并进一步规定了用人单位防治性骚扰的义务①。企业采取合理有效的职场性骚扰防治措施，亦是发生相关争议时企业免责/减轻责任的依据之一，具体内容包括以下三个方面。

首先，企业应当营造反性骚扰的良好企业文化。企业应定期开展有关反性骚扰的培训、分发宣传手册等方式对全体员工进行宣传教育，具体内容包括国家的法规政策、司法案例、社会热点事件等，以提高全体员工对性骚扰及其防治的认识。

其次，企业应当建立健全职场性骚扰规章制度。企业应将性骚扰写入《员工手册》或者制定专门的制度政策，并经劳动法规定的民主程序通过。相关制度政策包括但不限于职场性骚扰的具体行为、对实施性骚扰人员的处罚、性骚扰事件的处理流程（如举报、调查、处理）等。

最后，企业应当积极应对职场性骚扰事件。相关事件发生时，企业一方面应及时响应员工的举报，安排专门的部门或人员进行调查；另一方面要给予受害员工充分的人文关怀，严格保密受害员工的相关信息，并根据调查结果弥补受害员工的损失、惩罚加害员工。此外，企业也应留存相关调查的证据材料，以应对潜在的争议。

---

① 《民法典》第1010条规定："违背他人意愿，以言语、文字、图像、肢体行为等方式对他人实施性骚扰的，受害人有权依法请求行为人承担民事责任。机关、企业、学校等单位应当采取合理的预防、受理投诉、调查处置等措施，防止和制止利用职权、从属关系等实施性骚扰。"

2."三期"女员工享有哪些特殊待遇和特殊保护?

"三期"女员工是指处于孕期、产期、哺乳期的女员工。相较于一般员工,女员工在"三期"内除不得降低其工资标准外①,还享有以下特殊待遇和特殊保护:

对于处于孕期的女员工,其享有产检假、产前假等特殊假期;对于处于产期的女员工,其享有产假(包括顺产、难产、流产、生育多胞胎等多种情形)、生育假、计划生育假等特殊假期,女员工配偶还享有陪产假;对于处于哺乳期的女员工,其享有哺乳假、哺乳时间等特殊假期。女职工及其配偶享有的上述假期的天数及相关待遇,应当参照《女职工劳动保护特别规定》以及当地的特殊规定予以执行。

此外,符合法律法规规定生育的夫妻,在其子女年满3周岁之前,双方每年可以享受一定天数的育儿假。育儿假期间的工资,按照当地的相关规定予以发放。

"三期"女员工如果出现《劳动合同法》第40条和第41条规定的情形,用人单位不得与其解除劳动关系,应当继续履行劳动合同;如劳动合同到期,鉴于女员工处于"三期"状态,该劳动合同也不能到期终止,需要顺延至"三期"结束。但是,如果"三期"女员工出现《劳动合同法》第39条规定的女员工本身有严重过错的情形,用人单位仍然可以依法解除劳动关系。

五、保密与竞业限制

1.医药企业与员工约定"脱密期"是否有效?

脱密期又称"提前通知期",是保护用人单位商业秘密的一种方式。具体而言,用人单位与劳动者约定,若劳动者欲主动解除劳动合同,应当提前一段时间通知用人单位,以便用人单位在该段时间内安排脱密措施(如调整劳动者的工作岗位及内容,使其远离用人单位的商业秘密)。

脱密期制度目前主要规定在1996年原劳动部发布的《关于企业职工流动若干问题的通知》②、《北京市劳动合同规定》③(2001年)(已被修改)、《上海市劳

---

① 《女职工劳动保护特别规定》第5条规定:"用人单位不得因女职工怀孕、生育、哺乳降低其工资、予以辞退、与其解除劳动或者聘用合同。"

② 根据原劳动部《关于企业职工流动若干问题的通知》(劳部发〔1996〕355号)第2条规定,用人单位可以与负有保密义务的劳动者约定解除劳动合同的提前通知期(不超过6个月)。在此期限内,用人单位得调整劳动者的工作岗位,变更劳动合同中相关内容。

③ 《北京市劳动合同规定》(2001年)(已被修改)第18条规定:"用人单位在与按照岗位要求需要保守用人单位商业秘密的劳动者订立劳动合同时,可以协商约定解除劳动合同的提前通知期。提前通知期最长不得超过六个月,在此期间,用人单位可以采取相应的脱密措施。"

动合同条例》[①]等各地当地规定之中。2008 年《劳动合同法》施行之后,脱密期与劳动者的法定预告辞职权[②]之间存在一定冲突,使司法实践中关于用人单位与劳动者之间有关脱密期的约定的效力存在争议。基于当前各地的司法判例,用人单位与劳动者有关脱密期的约定并非绝对无效或有效,用人单位应当根据企业所在行业、劳动者从事的具体岗位等实际情况谨慎适用脱密期制度;一旦发生争议,应及时了解所在地区的司法实践情况再考虑是否执行该脱密期制度。

2. 医药企业与员工订立竞业限制协议应当注意哪些方面?

为了充分发挥竞业限制制度的作用,防范用人单位可能面临的相关风险,医药企业在订立竞业限制协议时应当注意以下四个方面。

首先,我国《劳动合同法》规定竞业限制期限不得超过 2 年[③],且员工承担竞业限制义务需要明确竞业限制的地域。用人单位应当综合考虑员工的实际岗位、保密需要以及潜在的经济补偿成本等因素,在竞业限制协议中明确竞业限制期限的长度以及竞业限制的地域。

其次,明确竞争企业的范围。用人单位可以在竞业限制协议中加入与本公司或关联公司的业务直接或间接竞争的实体名单,鉴于双方已就该名单达成一致,当发生竞业限制纠纷时,该名单可以作为司法机关认定原用人单位与劳动者自营或者入职的新用人单位之间是否形成竞争关系的依据之一。

再次,合理约定竞业限制补偿金并按月发放补偿。用人单位未与员工事先约定竞业限制补偿金金额的,员工有权主张用人单位按照其在劳动合同解除或者终止前 12 个月平均工资的 30%支付竞业限制补偿金[④]。实践中,用人单位在

---

① 《上海市劳动合同条例》第 15 条第 2 款规定:“对负有保守用人单位商业秘密义务的劳动者,劳动合同当事人可以就劳动者要求解除劳动合同的提前通知期在劳动合同或者保密协议中作出约定,但提前通知期不得超过六个月。在此期间,用人单位可以采取相应的脱密措施。”

② 《劳动合同法》第 37 条规定:“劳动者提前三十日以书面形式通知用人单位,可以解除劳动合同。劳动者在试用期内提前三日通知用人单位,可以解除劳动合同。”

③ 《劳动合同法》第 24 条规定:“竞业限制的人员限于用人单位的高级管理人员、高级技术人员和其他负有保密义务的人员。竞业限制的范围、地域、期限由用人单位与劳动者约定,竞业限制的约定不得违反法律、法规的规定。在解除或者终止劳动合同后,前款规定的人员到与本单位生产或者经营同类产品、从事同类业务的有竞争关系的其他用人单位,或者自己开业生产或者经营同类产品、从事同类业务的竞业限制期限,不得超过二年。”

④ 最高人民法院《关于审理劳动争议案件适用法律问题的解释(一)》第 36 条规定:“当事人在劳动合同或者保密协议中约定了竞业限制,但未约定解除或者终止劳动合同后给予劳动者经济补偿,劳动者履行了竞业限制义务,要求用人单位按照劳动者在劳动合同解除或者终止前十二个月平均工资的 30%按月支付经济补偿的,人民法院应予支持。前款规定的月平均工资的 30%低于劳动合同履行地最低工资标准的,按照劳动合同履行地最低工资标准支付。”

约定竞业限制补偿金金额时,可以参考该标准。上述月平均工资包括员工离职前12个月的基本工资、奖金以及公司以金钱形式支付给员工的在中国法律规定下被视为公司支付给员工工资的任何其他款项;但是,不建议公司将员工从公司处取得的或将要取得的股票期权和股权纳入月平均工资的计算基数。此外,若用人单位三个月未支付员工竞业限制补偿,员工有权请求解除竞业限制约定①,因此为保证竞业限制约定的效力,用人单位应及时按月支付员工竞业限制补偿。

最后,明确违反竞业限制义务的违约金金额。我国《劳动合同法》并未明确规定竞业限制违约金的制定标准,竞业限制违约金的适用以约定为前提。用人单位应综合考虑员工的职务、工作年限和工资水平,竞业限制补偿金的数额以及该补偿金与约定的违约金的比例等因素综合确定竞业限制违约金的金额。此外,如果员工违反竞业限制义务的行为给用人单位造成实际损失,且违约金的金额难以弥补该损失的,用人单位在完成举证的前提下,可以根据竞业限制协议的约定要求员工赔偿违约金不足以弥补的损失部分。

3.【案例】医药企业如何合理设置员工违反竞业限制义务的违约责任?

案情简介

2016年吉某与上海某药业公司签订固定期限劳动合同。同日,双方签订《竞业限制协议》,约定竞业限制补偿金总额按照员工劳动关系终止前12个月的月平均收入的20%乘以实际履行竞业限制义务的月数计算,违反竞业限制义务的违约金为经济补偿金总额的20倍,并且违约金的约定及执行不影响员工在竞业限制协议下的任何义务的继续履行。2018年2月吉某因个人原因提出辞职,上海某药业公司要求吉某离职后继续履行竞业限制义务。2018年6月,上海某药业公司通知吉某提交履行竞业限制证明文件,吉某未提供相关文件。

2018年6月上海某药业公司申请劳动仲裁,要求吉某继续履行竞业限制协议,退还已支付的竞业限制补偿金,并支付违反竞业限制违约金。劳动仲裁委支持了上海某药业公司的部分请求。

上海某药业公司不服仲裁裁决,向人民法院提起诉讼。一审法院认为吉某应当按照双方的约定支付违反竞业限制义务违约金。吉某不服一审判决,向人民法院提起上诉,经审理二审法院维持原判决。

---

① 最高人民法院《关于审理劳动争议案件适用法律问题的解释(一)》第38条规定:"当事人在劳动合同或者保密协议中约定了竞业限制和经济补偿,劳动合同解除或者终止后,因用人单位的原因导致三个月未支付经济补偿,劳动者请求解除竞业限制约定的,人民法院应予支持。"

案例分析

本案中,双方约定以经济补偿金总额的20倍作为违反竞业限制义务的违约金。吉某虽然主张约定的违约金过高,但其在上海某药业公司担任关键岗位,掌握了许多公司经营方面的保密信息和技术保密信息,吉某离职后到该公司的直接竞争对手处担任类似岗位,既给上海某药业公司带来了损失,又为该公司的竞争对手增加了竞争力,该种损失不可估量,难以计算。且吉某从上海某药业公司处离职后存在违反竞业限制义务的主观恶意,迟迟未履行约定的报告义务。结合吉某在上海某药业公司和新公司的收入都颇高,法院认为约定的违约金对吉某的生活不会造成巨大影响。综合上述所有因素,法院认定约定的竞业限制违约金并不过高。

除本案约定以竞业限制补偿金的倍数作为违约金的金额之外,司法实践中还存在直接约定具体的违约金金额,如以员工离职前12个月平均工资的倍数作为违约金的金额等方式。无论采用哪种方式,司法实践中人民法院在认定用人单位与劳动者约定的竞业限制违约金是否合理时,均会根据实际情况,综合多种因素予以判断。

六、员工个人信息保护

1. 医药企业处理员工个人信息应当注意哪些方面?

医药行业是受到高度监管的行业,除本编第二章"数据"的处理之外,医药企业在处理员工的个人信息①和敏感个人信息②(以下统称为相关个人信息,除非特别指出)时,也要遵循《个人信息保护法》新确立的相关规则。

具体而言,医药企业处理员工的相关个人信息,应当以"告知—同意"为基本原则。在处理员工相关个人信息之前,应当以显著方式、清晰易懂的语言真实、准确、完整地向员工告知《个人信息保护法》规定的相关事项。医药企业在处理员工相关个人信息之前还需要获得员工的同意,除非该等处理行为是用人单位履行劳动合同所必需、进行人力资源管理所必需或者出于履行用人单位的法律义务或职责的目的等。基于当前的司法实践,上述"豁免同意"是否可以涵

---

① 《个人信息保护法》第4条规定:"个人信息是以电子或者其他方式记录的与已识别或者可识别的自然人有关的各种信息,不包括匿名化处理后的信息。个人信息的处理包括个人信息的收集、存储、使用、加工、传输、提供、公开、删除等。"

② 《个人信息保护法》第28条第1款规定:"敏感个人信息是一旦泄露或者非法使用,容易导致自然人的人格尊严受到侵害或者人身、财产安全受到危害的个人信息,包括生物识别、宗教信仰、特定身份、医疗健康、金融账户、行踪轨迹等信息,以及不满十四周岁未成年人的个人信息。"

盖所有的相关个人信息处理行为尚不明确,但为了避免每次处理相关个人信息之前都需要获得员工的同意,用人单位可以将“告知—同意”的合法性基础以合理的方式嵌入相关人力资源管理文本予以明确,包括对员工手册、劳动合同、录用通知书、员工隐私政策(及相关设置)、员工授权同意文件(及相关设置)的更新和修改。

2. 医药企业与第三方合作处理员工个人信息应当注意哪些方面?

医药企业与第三方合作处理员工个人信息主要包括委托第三方处理员工的个人信息、向第三方提供员工的个人信息以及向境外第三方传输员工的个人信息。

医药企业委托第三方处理员工个人信息,即第三方需要完全遵照公司的指示处理员工的个人信息,公司应当与第三方明确约定委托处理的事项以及双方的权利和义务等,并对第三方的个人信息处理活动进行监督。

医药企业向第三方提供员工的个人信息之前,需要告知员工特定事项①,并获得员工的单独同意。公司可以与第三方签署个人信息处理协议,明确双方的权利义务,并审查第三方的隐私政策。此外,公司还需要事先进行个人信息保护影响评估②。

医药企业向境外传输员工的个人信息之前,应当向员工告知特定事项,并获得员工的单独同意③。此外,公司可以合并开展个人信息跨境传输风险自评估与个人信息保护影响评估(可以自己开展也可以委托第三方开展),并根据评估的结果采取相应的安全保障措施保护员工个人信息的安全。完成评估之后,若满足相关条件,公司可以与境外接收方签订《个人信息出境标准合同》,以确定双方的权利义务。

---

① 《个人信息保护法》第23条规定:“个人信息处理者向其他个人信息处理者提供其处理的个人信息的,应当向个人告知接收方的名称或者姓名、联系方式、处理目的、处理方式和个人信息的种类,并取得个人的单独同意。接收方应当在上述处理目的、处理方式和个人信息的种类等范围内处理个人信息。接收方变更原先的处理目的、处理方式的,应当依照本法规定重新取得个人同意。”

② 《个人信息保护法》第56条规定:“个人信息保护影响评估应当包括下列内容:(一)个人信息的处理目的、处理方式等是否合法、正当、必要;(二)对个人权益的影响及安全风险;(三)所采取的保护措施是否合法、有效并与风险程度相适应。个人信息保护影响评估报告和处理情况记录应当至少保存三年。”

③ 《个人信息保护法》第39条规定:“个人信息处理者向中华人民共和国境外提供个人信息的,应当向个人告知境外接收方的名称或者姓名、联系方式、处理目的、处理方式、个人信息的种类以及个人向境外接收方行使本法规定权利的方式和程序等事项,并取得个人的单独同意。”

第三节　员工离职环节

一、劳动合同的变更

调岗调薪的法定情形有哪些?

企业与员工协商一致可以书面形式变更劳动合同内容,包括调整岗位和薪资。企业还可在下述情形单方变更员工岗位:(1)员工患病或非因工负伤,在规定的医疗期满后不能从事原工作;(2)员工经过考评证明不能胜任工作;(3)劳动合同订立时所依据的客观情况发生重大变化,致使劳动合同无法履行。企业对员工进行合理调岗后,可基于调整的岗位在合理幅度内调整员工薪资。

二、劳动合同的解除及终止

1. 医药企业在劳动合同解除过程中应注意哪些方面?

首先,企业在与员工解除劳动合同时,需具备法定解除理由。企业在解除时需调查取证,评估是否有充分证据证明解除行为符合劳动法律对单方解除的要求。如证据不足或有缺陷,建议考虑协商解除,与其签署协商解除协议,以降低法律风险。

其次,如采用单方解除,建议企业通过多种方式向员工送达解除通知,如(1)当面送达,要求员工在送达回执上签字;(2)发送 EMS 至其在企业留存的住址,并保留快递底单;(3)发送电子邮件至其企业和个人邮箱,邮件中列明解除通知内容并附上解除通知,并保留该邮件;(4)向员工手机发送短信并保留该短信;(5)打电话通知其在企业留存的电话号码并录音或请公证员见证解除通知的电话送达等。建议采用至少 2 种方式以确保送达成功,并保留送达成功的证据。

再次,企业单方解除时,除向员工发放单方解除通知之外,企业还应向工会发放书面通知,说明单方解除原因。如企业无工会,可送达企业所在地的上级工会组织。一般建议企业于劳动合同解除日或之前向工会发放;如未在前述日期发放,企业最晚应在员工起诉前补正该程序。

最后,企业应在解除劳动合同时出具解除劳动合同的证明,并为员工转移档案和社会保险及住房公积金关系。

2. 医药企业应如何处理劳动合同到期不续?

劳动合同到期后,企业可考虑是否与员工续订。续订时应注意以下两个方面:

其一,续订的时间。如当地无特别规定,企业可在劳动合同到期日或之前与员工协商续订事宜,续签劳动合同。但部分地区(如北京)要求企业提前30日将终止或续订劳动合同的意向书面通知员工,因此企业应关注各地实践及政策并遵照执行。

如未及时续签劳动合同,员工继续工作且企业未表示异议,将视为双方同意以原条件继续履行劳动合同,企业或员工均可提出终止劳动关系,但企业可能面临员工主张两倍工资的风险。以上海为例,对于应续而未续的情况,给予企业一个月宽限期,即企业应自继续用工的第二个月开始向其每月支付两倍工资;但在北京,企业则需自到期日次日开始向员工每月支付两倍工资。

其二,续订的合同期限。企业可自行决定并与员工协商续签劳动合同的期限。但在以下情形下,除员工提出订立固定期限劳动合同以外,应签订无固定期限劳动合同:(1)员工在企业连续工作满10年;(2)员工与企业连续订立两次固定期限劳动合同,且不存在企业可单方解除劳动合同的法定情形。

第二次固定期限劳动合同到期后,企业是否有到期终止的权利存在地方差异。根据目前上海的司法实践,企业仍有一次选择的权利,即有权与员工终止劳动关系而不予续约;但北京及其他某些城市一般都不再给予企业到期终止的权利,企业应与员工签订无固定期限劳动合同。对此,企业需查询当地政策及实践并相应执行。

第四节　医药企业特殊类型用工

一、补充用工模式的选择

1. 劳务派遣与劳务外包有哪些区别?

劳务派遣指劳务派遣单位与企业签订劳务派遣协议、将劳务派遣员工(该等员工与劳务派遣单位签订劳动合同)派遣至企业工作的用工方式。

劳务外包则通常指企业与劳务外包公司签订劳务外包协议,将某些特定业务或服务外包给劳务外包公司的安排。

二者的区别主要体现在:

适用法律上,劳务派遣适用劳动法律法规,劳务外包则受《民法典》等民事法律法规的约束。

用工管理上,在劳务派遣安排中,企业作为接收派遣员工的用工单位,可直接对派遣员工进行劳动管理;但在劳务外包下,外包人员应由外包公司直接管理,而非接收外包服务的企业。

费用结算上，劳务派遣安排应按“人头”所对应的用工成本来计算（如派遣员工的工资福利等），而劳务外包则通常按照业务本身进行费用结算（如服务量、服务内容及质量等）。

需注意，真正的劳务外包，外包的是业务而非岗位。实践中，医药企业常会外包清洁、IT人员岗位。岗位外包最大的风险在于被认定为“假外包、真派遣”或“假外包、真劳动关系”。一旦被认定为“真派遣”，则需遵守劳务派遣的相关规定，仅在三性岗位上派遣员工，且劳务派遣用工比例应控制在10%等；若被认定为“真劳动关系”，则医药企业要承担劳动法项下雇主的责任，同时可能面临未签书面劳动合同、未缴纳社保/住房公积金等法律风险。为此，建议医药企业在采用外包服务时，仔细评估所有操作流程是否符合法律规定。

2. 医药企业采用非全日制用工模式存在哪些风险与限制？

非全日制用工方式下，法律赋予了企业更宽松的义务，但企业应注意该等用工的法律限制。如在实操中未满足法定要求，员工可能主张其与企业存在全日制劳动关系，进而要求企业承担全日制劳动关系项下的雇主责任。

在工作时间方面，非全日制员工在企业平均每日工作时间不超过4小时，每周工作时间累计不超过24小时。

在工资支付方面，非全日制用工以小时计酬为主，标准不得低于企业所在地人民政府规定的最低小时工资标准，且劳动报酬结算支付周期最长不得超过15日。

在社会保险方面，企业有义务为非全日制员工缴纳工伤保险，法律并未要求企业为其缴纳其他种类的社会保险。

需注意，企业与非全日制员工均可以随时通知对方终止用工关系，且企业无须支付经济补偿金。

此外，虽然法律允许企业与非全日制员工就用工关系订立口头协议，但仍建议订立书面合同明确双方权利义务，包括明确非全日制用工方式，约定劳动报酬计算标准、支付周期等，以降低双方发生争议的风险。

第七章　税　务

第一节　医药行业税收环境概述

一、医药行业整体税制综述

我国医药行业的整体税收待遇是怎样的？

医药行业作为关系国计民生的重点产业之一，随着医药卫生体制改革深化，促进医保、医疗、医药协同发展和治理等工作的推进，医药行业的发展总体呈上升趋势。据国家统计局统计，2021 年我国医药制造业主营业务收入 29，288. 5 亿元，按可比收入口径同比增长 20. 1%，增速高于全国工业整体收入 0. 7 个百分点。在税收方面，视市场主体的不同，细分的医药行业适用不同的税收待遇。对于医药制造业而言，主要涉及企业所得税、增值税、个人所得税等主要税种。据国家税务总局统计，2021 年我国医药制造业税收收入共计 1538 亿元。其中，国内增值税 57. 1%，内资企业所得税 16. 2%，外资企业所得税 11%，个人所得税 7%，城市建设维护税 3. 4%，房产税 2%，城镇土地使用税 1. 3%，印花税、土地增值税及其他各税种合计 2. 1%。

近年来，医疗体制改革、“两票制”、新药品管理法等改革举措或新政策的出台，对医药企业及其税务环境在短时间内产生了一些影响。但医药行业作为高端制造业的代表行业，关系到我国经济的稳定和持续发展。为此，我国相继出台了众多医药相关财税优惠政策，既包括政府直接给予企业的科学技术方面的补助，也包括各类税基、税率和税额减免等税收优惠红利。从长期和全局上看，我国产业结构性调整与税收领域的政策扶持,有益于医药行业深耕药品创新,有助于激发医药企业活力。

二、医药行业税收监管现状

我国目前对医药行业的税收监管态势如何?

医药行业在我国的税收监管形势呈现从领域性集中整治逐步转向行业性常态管理。费用列支与发票合规是医药行业较为突出的税务焦点问题。随着“营改增”“两票制”等税务改革,其税务违法问题愈加突出。2019 年,财政部按照“双随机、一公开”的要求,选取了 77 户医药企业开展会计信息质量检查,对医药销售环节开展“穿透式”监管,检查范围延及关联方和相关销售、代理、广告、咨询等机构。经查,部分医药企业存在虚假发票、票据套取资金体外使用、虚构业务事项或利用医药推广公司套取资金以及账簿设置不规范等其他会计核算问题。最终,财政部对 19 家医药企业作出行政处罚。尽管此后我国未再开展全国范围的医药行业涉税检查,但随着我国进一步深化税收征管改革,以“智慧税务”建设为基底的税收征管数字化转型已全面铺开。

目前,我国税务机关正在以发票电子化改革为突破口、以税收大数据为驱动力,从全领域、全环节、全要素电子化等方面着手开展“金税”四期建设,通过法人税费信息“一户式”智能归集,实现对同一企业不同时期、不同税种、不同费种之间,以及同规模同类型企业相互之间税费匹配等情况的自动分析监控,这将对发票问题较为突出的医药企业税收遵从度提出更高的要求。

第二节　医药行业一般性税务问题

一、医药企业增值税问题

1. 医药企业主要涉及的增值税处理有哪些?

医药企业常见的增值税问题主要有以下几点:

一是预收账款问题。预收账款科目属于往来科目,用于核算企业按照合同规定预收的账款,其实质为合同应履行款项的组成部分。对于医药企业而言,如果采用预收货款方式销售产品,增值税纳税义务发生时间为发货当天;在发货之前,尽管企业在账簿上确认了该笔预收款项,也无须就该笔预收款项缴纳增值税。通常来说,因药品采购方往往具有较强的议价能力,医药企业预收款项通常不会过高。然而,当药品在市场上供不应求、购货单位的信用不佳,或药品生产周期较长时,销售方通常会向购买方预收部分款项。据披露,有税务机关曾专门针对“预收账款”予以核查,核查对象为预收账款余额较大的企业。因此,如医药企业不存在上述发生预收款项的合理情形,却仍有相当数量的预收账款和合同负债存在较长期间(例如1年以上)的挂账,税务机关有可能质疑医药企业已经将药品发出,但未结转收入冲销预收账款并确认销项税额,或确认销售收入及对应的增值税销项税额并冲减相应的合同负债及待转销项税额,进而引发税务检查风险。

二是试用品/样品药问题。医药企业向下游企业或医疗机构无偿提供或赠送试用品/样品的情况较为普遍,在增值税上涉及视同销售处理的认定问题,既关系到医药企业是否产生了增值税纳税义务,又关系到医药企业增值税应纳税额的计算。试用品/样品药是否属于视同销售,需要视实际交易事实区分判断:(1)如相关赠与行为系在销售中帮助下游企业或医疗机构了解药品功效或从事推广活动,则通常属于“有偿”的折扣销售行为,而非视同销售;(2)如相关赠与行为发生在销售药品前,则属于“无偿”赠送,需要按照视同销售申报缴纳增值税。在确定相关赠送行为系增值税应税行为后,则需按规定计算销售额并申报缴纳增值税。根据增值税法有关规定,医药企业在确定视同销售货物的销售额时,应按照法定顺序确定,即只有在无法获得同期同类货物价格的前提下,才能使用组成计税价格法确定销售额。在税收征管中,视同销售价格一般指的是货物本身的价格,同期同类价格理论上不受规格和包装等因素影响。实践中,部分医药企业未采取正确的方法核算试用品/样品药的视同销售收入,导致其计税价格明显低于正常售价,由此引发税收风险。

三是农产品收购增值税进项税额抵扣问题。对于采购农产品等原材料的医药生产企业,因农产品采购存在渠道多元和环节分散等特点,特别需要关注进项税额抵扣相关凭证管理问题。我国增值税法对农产品生产者销售的自产农产品予以免征。为保证增值税抵扣链条的完整性,我国允许增值税一般纳税人向从事农业生产的单位和个人购进自产免税农产品的同时,自行开具农产品收购发票,计算扣除进项税额;或者对于不需要办理税务登记的从事农产品生产的单位和个人,由其所在地主管税务机关代开农产品销售发票。对此,医药企业在收购农产品时,应区分农产品购进来源、取得相应扣除凭证、对扣税凭证进行用途确认并留存备查,并对所购农产品的品种、数量、单价等进行核查,以准确扣除进项税额。

2. 医药企业增值税优惠有哪些?

医药企业常用的增值税税收优惠主要有以下几方面:

一是科技成果转化与科研技术用品减免。首先,满足条件的医药企业提供技术转让、技术开发和与之相关的技术咨询、技术服务免征增值税;其次,符合规定条件的企业为生产国家支持发展的重大技术装备或产品而确有必要进口的部分关键零部件及原材料,免征关税和进口环节增值税。

二是期末留抵退税。自2021年4月1日起,我国对医药等先进制造业的纳税人放宽留抵退税条件,对其增量留抵税额按月全额退还。自2022年4月1日起,符合条件的制造业行业企业还可以在规定的纳税申报期内,向主管税务机关申请退还增量留抵税额和一次性退还存量留抵税额。

三是行业性优惠。我国税收政策对特定药品或纳税人提供了特殊的行业性优惠,主要包括对进口抗癌药品、进口罕见病药品,减按3%(而非通常的13%)征收进口环节增值税;对国产抗艾滋病病毒药品免征生产环节和流通环节增值税;属于增值税一般纳税人的药品经营企业销售生物制品,可以选择简易办法按照生物制品销售额和3%的征收率计算缴纳增值税;药品生产企业销售自产创新药的销售额,为向购买方收取的全部价款和价外费用,其提供给患者后续免费使用的相同创新药,不属于增值税视同销售范围;一般纳税人销售其用微生物、微生物代谢产物、动物毒素、人或动物的血液或组织制成的生物制品,可选择按照简易办法依照3%(而非通常的13%)征收率计算缴纳增值税;属于增值税一般纳税人的兽用药品经营企业销售兽用生物制品,可以选择简易办法按照兽用生物制品销售额和3%的征收率计算缴纳增值税等。

二、医药企业所得税问题

1. 医药企业收入相关风险点有哪些?

医药企业常见的企业所得税项下收入风险主要有以下几点:

一是试用品/样品视同销售问题。如前所述,医药企业在经营活动中会向下游企业或医疗机构无偿提供或赠送试用品/样品。该等试用品/样品在会计上通常被确认为捐赠支出,而在企业所得税处理时则需要视同销售处理。如果医药企业在税务处理时未将试用品/样品视同销售处理,或者采用错误的核算方法,未按照药品的公允价值确定销售收入,将使其计税价格显著降低,进而引起税收风险。

二是政府补助问题。为鼓励企业加大创新投入,我国政府部门会为部分企业提供科学技术方面的补助资金。其中,税法规定企业从县级以上各级政府部门取得的应计入收入总额的财政性资金,只有同时满足专项文件、专门管理和独立核算等具体条件的,方可作为不征税收入,在计算应纳税所得额时从收入总额中减除。此外,医药企业取得的不征税的财政性资金用于支出所形成的费用,不得在计算应纳税所得额时扣除;用于支出所形成的资产,其计算的折旧、摊销也不得作税前扣除。如企业未按照上述规则进行税务处理,则会存在后续被调整的税务风险。

2. 医药企业税前扣除相关风险点有哪些?

根据我国《企业所得税法》的明确规定,只有企业实际发生的与取得收入有关的、合理的支出,方准予进行税前扣除。其中,支出项下所囊括的费用包括企业在生产经营活动中发生的销售费用、管理费用和财务费用。实践中,医药企业常见的企业所得税税前扣除风险主要有以下几点:

一是采购成本。如前所述,采购农产品等原材料的医药生产企业经常从农户处收购药品原材料,增加了企业资金和存货等规范账务处理的难度。同时,由于农产品收购发票往往由收购单位自行开具和申报抵扣,不具有购销双方的约束机制,故存在将收购凭证当作调节税负的工具,或以此为手段从事偷逃税等违法活动的情形。

二是佣金支出。"两票制"实施前,传统的药品销售采用多级经销模式,医药企业通过医药代表进行市场推广。此时,医药代表取得的佣金因其性质各异,其税前扣除政策也不尽相同。但对于向具有中介服务性质的药品经销商所支付的佣金,一般在5%的限额内予以扣除。"两票制"实施后,传统的药品分销商转变为合同销售组织(Contract Sales Organization,CSO),为药品厂商提供推广、营销和咨询等服务。在CSO模式下,医药企业所支付的费用性质,取决于CSO所提供的具体服务及其结果,有可能被认定为服务费,无需按照限额进行扣除,也有可能被认定为销售佣金,需按照前述限额予以扣除。

三是销售费用。营销费用是医药企业税务违法问题的"重灾区"。实践中,虚增或虚列营销费用的途径既包括通过开办咨询、广告或其他营销类企业用以虚开咨询、广告类营销费用,也包括为规避"回扣"性质支出而借助虚假发票进行扣除,还包括将赞助费、业务招待费和业务宣传费等不允许税前扣除或扣除比例有限制的费用,"包装"为会议费,以达到少缴企业所得税的目的。一旦发现,除了有可能被税务部门认定为虚开发票,有关费用在税前列支的情况下,还有可能会被认定为构成偷税。

3. 医药企业所得税优惠有哪些?

医药企业可适用的企业所得税税收优惠主要系支持企业创新发展,促进企业设备更新和技术升级方面的税基和税率型优惠,主要包括以下几个方面。

一是研发费用加计扣除。除烟草制造业、住宿和餐饮业、批发和零售业、房地产业、租赁和商务服务业、娱乐业等以外的医药企业开展研发活动中实际发生的研发费用,未形成无形资产计入当期损益的,在按规定据实扣除的基础上,自2023年1月1日起,再按照实际发生额的100%在税前加计扣除;形成无形资产的,自2023年1月1日起,按照无形资产成本的200%在税前摊销。

二是固定资产加速折旧。企业在2018年至2023年新购进的设备、器具,单位价值不超过500万元的,允许一次性计入当期成本费用在计算应纳税所得额时扣除,不再分年度计算折旧;单位价值超过500万元的,可由企业选择缩短折旧年限或采取加速折旧的方法。

三是科技成果转化所得税减免。对于境内医药企业一个纳税年度内,技术转让所得不超过500万元的部分,免征企业所得税;超过500万元的部分,减半征收企业所得税。

四是高新技术类企业行业优惠。首先,属于国家重点扶持的高新技术医药企业可减按15%税率征收企业所得税。其次,当年具备高新技术企业或科技型中小企业资格的企业,其具备资格年度之前五个年度发生的尚未弥补完的亏损,准予结转以后年度弥补,最长结转年限为十年。再次,对于以合同研发组织(Contract Research Organization)为代表的从事医药和生物技术研发和测试外包业务的企业,如满足技术先进型服务企业的认定标准,可减按15%(而非通常25%)的税率征收企业所得税。

三、医药企业发票合规管理

医药企业发票凭证如何管理才合规?

医药企业常见的发票合规问题可分为未按规定开具发票和未按规定取得发票两大类,而凭证管理方面则主要与企业所得税税前扣除紧密关联。

在开具发票方面,虽然目前实行的"两票制"压缩了发票的流通环节,但医药企业为增加进项税额或增加费用,对进项发票的需求也急剧上升,"虚开"仍然是医药企业面临的重大税务隐患之一。除虚开增值税专用发票外,虚开农产品收购发票的行为也屡见不鲜。由于农产品生产者数量多、分布广且大多以现金方式进行,导致监管、查证难,部分医药企业通过虚构收购数量或金额或伪造购销合同、农户身份信息等材料,虚开农产品收购发票进而获利。根据发票管理有关法律规定,开具发票应当按照号码顺序填开,按照规定的时限、顺序、栏目,按照实际销售情况全部联次一次性开具,并加盖发票专用章;未发生经营业务一律不准开具发票。同时,任何单位和个人不得有下列虚开发票行为:一是为他人、为自己开具与实际经营业务情况不符的发票;二是让他人为自己开具与实际经营业务情况不符的发票;三是介绍他人开具与实际经营业务情况不符的发票。

在取得发票方面,医药企业在日常经营过程中存在接受虚开发票、以不合规发票入账和发票遗失等情形。对于增值税专用发票而言,无论企业是否善意取得虚开的发票,均需要承担一定的不利后果,即根据增值税相关规定,虚开的发票不得作为增值税合法有效的扣税凭证,企业需要转出进项税额。为防范收受虚开发票的风险,医药交易方之间应存在真实的交易、具备与交易一致的合法凭证并存在直接的资金流与货物或服务流。因此,医药企业在日常经营活动中应关注以下几点:一是加强合同风险管理,在合同洽谈、签订、履行等各个合同环节采取针对性的措施,在交易前即对交易对方经营范围、企业资质进行充分的调查;二是"三流一致",在交易过程中注意比对货流、票流、资金流三方一致性,并关注销售费用等合规管理问题,做到在风险出现的初期对不合规行为予以及时纠正;三是规范凭证管理,企业应对交易凭据进行全面的保管,其中不限于交易合同、发票和单据等。

在凭证管理方面,企业日常发生支出应取得税前扣除凭证,作为计算企业所得税应纳税所得额时扣除相关支出的依据。税前扣除凭证的稽核通常都是以真实性、合法性、关联性为依据。一方面,企业应确保凭证以真实发生的业务活动为依托;另一方面,企业还应将与税前扣除有关的资料妥善留存备查。

第三节　医药行业交易涉税问题

一、医药企业关联交易定价问题

医药企业的常见转让定价问题有哪些?

鉴于中国市场的规模及需求,很多大型跨国医药集团都在中国设立了研发中心、制药工厂或销售公司以开展业务经营。实践中,医药集团内关联交易有两项转让定价问题愈加受到我国税务机关的关注。

一是收益与功能风险的相关性。通常而言,企业获得的收益应与其承担的功能、风险及使用的资产,呈现正相关的关联关系,执行的职能越多、承担的风险越大,获得的收益理应越高。包括中国在内的多数国家,以独立交易原则作为转让定价的基本原则。独立交易原则要求一个集团内关联企业内部交易的价格，应当与独立企业之间在相同或类似的条件下的交易价格类似，否则税务机关有权进行调查并调整。在实务中，如果企业出现了明显的收益与功能风险相背离的情形，则引发税务机关质疑、进而调查调整的可能性较大。正因如此，医药企业在关联交易的事前、事中及事后都要做好相关的防范措施，尽量减少不必要的转让定价风险。其中，事前防范主要指企业在制定关联交易定价政策时，应当评估交易参与方各自承担的功能、风险，并基于此制定合理的交易价格；事中防范主要指在关联交易进行过程中制定相应的调整机制，当预先设定的定价政策不能合理反映交易参与方的价值贡献程度时，需要进行适时修正，对收益与功能风险的比例进行适度调整；事后防范主要指企业应当高度重视事后的转让定价同期资料的准备工作，并在同期资料的准备中强化功能风险分析部分的合理化阐述。需要特别说明的是，对于承担单一加工制造，或者从事分销、合约研发业务的医药企业而言，首先需要保持合理的利润水平；其次，因其职能相对简单，不应承担决策失误、产品滞销、研发失败等风险和损失。

二是地域性特殊优势问题。特殊性地域优势（location specific advantages）是一个近几年颇受关注的反避税概念，最早由中国税务当局提出，主要分为“选址节约”（location savings）与“市场溢价”（market premium）两个方面。其中，选址节约指的是通过把运营职能从高成本地区转移到低成本地区，从而利用生产成本差异降低成本。从广义上讲，选址节约属于成本套利。节省的成本包括劳动力、原材料、租金、交通及基础设施。为了精确计算选址节省的金额，在低成本国家重建业务可能产生的任何支出应予扣除。实践中，医药企业可能通过在原材料、劳动力、租金低廉的地区，设立工厂或企业从事生产、营销与分销等活动，利用特定区位优势以降低自身成本。市场溢价是指跨国企业通过自身独特的特性，通过调整自身的功能和活动，在销售产品和服务过程中获得超额利润。市场特征、购买力、产品偏好、市场竞争程度以及其他类似因素都可能给跨国企业带来利润。医药产品的特殊性导致消费者对品牌具有较强的依赖度，且对进口产品具有消费偏好，医药企业可能通过在当地树立良好的品牌形象以极大提升其医药产品的销售收入。在对特殊性地域优势及其对转让定价的影响进行判定时，行业分析与定量分析至关重要。近年来，我国税务机关开始关注医药行业相关专业地域优势所带来的转让定价风险，并在关联企业定价案件中采取“四步走”的方式进行判定：(1)确认是否存在特殊性地域优势；(2)确认特殊性地域优势是否产生了额外的利润；(3)量化和衡量特殊性地域优势产生的额外利润；

(4)确定转让定价方法,对特殊性地域优势产生的利润进行分配。根据上述,建议医药企业对在我国可能形成的有关商业安排的特殊性地域优势进行分析,进而谨慎地考虑转让定价可能存在的风险。

二、医药企业无形资产税务考量

1.无形资产交易的一般性税务处理是什么?

对于医药集团而言,无形资产已经成为其发展的核心动力,与无形资产相关的税务管理也受到了更多的关注。我国《企业所得税法》规定的无形资产,是指企业为生产产品、提供劳务、出租或者经营管理而持有的、没有实物形态的非货币性长期资产,包括专利权、商标权、著作权、土地使用权、非专利技术、商誉等。实践中,医药企业所涉无形资产交易常见的税务问题主要有以下两方面。

一是非货币性资产处置。实行查账征收的居民企业以非货币性资产对外投资确认的非货币性资产转让所得,可自投资协议生效并办理股权登记手续的年度起不超过5年期限内,分期均匀计入相应年度的应纳税所得额,按规定计算缴纳企业所得税。举例而言,如中国境内一家医药企业于2021年将其所有的医药专利对外出资新设立一家境内医药企业,该交易所涉医药专利成本为5000万元人民币,评估价为2亿元人民币。在不考虑其他税费的前提下,如上述交易符合中国税法关于非货币性投资的分期纳税要求,则可在2021—2025年度的5年期限内,按每年3000万元人民币计入各年度应纳税所得额并缴纳企业所得税。与此同时,如该医药企业发生的医药专利投资既符合企业发生非货币性资产投资,也符合特殊性税务处理条件,那么可选择按特殊性税务处理规定执行。此外,在中国境内销售无形资产的所有权或者使用权以取得股权或股份通常属于增值税的应税行为,即转让无形资产所有权或者使用权的业务活动,通常应按照一般性的转让行为计算征收增值税;但如医药企业符合前述增值税科技成果转化技术免税、销售无形资产免征或适用零税率的特定情形,则有机会享受免征增值税优惠政策。

二是技术成果出资入股。我国对技术成果投资入股实施选择性税收优惠政策,即企业或个人以技术成果投资入股到境内居民企业,被投资企业支付的对价全部为股票(权)的,企业或个人可选择继续按现行有关税收政策执行,也可选择适用递延纳税优惠政策。如企业选择技术成果投资入股递延纳税政策,则经向主管税务机关备案,投资入股当期可暂不纳税,允许递延至转让股权时缴纳所得税。为此,如医药企业的技术成果属于政策规定的专利技术、生物医药新品种或科技部、财政部、国家税务总局确定的其他技术成果等，除可以选择适用非货币性资产投资的分期纳税政策或特殊性税务处理（如适用）外，还可以根据企业自身情况选择在技术成果投资入股环节暂不纳入，而是递延至转让股权时再行纳税。

除了以上两个常见的问题之外，我国税务部门对营销型无形资产（marketing intangibles）的研究也日益重视。营销型无形资产一般涉及营销活动、促进产品或服务的业务发展和/或对产品或服务产生重大的宣传作用。比如，一家地方经销商在地方市场进行营销活动，为其本身没有任何合法产权的无形资产进行推广、宣传、开发客户等，从而达到市场销售的目的。从转移价格的观点来看，地方经销商的营销活动，在当地的市场中很有可能会形成某种营销型无形资产。医药行业作为持有和使用高配比无形资产的“先锋军”，必须重视对相关市场相关无形资产的所有权和定价设计，及时调整不符合国际税收新税则的交易安排，从而降低其潜在的税务风险。就跨国医药公司来说，在集团层面，跨国公司总部、专利和商标所有者、本地经销商都会承担跨国医药公司的市场营销功能。评价交易主体的价值贡献，量化利润分配的效果，必须综合考虑不同主体所处的市场经济环境、医药产品生命周期、参与主体的具体职责、活动性质和参与程度；在当地的市场上，由于制药行业的特殊性，大部分的产品都是在药品代理的帮助下进行。同时，这种渠道管理行为本身能否成为营销无形资产，在价值贡献、利润分配等方面，实践中对此仍有不同的认识和实施标准。

2. 有哪些常见的无形资产交易涉税风险？

根据我国税法关于关联交易的有关规定，如中国境内或境外医药企业在中国境内设立的从事生产、经营的医药机构、场所与其关联企业之间的业务往来，未按照独立企业之间的业务往来收取或者支付价款、费用，而减少其应纳税收入或者所得额的，中国税务机关有权进行合理调整。相比无形资产的法律所有权而言，税务机关对关联交易转让定价的考量更多关注的是无形资产的经济所有权，即交易主体对无形资产的价值贡献是否与其获得的收益相匹配。对于医药企业而言，可具体考虑以下几方面内容：一是交易主体在专利权、非专利技术等无形资产开发、价值提升、维护、保护、应用和推广过程中所作的价值贡献；二是前述价值贡献的程度与获得的收益是否匹配；三是对于仅拥有无形资产所有权而未对无形资产价值做出贡献的主体，不得参与收益分配；四是对于在无形资产形成和使用过程中，仅提供资金而未实际执行相关功能和承担相应风险的主体，应当仅获得合理的资金成本回报。

在医药企业与其关联方的交易中，当无形资产价值发生根本性变化、企业执行的功能、承担的风险或者使用的资产有重大调整,而关联交易对价没有相应的调整,或企业对无形资产进行后续开发、价值提升、维护、保护、应用和推广等做出了贡献,但未得到合理补偿,对于该等贡献与获得收益不匹配、进而减损企业或者其关联方的应纳税收入或者所得额的情形,税务机关可以实施转让定价调整。

举例而言,跨国医药集团内的一家中国医药研发公司受托为其境外关联企业提供医药研发服务,服务费以其研发成本作价从委托方处收取。从交易安排上看,境内受托方在该研发服务中被定性为一家合约研发商,而境外委托方被定性为合约研发服务的委托方和资金提供方。常规医药研发服务关联交易一般会根据交易净利润法下的完全成本加成率进行定价。而对于交易定价政策的具体确定,如是否加成一定的利润,以及具体加成的比例,则需要综合以下几点进行考量:一是医药研发成果的价值大小,包括研发活动的性质(属于从无到有的原始研发,或属于在已有成果上的更新/革新)、研发成果的后期盈利水平、研发成果的应用领域等;二是境内受托方与境外委托方是否存在相关无形资产交叉许可等情形;三是受托方及委托方的盈利状况、适用的税率水平等。根据上述,在不考虑无形资产交叉许可的前提下,如境内受托方的医药研发服务价值高且后期盈利水平可观,理论上该医药研发服务应在成本基础上加成一定的利润,且加成率应高于常规的研发服务。

三、医药企业跨境交易涉税问题

跨境并购重组交易需要关注哪些税务事项?

随着中国医药市场的蓬勃发展,中国医药企业在国际市场上扮演着越来越重要的角色,涉及中国医药企业的跨境并购重组交易也越发活跃。医药企业进行跨境并购重组交易需要关注的税务事项主要有以下几方面。

一是间接转让中国应税财产。非居民企业通过实施不具有合理商业目的的安排间接转让中国应税财产,规避企业所得税纳税义务的,将被视为直接转让中国应税财产进而在中国产生纳税义务。实践中,如果在并购交易中,被转让的境外公司间接持有中国医药企业的股权,则需要特别关注该等交易是否会被视为直接转让中国医药企业股权的交易及相应的中国企业所得税纳税义务。此外,我国税法规定了判断合理商业目的的考虑因素(如境外企业股权主要价值是否直接或间接来自中国应税财产等)、应直接认定为不具有合理商业目的的情形,以及不会被确认为直接转让中国应税财产的"安全港"规则等,实践中应根据交易相关安排进行具体分析和认定。此外,需要注意的是,对股权转让方直接负有支付款项义务的扣缴义务人(通常为股权受让方)未扣缴或未足额扣缴应纳税款的,主管税务机关可以追究扣缴义务人的责任;但扣缴义务人已按规定向主管税务机关报告股权转让事项的,可以减轻或免除责任。因此,股权受让方为降低其被税务机关追究扣缴义务人责任的风险,可以考虑在交易发生后主动向主管税务机关申报间接转让交易并提交资料。

二是特殊性税务处理。我国税法对特殊情况下的企业跨境交易作出了特殊的税务处理规定。根据规定,对于"境外—境外"模式,即非居民企业向其100%直接控股的另一非居民企业转让其拥有的居民企业股权,没有因此造成以后该项股权转让所得预提税负担变化,且转让方非居民企业向主管税务机关书面承诺在3年(含3年)内不转让其拥有受让方非居民企业的股权。该模式下,如果同时符合适用特殊性税务处理的一般性条件,则对交易中的股权支付部分,可以暂不缴纳中国企业所得税;对于"境外—境内"模式,即非居民企业向与其具有100%直接控股关系的居民企业转让其拥有的另一居民企业股权。同上文所述的"境外—境外"模式,"境外—境内"模式下的跨境交易,如果同时符合适用特殊性税务处理的一般性条件,则对交易中的股权支付部分,可以暂不缴纳中国企业所得税;对于"境内—境外"模式,即居民企业以其拥有的资产或股权向其100%直接控股的非居民企业进行投资,该模式下,如选择适用特殊税务处理,则可以在十个纳税年度内将股权转让所得计入各年度应纳税所得额,即递延申报纳税的期限为10年。需要说明的是,适用跨境交易的特殊性税务处理需要满足一定的条件,实践中需要对相关交易的交易安排等进行具体的分析和论证,并在需要的情况下与主管税务机关进行沟通,以避免产生潜在税务风险。此外,企业在重组发生前后连续12个月内分步对其资产、股权进行交易,应根据实质重于形式原则将上述交易作为一项企业重组交易进行处理。因此,在进行并购重组交易的税务筹划时,需要特别关注是否可能被税务机关认定为12个月内的分步交易而不能适用特殊性税务处理的优惠待遇。

第八章　进出口监管

第一节　医药产品进出口贸易方式

一、一般贸易进出口(含防疫医疗物资进出口)

1. 一般贸易进出口药品和医疗器械需要哪些资质?

企业进出口药品和医疗器械,首先必须具有市场主体资格,即具有《企业法人营业执照》,并取得从事进出口贸易的企业资质,即报关单位海关备案。根据 2022 年 12 月 30 日通过的最新修订的《中华人民共和国对外贸易法》,企业无须办理对外贸易经营者备案登记。

药品/医疗器械进口企业资质:药品/医疗器械进口备案报验单位应为持有《药品经营许可证》/《医疗器械经营许可证》的独立法人;药品生产企业进口本企业生产所需原料药和制剂中间体的(包括境内分包装用制剂),应当持有《药品生产许可证》[①]。

药品/医疗器械出口企业资质:出口药品的企业必须是持有《药品经营许可证》的独立法人。出口医疗器械的经营企业,需要办理医疗器械经营备案(第二类医疗器械)或医疗器械经营许可(第三类医疗器械);而出口医疗器械的生产企业,则需要根据医疗器械种类办理相应的医疗器械注册证和生产许可。

医疗机构不得在日常经营中从事药品和医疗器械的进出

---

① 《药品进口管理办法》第 9 条规定:“报验单位应当是持有《药品经营许可证》的独立法人。药品生产企业进口本企业所需原料药和制剂中间体(包括境内分包装用制剂),应当持有《药品生产许可证》。”

口业务。临床急需进口少量药品/少量第二类、第三类医疗器械的,必须持《医疗机构执业许可证》向国务院药品监督管理部门或者国务院授权的省、自治区、直辖市人民政府申请,经批准方可进口,在指定医疗机构内用于特定医疗目的。

2. 一般贸易进口药品需经历哪些申报通关流程?

根据《药品管理法》第64条及《药品进口管理办法》的相关规定,从药品准备进口到完成入境,关键节点如下:

(1)药品注册

根据《药品注册管理办法》的规定,进口药品应当向国家药品监督管理局申请,由国家药品监督管理局依照法定程序,对拟上市销售药品的安全性、有效性、质量可控性等进行审查并决定是否同意其申请,以获得药品注册证书(国外药品《进口药品注册证》/港澳台药品《医药产品注册证》)。

(2)进口备案

办理进口备案,应当持《进口药品注册证》原件并提交备案材料,向允许药品进口的口岸[①]所在地药品监督管理局填写报送《进口药品报验单》。口岸药品监督管理局进行备案审查。任何未经过备案审查的药品将不能获得《进口药品通关单》。

(3)进口药品检验

根据《药品管理法》第68条的规定,首次在中国境内销售的药品、国务院药品监督管理部门规定的生物制品以及国务院规定的其他药品实行强制检验制度。口岸药品监督管理局审查全部资料无误后,应当向负责检验的口岸药品检验所发出《进口药品口岸检验通知书》,同时向海关发出《进口药品抽样通知书》。口岸药品检验所抽取检验样品进行质量检验,并将检验结果送交所在地口岸药品监督管理局。

(4)海关放行

药品检验符合规定后,药品监督管理部门出具《进口药品通关单》作为药品通关的凭证。

3. 管制类药品进出口有何特殊的监管要求?

根据《麻醉药品和精神药品管理条例》的规定,麻醉药品和精神药品实施管制制度,并制定明确的麻醉药品目录及精神药品目录。因其极大的效用危险性,且易被不法分子用于制作毒品,为防止药品流入非法渠道、维护和促进正常贸

① 国家药品监督管理局:《药品进口口岸名单》,载 https://www. nmpa. gov. cn/directory/web/nmpa//yaopin/ypjkkamd/index. html。

易,该类药品进出口实行准许证管理制度。任何单位以任何贸易方式,不论用于何种用途,进口所有在管制品种目录中的麻醉药品、精神药品在获得《进口药品注册证》之外,均需取得国家药品监督管理局核发的《进口准许证》方可向海关办理进口手续,《进口准许证》仅限在该证注明的口岸海关使用,并实行一批一证制度,证面内容不得自行更改。根据《国家药监局、海关总署关于麻醉药品和精神药品进出口管理有关事宜的公告》(2022年第115号),2023年1月1日起,进口麻醉药品和精神药品无需办理进口药品通关单。

此外,根据《药品进口管理办法》《蛋白同化制剂和肽类激素进出口管理办法》《放射性药品管理办法》等规定,麻醉药品、精神药品、蛋白同化制剂和肽类激素和放射性药品必须经过指定的药品检验机构抽样检验;检验合格的,方准进口。

出口管制类药品应当持有国务院药品监督管理部门颁发的《出口准许证》。《出口准许证》审批需提交:(1)特殊药品出口申请表。(2)进口国家或地区麻醉(精神)药品主管当局提供的进口准许证(正本)。(3)购货合同或者订单复印件。(4)外销合同或者订单复印件。(5)出口药品如为国内药品生产企业经批准生产的品种,须提供该药品生产企业的《药品生产许可证》、《企业法人营业执照》及药品的批准证明文件复印件;出口药物如为境内企业接受境外企业委托生产的品种,须提供国家药品监督管理局批准的证明文件复印件。(6)出口企业的《企业法人营业执照》、进出口企业资格证明文件。

二、跨境电商进出口

1.哪些医药产品可以通过跨境电商渠道进口?

跨境电商医药零售进口是指通过跨境电商零售直购进口(海关监管代码"9610")和网购保税进口(海关监管代码"1210")境外医药产品,在通关环节不验核《进口药品通关单》,并参照执行跨境电商零售进口相关税收政策将相关交易纳入个人年度交易总额管理,适用跨境电商零售进口商品单次5000元、年度交易限值26,000元相关规定;在交易限值内,关税税率暂设为0,进口环节增值税、消费税暂按法定应纳税额的70%征收。这一路径突破了药品进口需要提交药品注册证书并取得《进口药品通关单》、缴纳一般贸易进口税费等严苛条件,是对药品进口方式的重大突破。

跨境电商零售进口医药产品应符合以下条件:

(1)属于《跨境电子商务零售进口商品清单》内、限于个人自用并满足跨境电商零售进口税收政策规定的条件；

(2)通过与海关联网的电子商务交易平台交易，能够实现交易、支付、物流电子信息“三单”比对；

(3)未通过与海关联网的电子商务交易平台交易，但进出境快件运营人、邮政企业能够接受相关电商企业、支付企业的委托，承诺承担相应法律责任，向海关传输交易、支付等电子信息。

为防范用药风险，开展跨境电子商务零售进口的药品必须是《跨境电子商务零售进口清单》所列品种。现行有效的《跨境电子商务零售进口商品清单》中包含部分医药相关或相近产品，常见的例如：中药酒(30049051)，清凉油(30049054)，橡皮膏(30051010)，药棉、纱布、绷带(30059010)等。

2. 医药产品可以通过跨境电商渠道出口吗？

在海关监管语境下，跨境电商出口方式包括：特殊区域零售出口(1210)、零售直邮出口(9610)、跨境电商企业对企业直接出口(9710)以及跨境电商出口海外仓(9810)。与跨境电商零售进口不同，跨境电商出口没有设置“正面清单”管理。

根据《关于跨境电子商务零售进出口商品有关监管事宜的公告》(海关总署公告2018年第194号)规定，跨境电子商务企业不得进出口涉及危害口岸公共卫生安全、生物安全、进出口食品和商品安全、侵犯知识产权的商品以及其他禁限商品。另根据《药品管理法》第97条规定，对短缺药品，国务院可以限制或者禁止出口。我们理解，医药产品只要不属于上述禁限商品的，均可以通过跨境电商渠道出口，但出口时需符合医药产品一般贸易出口的相关条件，如提供资质证件等。

3. “北京模式”与“河南模式”下跨境电商医药进口模式有哪些异同？

“北京模式”①与“河南模式”②均在跨境电商医药零售领域做出了新的尝试，对于通过跨境电商零售进口方式向国内销售药品的，虽然在通关时不需要提交《药品进口通关单》，但是基于“药品安全保障”等基本原则，试点企业(包括平台企业和入驻商家)需要按照《药品管理法》《互联网药品信息服务管理办法》等规定向属地药品监管部门办理备案。

此外二者相比也各具特色，我们总结梳理如下几个方面：

---

① 2019年12月，北京市药监局会同北京市商务局、北京海关、北京天竺综合保税区管理委员会制定《北京市跨境电商销售医药产品试点工作实施方案》。

② 2021年5月，国务院印发《关于同意在河南省开展跨境电子商务零售进口药品试点的批复》(国函〔2021〕51号)。

(1)关于药品进口零售模式的组织结构

“北京模式”中,平台企业作为试点企业牵头主体负责管理入驻的境外药企(入驻商家)、物流、仓储等各参与方,承担药品安全的首要职责,承担入驻商家资格审查、药品清单管理、产品追溯核查、产品储存运输等相关责任。

“河南模式”基本按照《关于完善跨境电子商务零售进口监管有关工作的通知》(以下简称486号文)关于跨境电商零售进口的模式进行设计,即平台企业、入驻商家、境内代理人均作为试点单位,各自承担相应责任。

(2)试点医药产品清单

“北京模式”的试点药品严格限于《跨境电子商务零售进口商品清单》中与医药产品相关的税号范围。

“河南模式”,根据国务院国函〔2021〕51号批复,试点品种为《跨境电子商务零售进口商品清单》之外、已取得我国境内上市许可的13个非处方药,“参照”执行跨境电商零售进口相关税收政策。自批复之日起3年内原则上不再扩大试点目录。

(3)入驻商家及其境内代理人的责任义务

“北京模式”并未明确要求入驻企业需要同时设置境内代理人;仅对试点平台企业实施监管,没有明确要求入驻商家设置对应的境内代理人并办理《药品经营许可证》。

而“河南模式”不仅要求根据486号文必须设置境内代理人,而且还应具有药监部门核发的《药品经营许可证》,而且还要求参与试点入驻商家及其境内代理人要按照规定到药监部门备案,制定药品追溯制度,建立完善药品信息化追溯体系,实现全链条可追溯,依法承担药品质量安全的相应责任。

三、以物品名义携带或邮寄进出境

1. 什么情况下药品或医疗器械可以以物品名义进出境?

以个人物品名义进出境的药品或医疗器械,无需提交相关进口许可证件,但被列入《中华人民共和国禁止进出境物品表》《中华人民共和国限制进出境物品表》的不得作为个人物品进出境。

经海关认定属于合理自用范围内的药品及医疗器械,海关直接放行入境,必要时要求收件人或个人携带者提供必要的证据证明合理自用。

(1)个人邮件邮递入境

依据《关于调整进出境个人邮递物品管理措施有关事宜》(海关总署公告

2010年第43号),境外药品/医疗器械作为个人物品邮递进境时如在一定限值以下(港澳台每次限值800元以下、其他国家和地区每次限值1000元以下)可以按照个人物品办理通关,超出限值的境外药品/医疗器械按货物进口手续办理通关。对于虽超出限值,但仅为一件不可分割的物品且经海关部门审核确属个人自用的,仍按个人物品办理通关。

(2)个人行李携带入境

个人在行李中携带境外药品/医疗器械进境时,依据海关总署公告2010年第54号《关于进境旅客所携行李物品验放标准有关事宜》,居民旅客在总值5000元人民币以内(含5000元)和非居民旅客在总值2000元人民币以内(含2000元)均可按照个人物品办理通关。如果药品/医疗器械价值超出限值,经海关部门审核确属自用,仍然按照个人物品进行监管无需提交相关进口许可证,但对超出限值的部分需征收进口税。

2. 如何理解"合理、自用、少量"原则?

《药品管理法》第65条第2款规定:"个人自用携带入境少量药品,按照国家有关规定办理。"海关部门按照"合理、自用、少量"的原则进行监管放行,具有一定的裁量权。

一般情况下海关直接验放非禁止入境的物品,但如果超出限值或者无法直接判断是否为个人合理自用时,要求邮寄收件人或携带者提供证据证明,如诊断说明书、开药处方、购药记录、境外上市合格证书、药品说明书等。个人凭医疗机构出具的医疗诊断书、本人身份证明,可以携带单张处方最大用量以内的麻醉药品和第一类精神药品。一般来说,麻醉药品、第一类精神药品注射剂处方为一次用量,其他制剂型处方不得超出3日用量,控缓释剂不超过7日用量;第二类精神药品处方一般不超过7日用量,对于某些特殊情况,处方用量可适当延长。

如果药品以个人物品方式入境之后存在二次销售行为,将可能被海关部门认定违反了"自用、合理数量"的监管原则以及如实申报的要求,进而涉及申报不实甚至走私的行政责任和刑事责任风险。

3. 电商平台以个人物品形式销售境外药品(如OTC药品)可能存在哪些风险?

因为部分境外药品难以通过一般贸易进口或跨境电商进口渠道销售至国内,而国内消费者又有该类药品的购买需求,故一些境内电商平台也允许平台内商家甚至自行通过个人物品直邮进境的形式销售境外药品,如OTC药品。尽管其在通关形式上与"个人邮件邮递入境"无本质区别,但实际经营模式却仍然有可能引发相关风险。

(1)平台作为第三方

根据《药品管理法》第62条规定及《电子商务法》中对“电商平台经营者”的规定,为境外OTC药品跨境零售进口提供服务的第三方跨境平台须首先在药品监督管理部门进行备案;通过跨境电商平台直邮的境外OTC药品电商企业,须依法委托境内代理公司取得《药品经营许可证》,在平台上销售的药品须具备《进口药品注册证》/《医药产品注册证》;平台对此有审核的义务,并因此承担相应的责任。《药品管理法》第131条规定:“违反本法规定,药品网络交易第三方平台提供者未履行资质审核、报告、停止提供网络交易平台服务等义务的,责令改正,没收违法所得,并处二十万元以上二百万元以下的罚款;情节严重的,责令停业整顿,并处二百万元以上五百万元以下的罚款。”这一责任处罚相比《电子商务法》的“二百万元”封顶处罚,力度更大,因此提醒跨境平台企业更应注意风险,谨慎考虑网售药品第三方服务的审核情况。

(2)平台作为自营主体

如果监管部门将境内管理的平台面向境内消费者进行的药品自营行为判断为境内电子商务和境内药品销售行为时,应当注意以下风险:

①主体必须同时履行作为自营时电子商务经营者以及平台经营者的双重规定,包括但不限于平台自营业务应当取得药品经营资质相关行政许可、平台严格标注自营业务并对自营业务承担商品销售的消费者权益保护民事责任及行政责任等。

②药品经营企业必须按照《药品管理法》等法律规范的要求经营药品,平台上自营的药物应当符合相关质量标准。

③当销售的药品属于海关禁止或者限制进出境物品但未如实申报,或者不符合个人物品“自用、合理数量”的原则并二次销售、造成应收税款流失等情形,则存在被海关认定为走私的风险。

四、海南医药进口新政

1. 海南博鳌乐城国际医疗旅游先行区对临床急需药品、医疗器械进口有哪些限定条件?

《药品管理法》第65条第1款规定:“医疗机构因临床急需进口少量药品的,经国务院药品监督管理部门或者国务院授权的省、自治区、直辖市人民政府批准,可以进口。进口的药品应当在指定医疗机构内用于特定医疗目的。”

国务院决定在海南博鳌乐城国际医疗旅游先行区内医疗机构临床急需进口医疗器械、少量药品(不含疫苗)的申请,由海南省人民政府实施审批[①]。《海南自由贸易港博鳌乐城国际医疗旅游先行区临床急需进口药品医疗器械管理规定》明确临床急需进口药品和医疗器械,是指先行区医疗机构因临床急需,进口已在境外批准上市,未获我国批准注册、国内已上市品种无法替代的药品(不包括疫苗)和在我国尚无同品种产品获准注册的医疗器械。

临床急需进口药品和医疗器械原则上应当通过指定的合法渠道从海南口岸进口通关,由海口海关依照国家有关规定办理进口通关手续。不得进口翻新医疗器械或者从国外医疗机构转让在用医疗器械。如因产品原因确实无法通过指定渠道进口的,由省药品监督管理部门依据有关规定指定其他合法渠道进口。

药品/医疗器械自取得国内药品注册证/医疗器械注册证后不再作为临床急需进口药品/医疗器械批准进口。

2. 先行区内医药企业及医疗机构如何合规管理特殊进口药品及医疗器械?

乐城先行区的创新机制无疑为区内医疗机构带来发展的重要契机,但在涉及临床急需进口药品及医疗器械的管理时,医疗机构不可忽视合规风险。

(1)通过合同约定控制境外药械采购风险

①谨慎与境外生产商约定产品质量、侵权、违约责任的分配,因医疗机构操作不当以外原因造成的伤害尽量约定由境外生产企业承担赔偿责任;②明确境外生产商在完成交付义务后仍应及时将产品重大安全风险告知医疗机构,并履行召回义务;③明确约定可退货情形。

(2)建立严格的药械管理和使用制度

对于先行区可进口使用的临床药品和医疗器械,医疗机构应当建立相应的引进、仓储、使用、跟踪和追责的相关制度,以严格控制和防止药械使用全流程中的风险。例如:对药械的进口申请和跟进建立内部评估、审批制度和具体工作流程;规范药械的保存、提取、分配等部门的具体工作权限和职责;临床使用中建立完善的药械交接记录、诊疗病历和数据保管、患者家属告知及知情同意书签署程序;对药械在临床使用后的反应和复诊实施专人跟踪、主动监测和报告制度;对临床医疗团队的实施水平定期评估和更新;建立医疗责任事故的安全风险预警

---

① 国务院《关于在海南博鳌乐城国际医疗旅游先行区暂停实施〈医疗器械监督管理条例〉有关规定的决定》(国发〔2018〕10 号)、国务院《关于在海南博鳌乐城国际医疗旅游先行区暂时调整实施〈中华人民共和国药品管理法实施条例〉有关规定的决定》(国发〔2018〕43 号)。

及规范处理机制等。

(3)建立患者带药出院后的用药跟进管理制度

《海南博鳌乐城国际医疗旅游先行区临床急需进口药品带离先行区使用管理暂行办法》规定,医疗机构申请出园使用的药品需为非首次使用、仅供患者使用、少量的口服药品,需要提交患者出院带药方案及应急预案,经监管部门批准,患者签署出院带药知情同意书及承诺书后才可将药品带离乐城先行区,患者在园区外使用药物需要实时视频记录并上传至追溯系统。

医疗机构可以通过以下方式提高医疗机构对于药品离区后的监管参与度,预防药物发生流弊:①成立专门的申请审核小组,在向省卫生健康主管部门提交审批之前对患者过往的用药情况、临床医疗团队的评估和意见、带离院区药量的必要性合理性等方面进行必要审查;②在患者知情同意书及承诺书中明确告知患者不配合监管、药物发生流弊后需承担的不利后果;③探索与区外甚至境外医疗机构合作,包括由其指定医疗机构直接保管药品、医疗器械并由患者在指定时间和地点进行服用、由指定的区外/境外机构观测、记录和反馈服用情况和服用反应、协助区内医疗机构定期回访和用药指导等。

第二节 医药产品进出口合规风险

一、医药产品走私风险

1.走私医药产品具体体现为哪些情形?

(1)走私境外上市的普通药品

例如,"药神案"中个人运输、携带、邮寄未经我国批准进口的境外上市药品(不属于我国认定的成瘾麻醉品、精神药物,或假药、劣药),超出合理自用范围,逃避海关监管,偷逃应纳税款,在境内二次销售。又如,医药企业通过伪报、漏报、夹藏等方式将未经批准进口药品运入国内销售等。此类情形涉嫌走私普通货物、物品罪。

(2)走私使人成瘾的麻醉品、精神药物

例如,含有可待因成分的"止咳水"已被列入《禁止进出境物品表》,属于"鸦片、吗啡、海洛因、大麻以及其他能使人成瘾的麻醉品、精神药物",系《刑法》第357条认定的毒品,走私"止咳水"涉嫌走私毒品罪。

(3)走私麻醉药品和精神药品

例如,"聪明药"莫达非尼属于列入2013年版《精神药品品种目录》国家管制的第一类精神药品，但其所含主要成分“哌醋甲酯”并未被纳入《关于规范毒品名称表述若干问题的意见》和最高人民法院《关于审理毒品犯罪案件适用法律若干问题的解释》所列举的毒品名称中，故如果走私此类药品用于医疗目的的，可能因逃避海关监管进口限制进口的药品而涉嫌构成走私禁止进口的货物、物品罪；但如果走私此类药品用于毒品目的，从现有判例来看，多以走私、贩卖毒品罪定罪处罚。

（4）走私普通医疗器械

现有走私医疗器械的案例中，走私的多为医疗耗材，如导丝、球囊、带针动脉鞘、指引导管等，走私形式包括：①远远低于正常进口报关的价格入境；②“水客”偷带和快递渠道偷运；③伪报品名，例如塑胶管、塑胶瓶、电源供应器、封口胶管、电线等物品。此类情形涉嫌构成走私普通货物、物品罪。

（5）走私二手医疗器械

《医疗器械监督管理条例》禁止进口过期、失效、淘汰等已使用过的医疗器械。许多旧医疗器械属于《禁止进口的旧机电产品目录》范围内，例如翻新的或旧的彩色超声波诊断仪、麻醉机、肠胃镜等。即使旧医疗器械未列入上述《禁止进口旧机电产品目录》，也需注意是否有许可证要求，例如，被列入《进口许可证管理货物目录》（2023 年）的“X 射线管”（商品编码 9022300000）。走私多采用伪报成全新状态、更改序列号、高报价格等方式。此类情形涉嫌构成走私国家禁止进出口的货物、物品罪。

2. 走私医药产品将承担哪些责任？

（1）走私普通货物、物品罪

走私普通医药产品涉及偷逃税款的，将承担《刑法》第 153 条走私普通货物、物品罪的刑事责任，根据实际偷逃税额及事实情节，走私涉案主体将面临的刑事责任如下：

犯罪主体	偷逃税额	自由刑	财产刑
个人犯罪	10 万—50 万元	3 年以下有期徒刑或拘役	并处偷逃应缴税额 1 倍以上 5 倍以下罚金
	50 万—250 万元	3—10 年有期徒刑	
	大于 250 万元	10 年以上有期徒刑或无期徒刑	并处偷逃应缴税额 1 倍以上 5 倍以下罚金或者没收财产

续表

犯罪主体	偷逃税额	自由刑	财产刑
单位犯罪中的单位负责人	20万—100万元	3年以下有期徒刑或拘役	只对单位判处罚金
	100万—500万元	3—10年有期徒刑	
	大于500万元	10年以上有期徒刑	

(2)走私毒品罪

走私使人成瘾的麻醉品、精神药物,或走私麻醉药品、精神药品用于毒品目的的,无论数量多少,都应当追究刑事责任,予以刑事处罚。《刑法》第347条规定(见下表):

违法情形	自由刑	财产刑
走私鸦片1000克以上	15年有期徒刑、无期徒刑或者死刑	并处没收财产
走私海洛因或者甲基苯丙胺50克以上		
走私其他毒品数量大的		
走私毒品集团首要分子		
武装掩护走私毒品		
以暴力抗拒检查、拘留、逮捕,情节严重的		
参与有组织的国际贩毒活动的		
走私鸦片200—1000克	7年以上有期徒刑	并处罚金
走私海洛因或者甲基苯丙胺10—50克		
走私其他毒品数量较大的		
走私鸦片<200克	3年以下有期徒刑、拘役或者管制;情节严重的,3年以上7年以下有期徒刑	并处罚金
走私海洛因或者甲基苯丙胺<10克		
走私其他少量毒品的		

根据最高人民检察院《关于〈非药用类麻醉药品和精神药品管制品种增补

目录〉能否作为认定毒品依据的批复》(高检发释字〔2019〕2号),《非药用类麻醉药品和精神药品管制品种增补目录》可以作为认定毒品的依据,故走私该目录中的非药用类麻醉药品及精神药品,构成走私毒品罪。

(3)走私国家禁止进出口的货物、物品罪

走私二手医疗器械属于《禁止进口的旧机电产品目录》或《进口许可证管理货物目录》(2022年)的,涉嫌《刑法》第151条走私国家禁止进出口的货物、物品罪,处5年以下有期徒刑或者拘役,并处或者单处罚金;情节严重的,处5年以上有期徒刑,并处罚金。未经许可进出口国家限制进出口的货物、物品,构成犯罪的,应当以走私国家禁止进出口的货物、物品罪等罪名定罪处罚;偷逃应缴税额,同时又构成走私普通货物、物品罪的,依照处罚较重的规定定罪处罚。

二、医药产品其他风险

1. 医药产品逃避商品检验将承担哪些责任?

2022年修订的《进出口商品检验法实施条例》第4条规定:"出入境检验检疫机构对列入目录的进出口商品以及法律、行政法规规定须经出入境检验检疫机构检验的其他进出口商品实施检验……"逃避商品检验违法行为主要是针对须经法定检验的商品。

大部分医药产品属于法定检验商品,且根据实际的管理需要,海关可能会对个别的商品在某一特定时期纳入商品检验的范围。如在新冠疫情发展初期,为加强医疗物资出口质量监管,海关发布专项公告,对医用口罩、医用防护服、呼吸机等医疗防疫物资产品实施出口商品检验,相关行政处罚案件数量激增,集中体现为将"医用"物资伪报成"非医用"物资或其他商品,以逃避商品检验,例如:将医用口罩伪报成非医用口罩、将新冠检测试剂盒伪报成塑料卡等。

根据2021年修正的《进出口商品检验法》第32条及《进出口商品检验法实施条例》第42、43、45、46条的规定,逃避商品检验的具体违法情形及相应行政处罚如下:

违法主体	擅自销售、使用者	进出口收发货人	代理报检企业或者出入境快件运营企业、报检人员		伪造、变造、买卖、盗窃检验证单者或使用者
违法行为	擅自销售、使用未报检或者未经检验的属于法定检验的进口商品,或者擅自销售、使用应当申请进口验证而未申请的进口商品的	不如实提供进出口商品的真实情况,取得出入境检验检疫机构的有关证单,或者对法定检验的进出口商品不予报检; 委托代理报检企业、出入境快件运营企业办理报检手续,未按照规定向其提供所委托报检事项的真实情况,取得出入境检验检疫机构的有关证单的	不如实提供进出口商品的真实情况,取得出入境检验检疫机构的有关证单,或者对法定检验的进出口商品不予报检	对委托人所提供情况的真实性未进行合理审查或者因工作疏忽,导致骗取出入境检验检疫机构有关证单的结果的	伪造、变造、买卖或者盗窃检验证单、印章、标志、封识、货物通关单或者使用伪造、变造的检验证单、印章、标志、封识、货物通关单
行政处罚	没收违法所得,并处商品货值金额5%以上20%以下罚款			处2万元以上20万元以下罚款	责令改正,没收违法所得,并处商品货值金额等值以下罚款

逃避商品检验违法行为“情节严重”的将予以刑事立案追诉①,处3年以下有期徒刑或者拘役,并处或者单处罚金。单位犯本罪的,实行双罚制,即对单位判处罚金,并对其直接负责的主管人员和其他直接责任人员,按照上述规定处罚。

① 根据最高人民检察院、公安部《关于公安机关管辖的刑事案件立案追诉标准的规定(二)》(已失效)第83条的规定,立案标准包括以下情形:(1)给国家、单位或者个人造成直接经济损失数额在50万元以上的;(2)逃避商检的进出口货物货值金额在300万元以上的;(3)导致病疫流行、灾害事故的;(4)多次逃避商检的;(5)引起国际经济贸易纠纷,严重影响国家对外贸易关系,或者严重损害国家声誉的;(6)其他情节严重的情形。

2.“未取得药品相关批准证明文件进口药品”将面临哪些刑事责任？

2019年《药品管理法》修订后，未取得药品批准证明文件生产、进口药品不再按照假药论处。但新法仍保留了“禁止未取得药品批准证明文件生产、进口药品”的禁止性规定，对于进口未批境外OTC药品的行为，不仅行政处罚会更加严格，而且同样存在刑事处罚的风险。

关于“进口未经批准的境外药品”的行政处罚		
行为定性		不再按假药论处，单独就未取得药品批准证明文件进口药品的行为进行处罚
单位	罚款金额	处违法生产、进口、销售的药品货值金额15倍以上30倍以下的罚款；货值金额不足10万元的，按10万元计算(150万元起罚)
	没收违法物品和违法所得	没收违法生产、进口、销售的药品和违法所得以及专门用于违法生产的原料、辅料、包装材料和生产设备，责令停产停业整顿
	吊销证照	情节严重的，吊销药品批准证明文件直至吊销药品生产许可证、药品经营许可证或者医疗机构制剂许可证
法定代表人、主要负责人、直接负责的主管人员和其他责任人员	没收违法所得	没收违法行为发生期间自本单位所获收入
	罚款金额	处所获收入30%以上3倍以下的罚款
	从业禁止	10年直至终身禁止从事药品生产经营活动
	行政拘留	可由公安机关处5日以上15日以下的拘留
减轻或免予处罚事由		未经批准进口少量境外已合法上市的药品，情节较轻的，可以依法减轻或者免予处罚

《刑法修正案(十一)》针对行为人未取得药品相关批准证明文件生产、进口药品或者明知是上述药品而销售的，新增加了妨害药品管理罪，即违反药品管理法规，足以严重危害人体健康的，处3年以下有期徒刑或者拘役，并处或者单处罚金；对人体健康造成严重危害或者有其他严重情节的，处3年以上7年以下有期徒刑，并处罚金。

若“未取得药品相关批准证明文件进口药品”确实被认定为假药、劣药的，根据《刑法》第141、142条和第142条之一的规定，依照“生产、销售、提供假药罪”、“生产、销售、提供劣药罪”及“妨害药品管理罪”三者中处罚较重的规定定罪处罚。

此外,未取得药品进口相关批准文件即进口药品、违反海关监管规定的,属于未取得许可证走私或者是走私国家禁止进出口的货物、物品的情形,依法将面临涉嫌走私罪的刑事风险。

第三节 防疫医疗物资进出口

一、防疫医疗物资的捐赠进口

1. 防疫医疗物资捐赠进口的具体流程是什么?

2020年年初新冠疫情暴发之后,防疫医疗物资的境外捐赠已成为常态,具体流程对后续其他类型医疗物资捐赠进口有一定的参考价值。

(1)境外捐赠人需提供捐赠物资相关材料

捐赠人应对捐赠药品的质量负责,捐赠时须向受赠人提供药品清单和捐赠药品检验报告,并且出具境外捐赠函。

(2)确认受赠人

《慈善捐赠物资免征进口税收暂行办法》(财政部、海关总署、国家税务总局公告2015年第102号)第5条列明了具体受赠人。受赠人负责接受捐赠物资,并出具《受赠人接受境外慈善捐赠物资进口证明》及《捐赠物资分配使用清单》。

(3)受赠人向所在地海关办理减免税手续

受赠人在申报进口捐赠物资前,应向其所在地海关办理减免税手续。受赠人也可委托使用人,由使用人向使用人所在地海关办理减免税手续。进口捐赠物资的征免性质为:慈善捐赠(代码:802)。

(4)防疫医疗物资捐赠进口申报及通关验放

防疫医疗物资进口申报及通关验放按照医药产品向进口地海关进行一般贸易进口申报,申报监管代码为3612捐赠物资。进口的捐赠物资按国家规定属配额、特定登记和进口许可证管理的商品,受赠人应向有关部门申请配额、登记证明和进口许可证。

2. 捐赠进口的境外防疫医疗物资须符合哪些要求?

(1)捐赠医疗器械:根据《关于对进口捐赠医疗器械加强监督管理的公告》(国家质量监督检验检疫总局、海关总署、商务部、民政部2006年第17号公告)要求捐赠的医疗器械应为新品,并且已在中国办理过医疗器械注册,其中不得夹带有害环境、公共卫生和社会道德及政治渗透等违禁物品。海关对进口捐赠的医疗器械(不论是否属于《实施检验检疫的进出境商品目录》内),凭检验检疫机构出具的注明“上述物品为捐赠物品”的《入境货物通关单》验放，对其中涉及进口许可证管理的，海关还应验核进口许可证件。对经检验检疫合格的进口捐赠的医疗器械，检验检疫机构出具《入境货物检验检疫证明》后，受赠单位（或个人）方可使用。

（2）捐赠药品：根据《捐赠药品进口管理规定》，捐赠药品应为我国已批准进口注册的品种，且有效期限距失效日期须在12个月以上；药品批准有效期为12个月及以下的，捐赠药品有效期限距失效日期须在6个月以上；最小包装的标签上应加注“捐赠药品，不得销售”或类似字样，并附中文说明书；不得上市销售，不得向使用者收取费用。需向口岸药品监督管理部门提交《进口药品注册证》、捐赠药品进口备案的书面申请、捐赠协议、原产地证明、出厂检验报告书等材料，经审核通过后准予进口备案，出具《进口药品通关单》及《进口药品口岸检验通知书》，经检验合格后方可分发使用。

二、防疫医疗物资出口

1. 企业出口防疫医疗物资需要具备哪些资质条件？

如果出口境外的医疗器械产品同时也在境内销售，则相关产品需要取得《医疗器械注册证》或进行备案，相关境内医疗器械生产企业需要取得《医疗器械生产许可证》（开办第二类、第三类医疗器械生产企业）或办理第一类医疗器械生产备案（开办第一类医疗器械生产企业）；如果出口境外的医疗器械产品不在境内上市，仅对外出口，则过往不需要依据《医疗器械监督管理条例》《医疗器械注册与备案管理办法》《体外诊断试剂注册与备案管理办法》等规定，对医疗器械产品进行注册或备案，生产企业也不需要取得《医疗器械生产许可证》或办理第一类医疗器械生产备案，但应当保证其生产的医疗器械符合进口国/地区的要求。

为保障新冠疫情防控物资质量安全，根据《关于有序开展医疗物资出口的公告》[商务部、海关总署、国家药品监督管理局（已变更）公告2020年第5号]，自2020年4月1日起，出口新型冠状病毒检测试剂、医用口罩、医用防护服、呼吸机、红外体温计的企业向海关报关时，须提供书面或电子声明，承诺出口产品已取得我国医疗器械产品注册证书，符合进口国（地区）的质量标准要求。海关凭药品监督管理部门批准的医疗器械产品注册证书验放。

此外，根据《关于对“6307900010”等海关商品编号项下的医疗物资实施出口商品检验的公告》（海关总署公告2020年第53号）要求，2020年4月10日起，为加强医疗物资出口质量监管，按照《进出口商品检验法》（2018年第二次修正)(已被修改)及其实施条例,海关对医用口罩“6307900010”等19个商品编号的医疗物资实施出口商品检验;2020年12月3日,根据《关于部分医疗物资不再实施出口商品检验的公告》(海关总署公告2020年第124号)规定,除医用口罩、医用防护服及呼吸机之外,其他14个10位商品编号项下的医疗物资不再实施出口商品检验。

按照国际惯例,出口医疗器械的产品质量主要由进口国负责监管,但是,部分进口国家/地区可能会要求出口企业提供政府主管部门出具的销售证明,但这种销售证明属于服务型事项,而非许可事项,在我国由药品监管部门出具,与医疗器械产品的通关无直接关系。办理《医疗器械产品出口销售证明》的前提是:该企业是出口医疗器械产品的生产企业,且已在我国取得医疗器械产品注册证书及生产许可证书或已办理医疗器械产品备案及生产备案。

2. 防疫医疗物资印制外包装怎么印才合规?

在防疫物资出口环节,大量国内生产出口的医疗器械经境外采购商采购出口后,将被贴附境外采购方的信息,出于某些商业需求,有些境外采购方会要求外包装上不印制境内生产厂家的相关信息,以便于境外销售。出口医疗器械外包装上是否必须印制生产厂家名称、地址等信息?我们在业务实操中研究总结如下几点。

根据《医疗器械监督管理条例》和《医疗器械说明书和标签管理规定》的规定,医疗器械说明书、标签上应当标明医疗器械注册人、备案人、受托生产企业的名称、地址以及联系方式。法规规章参考国际惯例,将“包装标识”与“标签”合并为“标签”。基于此,境内生产的医疗器械包装上应依法印制生产厂家信息。

在出口环节,尽管海关针对医疗器械包装监管无明文规定,但对于防疫物资(例如口罩)的出口实行更为严格的查验,即加强对医疗物资出口的查验力度,通过对货物的内外包装、颜色外观、生产日期、保质期、合格证的审核等设置查验重点,防止“三无”(无品牌标识、无厂名厂址、无产品质量合格标识)和污染变质等不合格的医疗物蒙混过关。

实践中,各地海关对于货物通关查验的内部执行标准以法律规定为基础,但仍存有一定差异,例如深圳海关对于产品包装上生产厂家信息的监管较为严格,明确外包装必须印制生产厂家信息,且不建议企业以条码、二维码、网址等其他方式替代生产厂家姓名及地址;上海及广州两地海关对外包装监管为一般不对外包装监管做特殊要求,但外包装需符合医疗器械相关法律规定的要求,故仍有海关查验外包装的可能性以及因外包装不符合要求从而导致的通关延迟甚至扣押、处罚的法律风险。

第九章　环保合规

第一节　医药生产企业环保合规的宏观监管环境

一、深入打好污染防治攻坚战

1. 什么是污染防治攻坚战？

污染防治攻坚战是中共中央、国务院在生态环境保护方面的重大决策部署。2018 年 6 月，中共中央、国务院印发《关于全面加强生态环境保护　坚决打好污染防治攻坚战的意见》，提出坚决打赢蓝天保卫战，着力打好碧水保卫战，扎实推进净土保卫战，并确定了到 2020 年三大保卫战具体指标。2021 年 11 月，中共中央、国务院发布《关于深入打好污染防治攻坚战的意见》，明确了 2025 年和 2035 年的污染防治目标，并在总结拓展“十三五”污染防治攻坚战经验做法的基础上，根据“十四五”新任务新要求，保持力度、延伸深度、拓宽广度，要求以更高标准打好蓝天、碧水、净土保卫战，继续实施一批标志性战役，接续攻坚、久久为功。

2. 深入打好污染防治攻坚战对医药生产企业有哪些方面影响？

从“十三五”坚决打好污染防治攻坚战，到“十四五”深入打好污染防治攻坚战，从“坚决”到“深入”，意味着污染防治触及的矛盾问题层次更深，领域更广，要求也更高。医药生产企业应及时关注这些执法环境的变化，提前谋划部署企业环境保护方面污染防治的重点内容。根据《关于深入打好污染防治攻坚战的意见》，医药生产企业应重点关注的污染防治内容包括挥发性有机物治理、工业污水治理及长江、黄河等流域保护、固废危废管理、建设用地土壤污染风险管控、新化学物质等新污染物治理等。

二、打击危险废物环境违法犯罪

1. 有哪些打击危险废物的专项监管行动?

危险废物既是生态环境保护的重点领域,也是污染环境较为严重、违法行为频发及可能涉及刑事犯罪、民事侵权、公益诉讼和生态环境损害赔偿诉讼多重法律后果的违法行为类型,且危废污染环境大多属于共同犯罪,违法产业链长、涉案人员多、作案手段隐蔽,因此一直受到生态环境部门、公安部门、检察院等部门的高度重视,监管力度也逐年增大。

自2018年以来,我国在固废危废领域已经连续开展了多批次清废行动及打击危险废物环境违法犯罪的活动,如"清废行动2018""清废行动2019""2020年严厉打击危险废物环境违法犯罪行为专项行动""2021年黄河流域清废行动""2021年严厉打击危险废物环境违法犯罪和重点排污单位自动监测数据弄虚作假违法犯罪专项行动""2022年黄河流域清废行动""2022年深入打击危险废物环境违法犯罪和重点排污单位自动监测数据弄虚作假违法犯罪专项行动"等。

2. 医药生产企业危险废物环境违法犯罪的表现形式主要有哪些?

从历次危废执法监管专项行动来看,我国对危废的监管力度将会持续加大,并且会重点打击可能涉及刑事犯罪、具有隐蔽性的多链条的环境违法行为,如无危废经营许可证或以合法资质为掩护的单位非法收集、贮存、利用、处置危废;明知他人无危废经营许可证,向其提供或者委托其收集、贮存、利用、处置危废;非法排放、倾倒、处置危废3吨以上;违反《危险废物转移管理办法》规定,跨行政区域非法转移、排放、倾倒、处置危废;将危废隐瞒为中间产物(产品)、副产物(品),非法转移、利用和处置等,建议医药生产企业予以重点关注和防范。

三、新污染物治理

1. 什么是新污染物?

目前,国际国内尚无关于新污染物的权威定义。根据生态环境部对新污染物治理的解读[①],从保障国家生态环境安全和人民群众身体健康的角度来看,可

---

① 2021年11月19日,生态环境部宣传教育司:《加强新污染物治理 统筹推动有毒有害化学物质环境风险管理》。

以认为新污染物是指新近发现或者被关注，对生态环境或者人体健康存在较大风险，但尚未纳入管理或者现有管理措施不足以有效防控其风险的有毒有害化学物质等。新污染物具有“新”和“环境风险大”（如危害严重性、风险隐蔽性、环境持久性、来源广泛性、治理复杂性）的特点。2022 年 5 月 4 日，国务院办公厅印发《新污染物治理行动方案》，指出有毒有害化学物质的生产和使用是新污染物的主要来源。目前，国内外广泛关注的新污染物主要包括国际公约管控的持久性有机污染物、内分泌干扰物、抗生素等。

2. 医药生产企业新污染物治理的监管内容及趋势是什么？

《新污染物治理行动方案》采取“筛、评、控”和“禁、减、治”的总体工作思路，提出对新污染物开展环境风险筛查评估，动态发布重点管控新污染物清单，采取禁止、限制、限排等环境风险管控措施，对新污染物实施源头管控、过程控制和末端综合治理。随着国家对新污染物治理的法规制度和治理体系的完善及监管力度的加大，建议医药生产企业一是持续跟踪关注国家将动态发布的重点管控新污染物清单及其禁止、限制、限排等环境风险管控措施；二是严格按照《新化学物质环境管理登记办法》落实新化学物质环境管理登记制度，依法落实淘汰或限用措施，加强产品中重点管控新污染物含量控制；三是加强企业自身清洁生产和绿色制造，规范抗生素类药品使用管理，减少新污染物排放；四是依据《新污染物治理行动方案》，国家会选取医药行业一批重点企业和工业园区开展新污染物治理试点工程，形成一批有毒有害化学物质绿色替代、新污染物减排以及污水污泥、废液废渣中新污染物治理示范技术，建议相关医药生产企业予以关注。

四、挥发性有机物治理

1. 医药生产企业挥发性有机物治理有哪些政策监管要求？

2017 年 9 月，原环境保护部、国家发展改革委等印发《“十三五”挥发性有机物污染防治工作方案》，提出：“京津冀大气污染传输通道城市，对涉及原料药生产的医药企业 VOCs 排放工序、生产过程中使用有机溶剂的农药企业 VOCs 排放工序，在采暖季实施错峰生产。”2019 年 6 月，生态环境部印发《重点行业挥发性有机物综合治理方案》，提出加强制药行业 VOCs 治理力度。2020 年 6 月，生态环境部印发《2020 年挥发性有机物治理攻坚方案》，将制药行业作为挥发性有机物排查和治理的重点对象。2021 年 8 月，生态环境部作出《关于加快解决当前挥发性有机物治理突出问题的通知》，提出要开展重点任务和问题整改“回头看”，并针对当前的突出问题开展排查整治，各地要以制药等行业为重点开展排查整治。2021年11月,中共中央、国务院印发《关于深入打好污染防治攻坚战的意见》,提出以医药等行业领域为重点,安全高效推进挥发性有机物综合治理,实施原辅材料和产品源头替代工程。2022年4月,生态环境部印发《"十四五"环境影响评价与排污许可工作实施方案》,提出推进医药等行业项目挥发性有机物(VOCs)防治。

2. 医药生产企业挥发性有机物治理有哪些法律监管要求?

医药生产企业挥发性有机物治理的法律要求主要规定在《大气污染防治法》中。依据《大气污染防治法》规定,医药生产企业关于挥发性有机物治理的法定要求主要有:(1)生产、进口、销售和使用含挥发性有机物的原材料和产品的,其挥发性有机物含量应当符合质量标准或者要求①;(2)产生含挥发性有机物废气的生产和服务活动,应当在密闭空间或者设备中进行,并按照规定安装、使用污染防治设施;无法密闭的,应当采取措施减少废气排放②;(3)向大气排放大气污染物的,应当符合大气污染物排放标准,遵守重点大气污染物排放总量控制要求③;(4)重点排污单位应当安装、使用大气污染物排放自动监测设备,与生态环境主管部门的监控设备联网,保证监测设备正常运行并依法公开排放信息④。此外,医药生产企业的挥发性有机物治理可以参照生态环境部发布的《制药工业挥发性有机物治理实用手册》《挥发性有机物治理实用手册》《重点行业企业挥发性有机物现场检查指南(试行)》《臭氧及挥发性有机物综合治理知识问答》等指引开展。

五、碳达峰、碳中和

1. 中国碳达峰、碳中和政策体系结构是什么?

中国碳达峰、碳中和政策体系结构为"1+N"政策体系。其中,"1"为2021年9月中共中央、国务院印发的《关于完整准确全面贯彻新发展理念做好碳达峰碳中和工作的意见》(以下简称《双碳意见》),该意见提出了2025年、2030年和2060年三个时间节点实现碳达峰、碳中和的主要目标及主要任务方向,是中国实现碳达峰、碳中和的指导思想和顶层设计。"N"则包括2021年10月国务院印发的《2030年前碳达峰行动方案》和重点领域、重点行业碳达峰实施方案及支

---

① 《大气污染防治法》第44条第1款。
② 《大气污染防治法》第45条。
③ 《大气污染防治法》第18条。
④ 《大气污染防治法》第24条。

撑保障措施。2022 年 6 月和 7 月，生态环境部、国家发展改革委、工信部等部门先后印发了《减污降碳协同增效实施方案》《工业领域碳达峰实施方案》，为医药生产企业减污降碳协同增效、实现碳达峰的路径等提供了指引。

2. 医药生产企业有哪些碳达峰、碳中和政策监管要求？

在碳达峰、碳中和“1+N”政策体系下，医药生产企业主要可以从产业结构调整及转型升级、能源消耗及利用、减污降碳协同增效（包括污染物防治、控制温室气体排放）、全产业链绿色发展（包括绿色设计、绿色产品、绿色认证、绿色供应链、绿色工厂、绿色运营、绿色办公、绿色建筑、公益活动等）、资源回收利用、碳资产管理等方面进行绿色转型升级，助力国家碳达峰、碳中和目标的实现。以能源消耗及利用为例，医药生产企业可通过调整优化用能结构，控制化石能源消费、提高清洁能源使用比例和能源利用效率，严格开展固定资产投资项目节能审查，贯彻落实能源消费总量和强度双控，提升重点用能设备能效，实施节能降碳升级改造等方式来节能增效。

六、中央生态环境保护督察

1. 中央生态环境保护督察制度是什么？

中央生态环境保护督察制度是我国生态环境执法监管的一项重大制度改革，是党和国家的重大制度创新，也是习近平总书记亲自谋划、亲自部署、亲自推动的重大制度安排，是我国建设生态文明的重要抓手。自 2016 年 1 月至 2017 年 9 月，中央生态环境保护督察组分四批进驻全国 31 个省（区、市）开展第一轮中央环保督察，2018 年 5 月至 12 月，中央生态环境保护督察组分两批对 20 个省（区、市）开展第一轮中央环保督察“回头看”。2019 年 7 月至 2022 年 4 月，中央环保督察组分六批对 31 个省（区、市）、6 家央企及国家能源局、国家林业和草原局 2 个国务院有关部门进行了第二轮中央生态环境保护督察。

2. 中央生态环境保护督察对医药生产企业的影响有哪些？

中央生态环境保护督察是我国生态环境执法监管的一项常态化监管制度，未来必将会继续更多轮的督察，且未来对企业的督察内容也将根据相关政策规定扩大范围，建议医药生产企业予以持续关注，并建议医药生产企业根据前两轮环保督察出的同行业企业问题及曝光的典型案例等，全面进行自查，并对不合规问题进行整改，防范自身在被督察时产生相关环境法律责任风险。

七、长江流域保护、黄河流域保护

1. 医药生产企业长江流域保护的监管政策和法律有哪些？

2015 年 4 月，国务院印发《水污染防治行动计划》，提出要“深化重点流域污染防治……到2020年,长江、珠江总体水质达到优良”的目标要求。2017年7月,原环境保护部、国家发展改革委、水利部等部门印发《长江经济带生态环境保护规划》,提出了长江经济带包括医药行业在内的重点行业企业的生态环境保护要求。2018年12月,生态环境部、国家发展改革委印发《长江保护修复攻坚战行动计划》,提出“强化生态环境空间管控,严守生态保护红线”“排查整治排污口”“加强工业污染治理”“优化水资源配置”“强化生态系统管护”等方面行动内容。2020年12月26日,全国人大常委会发布《长江保护法》,自2021年3月1日起施行,在法律层面上规定了长江流域规划与管控、资源保护、水污染防治、生态环境修复、绿色发展等方面内容。前述长江流域保护相关政策及法律的规定与医药生产企业息息相关,建议医药生产企业予以高度关注。

2. 医药生产企业黄河流域保护的监管政策和法律有哪些?

2015年4月,国务院印发《水污染防治行动计划》,提出要“深化重点流域污染防治……到2020年……黄河、淮河、辽河在轻度污染基础上进一步改善”的目标要求。2021年10月,中共中央、国务院印发《黄河流域生态保护和高质量发展规划纲要》,提出工业节水力度及工业污染防治等要求,医药生产企业也应参照执行。2022年6月,生态环境部、国家发展改革委等部门印发《黄河流域生态环境保护规划》,提出强化原料药制造等行业企业环境风险管控、工业废水稳定达标排放治理等要求。2022年8月,生态环境部、最高人民法院、最高人民检察院等印发《黄河生态保护治理攻坚战行动方案》,提出对原料药制造等行业要严控企业环境风险、推动实施清洁生产改造,开展自愿性清洁生产评价和认证,严格实施“双超双有高耗能”企业强制性清洁生产审核,新建原料药制造企业应布局在符合产业定位和准入要求的合规园区等要求。2022年10月30日,《黄河保护法》正式公布,自2023年4月1日起施行。《黄河保护法》从法律层面规定了黄河流域规划与管控、生态保护与修复、水资源节约集约利用、污染防治等与医药生产企业密切相关的内容,建议医药生产企业予以重点关注。

第二节　医药生产企业常见环境违法行为识别

一、环境许可类常见环境违法行为

1. 医药生产企业应取得的环境方面许可主要有哪些?

医药生产企业根据生产经营范围及生产工艺的不同,应取得的环境许可也有所不同。对于一般医药生产企业而言,在建设生产项目、施工运营及污染物排放等过程中，一般应取得的环境方面许可包括建设项目环境影响评价（环评许可）、排污许可、新化学物质管理登记/备案等，对于涉及排水、取水、收集或经营危险废物的医药生产企业，还可能包括排水许可、取水许可、危废经营许可等方面的环境许可。

2. 医药生产企业环境影响评价方面常见违法行为有哪些？

建设项目环境影响评价（以下简称环评）方面现行有效的重要法律法规有2018年修正的《环境影响评价法》、2017年修订的《建设项目环境保护管理条例》、《建设项目环境影响评价分类管理名录》（2021年版）和《建设项目竣工环境保护验收暂行办法》等，前述规定为建设项目环评、环评批复（环评许可）、环保竣工验收、“三同时”、建设项目发生重大变动需重新申报环评等内容提供了法律依据。

依据前述环评领域相关规定，实践中，企业在建设项目环评方面的常见违法行为主要有：（1）建设项目未批先建；（2）建设项目未验先投；（3）建设单位未公开建设项目的环保竣工验收报告；（4）环评文件基础资料不实，内容存在重大缺陷、遗漏或虚假等；（5）未依法进行环境影响后评价。

其中，未批先建常见的表现形式有两种：（1）依法应当进行环评的建设项目没有报批环评文件，或者环评文件未经批准建设单位即开工建设；（2）建设项目的环评文件经过批准后，建设项目的性质、规模、地点、采用的生产工艺或者防治污染、防止生态破坏的措施发生重大变动，但建设单位未重新报批建设项目的环评文件。此外，建设项目未验先投的主要表现形式为建设项目需要配套建设的环境保护设施未建成、未经验收或者验收不合格，建设项目即投入生产或者使用。

3. 医药生产企业排污许可方面常见违法行为有哪些？

我国实行排污许可制度，主要是指实行排污许可管理的排污单位应依法申请取得排污许可证，并按照排污许可证的规定排放污染物，未取得排污许可证的单位不得排放污染物。排污许可方面现行有效的重要法规有《排污许可管理条例》、《排污许可管理办法（试行）》（2019年修正）和《固定污染源排污许可分类管理名录》（2019年版）。此外，申请排污许可证的排污单位还应按照所属特定行业的排污许可证申请与核发技术规范来进行申请，其后续排污许可管理内容除了应符合相关法律法规规定外，还要符合行业性的排污许可证申请与核发技术规范、自行监测指南等技术规范的环境管理要求。

依据前述规定，排污许可管理方面企业常见的违法行为及风险点主要有两个方面:一是无证排污;二是未按证排污。其中,无证排污主要表现形式有四种:(1)依法应当申领排污许可证的排污单位未申领排污许可证即排放污染物;(2)排污单位虽然申领排污许可证,但是排污许可证有效期届满,排污单位未申请延续或者延续申请未经批准的情形下排放污染物;(3)排污单位的排污许可证被依法撤销、注销或吊销,排污单位继续排放污染物;(4)依照《排污许可管理条例》第15条规定,排污单位具备应当重新申领排污许可证的情形但排污单位未重新取得排污许可证而排放污染物。①

未按证排污的主要表现形式有六方面:(1)排污单位实际排放的污染物种类、浓度、总量、排放方式、污染物排放口位置或数量等与排污许可证记载不符。(2)对于记载了固废危废产生情况的排污单位,其实际产生固废或危废的种类、数量、流向、贮存、利用、处置等信息与排污许可证记载不符。(3)在环境管理台账方面,排污单位未建立环境管理台账记录制度,或者未按照排污许可证规定记录,包括未如实记录主要生产设施及污染防治设施运行情况或者污染物排放浓度、排放量等。(4)自行监测方面,排污单位未按照排污许可证规定安装、使用污染物排放自动监测设备并与生态环境主管部门的监控设备联网,或者未保证污染物排放自动监测设备正常运行;或者损毁或者擅自移动、改变污染物排放自动监测设备;或者未按照排污许可证规定制定自行监测方案并开展自行监测,并保存原始监测记录。(5)在执行报告方面,排污单位未按照排污许可证规定提交排污许可证执行报告或者未如实报告污染物排放行为或者污染物排放浓度、排放量。(6)排污单位通过暗管、渗井、渗坑、灌注或者篡改、伪造监测数据,或者不正常运行污染防治设施等逃避监管的方式违法排放污染物。

4. 医药生产企业新化学物质管理登记/备案方面常见的违法行为有哪些?

新化学物质管理方面的要求主要规定在2020年4月生态环境部发布的《新化学物质环境管理登记办法》(自2021年1月1日起施行)中。依据《新化学物质环境管理登记办法》,实践中医药生产企业在新化学物质管理登记/备案方面常见的违法行为主要有:(1)未取得登记证生产或者进口新化学物质,或者加工使用未取得登记证的新化学物质;(2)未办理备案,或者未按照备案信息生产或者进口新化学物质,或者加工使用未办理备案的新化学物质;(3)以欺骗、贿赂

---

① 《排污许可管理条例》第15条规定:"在排污许可证有效期内,排污单位有下列情形之一的,应当重新申请取得排污许可证:(一)新建、改建、扩建排放污染物的项目;(二)生产经营场所、污染物排放口位置或者污染物排放方式、排放去向发生变化;(三)污染物排放口数量或者污染物排放种类、排放量、排放浓度增加。"

等不正当手段取得新化学物质环境管理登记;(4)未按照登记证的规定生产、进口或者加工使用新化学物质;(5)未按规定办理重新登记生产或者进口新化学物质;(6)未办理变更登记,或者不按照变更内容生产或者进口新化学物质;(7)将未经国务院生态环境主管部门新用途环境管理登记审查或者审查后未予批准的化学物质,用于允许用途以外的其他工业用途。

二、生产过程中污染防治类常见环境违法行为

1. 医药生产企业生产过程中主要涉及哪些方面的污染防治?

医药生产企业生产过程中主要涉及大气污染防治、水污染防治、固废危废管理、土壤污染防治、噪声污染防治、新化学物质管理等方面内容。

2. 医药生产企业大气污染防治方面常见的违法行为有哪些?

我国现行有效的大气污染防治的重要法律是2018年修正的《大气污染防治法》。

实践中,医药生产企业在大气污染防治方面企业常见的违法行为主要有九种:(1)超过大气污染物排放标准或者超过重点大气污染物排放总量控制指标排放大气污染物;(2)通过偷排、篡改或者伪造监测数据、以逃避现场检查为目的的临时停产、非紧急情况下开启应急排放通道、不正常运行大气污染防治设施等逃避监管的方式排放大气污染物;(3)侵占、损毁或者擅自移动、改变大气环境质量监测设施或者大气污染物排放自动监测设备;(4)未按照规定对所排放的工业废气和有毒有害大气污染物进行监测并保存原始监测记录;(5)未按照规定安装、使用大气污染物排放自动监测设备或者未按照规定与生态环境主管部门的监控设备联网,并保证监测设备正常运行;(6)未按照规定设置大气污染物排放口;(7)产生含挥发性有机物废气的生产和服务活动,未在密闭空间或者设备中进行,未按照规定安装、使用污染防治设施,或者未采取减少废气排放措施;(8)未采取集中收集处理或密闭、围挡、遮盖、清扫、洒水等措施来控制内部物料的堆存、传输、装卸等环节产生的粉尘和气态污染物;(9)重污染天气期间,未根据应急需要采取停产、限产等应急措施。

3. 医药生产企业水污染防治方面常见的违法行为有哪些?

我国现行有效的水污染防治的重要法律是2017年修正的《水污染防治法》。

实践中,医药生产企业水污染防治方面常见的违法行为主要有十一种:(1)超过水污染物排放标准或者超过重点水污染物排放总量控制指标排放水污

染物;(2)未按规定设置排污口;(3)利用渗井、渗坑、裂隙、溶洞,私设暗管,篡改、伪造监测数据,或者不正常运行水污染防治设施等逃避监管的方式排放水污染物;(4)未按规定进行预处理,向污水集中处理设施排放不符合处理工艺要求的工业废水;(5)未按照规定对所排放的水污染物自行监测,或者未保存原始监测记录;(6)未按规定安装水污染物排放自动监测设备,未按照规定与环保部门联网,或者未保证监测设备正常运行;(7)未按照规定对有毒有害水污染物的排污口和周边环境进行监测;(8)违法向水体排放、倾倒油类、酸液、碱液、剧毒废液、工业废渣、放射性固体废物或者含有放射性物质的废水等;(9)在水体清洗装贮过油类、有毒污染物的车辆或者容器;(10)未按规定采取防水、防渗漏、防流失的措施;(11)违法在饮用水保护区内新改扩建项目或进行其他可能污染水体的活动。

4. 医药生产企业固废、危废管理方面常见的违法行为有哪些?

固废危废管理方面我国现行有效的重要法律是2020年修订的《固体废物污染环境防治法》。

固废管理方面医药生产企业常见的违法行为主要有六种:(1)擅自倾倒、堆放、丢弃、遗撒工业固体废物,或者未采取相应防范措施,造成工业固体废物扬散、流失、渗漏或者其他环境污染;(2)贮存工业固体废物未采取符合国家环境保护标准的防护措施;(3)在生态保护红线区域、永久基本农田集中区域和其他需要特别保护的区域内,建设工业固体废物、危险废物集中贮存、利用、处置的设施、场所和生活垃圾填埋场;(4)未经批准跨省(自治区、直辖市)转移固体废物贮存、处置,或者未经备案跨省(自治区、直辖市)转移固体废物利用;(5)委托他人运输、利用、处置工业固体废物未对受托方的主体资格和技术能力进行核实,或未依法签订书面合同,或未在合同中约定污染防治要求;(6)未建立固体废物管理台账并如实记录。

危废管理方面医药生产企业常见的违法行为及风险点主要有十二种:(1)未按照国家有关规定制定危险废物管理计划或者申报危险废物有关资料;(2)未按照国家环境保护标准贮存、利用、处置危险废物;(3)未采取相应防范措施,造成危险废物扬散、流失、渗漏或者其他环境污染;(4)将危险废物混入非危险废物中贮存;(5)未按照规定设置危险废物识别标志;(6)未经过批准跨省转移危废;(7)未按照国家有关规定填写、运行危险废物转移联单或者未经批准擅自转移危险废物;(8)在运输过程中沿途丢弃、遗撒危险废物;(9)将危险废物提供或者委托给无许可证的单位或者其他生产经营者从事经营活动;(10)无危废经营许可证或未按许可证规定从事收集、贮存、利用、处置危险废物经营活动；(11)未按照国家有关规定建立危险废物管理台账并如实记录；(12)未经消除污染处理，将收集、贮存、运输、处置危险废物的场所、设施、设备和容器、包装物及其他物品转作他用。

5. 医药生产企业土壤污染防治方面常见的违法行为有哪些？

土壤污染防治方面我国现行有效的重要法律是2018年发布的《土壤污染防治法》。

医药生产企业如被列为土壤污染重点监管单位，则常见环境违法行为主要有五种：(1)未制定、实施自行监测方案，或者未将监测数据报生态环境主管部门；(2)篡改、伪造监测数据；(3)未按年度报告有毒有害物质排放情况，或者未建立土壤污染隐患排查制度；(4)拆除设施、设备或者建筑物、构筑物的，未制定、实施土壤污染防治工作方案；(5)未按规定报备土壤污染防治工作方案。

6. 医药生产企业噪声污染防治方面常见的违法行为有哪些？

噪声污染防治方面我国现行有效的重要法律是2021年发布的《噪声污染防治法》。

噪声污染防治方面医药生产企业常见的违法行为主要有七种：(1)超过噪声排放标准排放工业噪声或建筑施工噪声；(2)在噪声敏感建筑物集中区域新建排放噪声的工业企业或改建、扩建排放噪声的工业企业但未采取有效措施防止工业噪声污染；(3)未按照规定对工业噪声开展自行监测，未保存原始监测记录，或者未向社会公开监测结果；(4)噪声重点排污单位未按照国家规定安装、使用、维护噪声自动监测设备，或者未与生态环境主管部门的监控设备联网；(5)未按照规定取得证明，在噪声敏感建筑物集中区域夜间进行产生噪声的建筑施工作业或未按照规定公告附近居民；(6)建设单位未按照规定将噪声污染防治费用列入工程造价；(7)施工单位未按照规定制定噪声污染防治实施方案，或者未采取有效措施减少振动、降低噪声。

7. 医药生产企业新化学物质管理方面常见的违法行为有哪些？

除了在新化学物质登记/备案方面的常见违法行为外，医药生产企业在新化学物质管理方面常见的违法行为还包括：(1)未按要求报送新化学物质首次活动情况或者上一年度获准登记新化学物质的实际生产或者进口情况，以及环境风险控制措施和环境管理要求的落实情况；(2)未按要求报告新化学物质新的环境或者健康危害特性或者环境风险信息，或者未采取措施消除或者降低环境风险的，或者未提交环境或者健康危害、环境暴露数据信息；(3)未落实相关环境风险控制措施或者环境管理要求,或者未按照规定公开相关信息;(4)未向下游用户传递规定信息,或者拒绝提供新化学物质的相关信息;(5)未建立新化学物质活动等情况记录制度,或者未记录新化学物质活动等情况或者保存相关资料;(6)未落实《中国现有化学物质名录》列明的环境管理要求等。

三、突发环境事件应对常见环境违法行为

突发事件应对方面我国现行有效的重要法律是2007年发布的《突发事件应对法》和《突发环境事件应急管理办法》。

实践中,医药生产企业在突发环境事件应急管理方面常见的违法行为主要有七种:(1)未制定突发环境事件应急预案;(2)未按规定开展突发环境事件风险评估工作,确定风险等级;(3)未按规定开展环境安全隐患排查治理工作,建立隐患排查治理档案;(4)未按规定将突发环境事件应急预案备案;(5)未按规定开展突发环境事件应急培训,如实记录培训情况;(6)未按规定储备必要的环境应急装备和物资;(7)污染事故发生后,未及时启动应急预案,采取有关应急措施。

四、环境信息公开常见环境违法行为

企业环境信息公开方面我国现行有效的重要法律文件是《企业环境信息依法披露管理办法》及《企业环境信息依法披露格式准则》。另外,《环境保护法》《大气污染防治法》《水污染防治法》《固体废物污染环境防治法》《噪声污染防治法》《突发事件应对法》《突发环境事件应急管理办法》《排污许可管理条例》《建设项目环境管理条例》《新化学物质环境管理登记办法》等法律法规中也有关于企业环境信息公开的规定。2021年12月11日,生态环境部发布《企业环境信息依法披露管理办法》《企业环境信息依法披露格式准则》。《企业环境信息依法披露管理办法》和《企业环境信息依法披露格式准则》的发布是深入推进环境信息依法披露制度改革的重要举措,明确了企业环境信息依法披露的主体、内容、形式和时限、监督管理和罚则等内容。

在《企业环境信息依法披露管理办法》项下,医药生产企业在环境信息公开方面常见的违法行为主要有四种:(1)不披露环境信息或者披露的环境信息不真实、不准确;(2)披露的环境信息不符合《企业环境信息依法披露格式准则》要求;(3)未将环境信息上传至企业环境信息依法披露系统;(4)披露环境信息超过规定时限。

第三节 医药生产企业环保合规管理建议

一、构建环保合规管理体系

1. 医药生产企业环保合规管理体系包括哪些内容?

医药生产企业环保合规管理体系主要可以分为两个层面,一是环保合规管理基本制度,包括环境保护管理基本制度及各污染物专项管理的制度等;二是建立将环保合规管理制度组织、运行起来的保障制度及运行机制。

2. 医药生产企业环保合规管理制度有哪些?

根据我国对企业环保合规的重点法律要求,医药生产企业的环保合规管理制度可包括建设项目环评、排污许可管理、生产过程中污染防治(大气、水污、土壤、噪声污染防治、固废危废管理、新化学物质管理)、突发环境事件应急管理、环境信息公开等方面的环保合规内容,形式上可以采取环境保护基本制度、综合性制度或各专项制度的形式。

除上述制度外,企业内部的其他制度,如涉及环保方面的内容,也可以作为环保合规管理制度的一部分。如一些企业在对外投资并购方面有专项的投资管理制度,而对外投资并购中也涉及对目标公司的环保合规尽职审查,因此也有企业将相关内容作为环保合规管理制度的一部分,如制定项目投资生态环境保护审查制度、生态环境保护资金管理制度等。

此外,在中国碳达峰、碳中和背景下,医药生产企业除了要关注自身的污染防治外,也有必要提前谋划做好碳排放管理方面环保合规的准备,协同做好污染防治和碳减排,以顺利实现自身的碳达峰、碳中和。因此,医药生产企业可以结合行业特点,制定碳达峰行动方案,并配合制定节能减排、清洁生产、资源保护及循环经济利用、碳资产管理、碳排放权交易等方面的环境管理制度。

3. 医药生产企业环境管理运行机制有哪些?

医药生产企业可建立的环境管理运行机制包括环境管理机构的设置及责任分配制度、环保合规风险识别评估预警机制、环保合规调查、督察及生态环境事件调查处理制度、环保违规问题整改机制、环境保护考核评价及追责问责机制、环境保护培训制度、生态环保信息传达及上报制度、环保合规定期评估制度等。

二、企业环保合规资源配置

1. 医药生产企业环保合规资源配置包括哪些内容?

医药生产企业可以配置的环保合规资源包括环保合规管理部门及管理人员

的设置、环保责任清单的制定、环保合规资金的投入、结合医药生产企业特点量身订制的全流程环保合规风险控制及风险检查清单以及环境法律法规、环境标准、技术规范手册等。

2. 医药生产企业如何配置环保合规资源?

(1)环保合规管理部门及管理人员设置

环保合规管理部门及管理人员的设置是医药生产企业依据环境法律规定建立环境保护责任制度的前提和基础。医药生产企业可以根据自身组织体系结构、规模等因素,设置专门的环保合规管理部门和下属各建设项目、各生产车间、各生产工艺环节的环境管理人员,建立起环保合规管理组织架构。环保合规管理人员纵向来看一般要有对公司环境保护工作全面负责的法定代表人或主要负责人,下面可设置直接负责环境保护工作的主管人员,再下设其他环保责任人员。此外,由于企业的环保合规工作除了由环保合规管理部门牵头负责外,企业的其他业务部门也可能涉及环保相关问题,如业务部门在开拓业务进行投资并购时可能涉及环保合规的尽职调查问题,税务部门在业务中可能涉及环境保护税的问题,技术部可能负责生产工序中设备的调试和运行问题。因此,在部门及人员设置过程中建议要特别注意厘清公司内部的治理授权,厘清环保合规管理部门与其他合规部门、业务部门、职能部门之间的关系,清晰划分各部门间的责任与义务。

(2)环保合规责任清单

环保合规责任清单是与环保合规管理组织架构相辅相成的,企业通过制定环保责任清单,一方面可以厘清环保合规管理部门与其他部门之间的权限及职责,另一方面可以根据建设项目性质、生产工艺流程等,自上而下设置每个建设项目、每个车间、每道生产环节、每种污染物的环保责任清单。一般而言,医药生产企业制定的环保责任清单建议能识别出企业环境管理人员、重要风险岗位人员及其他关键岗位人员,并能列明划分好各人员之间的权限及职责。

(3)环保合规资金投入

医药生产企业为了做到环保合规,无论是建设项目配套的污染防治设施的投入、生产工艺环节的提升改造、对环保合规风险点的防范及整改,或是因为环境违法行为被行政处罚或要承担损害赔偿责任,都会涉及环保合规资金的投入。此外,企业在环境管理体系建设、日常环境管理中也可能涉及需要委托第三方提供服务的情况,这也需要环保合规资金提供保障。因此,建议医药生产企业在制度及执行层面落实环保合规资金的投入,以为企业的环保合规提供资金保障和支持。

(4)全流程环保合规风险控制及风险检查清单

为方便企业环境管理人员开展日常环境管理工作及定期开展环保合规风险点检测、企业内部培训等,企业可以自行或委托第三方专业机构制定全流程的环保合规风险控制及风险检查清单。从环节上,清单可以包括企业上游原材料采购、生产过程、产品销售、废水、固废危废等处置去向、相关资源回收利用等全生命周期的环保合规检查内容。从形式上,清单可以包括环保合规风险环节、环保合规要求、环保合规风险点、环保合规风险表现形式、违规后果、风险等级、检查内容、检查方法、防范措施、风险控制、风险检查负责部门及人员等内容。

(5)业务流程环保合规管控清单

业务流程环保合规管控清单主要是指在有效地识别了环保合规义务、环保合规风险、环保合规岗位职责之后,结合医药生产企业的业务管理流程,明确流程管控的关键节点,明确相关节点的环保合规责任部门、环保合规管控措施、环保合规审查事项/文件载体等,从而实现业务流程中环保合规管控动作的准确、简练,促进环保合规管理工作与医药生产企业的业务流程高度融合。

(6)环境法律法规、环境标准、技术规范手册

企业可以结合国家不断更新的环境法律法规及标准和技术规范等内容,并结合所属行业特点和所属地域的要求,组织制定适用于企业的环境法律法规手册和环境标准、技术规范手册,并定期组织更新。前述两本手册一方面可以作为企业向员工派发的普法性素材,另一方面也可以作为企业内部环保合规培训的基础素材,从而让企业环境管理人员及所有员工在掌握国家及地方关于环境法律法规、标准和技术规范的要求之下,顺利开展环保合规管理工作。

三、环保合规风险识别

1. 开展环保合规风险识别的主体有哪些?

企业内部须设置环保合规管理部门及具体负责人员,而承担定期环保合规风险检测的主体可以由环保合规管理部门牵头组织开展,具体落实和执行可以根据企业建设项目性质、生产工艺的不同由各建设项目环保负责人、各车间环保负责人、各生产工序环保负责人进行。但企业环保合规负责人应对环保合规风险检测工作及各检测主体的检测结果承担主要责任。

此外,对于具有多级子公司的集团企业,集团环境管理部门也要定期开展对下属各级子公司的环保合规风险检测工作,上级公司也可以对下级公司开展环

保合规风险检测工作。因此,就集团纵向管理而言,检测主体既包括了集团环境管理部门,也包括了下属各级子公司的环境管理部门。

2. 医药生产企业如何开展环保合规风险识别?

在明确检测主体、检测对象,确定医药生产企业全流程环保合规风险控制及风险检查清单的基础上,对医药生产企业开展环保合规识别可通过文件审阅、现场调查和人员访谈等形式结合进行。文件审阅主要是指梳理、核对公司环境管理制度及公司在环境许可、生产过程中污染防治、突发环境事件应急管理、环境信息公开等方面环保合规应具备或形成的文件。

在文件审阅的基础上,需按照公司建设项目、生产工艺环节及各类污染物分别逐项开展现场调查。通过现场调查,可以核查公司实际生产运行情况及污染物实际排放情况是否与建设项目环评、排污许可证及危废管理计划等书面文件记载的一致,同时可检测到文件审阅无法涵盖的其他合规管理情况,以全面识别公司在环境管理方面的不合规风险点。

人员访谈则主要是指对企业法定代表人、环保负责人、直接负责环境保护工作的主管人员及其他环保责任人员(如各建设项目、生产车间及生产环节的负责人)的访谈。通过人员访谈,一方面,可以了解企业在环境管理制度方面的顶层设计和理念,公司在环保方面的投入工作等,以检测企业是否跟随国家环保政策导向部署内部环境管理工作,是否具有环境保护的政治站位;另一方面,通过人员访谈可以了解企业环保责任人员对环保合规要求的熟悉程度,企业实际运营过程中会出现环保合规风险点的具体原因、环境管理方面的薄弱环节等,以方便为后续整改及环保考核、内部培训等做好前期工作。

四、环保合规管理评估

1. 环保合规管理评估标准有哪些?

中国企业的合规管理工作起步比国外较晚,虽然前期有银行、保险等领域的合规管理实践,但真正被企业重视并开展具体工作是在2018年国务院国有资产监督委员会发布《中央企业合规管理指引(试行)》后,企业特别是中央企业开始逐步建立合规管理体系,并开始对合规管理进行评估。

在合规管理标准方面,2017年12月,原国家质量监督检验检疫总局(以下简称国家质监总局)和国家标准化管理委员会(以下简称国家标准化委)发布了《合规管理体系指南》(GB/T 35770-2017),该指南是我国根据国际标准《合规管理体系指南》(ISO 19600:2014)转化制定的国内标准,为我国企业合规管理体系的制定、实施、评价、维护和改进提供了指引。2021年11月,紧随着国际标准《合规管理体系　要求及使用指南》(ISO 37301:2021)的脚步,市场监管总局和国家标准化委发布了现行国标《合规管理体系指南》(GB/T 35770-2017)修订版的征求意见稿。

就环保合规管理评估标准,目前我国暂未就环境保护合规管理评估制定专项的指引、标准或技术规范。但2016年10月,原国家质监局和标准化委会发布了《环境管理体系　要求及使用指南》(GB/T 24001-2016),该指南是我国根据国际标准《环境管理体系　要求及使用指南》(ISO14001:2015)转化制定的国内标准,为我国企业环境管理体系的建设、评价及持续改进等内容提供了指引。

企业环保合规管理制度及体系的建设虽然有相关指引或标准进行参考,但并非千篇一律的,每个企业的环保合规管理制度及体系都是企业结合自身组织的行业特点、规模、结构、性质和复杂性等因素制定的,因此对环保合规管理的评估也建议要量身定制。总体而言,医药生产企业可以参照《环境管理体系　要求及使用指南》(GB/T 24001-2016)、《合规管理体系指南》(GB/T 35770-2017)、《中央企业合规管理指引(试行)》及国际标准《合规管理体系　要求及使用指南》(ISO 37301:2021)等进行评估认定,尤其是《合规管理体系　要求及使用指南》(ISO 37301:2021)从推荐性标准变成可认证标准后,企业可通过对照国际标准来进行认证从而实现对环境管理合规制度的评估,但简单地参照国际标准对于中国企业可能存在"水土不服"的情形,最终适用于企业自身的评估标准和方法还需结合企业自身特点进行量身定制。

2. 医药生产企业如何开展环保合规管理评估?

企业对环保合规管理的评估,建议一方面要关注企业是否有建立全面的环保合规管理制度或体系;另一方面还要关注环保合规管理制度或体系在运行中发挥的实际作用及存在的问题,并予以持续改进。企业对环保合规管理的评估,既可以包括对环保合规管理的全面评估,也可以包括对重点细分领域的专项评估。

就环保合规管理的评估基本流程,一般可以分为企业作出评估决定—企业内部成立评估项目工作组或委托外部第三方专业机构开展评估—制定评估工作方案—开展具体评估工作—出具评估报告—提出改进方案。

就环保合规管理的评估方法,由于评估调查是一项复杂、艰巨、耗时的任务,因此有效的调查方法十分重要。一般而言,企业可采用的基本调查方法包括:文件审阅、现场调查、调研访谈、问卷调查等。此外,实践中也可根据企业实际情况采取飞行检查、穿行测试、模拟运行等评估方法。

就环保合规管理的评估指标的确定,建议制定符合企业实际,具有可操作性,且兼顾评估范围全面性和评估内容深刻性的指标。此外,企业对环保合规管理进行评估的指标可以是不固定的,即可以根据企业实际情况、项目需求及评估的阶段性特征等量身定制具有弹性的评估指标。一般而言,环保合规管理评估指标可以包括纵向和横向两个维度,纵向指标可以包括环境管理组织架构、环境保护合规管理制度、环境管理运行机制、环境保护合规资源配置保障、其他指标(企业可以根据实际需求,纵向增加其他的重要评估要素)等内容。横向指标可以包括制度的设计、制度的执行、执行效果、改进措施等内容。

第十章　安全生产

第一节　医药企业的安全生产合规风险及风险防控

一、安全生产合规风险

1. 医药企业的安全生产合规义务主要有哪些？

安全生产合规是企业合规管理的重要内容。2021 年修正的《安全生产法》顺应社会经济发展变化，从建立健全全员安全生产责任制度，加强安全生产标准化、信息化建设，构建双重预防机制等多方面压实各方安全生产责任，对生产经营单位及其员工提出了更高的合规要求。医药行业企业的安全生产合规管理，贯穿生产经营的各个环节，如药品生产、贮存、运输流通等。结合《安全生产法》及其相关规定，我们建议医药企业，特别是涉及药品生产流通的医药企业，重点关注如下方面的安全生产合规义务，防范生产安全事故于未然。

(1)完善安全生产合规体系

医药企业应更新、完善安全生产合规体系。具体而言，医药企业应根据《安全生产法》要求，对应梳理和完善企业安全生产合规体系下的相关组织架构、制度、流程等，定期更新合规义务要求、合规风险清单、合规考核内容、责任追究等，以确保安全生产合规体系符合安全生产法定的要求，使合规体系得到有效运行。

(2)健全安全生产责任体系

应按照《安全生产法》的要求建立健全全员安全生产责任制。首先，医药企业主要负责人是本单位安全生产的第一责任人,应全面负责安全生产工作。其次,医药企业应成立安全生产委员作为安全生产组织领导机构,并设置安全生产和职业卫生管理机构或配备相应的专职或兼职管理人员,按照有关规定配备注册安全工程师,建立健全从管理机构到基层班组的管理网络。最后,医药企业还应明确各级部门和从业人员的安全生产,并为全员参与安全生产工作创造必要的条件。

(3)构建安全风险分级管控制度

对于风险防范而言,企业首先应建立安全风险辨识管理制度,组织全员对本单位安全风险进行全面、系统的辨识。医药企业还应建立安全风险评估管理制度,明确安全风险评估的目的、范围、频次、准则和工作程序等,加强对各级别安全风险的监测、预警、防控,并逐级落实具体管控措施。

(4)建立隐患排除治理制度

医药企业应逐级建立并落实从主要负责人到每位从业人员的隐患排查治理和防控责任制,并按照有关规定组织开展隐患排查治理工作,对排查出的隐患按照隐患的等级进行记录,建立隐患信息档案,并按照职责分工实施监控治理,及时发现并消除隐患,实行隐患闭环管理。

(5)重视安全生产培训与安全生产文化培育

首先,医药企业应对从业人员进行安全生产和职业卫生教育培训,保证其具备满足岗位要求的安全生产和职业卫生知识、技能,并根据实际需要,定期进行复训考核,未经安全教育培训合格的从业人员,不应上岗作业。其次,医药企业还应积极开展安全文化建设,确立本企业的安全生产和职业病危害防治理念及行为准则,并教育、引导全体从业人员贯彻执行。

(6)完善安全事故报告与应急处置制度

建立和完善事故报告程序,明确事故内外部报告的责任人、时限、内容等,并教育、指导从业人员严格按照有关规定的程序报告发生的生产安全事故。事故发生后,医药企业还应迅速启动公司的应急处置预案,通知有关部门、人员、应急队伍做好应急准备,调集应急队伍和物资开展应急处置。

(7)加强安全生产投入与信息化建设

建立安全生产投入保障制度,按照有关规定提取和使用安全生产费用,建立使用台账,并按照有关规定为从业人员缴纳保险费用。此外,医药企业还应利用信息化手段加强安全生产管理工作,开展安全生产电子台账管理、重大危险源监控、职业病危害防治、应急管理、安全风险管控和隐患自查自报、安全生产预测预警等信息系统建设。

2. 违反安全生产合规义务可能面临哪些风险?

《安全生产法》法律体系下,医药企业及其相关责任人员如违反安全生产合规义务,将面临承担民事赔偿责任、行政责任甚至刑事责任的法律风险。

(1)民事赔偿责任

违反安全生产法的民事责任主要体现在人身损害、财产损失的赔偿方面。例如,《安全生产法》第116条第1款规定:"生产经营单位发生生产安全事故造成人员伤亡、他人财产损失的,应当依法承担赔偿责任;拒不承担或者其负责人逃匿的,由人民法院依法强制执行。"

具体的赔偿责任的认定、赔偿标准等,则需要根据造成伤亡、损害的具体事故原因进行判定。

(2)行政责任

除民事赔偿外,行政监管部门对于违反安全生产法定义务的行为还会采取行政处罚。《安全生产法》第115条规定:"本法规定的行政处罚,由应急管理部门和其他负有安全生产监督管理职责的部门按照职责分工决定;其中,根据本法第九十五条、第一百一十条、第一百一十四条的规定应当给予民航、铁路、电力行业的生产经营单位及其主要负责人行政处罚的,也可以由主管的负有安全生产监督管理职责的部门进行处罚。予以关闭的行政处罚,由负有安全生产监督管理职责的部门报请县级以上人民政府按照国务院规定的权限决定;给予拘留的行政处罚,由公安机关依照治安管理处罚的规定决定。"

就行政处罚的具体措施而言,《安全生产法》针对安全生产违法行为设定的行政处罚,包括责令改正、责令限期改正、责令停产停业整顿、责令停止建设、罚款、没收违法所得、吊销相应资质与资格等多种类型。

(3)刑事责任

为规制严重的安全生产违法行为,《刑法》亦设定了针对生产经营单位及其相关责任人员的刑事责任。主要包括重大责任事故罪,危险作业罪,危险物品肇事罪,消防责任事故罪,不报、谎报安全事故罪等。需特别注意的是,危险作业罪为2021年《刑法修正案(十一)》新增罪名,不以严重后果为责任前提,这不仅与当下强调源头治理的立法趋势相呼应,亦体现出通过打击事故发生前的违法行为以遏制重大事故发生的执法导向,也对企业的安全生产管理提出了更高要求。

3. 医药行业的常见安全生产合规风险有哪些?

近年来,部分医药企业未严格落实安全生产管理的相关义务,从而引发了严重的安全事故,造成了恶劣的社会影响。例如,2019年4月,山东某制药公司冻干车地下室在管道改造过程中,因电焊火花引燃低温传热介质,产生烟雾,致使现场作业的10人死亡,造成直接经济损失达1867万元。根据调查报告①,该企业存在的主要问题包括安全生产责任制落实不到位、风险辨识及管控措施不到位、对特殊作业安全管理不到位、对改造项目管理不规范、未深刻汲取以往事故教训,事故防范和整改措施落实不到位、安全教育不到位等。

再如,2020年7月,浙江某制药公司作业过程中发生正丁醇溶剂泄漏引发爆炸事故,爆炸后发生火灾,事故造成2人死亡,2人轻伤,直接经济损失达908万元。根据调查报告②,该企业存在的主要问题包括安全生产主体责任落实不到位,未对安全设备进行经常性维护、保养和定期检测,未有效开展风险识别与隐患排查治理等。

又如,2021年11月,浙江某药业公司发生一起爆燃事故,造成3人死亡,4人受伤,直接经济损失达650万元。根据调查报告③,该企业存在的主要问题包括未有效落实安全生产主体责任,动火作业风险分析和管控措施不到位,安全风险辨识不到位,擅自拆除废气排放管导致易燃有害废气长时间直排大气,边生产边施工风险管控不到位等。

综合前述典型案例以及近年来发生的医药企业安全事故,医药企业需重点关注如下方面的安全生产合规风险。

(1)安全意识淡薄:如法律意识缺失,未落实安全生产主体责任,未按规定落实安全生产培训等。

(2)安全隐患排查整治不深入:如安全风险辨识和隐患排查治理不到位,未按规定要求开展自检自查等。

(3)安全管理混乱:如未按规定设置分管安全生产负责人,安全管理制度不完善,未建立安全风险管控制度等。

(4)应急处置能力不足:如未组织开展应急预案培训及演练,作业现场未配备足够的应急救援物资和个人防护用品等。

(5)违规组织生产作业:如拒不执行停产整顿监察指令,在有关证照被暂扣的情况下仍违法违规组织生产作业等。

---

① 济南齐鲁天和惠世制药有限公司"4·15"重大着火中毒事故调查报告。

② 浙江司太立制药股份有限公司"7·27"泄漏爆炸事故调查报告。

③ 天台县浙江昌明药业有限公司"11·20"较大爆燃事故调查报告。

二、风险防控措施

1. 什么是安全风险双重预防机制?

《安全生产法》第4条第1款规定:"生产经营单位必须遵守本法和其他有关安全生产的法律、法规……构建安全风险分级管控和隐患排查治理双重预防机制,健全风险防范化解机制,提高安全生产水平,确保安全生产。"关于双重预防机制,国务院安委会办公室印发的《标本兼治遏制重特大事故工作指南》(安委办〔2016〕3号)和《实施遏制重特大事故工作指南构建双重预防机制的意见》(安委办〔2016〕11号)中曾明确指出,双重预防机制即安全风险分级管控和隐患排查治理机制。其中"双重预防"包括两方面意义:第一重"预防"指把风险管控好,不让风险管控措施出现隐患;第二重"预防"指对风险管控措施出现的隐患及时发现及时治理,预防事故的发生。

(1)安全风险分级管控

安全风险分级管控指的是按照风险大小的不同级别、所需管控资源、管控能力、管控措施复杂及难易程度等因素而确定不同管控层级的风险管控方式。具体而言,风险分级管控的主要工作包括危险源辨识、风险评价、风险管控,其中核心工作是危险源辨识。评估风险时,需要综合考虑起因物、引起事故的诱导性原因、致害物、伤害方式等来确定安全风险类别。安全风险的评估结果通常可分为重大风险(红色风险)、较大风险(橙色风险)、一般风险(黄色风险)和低风险(蓝色风险)。

总体来讲,风险分级管控程序通常包括排除风险点、危险源辨识、风险评价和定级、策划风险控制措施、验证管控结果、改进管控措施六大步骤。需特别注意的是,医药企业应选择合适的安全风险评估方法,定期对所辨识出的存在安全风险的作业活动、设备设施、物料等进行评估。在进行安全风险评估时,医药企业至少应从风险的发生频率、风险严重程度以及风险发生的可能性三个方面进行分析。

①确定风险发生的频率。如果安全风险来自某一药品生产流程,则应当分析该生产流程在企业主要生产活动中的重要性;如果安全风险识别自过往已经发生的事故,则应当分析过往事故发生的次数。

②风险严重程度。不同医药企业在划定严重程度的标准时会有所区别,因企业规模、大小和具体产品而异。常见的判断影响是否严重的因素包括可能造成的人身伤亡与财产损失,以及是否会触发刑事责任等,医药企业需要根据自身

情况来判断风险对企业生产的影响是否严重。

③风险发生的可能性。该因素受到多方面影响,例如企业应对风险的管控措施的有效性、外部政府监管的严厉程度、同行业发生类似事故的频率等。该因素的划定也需要企业根据自身的生产情况和所在行业、地区的情况进行具体判断和分析。

(2)隐患排查治理机制

医药企业的隐患通常源于风险管控失效或者弱化,例如未进行风险点排查、危险源辨识不全、风险分级不当以及管控措施未制定或落实不到位等。隐患排查治理机制包括隐患的排查和治理两个过程。具体而言,隐患排查指的是医药企业组织安全生产管理人员、工程技术人员和其他相关人员对本单位的事故隐患进行排查,并对排查出的事故隐患按照事故隐患的安全风险等级进行登记,建立自查、自改、自报事故隐患的排查治理信息系统的过程;隐患治理指的是消除或控制隐患的活动或过程,包括对排查出的事故隐患按照职责分工明确整改责任,制订整改计划、落实整改资金、实施监控治理和复查验收,从而实现隐患排查、登记、评估、报告、监控、治理、销账的全过程记录和闭环管理。

通常隐患排查治理机制的程序包括以下四个阶段。

①隐患排除阶段:根据有关法律法规、标准规范等,组织制定各部门、岗位、场所、设备设施的隐患排查治理标准或排查清单,明确隐患排查的时间、范围、内容、频次和要求,再按照有关规定采用综合检查、专业检查、季节性检查、节假日检查、日常检查等不同方式进行隐患排查。

②隐患治理阶段:根据隐患排查结果,制定隐患治理方案,对隐患进行治理。具体而言,隐患治理方案的主要内容包括目标和任务、机构和人员、方法和措施、时限和要求、经费和物资以及应急预案。隐患治理过程中,医药企业应采取相应的监控防范措施,必要时应暂时停产停业或停用相关设备设施。

③验收评估阶段:隐患治理完成后,应根据有关规定对治理情况进行评估和验收。

④信息报送阶段:有关负责人应如实记录隐患排查治理情况并进行统计分析,并通过职工大会或者职工代表大会、信息公示栏等方式向从业人员通报。其中,重大事故隐患排查治理情况应当及时向负有安全生产监督管理职责的部门和职工大会或者职工代表大会报告。

2. 如何落实安全风险双重预防机制？

结合前述内容与具体要求，医药企业应从如下几大方面落实安全风险双重预防机制。

第一，针对自身类型和特点，制定科学的安全风险辨识程序和方法，全面开展安全风险辨识。

第二，科学评定安全风险等级，健全安全风险评估分级和事故隐患排查分级标准体系。

第三，有效管控安全风险，全面排查评定安全风险和事故隐患等级，建立实行安全风险分级管控机制。

第四，实施安全风险公告警示，加强风险教育和技能培训，确保员工掌握安全风险的基本情况及防范、应急措施。

第五，建立完善隐患排查治理体系，实施事故隐患排查治理闭环管理。

3. 医药企业安全生产风险防控的重点关注领域是什么？

根据中共中央、国务院《关于推进安全生产领域改革发展的意见》，高危行业领域主要包括八大类行业：矿山、危险化学品、烟花爆竹、交通运输、建筑施工、民用爆炸物品、金属冶炼、渔业生产。除所有领域企业都应关注的安全生产风险点外，医药企业通常涉及危险化学品的生产经营，在安全生产管理中还应特别注意下列合规要点。

（1）危险化学品的购买

①医药企业危险化学品的购销人员应经过培训考核合格后方可上岗。

②不得从未取得危险化学品生产许可证或危险化学品经营许可证的单位采购危险化学品。

③购买危险化学品时应索取化学品安全技术说明书和化学品安全标签，不得购买无化学品安全技术说明书和化学品安全标签的危险化学品。

（2）危险化学品的储存保管

①危险化学品必须储存在专用仓库、专用场地或者专用储罐内，储存数量构成重大危险源的危险化学品，必须在专用仓库、储罐内单独存放。

②医药企业应当根据危险化学品的种类、特性在库房内设置相应的监测、通风、防晒、调温、防火、防爆、泄压、防毒、消毒、中和、防潮、防雷、防静电、防腐、防渗漏、防护围堤等安全设施，并按照国家标准和有关规定进行维护、保养，保证安全要求。储存场地应当设置通风、报警装置，并保证在任何情况下处于正常使用状态。

③相互禁忌与灭火方法不同的物品不能混存,必须分间、分库储存,并在醒目处标明储存物质的名称、性质和灭火方法。

(3)危险化学品的生产使用

①医药企业作为危险化学品生产、使用单位,其主要负责人和管理人员应当由有关部门对其进行安全生产知识和管理能力考核,合格后方可任职,其从业人员应接受国家规定的培训,考核通过后方可上岗。

②危险化学品的生产、使用应严格按照医药企业工艺操作规程、安全操作规程进行,生产设施的管理、装置的开停车、检修应严格按相应的管理制度和规程进行管理和操作。

③医药企业应根据生产、使用需要,规定危险物品的存放时间、地点和最高允许存放量,原料和成品的成分应经化验确认,生产备料性质相抵触的物料不得放在同一区域,必须分隔清楚。

④医药企业生产和使用有毒物品场所及其操作人员必须加强安全技术措施和个人防护措施,穿戴好劳动防护用品和器具方可进入作业场所作业。

(4)废弃危险化学品的处理

①危险废弃物的包装应采用易回收利用、易处置或者在环境中易降解的包装物。凡金属容器、设备管道含有危险物质,必须进行检修清洗、置换处理,经检查验收合格后方可处理。

②剧毒品用完后,留下的包装物必须严加管理,使用部门应登记造册,指定专人负责管理。

③医药企业贮存、运输、处置危险废弃品的场所、设施、设备、容器、包装物及其他物品转作他用时,必须经过消除污染及消毒处理,方可使用。

第二节 医药企业的全员安全生产责任制

一、安全生产责任制

1. 何为全员安全生产责任制?

全员安全生产责任制,是指由生产经营单位根据安全生产法律、法规和相关标准要求,在生产经营活动中,根据本单位岗位的性质、特点和具体工作内容,明确所有层级、各类岗位从业人员的安全生产责任,通过加强教育和培训,强化管理考核和严格奖惩等方式,建立起安全生产工作"层层负责、人人有责、各负其责"的工作体系。根据《安全生产法》第4、22条的相关规定,全员安全生产责任制的主要内容包括以下五个方面：

(1)各级负责生产和经营的管理人员：在其完成生产和经营任务的同时，也需要对生产或经营范围的安全生产承担保证责任。

(2)各职能部门人员：财务、人力、行政等职能部门需要对安全生产方面的资金投入、遴选合格从业人员、采购安全保障物资等方面承担安全生产保证责任。

(3)基层管理人员、特种作业人员：在其生产经营管理、作业范围内承担安全生产保障责任。

(4)所有一线从业人员：在其本职工作范围内承担安全生产责任。

(5)所有层级、所有岗位责任考核标准等。

2. 违反安全生产责任制的后果有哪些？

对应全员安全生产责任制，《安全生产法》对未履行安全生产管理职责的个人处罚对象的范围、处罚措施等进行了明确，如下所述。

(1)直接处罚对象包括生产经营单位的其他负责人、安全生产管理人员、全体从业人员，除主要负责人以外的其他负责人、管理人员也可能直接面临罚款处罚。

(2)企业及相关责任人员如违反《安全生产法》的要求，面临的罚款金额较高，如发生安全事故的情况下，对主要负责人的最高罚款数额为上一年年收入的100%。

(3)联合惩戒措施与信用体系相结合，包括个人罚款和信用惩戒、行业禁入等，对个人的震慑力与惩罚力度较强。

根据相关法律规定，医药企业及相关责任人员如违反安全生产责任制，将被有关部门处以行政处罚，情节严重时还将被追究刑事责任，具体内容在本章第二节予以阐述。

二、安全生产责任制中的个体

1. 企业主要负责人的安全生产责任是什么？

医药企业主要负责人是指医药有限责任公司或者股份有限公司的董事长、总经理，或其他生产经营单位的厂长、经理、(矿务局)局长、矿长(含实际控制人)等。根据《安全生产法》第21条的规定，医药企业主要负责人是本单位安全生产第一责任人，对本单位安全生产工作负有下列职责：

(1)建立健全并落实本单位全员安全生产责任制，加强安全生产标准化建设；

(2)组织制定并实施本单位安全生产规章制度和操作规程;

(3)组织制定并实施本单位安全生产教育和培训计划;

(4)保证本单位安全生产投入的有效实施;

(5)组织建立并落实安全风险分级管控和隐患排查治理双重预防工作机制,督促、检查本单位的安全生产工作,及时消除生产安全事故隐患;

(6)组织制定并实施本单位的生产安全事故应急救援预案;

(7)及时、如实报告生产安全事故。

2. 安全生产管理人员的安全生产责任是什么?

医药企业的安全生产管理人员通常是指医药企业分管安全生产的负责人、安全生产管理机构负责人及其管理人员,以及未设安全生产管理机构的生产经营单位专职或者兼职安全生产管理人员等。医药企业还可以设置专职安全生产分管负责人,协助本单位主要负责人履行安全生产管理职责。根据《安全生产法》第25条的规定,医药企业安全生产管理机构以及安全生产管理人员应履行下列职责:

(1)组织或者参与拟订本单位安全生产规章制度、操作规程和生产安全事故应急救援预案;

(2)组织或者参与本单位安全生产教育和培训,如实记录安全生产教育和培训情况;

(3)组织开展危险源辨识和评估,督促落实本单位重大危险源的安全管理措施;

(4)组织或者参与本单位应急救援演练;

(5)检查本单位的安全生产状况,及时排查生产安全事故隐患,提出改进安全生产管理的建议;

(6)制止和纠正违章指挥、强令冒险作业、违反操作规程的行为;

(7)督促落实本单位安全生产整改措施。

3. 从业人员的安全生产责任是什么?

医药企业从业人员是指除主要负责人、安全生产管理人员和特种作业人员以外,该企业从事生产经营活动的所有人员,包括其他负责人、其他管理人员、技术人员和各岗位的工人以及临时聘用的人员。医药企业的从业人员依法有权获得安全生产保障,并应当履行下列安全生产方面的义务:

(1)从业人员在作业过程中,应当严格遵守本单位的安全生产规章制度和操作规程,服从管理,正确佩戴和使用劳动防护用品;

(2)从业人员应当接受安全生产教育和培训,掌握本职工作所需的安全生产知识,提高安全生产技能,增强事故预防和应急处理能力;

(3)对作业资格有培训要求的相关作业人员,应通过考核取得相关资质证书后再上岗作业。

4.个人可能面临什么法律责任?

医药企业相关责任人员如违反安全生产的相关管理要求,可能面临的法律责任包括行政责任、刑事责任等。

(1)行政责任

①企业主要负责人

根据《安全生产法》第94条的规定,如医药企业生产主要负责人未履行《安全生产法》规定的安全生产管理职责,有关监管部门责令限期改正,处2万元以上5万元以下的罚款;逾期未改正的,处5万元以上10万元以下的罚款,责令医药企业停产停业整顿。

医药企业的主要负责人有前款违法行为,导致发生生产安全事故的,给予撤职处分;构成犯罪的,依照刑法有关规定追究其刑事责任。另外,应急管理部门还应依照下列规定对主要负责人处以罚款:发生一般事故的,处上一年年收入40%的罚款;发生较大事故的,处上一年年收入60%的罚款;发生重大事故的,处上一年年收入80%的罚款;发生特别重大事故的,处上一年年收入100%的罚款。

除前述处罚外,医药企业的主要负责人依照前款规定受刑事处罚或者撤职处分的,自刑罚执行完毕或者受处分之日起,5年内不得担任任何生产经营单位的主要负责人;对重大、特别重大生产安全事故负有责任的,终身不得担任本行业生产经营单位的主要负责人。

②安全生产管理人员

根据《安全生产法》第96条的规定,生产经营单位的其他负责人和安全生产管理人员未履行《安全生产法》规定的安全生产管理职责,责令限期改正,处1万元以上3万元以下的罚款;导致发生生产安全事故的,暂停或者吊销其与安全生产有关的资格,并处上一年年收入20%以上50%以下的罚款;构成犯罪的,依照刑法有关规定追究刑事责任。

③相关从业人员

根据《安全生产法》第107条的规定,医药企业从业人员不落实岗位安全责任,不服从管理,违反安全生产规章制度或者操作规程,由企业给予批评教育,依照有关规章制度给予处分;构成犯罪的,依照刑法有关规定追究刑事责任。

(2)刑事责任

对照现行刑法的相关规定,医药企业相关责任人员如严重违反安全生产管理规定,将可能被追究刑事责任,重点具体罪名与刑罚请见如下表格。

法律依据	刑事罪名	具体刑罚
《刑法》第125条	非法制造、买卖、运输、储存危险物质罪	处3年以上10年以下有期徒刑; 情节严重的,处10年以上有期徒刑、无期徒刑或者死刑
《刑法》第134条	重大责任事故罪	处3年以下有期徒刑或者拘役; 情节特别恶劣的,处3年以上7年以下有期徒刑
	强令、组织他人违章冒险作业罪	处5年以下有期徒刑或者拘役; 情节特别恶劣的,处5年以上有期徒刑
《刑法》第134条之一	危险作业罪	处1年以下有期徒刑、拘役或者管制
《刑法》第135条	重大劳动安全事故罪	对直接负责的主管人员和其他直接责任人员,处3年以下有期徒刑或者拘役; 情节特别恶劣的,处3年以上7年以下有期徒刑
《刑法》第136条	危险物品肇事罪	处3年以下有期徒刑或者拘役; 后果特别严重的,处3年以上7年以下有期徒刑
《刑法》第137条	工程重大安全事故罪	对直接责任人员,处5年以下有期徒刑或者拘役,并处罚金; 后果特别严重的,处5年以上10年以下有期徒刑,并处罚金
《刑法》第139条	消防责任事故罪	对直接责任人员,处3年以下有期徒刑或者拘役; 后果特别严重的,处3年以上7年以下有期徒刑
《刑法》第139条之一	不报、谎报安全事故罪	负有报告职责的人员不报或者谎报事故情况,贻误事故抢救,情节严重的,处3年以下有期徒刑或者拘役; 情节特别严重的,处3年以上7年以下有期徒刑

近年来，安全生产日常执法和事故调查中的行政执法与刑事司法衔接机制始终在不断完善，中央和各地已相继出台政策加强安全生产行刑衔接。如应急管理部、公安部、最高人民法院、最高人民检察院联合印发了《安全生产行政执法与刑事司法衔接工作办法》的通知，对行刑衔接中移送的情形、罪名、程序、时限、监督等进行了详细规定，为安全生产行刑衔接工作扫清了程序上的障碍。对此，医药企业相关从业人员应谨慎关注政策变化，注意落实安全生产事故防范措施，并主动应对安全生产事故及其风险，避免构成犯罪而被追究刑事责任。

第三节　安全生产事故的处理

一、安全生产事故处理

1. 安全生产事故发生后应如何处理和报告？

根据《安全生产法》及《生产安全事故报告和调查处理条例》等相关法律规定，安全事故发生后，事故现场有关人员应当立即向医药企业负责人报告，情况紧急时，事故现场有关人员可以直接向事故发生地县级以上有关部门报告。医药企业负责人接到报告后，应当于 1 小时内向事故发生地县级以上人民政府安全生产监督管理部门和负有安全生产监督管理职责的有关部门报告。

另外，事故现场有关人员可针对安全事故进行先行处置，如设立值守电话，指定值守人员等，与企业负责人保持通信联系，以便随时掌握、报告突发事件基本情况、事态发展和救援进展情况。另外，事故医药企业的主要负责人还应立即建立与当地政府部门的应急联动机制并启动公司的应急处置预案，并通知有关部门、人员、应急队伍做好应急准备，调集应急队伍和物资开展应急处置。

具体而言，事故报告应当包括下列内容：事故发生单位概况；事故发生的时间、地点以及事故现场情况；事故的简要经过；事故已经造成或者可能造成的伤亡人数（包括下落不明的人数）和初步估计的直接经济损失；已经采取的措施；其他应当报告的情况。

需特别引起注意的是，自事故发生之日起 30 日内，事故造成的伤亡人数发生变化的，医药企业还应当及时补报相关情况。事故发生之日起 7 日内事故造成的伤亡人数发生变化的，医药企业还应当及时补报。

2. 安全生产事故的等级划分和调查流程是怎样的？

（1）安全生产事故等级划分

《生产安全事故报告和调查处理条例》第 3 条第 1 款规定："根据生产安全

事故(以下简称事故)造成的人员伤亡或者直接经济损失,事故一般分为以下等级:

(一)特别重大事故,是指造成30人以上死亡,或者100人以上重伤(包括急性工业中毒,下同),或者1亿元以上直接经济损失的事故;

(二)重大事故,是指造成10人以上30人以下死亡,或者50人以上100人以下重伤,或者5000万元以上1亿元以下直接经济损失的事故;

(三)较大事故,是指造成3人以上10人以下死亡,或者10人以上50人以下重伤,或者1000万元以上5000万元以下直接经济损失的事故;

(四)一般事故,是指造成3人以下死亡,或者10人以下重伤,或者1000万元以下直接经济损失的事故。"

需特别注意的是,根据《生产安全事故报告和调查处理条例》第44条规定,没有造成人员伤亡,但是社会影响恶劣的事故,国务院或者有关地方人民政府认为需要调查处理的,也依照该条例的有关规定执行。

(2)安全生产事故调查制度

我国目前的安全事故调查主体为县级以上人民政府,根据事故级别的不同由不同级别的人民政府负责事故调查。特别重大事故由国务院或者国务院授权有关部门进行调查;重大事故由省级人民政府负责调查处理工作;较大事故由设区的市级人民政府负责调查工作;一般事故的调查工作则由县级人民政府负责。上述调查主体均在法律法规授权的范围内进行事故调查等相关工作。

一般而言,安全生产事故的调查形式为事故调查组,其组成遵循精简、效能原则。事故调查组设组长一名,由组织事故调查的人民政府指定,事故调查组的组长主持事故调查工作,根据相关规定,事故调查组的成员包括有关人民政府、安全生产监督管理部门、负有安全生产监督管理职责的有关部门、监察机关、公安机关以及工会等相关人员,事故调查组还应当邀请人民检察院派员参加,也可根据具体需要聘请有关专家。

安全生产事故发生以后,负有报告义务的有关人员和单位按照法律法规的要求,将安全事故报到负责调查处理的县级以上人民政府,县级以上人民政府指定调查组组长,启动调查程序。通常事故调查组按照以下程序进行事故调查:第一,查明事故发生的经过、原因、人员伤亡情况以及直接经济损失;第二,认定事故的性质和事故责任;第三,提出对事故责任者的处理建议;第四,总结事故教训,提出防范和整改措施;第五,提交事故调查报告。具体而言,事故调查报告的内容应包括如下内容:事故发生单位概况;事故发生经过和事故救援情况;事故造成的人员伤亡和直接经济损失;事故发生的原因和事故性质;事故责任的认定以及对事故责任者的处理建议;事故防范和整改措施;所附有关证据材料。

在具体的医药企业安全事故中,事故发生后首先应由当地人民政府组织相关部门成立事故调查组。其次,事故调查组将依据其调查结果作出《事故调查报告》,并交由当地人民政府进行批复。再次,若政府认可《事故调查报告》,则会作出《事故调查报告的批复》并在其官方网站上进行公告。最后,各相关职能部门以《事故调查报告的批复》为主要依据,按照《事故调查报告》中"事故责任的认定以及对事故责任者的处理建议"对相应责任主体进行相应处罚或要求其承担责任。这一系列的相应处罚(或责任承担)主要包括:行政处罚、民事赔偿责任、党纪或政务处分和问责,情节严重时还可能涉及刑事追责。

二、安全生产事故对企业的影响

1. 安全生产事故对企业及个人的影响有哪些?

医药企业相关责任人员未依法履职导致发生生产安全事故的具体法律责任本章第二节已作讨论,不再赘述,此部分重点阐述企业可能承担的法律责任。

(1)关闭、吊销有关执照、罚款等行政责任

根据《安全生产法》第 113 条的规定,对于不具备法律、行政法规和国家标准或者行业标准规定的安全生产条件,导致发生重大、特别重大生产安全事故的生产经营单位,由负有安全生产监督管理职责的部门提请地方人民政府予以关闭,有关部门依法吊销其有关证照。

根据《安全生产法》第 114 条的规定,对于发生生产安全事故负有责任的生产经营单位除依法承担相应的赔偿等责任外,还应由应急管理部门依照下列规定处以罚款:发生一般事故的,处 30 万元以上 100 万元以下的罚款;发生较大事故的,处 100 万元以上 200 万元以下的罚款;发生重大事故的,处 200 万元以上 1000 万元以下的罚款;发生特别重大事故的,处 1000 万元以上 2000 万元以下的罚款。

情节特别严重、影响特别恶劣时,应急管理部门还可以按照前款罚款数额的 2 倍以上 5 倍以下对负有责任的生产经营单位处以罚款。

(2)人员伤亡、他人财产损失的民事赔偿责任

根据《安全生产法》第 116 条的规定,医药企业发生生产安全事故造成人员伤亡、他人财产损失的,应当依法承担赔偿责任;拒不承担或者其负责人逃匿的,由人民法院依法强制执行。生产安全事故的责任人未依法承担赔偿责任,经人

民法院依法采取执行措施后,仍不能对受害人给予足额赔偿的,应当继续履行赔偿义务;受害人发现责任人有其他财产的,可以随时请求人民法院执行。

(3)相关人员的工伤、工亡事宜处理

根据《安全生产法》第56条的规定,因生产安全事故受到损害的从业人员,除依法享有工伤保险外,依照有关民事法律尚有获得赔偿的权利的,有权提出赔偿要求,因此发生安全事故的医药企业如涉及员工工伤、工亡赔偿,应根据相关法律规定妥善处置。

(4)生产安全事故中带来的经济损失

安全生产事故发生后,将给企业带来严重的经济损失。

2. 发生安全生产事故是否会被列入严重失信影响企业信用?

早在2017年,国家安全监管总局即发布了《对安全生产领域失信行为开展联合惩戒的实施办法》,对失信生产经营单位及其有关人员实施有效惩戒,督促生产经营单位严格履行安全生产主体责任、依法依规开展生产经营活动。现行《安全生产法》针对失信的生产经营单位及个人,采取的联合惩戒措施包括记录违法行为、向社会公告、向各部门通报等,如下所述。

(1)惩戒对象:《安全生产法》对于失信的惩戒对象包括生产经营单位及有关从业人员。

(2)通告及公告:对于受到行政处罚的要在7个工作日内曝光,有关部门针对生产经营单位采取的联合惩戒措施亦会向社会公示。

(3)惩戒措施:生产经营单位的违法行为与社会信用体系相联系,针对失信单位采取的监管措施包括加大执法频次、暂停项目审批、上调有关保险费率、行业或者职业禁入等。

近年来,应急管理部及各地安全生产监管部门公布了多批安全生产失信联合惩戒"黑名单"单位及人员名单,从加强对生产经营单位安全监管监察、暂停审批其新的重大项目申报、限制参与建设工程招投标、暂停企业债券和股票发行,相关责任人在法定期限内不得担任相关生产经营单位的法定代表人或负责人等多个方面对违法单位实施联合惩戒。

为更好与《安全生产法》相衔接,进一步规范安全生产严重违法失信名单管理机制,及时有效惩戒安全生产领域失信行为,2022年1月22日,应急管理部起草了《安全生产严重违法失信名单管理办法(征求意见稿)》。该文件虽然为征求意见稿,但可一定程度上为企业提供参考。其中,医药企业可以重点关注的内容主要包括[①]以下几项：

（1）列入名单的条件：均为发生生产安全事故，或者违反安全生产相关法律法规、受到行政处罚，且性质恶劣、情节严重的情形。

（2）管理措施：由应急管理等部门和机构采取增加执法检查频次、暂停项目审批、上调有关保费、实施行业或者职业禁入等惩戒措施。

（3）移出程序和信用修复：明确了名单管理期限为3年，自列入严重违法失信名单起满12个月后可以依申请提前移出等；并明确了申请提前移出（信用修复）名单的条件和程序，鼓励严重违法失信生产经营单位及有关人员主动纠错、重塑信用。

---

① 参见关于《安全生产严重违法失信名单管理办法（征求意见稿）》的起草说明。

第十一章　出口管制与制裁

第一节　中国出口管制和反制制度介绍

一、《出口管制法》及其监管体系

1. 中国的出口管制法律体系是怎样的?

中国的出口管制法律体系主要由《出口管制法》以及国务院发布的行政法规和一些相关的部门规章等组成,具体而言包括以下规定。

(1)《出口管制法》于2020年10月17日通过,自2020年12月1日起实施。《出口管制法》共49条,主要规定了出口管制范围、管制清单、管制措施、国家出口管制管理部门的监督管理及法律责任等。

(2)针对不同种类的受控物项出口管制,国务院颁布的与《出口管制法》相关的行政法规主要有:

《放射性同位素与射线装置安全和防护条例》,明确了放射性同位素与射线装置生产、销售、使用许可制度;《生物两用品及相关设备和技术出口管制条例》,明确了生物两用品及相关设备和技术出口许可制度;《监控化学品管理条例》,明确了对监控化学品的生产、经营、使用、存储、进出口检查监督制度;《易制毒化学品管理条例》,明确了对易制毒化学品的生产、经营、购买、运输、进出口管理制度等。

此外,《禁止出口限制出口技术管理办法》《敏感物项和技术出口经营登记管理办法》《有关化学品及相关设备和技术出口管制办法》等也是中国出口管制法律体系的重要组成部分,在具体事务中起到了重要的指引作用。

2. 什么是《两用物项和技术进出口许可证管理目录》？

《两用物项和技术进出口许可证管理目录》是将中国针对敏感物项(如核、生物、化学、导弹)制定的出口管制清单进行的整合,同时针对各商品列明海关商品编号以便管理。

3. 如何理解《出口管制法》下的“出口”概念？

《出口管制法》所称“出口”,是指从中华人民共和国境内向境外转移管制物项,以及中华人民共和国公民、法人和非法人组织向外国组织和个人提供管制物项。

此外,《出口管制法》第 45 条规定:“管制物项的过境、转运、通运、再出口或者从保税区、出口加工区等海关特殊监管区域和出口监管仓库、保税物流中心等保税监管场所向境外出口,依照本法的有关规定执行。”因此,管制物项的过境、转运、通运、再出口或者从海关特殊监管区域和保税监管场所向境外出口,均属《出口管制法》项下的“出口”行为。

4.《出口管制法》下的法律责任有哪些？

《出口管制法》针对出口管制违法行为规定了行政责任和刑事责任,举例而言,《出口管制法》第 43 条针对出口国家禁止出口的管制物项或者未经许可出口管制物项,规定了相应的刑事责任。结合《刑法》的相关规定,违反出口管制规定根据具体情节可能会构成相关走私犯罪或非法经营罪等。

此外,《出口管制法》第 39 条针对违反《出口管制法》规定受到处罚的出口经营者作出了限制或禁止从业的规定,即国家出口管制管理部门可自处罚决定生效之日起 5 年内不受理该类经营者的出口许可申请,并可禁止其直接负责的主管人员和其他直接责任人员在 5 年内从事有关出口经营活动,受到刑事处罚的,终身不得从事有关出口经营活动。

5. 什么是《中国禁止出口限制出口技术目录》？

《中国禁止出口限制出口技术目录》是根据《对外贸易法》《技术进出口管理条例》制定的,基于国家安全、社会公共利益、他人的健康与安全等考量,限制或禁止出口的系列技术目录。《中国禁止出口限制出口技术目录》项下的“技术出口”是指从中华人民共和国境内向中华人民共和国境外,通过贸易、投资或者经济技术合作的方式转移技术的行为,包括专利权转让、专利申请权转让、专利实施许可、技术秘密转让、技术服务和其他方式的技术转移。

6.《技术进出口管理条例》下的法律责任有哪些？

《技术进出口管理条例》第 43 条至第 47 条规定了技术进出口违法行为的刑

事责任和行政责任,如下表所示。

技术进出口违法行为	刑事责任	行政责任
进口或者出口属于禁止进出口的技术的,或者未经许可擅自进口或者出口属于限制进出口的技术	走私罪、非法经营罪、泄露国家秘密罪或者其他罪	尚不够刑事处罚的,区别不同情况,依照《海关法》的有关规定处罚,或者由国务院外经贸主管部门给予警告,没收违法所得,处违法所得1倍以上5倍以下的罚款;国务院外经贸主管部门并可以撤销其对外贸易经营许可[1]
擅自超出许可的范围进口或者出口属于限制进出口的技术	非法经营罪或者其他罪	尚不够刑事处罚的,区别不同情况,依照《海关法》的有关规定处罚,或者由国务院外经贸主管部门给予警告,没收违法所得,处违法所得1倍以上3倍以下的罚款;国务院外经贸主管部门并可以暂停直至撤销其对外贸易经营许可
伪造、变造或者买卖技术进出口许可证或者技术进出口合同登记证	非法经营罪或者伪造、变造、买卖国家机关公文、证件、印章罪	尚不够刑事处罚的,依照《海关法》的有关规定处罚;国务院外经贸主管部门并可以撤销其对外贸易经营许可
以欺骗或者其他不正当手段获取技术进出口许可	不适用	由国务院外经贸主管部门吊销其技术进出口许可证,暂停直至撤销其对外贸易经营许可
以欺骗或者其他不正当手段获取技术进出口合同登记	不适用	由国务院外经贸主管部门吊销其技术进出口合同登记证,暂停直至撤销其对外贸易经营许可

[1]2022年12月30日,第十三届全国人大常委会第三十八次会议经表决,通过了关于修改对外贸易法的决定(主席令第一二八号),删去《中华人民共和国对外贸易法》第九条关于对外贸易经营者备案登记的规定。根据决定,自2022年12月30日起,各地商务主管部门停止办理对外贸易经营者备案登记。对于申请进出口环节许可证、技术进出口合同登记证书、配额、国营贸易资格等相关证件和资格的市场主体,有关部门不再要求其提供对外贸易经营者备案登记材料。鉴于相关法律法规修改的滞后性,该等法规中涉及"对外贸易经营许可"相关的表述可能尚未变更,但我们理解,《中华人民共和国刑法》《中华人民共和国技术进出口管理条例》等法律法规中与"撤销对外贸易经营许可"相关的规定已无实际意义。

二、医药企业需要特别关注的中国出口管制和反制问题

1. 列入限制和管制目录的涉及医药类的物项和技术有哪些?

根据2022年8月商务部、科技部《关于调整发布〈中国禁止出口限制出口技

术目录〉的公告》及《中国禁止出口限制出口技术目录》,列入限制和管制目录的涉及医药类的物项和技术包括以下几项。

(1)禁止出口部分

编号	技术名称	控制要点
052703J	中药材资源及生产技术	①世界珍稀、濒危保护动植物中的野生中药资源及其繁育技术; ②《中国珍稀、濒危保护植物名录》(1986年)中收录的我国药材种质和基因资源及其繁育技术; ③濒危、珍稀药材代用品的配方和生产技术; ④菌类药材的菌种、菌株、纯化、培养、发酵和生产工艺包括下列菌种:冬虫夏草、羊肚菌、牛舌菌、云芝、树舌、灵芝(紫芝、赤芝)、雷丸、猪苓、密环菌、松茸、短裙竹荪、长裙竹荪、黄裙竹荪、大马勃、黑柄炭角菌、茯苓
052704J	中药饮片炮制技术	①毒性中药的炮制工艺和产地加工技术:制川乌、制草乌、制南星、胆南星、制白附子、清半夏、法半夏、姜半夏、制关白附、制附子、制商陆、制马钱子、煨肉豆蔻、制芫花、制蟾酥、制藤黄、制甘遂、制狼毒、巴豆霜、制斑蝥、制青娘子、飞雄黄、飞朱砂、制金大戟、千金子霜; ②常用大宗中药的炮制工艺和产地加工技术:熟大黄、熟地黄、制何首乌、制香附、鹿茸、紫河车、六神曲、建神曲、炮山甲、制肉苁蓉、制黄精、制山茱萸、制女贞子、红参、厚朴、阿胶、龙血竭
058501J	中医医疗技术	针麻开颅手术的关键穴位

(2)限制出口部分

编号	技术名称	控制要点
052701X	中药材资源及生产技术	①蛹虫草人工培植技术; ②《野生药材资源保护管理条例》中规定的属于Ⅱ级、Ⅲ级保护级别的物种及其繁育技术; ③人工养麝(林麝、马麝)活体取香技术及繁育技术; ④牛体培植牛黄的埋核技术; ⑤人工牛黄、人工虎骨、人工麝香等品种配方技术; ⑥《野生药材资源保护管理条例》中规定的属于Ⅰ级保护级别的物种及其繁育技术; ⑦《中华人民共和国药典》中收录的大宗品种药材的植物种子(包括种子类生药)、种苗和动物种源及其繁育技术

续表

编号	技术名称	控制要点
052702X	生物技术药物生产技术	①通过分离、筛选得到的具有工业化生产条件的菌种、毒种及其选育技术,流行性出血热灭活疫苗生产毒种(含野鼠型及家鼠型); ②用于活疫苗生产的减毒的菌种或毒种及其选育技术:a. 甲型肝炎减毒活疫苗生产毒种,b. 乙型脑炎减毒活疫苗生产毒种; ③用基因工程方法获得的具有工业化生产条件的菌种、毒种及其选育技术; ④肠道病毒 71 型灭活疫苗; ⑤口服轮状病毒活疫苗; ⑥EV71 疫苗用毒株; ⑦CA16 疫苗用毒株; ⑧五价、六价轮状疫苗生产核心工艺技术; ⑨多糖蛋白结合技术
052705X	中药的配方和生产技术	石斛夜光丸内重金属低于限量标准的技术
052707X	组织工程医疗器械产品的制备和加工技术	①组织细胞分离和培养技术; ②组织细胞培养基的配方技术; ③材料支架的加工技术; ④组织工程产品的培养加工技术; ⑤组织工程产品的保存技术; ⑥医用诊断器械及设备制造技术(包括国产新一代基因检测仪、第三代单分子测序仪)
058501X	中医医疗技术	①国家名老中医及获省部级以上科技进步一、二等奖的疾病诊疗系统的医理设计及有效方药; ②股骨颈重建术治疗股骨颈骨折颈吸收伴头缺血性坏死的技术

2. 与《不可靠实体清单规定》和反制清单实体开展交易的风险有哪些?

根据《不可靠实体清单规定》第 10 条的规定,一旦相关外国实体被列入不可靠实体清单,那么中国政府可以切断其与中国相关的进出口等相关业务,这其中当然也包括了中国关联企业和其之间开展的业务往来。目前《不可靠实体清单规定》对于中国实体违反《不可靠实体清单规定》要求开展交易的违规处罚并没有明确说明,但是《出口管制法》第 37 条对出口经营者违反《出口管制法》规定与列入管控名单的进口商、最终用户进行交易的法律后果作出规定,该规定可以适用于和不可靠实体清单内实体开展的交易。

根据《反外国制裁法》第 11 条的规定,我国境内的组织和个人应当执行国务院有关部门采取的反制措施。若与反制清单实体开展交易,国务院有关部门依法予以处理,限制或者禁止其从事相关活动。

第二节　美国出口管制制度介绍

一、美国出口管制的管理体系

1. EAR 下受控物项的定义是什么?

根据美国的出口管制法《出口管理条例》(Export Administration Regulations,EAR)第 734.3 条的规定,满足以下标准的商品、技术和软件(以下合称物项)应被视为 EAR 下的受控物项,其任何形式的出口、再出口和境内转移均可能受 EAR 规制:

(1)位于美国境内的物项,包括位于美国自贸区内或经美国转运至第三国的物项;

(2)所有原产自美国的物项;

(3)超过最低含量标准的含有美国原产物项的外国制造货物,与美国原产软件"捆绑"的外国制造货物,含有美国原产软件的外国软件以及含有美国原产技术的外国技术;

(4)特定利用美国技术或软件在外国制造的直接产品;

(5)特定由利用美国技术或软件在海外建立的工厂所生产的外国货物,只要该工厂被视为美国技术或软件的直接产品。

2. EAR 下受控行为的定义是什么?

根据 EAR 第 734.5 条、第 734.13 条至第 734.17 诸条的规定,EAR 下的管制行为除美国实体所进行的涉及核爆炸装置、生化武器、导弹技术等管制事项的扩散行为外,主要涉及美国物项的出口、再出口、境外转移。相关定义如下表。

出口	再出口	境外转移
将受管制物项从美国境内转移到美国境外	将位于美国境外的受管制物项转移到第三国	在外国境内对受管制物项进行转移

3. 与医药相关的 EAR 物项示例有哪些?

与医药相关的 EAR 物项示例包括以下:

产品	ECCN 编码	管制原因
化学加工用的泵、阀门、管道、热交换器、储存罐等 Pumps, valves, pipes, storage tanks, heat exchangers and other equipment that can be used for chemical processing	2B350	化学/生物(Chemical and Biological Weapons, CB)、反恐怖主义(Anti - Terrorism, AT)
针对特定病毒、病原体、细菌的疫苗 Vaccines against items controlled by ECCN 1C351(病原体),1C353(遗传因子)or 1C354(细菌、真菌、病毒)	1C991	CB、AT
人类和动物的病原体及毒素 Human and animal pathogens and"toxins"	1C351	CB、AT
用于医疗器械灭菌的高压灭菌器 Autoclave for medical instrument sterilization	EAR99	N/A

4. CCL 和 ECCN 编码是什么?

根据 EAR 第 738 节的规定,美国对于需要施加特别管控的物项编制有商业管控目录(Commercial Control List,CCL),根据不同的产品特性和不同的管控理由,赋予特定的出口管理分类编码(Export Control Classification Number,以下简称 ECCN 编码)予以管控。列入 CCL 的物项需根据其 ECCN 编码对应的管控理由,在出口时比对《商业国别表》(Commerce Country Chart,CCC)中所列目的国的管控理由,以确定相关物项出口至目的国时是否受到管控。未列入 CCL 的受控物项,美国统一赋予 EAR99 的 ECCN 编码,除出口至特定禁运国家或向特定受管制实体提供此类物项外,向其他国家和地区提供相关物项原则上无特别许可证要求。

5. 各类管制名单有哪些?

清单名称(中文)	清单名称(英文)
实体清单	Entity List
特别指定国民清单	Specially Designated Nationals(以下简称 SDN 清单)
"中国涉军企业清单"清单	Chinese Military Companies(以下简称 CMC 清单)
最终军事用户清单	Military End User List(以下简称 MEU 清单)
被拒绝人员清单	Denied Persons List(以下简称 DPL 清单)

续表

清单名称(中文)	清单名称(英文)
未经核实清单	Unverified List(以下简称 UVL 清单)

6. 违反 EAR 的法律后果是什么?

根据《出口管理改革法》(Export Control Reform Act,ECRA)第 4819 节的规定,违反出口管制可能面临的处罚包括行政处罚及刑事处罚。其中,民事处罚的具体内容如下表。

序号	处罚	描述
1	民事罚款	就每个违规行为,BIS 可以取: 单笔最高 353,534 美元的罚款[1];或者 该违法行为基础的交易金额的 2 倍罚款 二者之中高者作为民事罚款
2	剥夺进出口权	对美国境内违规者,BIS 可以剥夺其进出口权;对美国境外违规者,BIS 可以发布拒绝令(denial order),剥夺其与美国进行进出口交易的资格
3	限制从业资格	对于参与违规行为的律师、会计师、咨询顾问、货代等专业从业人员,BIS 可以行政令的形式禁止其参与和 BIS 有关的专业从业活动

[1]最新金额调整见商务部 2023 年 1 月 3 日的公告:https://www.federalregister.gov/documents/2023/01/03/2022-28363/civil-monetary-penalty-adjustments-for-inflation。

而对于故意违反或规避美国出口管制的行为,且被认为可能具有刑事责任的,相关案件会被移交司法部进行起诉。可能面临的刑罚如下表所示。

序号	处罚	描述
1	刑事罚款	对于单位及个人犯罪,法院可判处最高为 100 万美元的罚款
2	有期徒刑	对于单位犯罪的主要负责人员(包括所有明知或应知该犯罪行为并参与的董事、高管、职员)及自然人犯罪的罪犯,最高可处于 20 年有期徒刑

二、美国出口管制下合规体系的要求

1. 什么是 ECP? 包括什么内容?

ECP 是美国商务部发布的《出口合规指引》(Export Compliance Guidelines)

下一个完备出口合流程,ECP主要包括八要素,分别是(1)管理层承诺;(2)风险评估;(3)出口授权;(4)记录保存;(5)合规培训;(6)合规审计;(7)出口违规行为与纠正;(8)制定合规手册。

企业在建立以上合规流程后,可在被美国商务部审查时进行抗辩并寻求适度处罚的豁免,以降低经济处罚风险以及管理层的刑事追诉风险。

2. 常见的企业合规做法包括哪些?

常见的企业合规做法是建立和完善企业内部的出口管制合规制度。包括:

(1)结合企业坐在行业和产品特点,充分评估企业面临的出口管制风险程度和风险特点,制定有针对性的管控措施及合理出口管制合规制度时间表。

(2)在现有体系中嵌入出口管制合规制度,将出口管制合规相关组织机构和制度政策与现有架构相衔接。

(3)利用现代信息化的系统及合规方案。

三、美国出口管制下对医药行业的可能影响

1. 国内相关业务被定义为美国出口管制下高风险行为的风险有哪些?

国内医药行业相关业务可能触及美国出口管制风险的行为包括:

(1)国内医药公司进口原材料、先进医疗机械设备、软件过程中涉及相关EAR下受控物项,根据EAR规定需要申请许可但国内进口商未申请许可,或未严格执行许可限制措施,例如禁止未经授权的人接触、使用受控物项,或随意移动受控物项所在区域等。

(2)国内医药公司与其美国雇员、在美国的员工或合作方进行技术交流,相关技术属于EAR下受控技术,但公司未按EAR规定申请许可。

2. 对于生物技术、生物制药和医疗器械设备(含研发器械)的限制有哪些?

美国对上述领域的限制分别包括以下几个方面。

(1)生物技术

针对可能用于制造生物武器的软件和技术实施新,BIS通过修改CCL增加新的出口管制分类号(ECCN)2D352的方式来实施控制。美国针对某些生物设备软件(2D352)的新出口限制将对实验室、生命科学公司、大学和研究机构产生重大影响,并可能导致在外国投资方面的重大障碍。而面对生物医疗行业普遍存在的并购模式,美国政府也开启了针对新兴技术的国家安全审查,通过BIS/CFIUS等各不同职能维度并在各项业务开展模式中设置审批审查机制,防止美国先进技术流入中国,以此阻碍正常的商业运作。

(2)生物制药

美国在中国生物制药产业严重依赖进口的关键物项(如动物器官、组织、体液、分泌物以及人的组织、尿液等起始物料)与研发设备[①]上施加出口管制措施。具体而言,CCL规定的受控物项包含:ECCN 1C351(人类和动物的病原体及毒素)、1C353(遗传因子和转基因生物)[②]、1C354(植物病原体)和1C991(疫苗、免疫毒素等)[③]。并且,同前述生物技术领域一样,不同出口管理分类管控项下的生物物项,也有着不同的管控级别和许可要求,并且多数都由于生化武器的管控原因(CB1/CB2/CB3)造成该等物项从美国出口至其他国家,需要获得BIS颁发的出口许可证。根据当前美国的政策,上述生物物项基于同样生化武器管控原因,如果出口目的地是中国,那么一律要求申请出口许可证。

(3)医疗器械设备(含研发器械)

目前,我国企业在生物制药过程中涉及的研发、检验、制造三类医疗器械设备同样严重依赖进口。而该等医疗器械设备,同样在美国CCL的管控之下,包括阀、泵、反应器、搅拌器、发酵罐及各式实验设备等通常归于2B350和2B352项下,出口至中国需要申请出口许可证。尽管其中有些物项已部分实现国产化,但由于在质量和功能上与进口产品存在差距,因此目前仍存在国外垄断的风险。另外,根据我们的实务经验,美国政府对医疗器械领域供应链活动的关注度极高,医疗器械领域企业受处罚的比例相对较高。如2016年引人瞩目的某大型制药企业向美禁运国家伊朗等销售大量外科手术设备及药品受到940万美元处罚。此处提醒广大企业需格外注意。

第三节 美国经济制裁制度介绍

一、美国经济制裁的管理体系

1. 经济制裁与出口管制有哪些不同?

虽然在很多场合美国的贸易制裁和出口管制经常并称,但是从针对对象、管制范围、管理部门等多个方面而言,贸易制裁和出口管制存在诸多不同。大致差异可见下表。

---

① http://med. china. com. cn/content/pid/223145/tid/1026.

② Genetic elements and genetically-modified organisms.

③ https://www. bis. doc. gov/index. php/documents/regulations-docs/2332-category-1-materials-chemicals-microorganisms-and-toxins-4/file.

具体项目	贸易制裁	出口管制
针对对象	受制裁的特定对象和特定交易	受管制的美国物项及受管制的特定行为[1]
管制行为	根据制裁对象的不同,涵盖进出口、金融服务、航运、证券投资、旅行等多种经贸活动	美国物项的出口、转出口、境外转移及其他受管制的出口活动
约束对象	涉及受制裁交易的所有相关主体,包括美国实体、美国实体控制的外国实体及特定情况下的外国实体	实施出口行为的美国或非美国实体
主管部门	OFAC[2]	BIS[3]

[1]如美国公民涉及的在美国境外的大规模杀伤性武器扩散活动,见 EAR 734.5。

[2]财政部海外资产管理办公室(Office of Foreign Assets Controls,OFAC)。

[3]商务部产业安全局(Bureaus of Industry and Security,BIS)。

一般而言,由于管制范围的不同,出口管制与贸易制裁的管理是相互平行的,比如对古巴出口管制物项,需要申请 BIS 基于出口管制的许可证,但如果相关交易还涉及贸易制裁对金融服务、旅行等方面的贸易制裁许可证要求时,则需另行向 OFAC 进行申请贸易制裁相关的许可证。

2. 经济制裁下的禁止性行为有哪些?

美国的制裁法下,其主要规制的行为与被制裁对象进行的交易以及对该等交易所提供的协助行为。对于禁止交易,根据具体制裁项目的不同,涵盖的类别包括多种经贸活动,例如:进出口;航运;证券投资;个人旅行;投资;各种类型的金融服务等。

3. 经济制裁下的禁止性协助是什么?

对禁止交易的协助的定义,OFAC 目前采取一个扩张解释的态度,针对前述受规制的交易行为所提供的一系列协助和服务,均可能会被定义为对禁止行为的协助。

4. 一级制裁和次级制裁主要区别是什么?

目前,美国制裁法根据受制裁交易中是否存在美国连接点而分为一级制裁和次级制裁两种形式。如果存在美国连接点,则直接美国可直接适用一级制裁予以相应处罚。常见的美国连接点包括:当事人是美国实体(在很多制裁项目中,美国实体包括美国实体直接或间接控制的非美国实体);使用美元作为交易币种;利用美国银行作为通知行;利用美国的分支机构参与交易,包括分摊费用;

雇佣美国公民参与特定交易;货物的物流经过美国。

在此情况下,美国可以对于违反制裁规定的主体施以相应的刑事和行政处罚,具体处罚幅度如下表所示。

序号	处罚	描述
1	民事罚款	以 IEEPA 制裁为例,民事罚款金额为: (1)单笔最高 356,579 美元[1]的罚款;或者 (2)该违法行为基础的交易金额的 2 倍罚款 二者之中高者作为民事罚款
2	扣押货物	以 ITSR 为例,OFAC 可以扣押发往伊朗的货物
3	禁止交易和限制入境	根据总统行政令 13608 号,任何违反美国制裁法律规定的外国个人和实体,将被禁止进行任何与美国有关的商业活动,包括:从美国进口货物,通过美元系统进行交易结算。相关人等还将被施以旅行禁令,禁止进入美国
4	刑事罚款	以 IEEPA 制裁为例, 单位犯罪,法院可以判处: (1)单笔最高 1,000,000 美元的罚款;或者 (2)该犯罪行为违反所得的 2 倍。 二者之中高者作为刑事罚款; 对于个人犯罪,法院可以判处: (1)单笔最高 1,000,000 美元的罚款;或者 (2)该犯罪行为违反所得的 2 倍
5	有期徒刑	以 IEEPA 制裁为例,对于单位犯罪的主要负责人员(包括所有明知或应知该犯罪行为并参与的董事、高管、职员)及自然人犯罪的罪犯,最高可处于 20 年有期徒刑

[1]最新金额调整见财政部 2023 年 1 月 13 日的公告,载 https://home. treasury. gov/system/files/126/fr88_2229. pdf。

而对于次级制裁的对象,OFAC 并不能直接予以处罚,一般为将其列入相应的制裁清单内[包括 SDNs 清单、受通汇账户或过渡账户制裁的境外金融机构清单(List of Foreign Financial Institutions Subject to Correspondent Account or Payable-Through Account Sanctions,下称 CAPTA 清单)等]将其视同制裁对象施加以全方位交易限制,包括冻结和没收在美国的资产、全面切断美元服务、颁布旅行禁令等。

5. 主要的制裁项目有哪些?

清单名称(中文)	清单名称(英文)
特别指定国民清单	Specially Designated Nationals(SDN)List
中国军工企业清单	Non-SDN Chinese Military-Industrial Complex Companies (CMIC) List
往来账户或通汇账户制裁清单	Correspondent Account or Payable-Through Account Sanctions (CAPTA) List
行业制裁识别清单	Sectoral Sanctions Identifications(SSI) List
海外逃避制裁者清单	Foreign Sanctions Evaders(FSE)
防扩散制裁	Nonproliferation Sanctions

二、经济制裁合规体系的要求

1. 什么是SCP? 包括什么内容?

OFAC强烈鼓励受美国司法管辖的组织、在美国境内或与美国开展业务的外国实体、美国人或使用原产于美国的货物或服务的外国实体,通过制定、实施和定期更新制裁合规程序(Sanctions Compliance Program, SCP)的方式,在制裁合规方面采用基于风险的方法。尽管每个基于风险的SCP因各种因素而异,包括公司的规模和复杂性、产品和服务、客户和交易对手方以及地理位置,但每个计划应当基于并包含至少五个合规的基本组成部分:(1)管理层承诺;(2)风险评估;(3)内部控制;(4)测试和审计;(5)培训。

违规行为发生时,如果具有一份有效的SCP,将被视为重要的减轻情节,或是该违规行为是否会被认定为"极其恶劣"的考虑因素。如果OFAC裁定明显违规行为并非极其恶劣,那么通常会导致民事罚款大幅减少。

2. 常见的企业合规做法包括哪些?

相对于出口管制而言,贸易制裁在特定交易上涉及的主体和考量因素更为复杂,因此,需要在日常合规管理上考虑得需要更为周到,但总体而言,相关合规大原则基本一致,如加强对交易对象和各交易环节的合规筛查、增强企业内部关于贸易制裁的合规意识、完善日常交易记录,发现问题主动汇报等方式。

三、制裁法下关于医药行业的主要影响

1. 制裁项目下针对医药行业的通用许可证有哪些？

目前，美国 OFAC 网站上列举了几十项制裁项目(programs)，其中一大类是以国别命名，比如伊朗制裁，另一大类是以打击目标命名，比如反恐怖主义制裁。广义上并不存在专门针对“医药领域”的制裁项目。针对上述制裁项目，OFAC 会对某些特定的交易行为颁发通用许可证(general license)。在 OFAC 颁布通用许可证的情况下，只要不与特定制裁对象(如 SDNs 清单内实体)交易或违反某些禁止规定，相关主体可以直接在受制裁国家和地区开展特定交易活动而不需取得特别许可证。如在美国对伊朗的制裁下，美国仍然颁布了有关农产品、药品和医疗器械、特定个人通信设备相关的软件、硬件和服务等的通用许可证。具体是否需要申领相应许可证，可以通过 OFAC 官网进行查询，或咨询专业人士。

2. 医药企业通常面临的困境是什么？

医药企业通常面临的困境简单总结如下：

(1)关键物项“卡脖子”问题

如果企业被美国列入实体清单(或收到其他限制)，就物项(含技术)而言，生物医疗领域相关企业获取涉美特定物项的难度将进一步加大。对清单企业而言，受限的可能不仅仅是该等特定战略性物项的采购，其更广泛的涉美物项供应链也都将受到影响。与此同时，如果其他国家和地区的企业在研发、制造等过程中亦可能涉及美国相关物项等，届时其如欲将产品销售给清单企业，同样会受到美国出口管制相关规定的限制。

(2)间接获取关键物项(技术等)受阻

自 2018 年美国《外国投资风险评估现代化法案》(FIRRMA)推出以来，美国外国投资委员会(CFIUS)的审查权限和“关键技术”范围都被扩大。中国企业若想通过采取海外并购的方式获取所需物项，也可能面临美国贸易和投资方面的联动阻碍。并且根据 2019 年生效的《欧盟外商直接投资审查条例》，中国企业对欧盟企业的投资并购，也将受到越发严格的外资审查[①]。中国生物医疗企业在海外投资并购的阻力也正明显增加。

---

① 根据《欧盟外商直接投资审查条例》第 4(1)条规定，在确定某项外国投资有无可能影响安全或公共秩序时，成员国和欧盟委员会可以重点考虑该投资对如下方面的潜在影响：关键技术及军民两用物品，包括人工智能、机器人、半导体、网络安全、航空航天、国防、能源存储、量子及核技术，以及纳米技术和生物技术等。

(3)人才交流受限

在新冠疫情尚未暴发时,美国就曾以多种理由限制中美之间生物科技的技术、人才交流。自新冠疫情暴发以来以及如今的后新冠疫情时代,人才流动本来就受疫情防控等因素影响而受到很大限制,加上各国更加注重保护本国生物科技成果,若再受到相关清单等限制或制裁,中美之间、中国与其他国家之间在生物医疗领域的人才流动与技术交流将面临更多阻力。

(4)经济制裁风险增加

中国已将生物医疗产业提升到了"国家优先产业"的战略高度,并将生物医药及高性能医疗器械视为创新突破战略前沿领域之一。面对中国生物医疗产业迎头赶上的趋势,美国在各个方面相继采取了限制措施。2021年年底,美国宣布对"参与全球非法药物贸易"的5个外国实体(1名个人和4家公司)实施制裁,将其列入OFAC管辖下的SDN清单,其中包含2家中国公司。尽管本次制裁对象仅是"参与全球非法药物贸易"的相关实体,与生物医疗领域的CXO上市公司及创新企业等实体并不相关,但该领域一直以来都是美国方面的关注重点,中国相关企业的贸易管制和制裁风险不容忽视。

3. 新冠疫情背景下制裁豁免政策及风险有哪些?

在新冠疫情在全球扩散,生物医疗企业的产品进出口更加频繁的背景下,美国OFAC近期在经济制裁方面规定了特定的许可豁免政策,即针对委内瑞拉、伊朗、朝鲜等特定制裁国家,美国和非美国人员可根据美国制裁法律和法规的现有豁免、例外和授权,向特定受美国制裁的国家或地区提供人道主义物品(包括药品和医疗器械)。与此同时,对于此类项目中可能对抗击疫情有帮助的物项(如氧气发生器、全罩式口罩呼吸器、某些诊断医学成像设备和去污设备等),美国OFAC考虑并加快对这些许可请求的审查。但是需注意,若是出口的生物医疗产品被认定为不属于豁免范畴的(如有发展为生化武器的风险)则可能会受到制裁。

第四节　企业合规与风险管理

一、全面的风险评估与动态预警需要做什么?

对于企业如何建立全面的风险评估与动态预警机制,我们提出以下建议。

1. 充分重视合规问题

首先要应注重企业的合规经营和可持续发展,并且在这种合规意识的引导下,逐步明确合规管理工作内容,健全合规管理架构,制定合规管理制度,完善合规运行机制,保持对管制与制裁风险的敏感性,定期进行评估、识别与处置,并将这种合规理念贯彻到企业的各个部门,形成重视合规经营的企业氛围。

2. 随时关注相关政策法规的变化并加以学习

管制与制裁方面的相关规定会不断进行动态化调整,中国生物医疗企业需经常关注以美国为代表的重点国家或地区的管制和制裁措施的具体内容及其变化,结合 BIS 等官方机构发布的指南对美国出口管制及经济制裁相关法律法规的重点内容进行学习。

3. 定期进行风险评估

全面的风险评估是有效应对出口管制和制裁风险的基础。广大中国生物医疗企业,尤其是致力于通过跨国并购等方式扩展海外市场或供应链中可能涉及敏感物项和高端技术的企业,应结合上文总结的风险点,对自身可能存在的问题进行梳理和分析,在必要时可引入专业第三方协助进行风险识别及评估工作,聚焦主要问题并及时进行纠正。

4. 建立健全合规管理体系

从实践经验来看,根据风险评估的结果有针对性地建立健全符合企业自身业务特点的出口管制内部合规管理体系(Export Compliance Program,ECP)是非常重要的合规举措。从具体操作角度而言,中国生物医疗企业要加强内部合规培训,增强各个相关岗位从业人员的合规意识和合规能力,并需要对供应商、合作伙伴、客户等进行有针对性的尽职调查,判断其是否涉及“受控物项”及“管制清单”等风险因素,并进一步对该等因素是否会给企业带来不利后果做出审慎评估,准备好相应的风险管理预案,尽量消减可能产生的负面影响。中国生物医疗企业可以依照中国商务部发布的两用物项内部合规指南、BIS 的相关合规指引,在专业第三方的协助下,建立起符合公司业务模式的出口管制合规体系并逐步完善。

5. 做好突发事件应对准备

美国的出口管制与经济制裁政策体系庞杂,另外,近年来美国贸易管制政策的特征之一就是变化周期短、受国际政治经济局势波动影响大。因此,中国生物医疗企业除需关注常见风险之外,还需对特定国家和地区以及人权等特定领域的话题保持高度敏感,随时做好应对突发情况的准备。考虑到企业一旦被美国执法机构认为可能存在违反出口管制或经济制裁的行为,就会面临极大的证明压力和难度,并需耗费大量的时间、精力和成本,对此,建议中国生物医疗企业在做好前述相关工作的基础上,在自身风险防控上进行实时监管与审查,明确业务风险红线,从法律风险和商业风险两个维度提前制定相关应急预案,以避免临时应对的窘迫。还应注意,在发生紧急情况时,应第一时间寻求专业机构的协助。

二、药品许可交易合同的梳理审查重点关注什么内容?

考虑越来越多的中国企业广泛参与药品许可交易。我们在此提示一些审查药品许可交易合同应重点关注的内容。

在交易时,企业通常作为被许可方引进境外上市的药品,据此享有在中国境内和其他区域对该等药品的研发、生产和商业化的权利。此类交易的许可药品通常来自美国、欧盟或其他设有严格出口管制制度的国家或地区。药品出口国的出口管制政策变化可能导致药品技术无法出口至中国,使该等交易的合同目的落空,从而给企业带来高额经济损失。因此,审查该合同中是否已订立出口管制、经济制裁等相关条款非常关键,比如约定如果许可药品技术因出口国法规、政策变化或难以取得批准而导致无法将其出口至中国,境外许可方应当退还许可费并补偿被许可方的相关损失等保护条款。

三、出口管制合规体系建设怎样落地?

针对出口管制合规体系的落地,我们提出以下建议:

企业可以聘请相关专业机构,结合中国商务部发布的两用物项内部合规指南和美国商务部的相关合规指引,建立全方位的符合企业业务模式的出口管制合规体系,帮助企业建立不包括但限于针对受控物项的识别、分类的管理流程,促使企业在相关法律的框架内采购、使用和流动物项;识别和评估针对不同客户、供应商和合作伙伴的潜在风险,并为企业的商业决策提供法律依据,使企业在合法合规的框架内开展符合要求的交易、交流等商业行为。

附录：

作者介绍

（按章节顺序）

黄建雯律师是金杜医药医疗板块负责人和金杜“一带一路”国际合作与促进中心主任。黄建雯律师于 2019 至 2023 连续五年被《法律 500 强》评选为医疗与生命科学领域领先律师，于 2020 年被 ALB《亚洲法律杂志》评为“中国十五佳女律师”。黄建雯律师深耕医药医疗、生命科学领域多年，具有丰富的法律服务经验，专注于服务药品、医疗器械、医疗机构、保健食品等领域的客户，长期提供新设、兼并收购、投融资、政府监管合规、合作及许可等方面法律服务，并在多个重大项目中作为牵头或主办合伙人。

凭借多年的经验，黄建雯律师擅长就公司日常运营中涉及的各类法律合规问题提供咨询服务，包括但不限于企业合规管理、广告及宣传合规、医药医疗行业监管合规等。黄建雯律师密切关注医药医疗领域立法动态并多次参与立法建议，黄建雯律师 2021 年起任国家药品监督管理局法律顾问至今。

张运帷律师对于医药健康和生命科学领域有深入的研究和 20 年的执业经验，他长期为 100 多家国内外药品、医疗器械、基因及细胞产品、医疗机构、CRO、食品、化妆品和其他健康类公司提供法律服务，包括并购投资、药品资产交易、临床试验、产品上市许可、进出口、标签、经销体系管理、互联网医疗、医药数据合规、人类遗传资源、创新商业模式、合规事务（产品注册、反商业贿赂及竞争法问题）和日常公司业务。张运帷律师连续多年被《钱伯斯》《法律 500 强》《国际金融法律评论》等机构评选为医疗与生命科学领域、公司并购领域和私募股权领域的领先律师。

杨帆律师在医疗健康和生命科学领域具有丰富的经验，参与了大量的药品技术 License-in/out 项目、药品资产收购项目、医药企业股权收购、融资等项目,并就药品/医疗器械的开发、临床试验、上市许可、委托生产、经销、推广、进出口以及其他创新业务模式提供法律建议。杨帆律师深度参与医药企业反贿赂、人类遗传资源、数据、广告宣传等方面合规体系的建设,以及医药企业的合规案件、争议案件的处理。杨帆律师连续多年被 Legal 500 评为“明日之星”。

李凌碧律师的主要执业领域为投融资并购、日常公司与合规业务。她对于医疗健康和生命科学领域有长期的经验。

李凌碧律师为众多生命健康领域的企业提供法律服务,其服务领域覆盖临床试验、技术许可 License-in/out、合规制度/调查以及与药品/医疗器械研发、生产和销售有关的其他法律问题。此外,她曾参与了医疗健康领域的许多投资项目,包括但不限于为投资者就投资中国的医疗机构、初创型医药公司、药品生产企业、药品仓储和物流企业、CRO 公司等市场主体提供法律意见。李律师还为客户就中国的临床试验纠纷提供法律服务。李凌碧律师于 2012 年加入金杜律师事务所。李律师连续四年被《法律 500 强》评选为 2019 至 2022 年亚太地区中国医疗与生命科学领域的“后起之秀”。

宋瑞秋律师毕业于复旦大学法学院,获得法学硕士学位,于 2006 年加入金杜律师事务所。

宋瑞秋律师是商务部跨境产业投资与科技创新合作委员会副理事长、商务部外资并购工作委员会理事和微软加速器导师。

宋瑞秋律师在医疗健康领域有丰富的法律经验,服务的客户具体行业包括医疗服务、互联网医疗、药品及医疗器械生产与销售等。宋律师曾协助美国哥伦比亚医疗集团进行在华重组,并为淡马锡 2.5 亿美元入股提供法律服务;协助 IHH Healthcare(百汇医疗母公司)新加坡和马来西亚两地上市;协助山东瑞康医药股份有限公司上市;协助摩根士丹利、康桥资本、方源资本等众多私募基金投资多个医疗健康类标的公司。2020 年、2021 年,Legal 500 亚太地区排名中国法域律师榜,宋律师在医疗与生命科学领域获得了“明日之星”称号。

金欣律师在医疗健康与生命科学领域有丰富的法律经验,其中具有代表意义的项目包括:代表多家知名国际化医疗集团(包括 IHC,International Health Group,百汇集团等)在境内设立、并购多家合资医院;协助境内外知名投资人(包括摩根士丹利、鼎晖投资、康桥资本、云锋资本等)在医疗服务、互联网医疗、药品研发、药品生产与销售、医疗器械、检测诊断等行业的投资;代表上达资本投资苏州永鼎医院,并协助永鼎医院由非营利医院改制为营利医院等。

金欣律师毕业于华东政法大学,获法学学士学位;后就读于美国纽约大学法学院,获得公司法法学硕士学位。金欣拥有中国律师执业资格及美国纽约州律师执业资格。

郃红律师于1993年开始职业生涯,并于2019年加入金杜律师事务所。在加入金杜之前,郃红律师曾就职于中国专利代理(香港)有限公司任副总经理,负责公司的专利团队管理以及重要和复杂事务以及案件的处理。

郃红律师本科及研究生均毕业于北京大学,分别获应用化学学士学位及高分子辐射化学硕士学位,又于2003年,获得伦敦大学法学硕士。

郃红律师连续多年在国际知识产权界被MIP和IAM评为世界领先的专利从业者和领先律师之一,并于2016年至2020年连续被《钱伯斯亚太指南》(*Chambers Asia Pacific Guide*)评为知识产权非诉讼类的"杰出执业者",被选为首批国家知识产权领先专家之一,并被国家知识产权局(CNIPA)授予"中国第一位领先专利律师"之一。

郭煜先生具有22年知识产权领域的工作经验,主要工作领域为知识产权许可、转让、诉讼和行政程序,特别是处理专利无效宣告程序、专利行政诉讼、专利链接诉讼,熟知中日法律体系和专利代理事务。加入金杜之前,郭煜先生就职于中国专利代理(香港)有限公司,先后担任专利代理师,东京代表处代表,化学部副经理。

郭煜先生毕业于沈阳药科大学及东京理科大学,分别获药学学士学位和知识产权硕士学位。

郭煜先生具有丰富的专利许可、转让、无效诉讼经验以及专利链接相关事务的处理经验,代表多家国际知名医药企业进行相关非诉与诉讼服务,并入选北京市知识产权专家库,是我国知识产权领域的高级人才。

王晓东律师在专利侵权诉讼、专利行政查处、专利无效等知识产权法律服务领域具有丰富的执业经验。于2016年加入金杜律师事务所,曾经代表多家国内、外企业取得胜诉。多个案例被评为年度十大复审无效案例以及最高人民法院典指导案例。执业技术领域涉及医药、医疗器械、化工设备、材料等相关领域。加入金杜之前,王晓东曾经供职于国家知识产权局,具有多年的专利审查、复审、无效案件审理经验,并具有知识产权法官的从业经历。曾经入选江苏省知识产权专家库。

王晓东律师具有化学专业背景,本科毕业于天津大学精细化工专业,硕士毕业于天津大学药物化学专业。

陈文平律师现为金杜律师事务所专利部医药化学组负责合伙人。

陈文平律师擅长处理医药医疗、生物、化工领域的知识产权事务,有30年专利从业经验。陈律师的业务领域包括:对国内外客户的专利申请事宜提供专业建议和代理;代理客户在国家知识产权局专利复审委的专利无效案件;代理客户在法院的专利行政案件和专利侵权案件;参与和协调跨境知识产权诉讼和美国337案件;交易并购中的知识产权尽职调查和合同审核;排除专利侵权风险的专利检索和分析。

陈文平律师代理的案件曾多次被评为国家知识产权局年度十大复审无效案件、最高人民法院发布的年度十大知识产权典型案例。

陈文平律师具有医药专业背景,于1990年获得上海医科大学药物化学专业学士学位,1993年获得中国协和医科大学生物制药专业硕士学位;陈律师于1996年获得专利代理人资格,于2000年获得律师资格。

苏娟律师现为金杜律师事务所合伙人,先后毕业于同济大学、清华大学,汽车设计制造专业硕士。1998年开始从事专利代理,2006年加入金杜。在代理中国及海外的专利申请、复审无效、专利诉讼方面有丰富的经验,为数家跨国公司、国内企业撰写了大量核心专利申请,对中国和海外主要国家的专利审查实践非常熟悉。曾多次代表国内公司应诉美国337调查案,并为企业提供知识产权评估分析、尽职调查、专利检索、侵权风险排查、海外专利预警等服务,涉及行业广泛,包括汽车、医疗器械、纺机、风力发电、工程机械、家电、消费品等领域。

苏娟律师是全国专利代理行业首批高层次人才、国家知识产权专家库专家、中华全国专利代理师协会讲师。工作语言为中文、英文、德文。

朱利晓律师毕业于中国石油大学热能与动力工程专业获学士学位,北京大学法学院获硕士学位。曾在国内某大型家电企业从事知识产权法务工作,2008年加入金杜。

朱利晓律师擅长代理国外向国内、国内向国外的发明、实用新型和外观设计专利申请、复审与无效、侵权诉讼和行政诉讼,特别是石油技术领域、机械工程和热能技术、汽车工程、光学系统、医疗器械和家用冰箱、空调设备的专利申请、检索和执行,为客户提供专利侵权分析、专利稳定性、专利申请策略等方面的法律意见。在专利无效领域具有丰富的经验,分别代表专利权人和无效请求人处理过大量机械领域的发明无效案、实用新型无效案和外观设计无效案。

廖飞律师先后毕业于北京大学和伦敦大学学院,在商标法律业务领域拥有20多年丰富的经验,熟悉中国以及海外各国的商标法律理论与实践知识,深谙企业的品牌管理实务及需求,服务客户包括金融、汽车、互联网、医疗、能源、制造业、文旅、地产等各行业的海外跨国企业以及中国领导企业,代理了大量国内外企业在中国的商标申请、纠纷解决、侵权查处、诉讼、谈判及战略规划业务,擅长代理中国企业在全球范围进行商标布局、管理和维权,为企业、政府部门和行业组织提供法律讲座和培训,连续多年获得《知识产权管理》(MIP)、《世界商标评论》(WTR)、AsiaIP、Who's Who Legal、《商法》及中华商标协会等海内外权威媒体和机构评选的中国杰出律师和代理人排名奖项。

宋新月律师的主要执业领域为知识产权诉讼及争议解决,涉及专利、商业秘密、商标、著作权、不正当竞争以及反垄断等纠纷。宋律师还可为客户提供知识产权战略策划、许可交易、商业谈判、FTO分析、尽职调查等方面的法律服务。

宋新月律师毕业于清华大学化学工程系,获得工学学士、硕士和博士学位。宋律师曾就读于美国宾夕法尼亚大学法学院,获得法学硕士学位。宋律师技术背景强、法律功底扎实、庭审经验丰富,擅长处理专利诉讼、技术秘密诉讼案件,尤其在医药、化工、材料、能源等技术领域具有专业优势。宋律师代理的案件多次入选最高人民法院等司法机构的年度典型案例。

孟凡宏律师的主要执业领域为知识产权法律事务,主要包括生物医药领域的专利代理、许可、尽职调查和诉讼等业务。孟律师所从事的知识产权业务涉及的技术领域有生物技术、药物化学、有机化学、医疗器械、化工和材料等领域。

孟凡宏律师于2013年重新加入金杜律师事务所。在此之前,孟律师曾分别就职于可口可乐公司,担任亚太区资深知识产权法律顾问和国内一家大型知识产权机构的代理人。孟律师毕业于北京师范大学生命科学学院,分别获得理学学士和硕士学位。随后,在中国人民大学法学院获得法学硕士学位。孟律师于1998年获得中国律师资格,并于2000年获得中国专利代理师资格。孟律师的工作语言为中文和英文。

矫鸿彬律师的主要执业领域为知识产权诉讼,在该领域拥有超过十八年的执业经验。矫律师曾为众多国际知名企业提供知识产权纠纷争议解决服务,代表客户参加在中国法院进行的知识产权诉讼,涉及商标、著作权(包括软件)、域名、反不正当竞争(包括商业秘密)等诸多领域,曾代理或深度参与关于"传奇世界"的中国网络游戏知识产权第一案、“魔兽世界”网络游戏系列纠纷案、iPad商标权属纠纷案、王老吉知名商品特有包装装潢纠纷案(中国知名商品包装装潢纠纷第一案)、特斯拉商标无效行政诉讼案、红牛系列商标案、多件涉及“滴滴”未注册及已注册驰名商标认定的案件、“江小白”商标无效宣告案等广受社会关注的案件。矫律师在处理商标知识产权行政案件、商标行政及海关保护以及知识产权交易中同样具有丰富的经验。

张逸瑞律师的主要执业领域为知识产权战略规划、运营和交易,以及以知识产权为驱动的公司交叉业务以及收购兼并。

张逸瑞律师为诸多企业提供知识产权相关的资产管理、风险控制、布局与规划、运营和交易以及科技创新能力的培育等服务;提供科技成果转化架构搭建、产学研用一体化、科研人才引进规划、技术秘密风险防范、创新商业模式等服务;熟悉与知识产权交易相关的授权链、授权范围、权利维护及商业化运作等事宜,并为客户提供最佳的交易解决方案;为客户在设立、运营及清算过程中涉及的法律需求提供有针对性的解决方案并协助实施;参与众多在多个行业具有影响的合资、购并项目的交易结构设计、尽职调查、交易文件起草、谈判、交割及交割后服务等工作。

龚牧龙律师是金杜律师事务所北京办公室管理合伙人、金融证券部负责人及金杜学堂院长。

龚牧龙律师在企业改制及境内外上市、境内外私募股权投资基金投资、私募股权投资基金的设立募集以及收购兼并等领域具备丰富的经验。

龚牧龙律师是中国资本市场以及私募股权投资基金投资领域最领先的律师之一,曾代表百余家企业完成境内外上市,并协助多家知名企业以及企业家进行重大境内外并购,危机处理等,与数十家境内外私募股权投资机构有深入合作并参与过数百个各类境内或境外股权融资项目。

龚牧龙律师连续多年被各类境内外专业机构评为资本市场、私募股权以及投资基金“领先律师”,并于2020年被《国际金融法律评论》(IFLR 1000)列为唯一一位进入中国名人堂的律师。

万敏秀律师是金杜律师事务所金融证券部合伙人。万敏秀律师的主要执业领域为私募股权投资基金设立募集、投融资及企业上市和并购重组,尤其在半导体、新能源、TMT等行业万律师具有丰富实践经验,能为客户提供“募、投、管、退”一体化法律服务。

在私募基金设立募集及投资领域,万敏秀律师为众多国家级投资基金、知名投资机构、知名企业提供私募基金设立募集、投融资、投后管理及退出等一体化法律服务,包括国家集成电路产业基金、国家制造业转型升级基金、中国文化产业投资基金、国家绿色发展基金、国家军民融合产业基金、全国社会保障基金理事会、国新控股、国风投、新天域、国开金融、中国电子、光大控股、商汤科技、特变电工等。

此外,万敏秀律师曾参与了多个具有较强市场影响力的境内外上市、并购重组及私有化项目,包括:华大九天 A 股上市项目、商汤科技港股上市项目、华致酒行 A 股上市项目、上海先进半导体 H 股私有化项目、华电福新 H 股私有化项目等。

唐丽子律师的主要执业领域为公司、证券、并购、重组等,具有 30 多年的证券法律服务经验。作为最早参与中国企业重组改制及境内外上市项目的证券律师之一,唐律师曾负责过百余家企业的重组改制、首发或增发 A 股、H 股等境内外上市项目,所涉及行业包括能源、矿业、交通、机械制造、化工、医药、农业、金融、保险、高科技。她承办的多个项目曾获得相关知名国际评奖机构颁发的年度最佳项目奖。唐律师在上市公司重大资产重组、并购法律服务方面亦具有丰富的经验,曾代表多家上市公司成功完成相关项目。

高怡敏律师的主要执业领域为公司、证券、并购、重组、公司治理等,具有 20 多年的证券法律服务经验。高律师曾负责过百余家企业的重组改制、首发或增发 A 股、H 股等境内外上市项目,所涉及行业包括生物医药、金融、保险、能源、高科技、机械制造等,上市地包括中国、美国纽约等证券交易所。她承办的多个项目曾获得相关知名国际评奖机构颁发的年度最佳项目奖。高律师在生物医药领域的证券法律服务方面具有丰富的经验,曾主办过荣昌生物、义翘神州、神州细胞、正海生物等多家生物医药公司的境内外上市及重组项目,并担任多家生物医药公司的合规法律顾问。

刘婷律师在企业合规体系建设、内部合规调查领域具有丰富的经验。在医药医疗领域,刘律师参与多家跨国医药企业、国内大型医药企业的合规体系建设项目、商业合作伙伴的合规审查等,为客户的法律及合规部门提供全面的合规咨询法律服务。

刘婷律师亦帮助多家医药医疗行业客户处理涉及反腐败、反商业贿赂、营销推广合规方面的合规事宜,为客户的业务流程内部控制体系建设、风险管理以及公司内部违规员工的处理等方面提供法律意见。代表性客户包括华润集团、康弘药业、七乐康、哈药集团等。

2022 年及 2023 年,刘婷律师连续两年被《法律 500 强》评为医疗与生命科学领域的“Next Generation Partners”(明日之星)。

宁宣凤律师主要执业领域包括反垄断与反不正当竞争以及网络安全与数据合规。此外,宁律师此前也曾从事国际贸易与投资业务。宁宣凤律师连续十余年被《钱伯斯亚太法律指南》、《法律 500 强》、《国际金融法律评论》和《亚洲法律概况》等媒体评选为亚太地区反垄断与竞争法业务“第一等领先律师”。现担任国际商会竞争委员会(ICC Commission on Competition)副主席、国际商会竞争与数字经济行动组副主席(ICC Task Force on Competition and Digital Economy)、环球竞争概览亚太区法律领袖联盟(GCR Connect Law Leaders Asia-Pacific)主席、世界经济论坛新领军联盟新领军者顾问委员会委员。宁宣凤律师同时担任北京市市场监督管理局反垄断专家,她曾任环太平洋律师协会首届主席并积极组织参与国际反垄断论坛的各项活动。

吴涵律师的主要执业领域为网络安全和数据合规,反垄断和反不正当竞争法吴涵律师获评 2022-2023 年钱伯斯(Chambers and Partners)数据安全与隐私领域“领先律师”称号。2022 年《法律 500 强》(The Legal 500)医疗与生命科学领域“特别推荐”合伙人。吴涵律师擅长从中国数据合规的角度为跨国企业在中国的分支机构提供网络安全和数据合规意见。同时吴涵律师能够立足中国相关法律法规,为中国走出去企业建立符合欧盟 GDPR 及美国等跨司法辖区要求的网络安全与数据合规体系,曾为多个行业的领先企业提供网络安全和数据合规法律服务,涉及银行、保险、金融、移动互联网、电商、电信、交通、日化、传统工业等行业。

柴志峰律师是金杜律师事务所反垄断业务的合伙人。

柴志峰律师的业务内容主要包括:协助客户通过经营者集中申报审查;从反垄断法角度就交易模式和整体推进方案提供战略性意见;提供各种反垄断法合规咨询,包括商业模式、经销协议和定价政策等;提供反垄断培训、公司内部反垄断自查;协助客户进行反垄断模拟突袭调查;代表客户配合应对反垄断行政调查。

2022 年,柴志峰律师被《商法》评为“律师新星”。2021 年,柴志峰律师荣获 ALB(汤森路透《亚洲法律杂志》)年度沿海地区青年律师大奖。2017 年、2020-2023 年,柴志峰律师分别被《法律 500 强》评为反垄断与竞争法领域的“新一代律师”和“明日之星”,2018 年和 2019 年均被《法律 500 强》评为反垄断与竞争法领域特别推荐律师。

张若寒律师的主要执业领域为反垄断与反不正当竞争,以及国家安全审查。

张若寒律师在多年的执业实践中为客户提供了全面的专业服务,包括:代表客户进行经营者集中申报(包括在复杂交易中设计并协助执行剥离方案);协助客户应对反垄断调查;针对客户的商业模式等提供反垄断合规咨询;为客户定制反垄断合规审计及培训。

多年来,张若寒律师参与了中国反垄断法及配套规定的起草工作,并作为反垄断部分的唯一负责人,参与起草了中国化学制药工业协会发布的《医药行业合规管理规范》,该标准系国内第一个行业性综合合规团体标准。

张若寒律师被《法律500强》评为2020年度、2021年度和2022年度"新一代律师",以及2023年度"明日之星"律师。

吴巍律师是金杜律师事务所争议解决部合伙人。主要执业领域包括企业合规风险评估、企业合规体系建设、企业危机处理服务、涉案企业合规考察等。

吴巍律师服务的企业涉及医药、通信、能源、机械、工程等多个领域,多次协助企业应对市监局、美国FCPA调查等,对商业贿赂案件具有丰富经验。吴律师深度参与涉案企业合规考察试点工作,入选国家级及全国9地第三方监督评估机制专业人员库,办理20多个试点案件,取得良好效果。

吴巍律师曾主编《中国反商业贿赂合规实务指南》一书(中英文),于2015年出版了日语版。2020年主持撰写了《企业营商风险与合规指引》一书,广受业界好评。

吴巍律师先后被《钱伯斯亚太概览》评为公司调查/反腐败领域"特别推荐律师/领先律师"(2018-2023),多次被《法律500强》评为监管与合规领域"特别推荐律师/领先律师"及中国区争议解决领域杰出律师。

朱媛媛律师是金杜律师事务所争议解决部合伙人。主要执业领域包括反商贿调查及咨询、多边开发银行调查及制裁应对、企业合规体系建设、涉案企业合规考察等。

朱媛媛律师曾协助跨国医药企业、汽车制造企业、互联网企业等应对中国监管机构或美国司法部发起的反商贿调查,熟悉跨国企业及大型国有企业的内部管理流程,擅长为客户完善反腐合规制度,提升企业的内控管理水平。

朱媛媛律师长期为各央企集团及下属单位、上市公司提供境内外合规管理体系建设及其他专项合规咨询服务,具有丰富实践经验。

2023年,朱律师被《法律500强》评选为"监管与合规领域后起之秀"。2021年,朱律师被《法律500强》评选为医疗与生命科学领域"明日之星"。

刘艳洁律师是金杜律师事务所争议解决部顾问。主要执业领域包括:刑事合规不起诉案件处理、企业合规管理体系建设、企业危机处理、企业反商业贿赂调查及应对。

刘艳洁律师先后为数十家世界 500 强企业、国内外知名企业提供合规法律服务,服务的行业包括医药、医疗器械、能源、汽车、金融等。刘律师曾协助多家企业应对行政机关、公安机关开展的反商业贿赂调查,具有非常丰富的实践经验。

刘艳洁律师与团队曾以不同角色参与到各地涉案企业合规监督考察试点工作中,已参与办理了十余起试点案件,帮助多家企业顺利完成合规整改。

刘艳洁律师现担任北京律协法律风险与合规管理法律事务专业委员会委员,受聘担任《中小企业合规评价认证标准》团体标准起草人。

梁燕玲律师有超过 20 年的法律从业经验,主要执业领域为劳动和社会保险法、劳动仲裁和诉讼、合规与调查、职业健康与安全生产等。曾为许多跨国公司和国内外知名企业提供劳动法律服务,代理各类劳动争议案件,代表客户参与谈判与调解,处理罢工等群体性事件。梁燕玲律师对处理尽职调查、合规管理、企业破产并购、股权激励、生产安全事故的预防和处理、个人信息保护、员工违法违规调查等领域中的劳动问题具有丰富实践经验,善于为客户提供最切实可行的解决方案。

梁燕玲律师被钱伯斯评选为中国顶级劳动法律师第一级别;被《法律 500 强》(Legal 500)评选为“劳动法领先律师”;被《中国法律商务》评选为“劳动法领域年度最佳律师”。

陆慧文律师主要执业领域为劳动、合规和公司事务等。曾帮助各大企业建设合规管理体系,完善相关合规和内控制度,并协助客户进行合规内部调查、提供企业危机处理等方面的法律服务。同时,在劳动法领域积攒了丰富的实践经验,擅长处理重大疑难复杂的劳动争议案件,并在高管案件、劳动人事合规审查、劳动关系转移、裁员等领域提供服务。

陆慧文律师连续多年被国际知名专业法律评级机构《钱伯斯亚太概览》评为劳动法领域“领先律师”,2017-2018 年和 2020-2023 年均被《法律 500 强》(Legal 500)评为劳动法领域“领先律师”,并多年入选知名法律调研机构 Who's Who Legal 劳动法、雇佣与福利领域全球法律专家名录。

陆慧文律师于 2001 年加入金杜律师事务所,工作语言为中文和英文。

董刚律师是金杜律师事务所税务业务负责人,主要业务领域为中国税务及商业咨询。

董律师在税务法律领域拥有丰富的专业经验,为客户提供全方位税务服务,包括投资及商业模式税务筹划、税务合规及风险管理、企业并购及业务重组税务咨询、税务争议解决及税务优惠申请等方面。

董律师多次代表跨国公司及内外资企业成功处理国际税收及中国税务争议解决项目,涉及转让定价调查、反避税调查、税务稽查、税务行政复议、涉税刑事抗辩等重大案件。

董律师发表过若干关于税务专业文章,部分由国际出版机构出版。

董律师连续多年被国际专业法律评级机构如《钱伯斯亚太概览》、《法律 500 强》、《中国法律商务》、《亚洲法律概况》等评为中国杰出税务律师。

段桃律师的主要执业领域为中国税务及企业咨询。

段律师在中国税务领域拥有超过 20 年的税务专业经验,主要为跨国公司及国内外企业和个人提供广泛的税务法律服务,具体包括非居民企业税务咨询和筹划、跨境投资税务筹划、企业重组和并购交易税务筹划、资本市场项目税务筹划、高净值人士财富管理筹划、税务尽职调查和税务争议解决等。

段律师在协助企业应对税务稽查、应对转让定价调查及反避税调查、行政复议/诉讼等方面拥有丰富的经验,帮助客户成功完成多个富有挑战性的税务争议案件。

段律师连续多次被《法律 500 强》评选为税务领域的"特别推荐"律师,2018-2023 年连续获得《钱伯斯亚太法律指南》、《钱伯斯大中华区法律指南》税务领域"领先律师"称号。

冯晓鹏律师是金杜律师事务所合规业务部合伙人,法学博士,二级律师,有近 25 年的海关实务工作经验,主要执业领域为海关贸易合规、跨境电商与争议解决。

冯律师连续 4 年获评钱伯斯国际贸易:海关、出口管制、公司/上市-东部沿海(广东)领域"领先律师",现任中国人民大学海关与外汇法律研究所研究员、华南理工大学法学院硕士生导师、海关总署跨境电商网购保税课题研究组成员、海南自由贸易港立法委员会智库成员、广州市涉案企业合规第三方监督评估机制专家学者、广州市律师协会电子商务与物流业务专业委员会副主任、广东省涉外律师领军人才库成员。

冯律师著有个人专著《跨境电商通关:运营与合规》、《跨境电商大监管:底层逻辑、合规运营与案例评析》。

吴青律师是金杜律师事务所负责环境法业务的合伙人,拥有丰富的环境立法、环境诉讼以及环境项目法律服务经验,代理了大量具有重大影响的环境行政诉讼、环境公益诉讼、生态环境损害赔偿案件以及污染环境刑事犯罪等案件。

吴青律师还兼任生态环境部法律顾问、最高人民法院特约监督员、最高人民法院环境资源司法审判咨询专家、最高人民法院环境资源司法研究中心研究员、中国环境科学学会环境监察研究分会暨执法分会副主任、中央统战部建言献策生态专家组专家、2017-2020年生态环境部环境执法大练兵专家评审组首席专家、第十二届全国人大代表等,参与了环保法、大气、水、土壤污染防治法、环评法、排污许可条例、碳排放权交易办法等的立法。

吴青律师带领金杜环境法团队获得2017-2023年度钱伯斯环境法领域中国第一等律所,吴青律师本人是2020-2023年度钱伯斯环境法领域中国第一等律师。

刘新宇律师是金杜律师事务所跨境监管团队资深合伙人,多年来为包括众多跨国企业在内的各类国内外企业提供贸易合规、出口管制等进出口监管相关的法律服务,涵盖国际贸易、国际投资与纠纷解决、海关和外汇管理以及走私犯罪刑事案件代理,办理出口管制与经济制裁案件等。刘律师还担任中国人民大学海关与外汇法律研究所共同所长、北京外国语大学跨国制裁与出口管制研究中心联席主任、中国政法大学研究生院兼职教授、中国海关杂志智库专家。刘律师连续于2021-2023年被国际知名法律评级机构钱伯斯(Chambers and Partners)评选为"国际贸易:海关、出口管制"领域领先律师,同时也连续被《法律500强》(Legal 500)评为亚太地区"WTO/国际贸易"领域特别推荐律师。

戴梦皓律师为金杜律师事务所上海办公室顾问。

戴梦皓律师的主要执业领域包括:出口管制、经济制裁、国际贸易供应链筹划、CFIUS与ICTS审查应对等。

戴梦皓律师的客户群体领域分布广泛,包括医药行业、半导体、AI、TMT等高科技行业、汽车行业、能源化工行业、金融机构、贸易物流行业等。因其出众的对于中美及多国、地区法律法规的深刻理解和动态趋势的精准预测,戴梦皓律师是多家知名跨国医疗设备制造商、半导体产业链公司、知名国有航空业集团、国内行业领先的通讯产品、家电制造商等客户在贸易合规领域咨询专家的不二人选,并参与了多项国家级立法、政策调研项目。

戴梦皓律师目前是中国的执业律师,并取得了中国专利代理人资格。

致　谢

本书出版之际，谨向为本书的撰写、编辑、出版给予帮助并作出贡献的所有律师和朋友们给予衷心感谢！

首先，感谢撰写本书各章节的金杜医药医疗板块众多合伙人和顾问，他们是（按章节顺序）：第一编监管基本制度部分：黄建雯、张运帷、杨帆、宋瑞秋、李凌碧和金欣；第二编知识产权保护部分：邰红、王晓东、郭煜、陈文平、苏娟、朱利晓、廖飞、宋新月、孟凡宏、矫鸿彬和张逸瑞；第三编融资上市部分：龚牧龙、万敏秀、唐丽子和高怡敏；第四编医药合规部分：刘婷、宁宣凤、吴涵、柴志峰、张若寒、吴巍、朱媛媛、刘艳洁、梁燕玲、陆慧文、董刚、段桃、冯晓鹏、吴青、刘新宇和戴梦皓。

其次，感谢为本书撰写付出大量辛勤劳动的金杜各部门的律师，他们是（按章节顺序）：金琳懿、钱恒、黄中斌、李沁祎、吴旖婷、迟骋、崔阳阳、郑雨萌、朱梦婷、余国蓉、张宇、曾珂尧、梁晓言、韦嵘、杨涛、胡明昕、朱书丹、郑永胜、吴之洲、张津豪、魏宇婧、贺诗佳、郑玲玲、赵航、李思琪、陈志清、王浩霖、黄丹丹、王漩、刘晓嫱、张天杰、马骁、赵妍、胡冰心、吴婧、王晓牛、苏嘉、邓惠、王溢美、张帆、张波、张欣悦和郑子懿。

此外，特别感谢为本书付出大量努力和支持的金杜业务支持部的同事们，她们是：陆青律师、王静静。

无论如何，本书在撰写、排版过程中难免出现错漏之处，请读者海涵。

最后，谨以此书献给在医药健康领域对相关法律法规与行业政策感兴趣、躬身行的所有朋友们！